São Paulo restaurada

CONSELHO EDITORIAL
Ana Paula Torres Megiani
Eunice Ostrensky
Haroldo Ceravolo Sereza
Joana Monteleone
Maria Luiza Ferreira de Oliveira
Ruy Braga

São Paulo restaurada

Administração, economia e sociedade numa
Capitania Colonial (1765-1802)

Pablo Oller Mont Serrath

Copyright © 2017 Pablo Oller Mont Serrath

Grafia atualizada segundo o Acordo Ortográfico da Língua Portuguesa de 1990, que entrou em vigor no Brasil em 2009.

Edição: Haroldo Ceravolo Sereza
Editora assistente: Danielly Teles
Assistente acadêmica: Bruna Marques
Projeto gráfico e diagramação: Cristina Terada Tamada
Capa: Mari Ra Chacon Massler
Revisão: Alexandra Collontini
Imagem de capa: Montagem a partir das pinturas *Retrato do Capitão Mor de Itu Vicente da Costa Taques de Góes e Aranha em 1779*, de Benedito Calixto; Foto de pintura do Brasão do Lorena; Retrato de D. José I de Portugal; *Vista da Vila de Itu*, de Jean-Baptiste Debret; *Moagem de cana-de-açúcar na Fazenda Cacheira*, de Benedito Calixto; *Porto de Santos em 1822*, de Benedito Calixto.

Esta obra foi publicada com apoio da Fapesp, nº do processo 2014/12089-9.

CIP-BRASIL. CATALOGAÇÃO NA PUBLICAÇÃO
SINDICATO NACIONAL DOS EDITORES DE LIVROS, RJ

S499s

MONT SERRATH, Pablo Oller.
São Paulo restaurada : administração, economia e sociedade numa capitania colonial (1765-1802)
Pablo Oller Mont serrath. - 1. ed.
São Paulo: Alameda, 2016.
332 p.: il. ; 23 cm.
Inclui bibliografia

ISBN 978-85-7939-385-3

1. São Paulo (Estado) - História - Século XVIII. 2. Brasil - História - Período colonial - Século XVIII. 3. São Paulo (Estado) - História - Política e governo - Século XVIII. I. Título.

16-31467 CDD: 981.8161
          CDU: 94(816.1)

ALAMEDA CASA EDITORIAL
Rua Treze de Maio, 353 – Bela Vista
CEP 01327-000 – São Paulo – SP
Tel. (11) 3012-2403
www.alamedaeditorial.com.br

A Achilles, Célia e Diego.

Le historien est volontiers metteur en scène.

Fernand Braudel

Em tudo o que não for desserviço é útil atenderem-se os paulistas nobres, porque pelo meio de se atenderem e inflarem são capazes de irem com gosto servir no inferno se lá os mandarem.

Martim Lopes Lobo de Saldanha

Sumário

Prefácio	11
Introdução	17
Parte I - Povoar, Defender, Desenvolver	23
Capítulo 1 - O tempo do ladrilhador	25
Capítulo 2 - Administradores profissionais	49
Capítulo 3 - Mundo, vasto mundo	77
Parte II - A Capitania Restaurada	99
Capítulo 4 - Uma empresa exportadora	101
Capítulo 5 - Ouro branco	129
Capítulo 6 - O rei e seus vassalos	159
Parte III - Entre os Que Servem a Sua Majestade	181
Capítulo 7 - Nem bugres rebeldes nem mansos fidalgos	183
Capítulo 8 - Caim e Abel	209
Capítulo 9 - De herói a lobo voraz	241

Considerações Finais	269
Mapa, tabelas e gráficos	275
Fontes e Bibliografia	279
Agradecimentos	313

Apêndice on-line <social.stoa.usp.br/sp>

Prefácio

VERA LUCIA AMARAL FERLINI

O açúcar, já no século XVI, fundamentou a ocupação da Capitania de São Vicente. O bandeirantismo expandiu seu território e em 1709 surgiu a Capitania de São Paulo e das Minas do Ouro, fruto desse movimento e da mineração. A partir de 1720, inicia-se seu desmembramento, com a autonomia das Minas, culminando com a subordinação ao Rio de Janeiro em 1748.

A autonomia governativa restaurou-se em 1765, com a nomeação de Luís António de Souza Botelho Mourão, o Morgado de Mateus. Sua governança inaugurou um período de construção, cujo direcionamento teve por base a economia açucareira.

O trabalho pioneiro de Heloisa Bellotto[1] abriu nova possibilidade de estudos sobre São Paulo, apontando, além dos esforços de conquista e expansão meridional, as diferentes iniciativas administrativas e econômicas, que indicavam um novo tempo.

A restauração de São Paulo respondia a inúmeros desafios. Desde 1720, a Coroa Portuguesa redesenhava a relação com seus domínios impe-

---

1 Heloísa Liberalli Bellotto. *Autoridade e Conflito no Brasil colonial: o governo do Morgado de Mateus em São Paulo:1765-1775*. São Paulo: Conselho Estadual de Artes e Ciências Humanas, 1979.

riais.² A mudança da sede da administração da Colônia, em 1763, apontava a importância do centro-sul. Tanto o controle de exportação aurífera, cada vez mais necessário, como a luta para a conquista e a definição dos territórios meridionais presidiam as diretrizes governativas, sob a égide de Pombal.

Havia mais: a reorganização econômica do Império, buscando a produção manufatureira na Metrópole, exigia a parceria com a produção das colônias, para o fornecimento de matérias primas, e os recursos da exportação colonial de produtos estratégicos, valorizados na época da Revolução Industrial.³

Tendo o açúcar como principal artigo de exportação, a produção da Capitania paulista, bastante variada, não se cingia a ele. Essa diversificação agrícola foi mesmo estimulada pela Coroa portuguesa.⁴ O esforço para o incremento agrícola das diversas partes do Brasil, próprio da segunda metade do século XVIII, não estava só: caminhava junto ao fortalecimento do comércio ultramarino e ao desenvolvimento manufatureiro do Reino, naquilo que José Jobson de Andrade Arruda denominou "novo padrão de colonização". Às colônias, para além de sustentáculos econômicos da Metrópole, caberia o papel de principais auxiliares no nascente processo de industrialização de Portugal, fornecendo matérias-primas e víveres, e consumindo mercadorias transformadas no Reino.⁵ As reformas empreendidas na Capitania de São Paulo, a partir de 1765, inserem-se nesse contexto e obedeciam a essa lógica.

Desde sua chegada, o Morgado de Mateus buscou incentivar a ex-

---

2   Vejam-se Maria Fernanda Bicalho. Inflexões na Política Imperial no Reinado de D. João V. *Anais de História de Além-Mar*. Lisboa/Ponta Delgada: CHAM, n. VIII, 2007, p. 37-56; e Augusto da Silva. *A Ilha de Santa Catarina e sua terra firme: estudos sobre o governo de uma capitania subalterna (1738-1807)*. São Paulo: FFLCH-USP, 2007, tese de doutorado.

3   Cf. José Jobson de Andrade Arruda. *O Brasil no comércio Colonial*. São Paulo: Ática, 1980.

4   Cf. Francisco Vidal Luna & Herbert Klein. *Evolução da sociedade e economia escravista de São Paulo, de 1750 a 1850*. São Paulo: Edusp, 2006 (1ª. edição, 2003), p. 108.

5   Cf. José Jobson de Andrade Arruda. Decadência ou crise do Império Luso-Brasileiro: o novo padrão de colonização do século XVIII. *Actas dos IV Cursos Internacionais de Verão de Cascais (7 a 12 de Julho de 1997)*. Cascais: Câmara Municipal de Cascais, 1998, vol. 3, p. 213-228.

portação para Portugal. Em carta a Francisco Xavier de Mendonça Furtado, narrava os resultados das investigações que mandara fazer sobre os produtos existentes na Capitania de São Paulo que poderiam ser comercializados com a Metrópole portuguesa.[6]

De 1765 a 1802, sucederam-se sete governadores: Luís António de Souza Botelho Mourão, Morgado de Mateus, de 1765 a 1775; Martim Lopes Lobo de Saldanha, de 1775 a 1782; Francisco da Cunha Meneses, de 1782 a 1786; José Raimundo Chichorro da Gama Lobo (interino), de 1786 a 1788; Bernardo José Maria Lorena e Silveira, de 1788 a 1797; e António Manuel de Melo Castro e Mendonça, de 1797 a 1802. Nesse período, consolidou-se a Capitania Restaurada: esforço militar e ocupação do sul do Brasil; conflitos e negociações com as elites locais (cujo poder remontava aos negócios da mineração); implantação de vigorosa economia açucareira, capaz de alavancar e manter essa autonomia. Os esforços dos governadores da Capitania respondiam a uma política mais ampla da Coroa Portuguesa, estabelecendo novas formas de domínio em seu Império.

Este livro, além de apontar elementos da nova relação entre Metrópole e Colônia, matiza a extrema centralidade do Reino e ressalta o protagonismo das elites locais. A pesquisa destaca a existência desses grupos, suas diferenças, resistências e a negociação com as novas administrações. Ao descrever o intenso processo de renovação política, administrativa e econômica, revela o alcance e os limites dos preceitos ilustrados no bojo da monarquia portuguesa: modernizar a economia, construir caminhos, portos, incentivar a exportação, mas, ao mesmo tempo, firmar a presença real, negociando com grupos locais, atraindo-os ao poder central. O que estava em foco era um novo padrão de Império, com direcionamento territorial e geopolítico, mas reestruturado na dimensão do poderio mercantil.

O caso de São Paulo, assim, é revelador dos rumos desse Império no Século XVIII: novo desenho das partes coloniais; governadores escolhidos criteriosamente, por suas capacidades militares e administrativas, cultivadas

---

6   'Ofício do Governador e Capitão-General da Capitania de São Paulo, Morgado de Mateus, ao Secretário de Estado da Marinha e Ultramar, Francisco Xavier de Mendonça Furtado, dando conta das medidas tomadas para o fomento da lavoura e do comércio'. 1 de março de 1769. Arquivo Histórico Ultramarino, Administração Central, Conselho Ultramarino, Brasil-São Paulo (023), cx. 5, doc. 347.

ainda no Colégio dos Nobres; incentivo à produção diversificada e em especial à de açúcar.

Mudanças, que se fizeram com negociações e esforço de subordinação e centralização no sentido da Coroa; ascensão econômica dessas elites, mas dentro de um padrão social dos valores do Antigo Regime, com honras, mercês. O enriquecimento desses grupos, porém, não chegaria a formar, naquele momento, uma açucarocracia, o que se teria consolidado no século XIX. O papel dos comerciantes, ainda, na escala social, era significativo, tanto em São Paulo como em Santos. O caráter híbrido, não homogêneo, das elites paulistas é destacado pelo autor.

A análise do desenvolvimento da produção açucareira de São Paulo, nesse período, oferece elementos de comparação com a economia açucareira cubana, no século XVIII. Para Moreno Fraginals, a produção açucareira cubana, inserida no grande mercado da Revolução Industrial, gerava uma açucarocracia quase burguesa, mesmo com a consolidação do escravismo.[7]

A história de São Paulo, contada em crônicas coloniais, genealogias, narrativas de viagem e obras clássicas, constitui um relato épico e mítico, que os trabalhos universitários, há mais de 50 anos, têm revisitado, apontando novas perspectivas.

A produção colonial e a formação de sua gente – povos e elites – são pontos polêmicos e cruciais dessas pesquisas. Dos lendários bandeirantes aos empreendedores fazendeiros e industriais, as investigações aprofundaram trajetórias e indicaram novas questões. A constituição da massa populacional – dos indígenas, dos africanos e dos imigrantes – revela contingentes expressivos.

A economia da região, dos primeiros engenhos litorâneos, voltados à exportação, passando a um momento considerado de introversão e, por alguns, de decadência, é ponto nevrálgico nesse entendimento. Alice P. Canabrava defendeu esse declínio, explícito nos primeiros anos depois de 1765.[8] Thereza Petrone, por outro lado, indicou a implantação da produção açuca-

---

7   Manuel Moreno Fraginals. *O engenho: complexo sócio-econômico açucareiro cubano*. 2 vols. São Paulo: Hucitec, 1988 (1ª edição cubana, 1964).

8   Alice Canabrava. Uma economia de decadência: os níveis de riqueza na Capitania de São Paulo. 1765/1767. *Revista Brasileira de Economia*, Rio de Janeiro, v. 26, n. 4, p. 95-123, out.-dez. 1972.

reira como o momento de viragem, propulsor de nova economia exportadora que teria, nos séculos seguintes, o café, como principal expressão.[9]

John Monteiro, investigando a escravização dos índios, revelou o uso dessa mão de obra em atividades voltadas ao abastecimento interno da colônia.[10] Na mesma perspectiva, Ilana Blaj traçaria os movimentos mercantis que acompanhavam essa produção.[11] A mineração daria fôlego a essa economia, expandindo-a em volume e alcance territorial. Outras pesquisas se seguiram, destacando novo vigor na economia, no povoamento e na expansão das fronteiras.

O papel da região na constituição territorial, também é tema recorrente. Bandeirantes predadores desbravaram o interior do continente e, em busca de ouro e pedras preciosas, constituíram importantes núcleos de povoamento.

Este trabalho insere-se em uma tradição de estudos sobre São Paulo Colonial. Ao refutar a tese da decadência econômica da Capitania, dialoga com Alice Canabrava, apontando, como outros, o vigor e a capacidade produtiva latente, perfilando-se aos trabalhos de Mafalda Zemella,[12] Ilana Blaj[13] e, mais recentemente, com Maria Aparecida Borrego.[14]

---

9   Maria Thereza Schorer Petrone. *A lavoura canavieira em São Paulo: expansão e declínio (1765-1851)*. São Paulo: Difusão Européia do Livro, 1968.

10 John Manuel Monteiro. *Negros da Terra: índios e bandeirantes nas origens de São Paulo*. São Paulo: Companhia das Letras, 1994.

11 Ilana Blaj. *A trama das tensões: o processo de mercantilização de São Paulo colonial (1681-1721)*. São Paulo: Humanitas, 2002.

12 Mafalda P. Zemella. *O abastecimento da Capitania de Minas Gerais no século XVIII*. São Paulo: Hucitec, 1990, 2ª edição (1ª edição, 1951).

13 Ilana Blaj. *A trama das tensões: o processo de mercantilização de São Paulo colonial (1681-1721), op. cit.*

14 Maria Aparecida de Menezes Borrego. *A teia mercantil: negócios e poderes em São Paulo Colonial, 1711-1765*. São Paulo: Alameda casa Editorial, 2010.

No estudo do açúcar em São Paulo, Pablo Oller Mont Serrath segue os passos de Thereza Petrone, no seu trabalho seminal sobre a lavoura canavieira em São Paulo e mesmo no estudo sobre o Barão de Iguape, como trajetória de elite.[15]

A pesquisa, realizada em arquivos brasileiros e portugueses, reconstitui em detalhes a dinâmica da inserção da economia de São Paulo ao processo geral da produção da colônia e de seus vínculos com a Metrópole. Ilustra, ainda, as dificuldades de aceitação da elite local – até então ligada à produção de abastecimento e ao comércio interno – de desenvolver a produção açucareira para exportação.

Ao recriar a ambiência da Capitania ao final do século XVIII, mostra como a criação da infraestrutura para a exportação açucareira (escravos, caminhos, portos) fortaleceu a elite local, elemento destacado na história econômica e política do século XIX.

Assim, para além do estudo sobre São Paulo, o livro abre perspectivas para pesquisas dessa nova fase de produção açucareira no Brasil, como elemento de acumulação e propulsor da economia cafeeira.

---

15 Maria Thereza Schorer Petrone. *A lavoura canavieira em São Paulo: expansão e declínio (1765-1851)*, op. cit.; e Idem. *O Barão de Iguape: um empresário da época da Independência*. São Paulo: Companhia Editora Nacional, 1976.

Introdução

A criação do Conselho Ultramarino, em 1642, da Companhia Geral do Comércio do Brasil, em 1649, e a concretização de um sistema de transporte marítimo que se defendesse dos ataques de corsários por meio do regime de comboios marcam, dentre outras providências, o início de um movimento que visava restabelecer e fortalecer o Império Português, depois da restauração bragantina.[1] No plano da administração da América, a questão dos limites entre os territórios lusitanos e espanhóis passou a ter cada vez mais destaque. Desde a assinatura, em Tordesilhas, do primeiro tratado sobre o tema entre Portugal e Espanha, em 1494, as disputas pela posse de terras americanas foi contínua. Arrefeceram em 1580, com a união das duas Coroas, e voltaram à tona a partir de 1640.[2]

---

1 Cf. Pedro Octávio Carneiro da Cunha. Política e Administração de 1640 a 1763. *In*: Sérgio Buarque de Holanda (dir.). *História geral da civilização brasileira*. Rio de Janeiro: Bertrand Brasil, 1997, 6ª ed., tomo I: A época colonial, vol. 2: Administração, economia e sociedade, p. 9-44.

2 Síntese da questão encontra-se em Capistrano de Abreu. *Capítulos de história colonial (1500-1800)*. Belo Horizonte: Itatiaia; São Paulo: Publifolha, 2000, 7ª edição rev. anotada e prefaciada por José Honório Rodrigues (1ª edição, 1907), p. 205-220; para uma versão revista e ligeiramente aumentada desse que é o capítulo 10 da obra, veja-se, do mesmo autor, a parte VII de *Os caminhos antigos e*

Se a mudança da capital do Brasil, em 1763, de Salvador para o Rio de Janeiro, não estava relacionada somente a assuntos militares, esse fator foi, com efeito, de extrema importância.[3] A assinatura do Tratado de Madri, em 1750, não solucionara os conflitos bélicos no Sul da América entre portugueses e espanhóis. A troca da região à margem leste do rio Uruguai, conhecida como Sete Povos das Missões, pela Colônia do Sacramento mostrou-se tarefa inexequível. Por um lado, a entrega daquela para Portugal teve que passar por cima da resistência indígena.[4] Por outro, as agressões entre portugueses e castelhanos não cessaram e o cumprimento das determinações não foi efetivado, culminando na cisão do tratado em 1761.[5] Um ano depois, impossibilitado o acordo, e já no âmbito da Guerra dos Sete Anos (1756-1763), tropas espanholas começaram a invadir e a tomar territórios portugueses ao Sul do Brasil.

É nesse contexto que se insere a restauração de São Paulo. Em 1748, considerando a dificuldade do governador do Rio de Janeiro em administrar Goiás e Cuiabá, o rei criou dois novos governos para aquelas capitanias. Pela mesma provisão, o da capitania paulista foi destituído, ficando subordinada ao Rio de Janeiro e, no campo militar, administrada pelo governador de Santos.[6] Dezessete anos depois, em 1765, era restituída a autonomia admi-

---

o povoamento do Brasil. Rio de Janeiro: Sociedade Capistrano de Abreu, 1930, p. 119-143.

3   Cf. Lourival Gomes Machado. "Política e Administração sob os últimos vice--reis". *In*: Sérgio Buarque de Holanda (dir.). *História Geral da Civilização Brasileira*. op. cit., tomo I: a época colonial, vol. 2: administração, economia e sociedade, p. 355-379.

4   Importante relato da disputa entre padres e índios contra espanhóis e portugueses na posse da região, que culminou na chama Guerra dos Guaranis, encontra--se em *O passado missioneiro no diário de um oficial espanhol: diário do capitão dos dragões D. Francisco Graell*. Santa Cruz do Sul: EDUNISC, 1998. Sobre a mencionada guerra, veja-se general F. de Paula Cidade. *Lutas, ao sul do Brasil, com os espanhóis e seus descendentes (1680-1828)*. Rio de Janeiro: Biblioteca Militar, 1948, p. 47-62.

5   Cf. Andrée Mansuy Diniz Silva. "Portugal e o Brasil: a reorganização do império, 1750-1808". *In*: Leslie Bethell (org). *História da América Latina: a América Latina Colonial*. São Paulo: Edusp; Brasília, DF: Fundação Alexandre Gusmão, 1998, 2ª edição (1ª. edição inglesa, 1984; 1ª edição brasileira, 1997), v. 1, p. 480-481.

6   Cf. "Provisão Regia [cópia] Abolindo o Governo Separado de São Paulo, 1748".

nistrativa de São Paulo e enviado um governador que tinha como objetivo administrá-la e, com as tropas paulistas a serem reformadas, defender as regiões do Sul contra os ataques espanhóis. No entanto, apenas restaurá-la não bastava. Era necessário adequá-la ao quadro mais geral de reformas que, embora tenham iniciado em períodos anteriores, ganharam força a partir do reinado de d. José (1750-1777).

De um ponto a outro do Império Português as mudanças foram sendo implementadas, por meio de projetos equivalentes, ainda que levassem em conta as especificidades de cada local. Afora a defesa dos domínios e as reformas administrativas, havia grande interesse em desenvolver a produção agrícola dos territórios das conquistas. Em São Paulo não foi diferente. Para tanto, foi indispensável não só aplicar uma série de medidas na capitania, mas também congregar o engajamento de uma elite local possuidora de recursos e disposta a auxiliar na empreitada. Na esfera do incremento da lavoura paulista mercantil-exportadora, entre sua formação (1765) e sua consolidação (1802), a associação do rei com seus vassalos apresentava-se, pois, renovada.

Nos últimos tempos, têm-se avolumado os interesses e os estudos sobre São Paulo, seja a capitania seja a cidade. Parece que todo trabalho sobre o tema que se preze deve começar com uma extensa discussão bibliográfica, examinando, criticando e ressaltando os principais pontos, os avanços e os recuos da historiografia especializada. O modelo vem do estudo seminal de Ilana Blaj, defendido como tese de doutorado em 1995 e publicado em 2002.[7] No primeiro capítulo, a autora desenvolveu análise da historiografia paulista do século XIX até meados da década de 1990, naquilo que intitulou *A construção das imagens*.[8] Não me renderei à praxe, com temor de repetir o que já fizeram, certamente melhor do que eu faria.[9] Por ora, basta salientar que certa historiografia,

---

24 ago 1748. In: *Documentos interessantes para a História e costumes de São Paulo*. São Paulo: Arquivo do Estado de São Paulo, 1896, v. 11, p. 39-41.

7   Cf. Ilana Blaj. *A trama das tensões: o processo de mercantilização de São Paulo colonial (1681-1721)*. São Paulo: Humanitas/FFLCH/USP: Fapesp 2002.

8   Cf. *Ibidem*, p. 39-85.

9   Veja-se, além da obra de Ilana Blaj, para período posterior à década de 1990, Lílian de Cássia Lisboa Miranda. *Governança e edilidade em São Paulo (1765-*

ao tratar de São Paulo no período anterior ao governo do morgado de Mateus (1765-1775), interpretou-o como sendo característico de decadência, pobreza e isolamento.[10] Autores como Mafalda Zemella,[11] John Monteiro[12] e a própria Ilana Blaj evidenciaram que, mesmo pobres, se comparadas a outros exemplos da América Portuguesa, certo nível de mercantilização se desenvolveu tanto na cidade como na capitania de São Paulo.

Tendo isso em conta, minha hipótese é que para formar e consolidar a produção agrícola paulista voltada para o mercado externo, os governadores e capitães-generais, enquanto agentes da Coroa portuguesa, dependeram de uma elite colonial com riqueza anteriormente acumulada e, desse modo, capaz de promover o empreendimento. As questões que surgem dessa relação advêm da necessidade, por parte desses governantes, de implementar reformas na capitania de São Paulo e, ao mesmo tempo, lidar com os anseios dessa elite necessária para o estabelecimento e o bom funcionamento do projeto.

A análise desenvolvida objetiva, então, verificar as medidas de fomento econômico na capitania de São Paulo nos anos de 1765 a 1802; perceber a produção açucareira do período, principal gênero exportado; investigar a elite colonial paulista, bem como sua inserção nos cargos e nos postos da capitania; e, finalmente, constatar as questões advindas da relação tanto intra-elite como entre ela e os agentes régios. Nesse sentido, dentre os problemas que devemos ter em mente, a recepção e a apropriação das ideias do reformismo ilustrado pelas elites coloniais são de extrema importância.[13] Enten-

---

1775). Tese (Doutorado em História) FFLCH-USP, 2002, p. 59-66; e para um balanço historiográfico indispensável sobre as abordagens que se fizeram dos "agentes mercantis", Maria Aparecida de Menezes Borrego. *A Teia Mercantil: negócios e poderes em São Paulo colonial (1711-1765).* Tese (Doutorado em História) FFLCH-USP, 2006, p. 12-35.

10 Mais para frente, no quarto capítulo, pontuarei algumas obras que compartilharam dessa visão.

11 Cf. Mafalda P. Zemella. *O abastecimento da capitania de Minas Gerais no século XVIII.* São Paulo: HUCITEC Edusp, 1990; 2ª edição (1ª edição, 1951).

12 Cf. John Manuel Monteiro. *Negros da Terra: índios e bandeirantes nas origens de São Paulo.* São Paulo: Companhia das Letras, 1994.

13 Cf. Francisco José Calazans Falcon. "Pombal e o Brasil". *In*: José Tengarrinha (org.). *História de Portugal.* Bauru: EDUSC; São Paulo: UNESP; Portugal: Insti-

der as relações desses indivíduos com os agentes do poder régio é considerar um conjunto de tensões de caráter dialético e não antinômico. É compreender que, assim como os governadores tinham interesses próprios, não havia uma elite local homogênea. E, a partir disso, verificar que esses dois conjuntos de figuras não estavam estanques, mas, antes, numa complexa relação, na qual se imbricavam, repulsavam-se e articulavam-se.

***

Este livro – dividido em três partes – é a dissertação de mestrado, com pouquíssimas alterações, que defendi no Programa de Pós-Graduação em História Econômica da Faculdade de Filosofia, Letras e Ciências Humanas da Universidade de São Paulo em 2007. Na primeira parte, "Povoar, Defender, Desenvolver", discuto como, a partir da segunda metade do século XVIII, o intento da Coroa portuguesa de aplicar mudanças administrativas em seu império foi efetivo, de tal modo que esse esforço pode ser percebido claramente nas diversas conquistas de Portugal. A partir desse quadro é possível, então, pensar e discorrer sobre a inserção de São Paulo nas reformas do período, já que a partir de 1765, com a sua restauração, os principais interesses da Metrópole com relação à capitania eram, em primeiro lugar, garantir a defesa do território ao Sul da América, em disputa com os espanhóis, e, em segundo, instaurar e desenvolver, como o fez também em outras partes do império, uma agricultura de tipo exportadora. Aliados indispensáveis à realização dessas reformas foram os governadores coloniais, para os quais, durante o século XVIII, é possível apontar novo estatuto. No caso de São Paulo, no período em pauta, eram eles D. Luís Antonio de Souza Botelho Mourão, morgado de Mateus (1765-1775); Martim Lopes Lobo de Saldanha (1775-1782); Francisco da Cunha Menezes (1782-1786); José Raimundo Chichorro da Gama Lobo, governador interino (1786-1788); Bernardo José de Lorena (1788-1797); e Antonio Manoel de Melo Castro e Mendonça (1797-1802). A partir da atuação desses sujeitos na administração da capitania, apresento os limites, físicos inclusive, da administração portuguesa, a fim de entender o tipo de centralização possível e as dificuldades que a monarquia teve que

tuto Camões, 2000, p. 149-166.

superar para aplicar seus desígnios às diversas localidades de seus vastos e longínquos domínios.

Na segunda parte, "A Capitania Restaurada", teço análise de como se insere, no período estudado, o esforço para estabelecer um novo tipo de produção em São Paulo, passando de uma agricultura voltada ao abastecimento interno da colônia a uma produção para a Metrópole e para o mercado europeu. A produção de açúcar, principal gênero comercializado pela capitania, foi investigada, ressaltando-se seu volume, mão de obra, geografia e número de engenhos em São Paulo em fins do século XVIII, com especial destaque à chamada região de serra-acima. A fim de entender melhor a associação entre a elite colonial e a Coroa portuguesa, na figura de seus governadores e capitães-generais, para o estabelecimento dessa empresa exportadora, destaco o jogo de interesses entre, de um lado, a Metrópole, e, de outro, os principais sujeitos da capitania paulista.

Por fim, na terceira parte, "Entre os que Servem a Sua Majestade", debato o conceito de elite e proponho formulação que permite vislumbrar melhor a elite colonial paulista. Examino as disputas na capitania e as associações entre os diferentes sujeitos, e seus interesses, ora divergentes ora convergentes. Ponderando que houve, de fato, contendas em momentos anteriores à restauração de São Paulo; mas, a partir de 1765, com as reformas empregadas, elas ganharam nova configuração. Enfim, demonstro que a vinda de um capitão-general próprio para a capitania trouxe, ao mesmo tempo, benefício e prejuízo às elites paulistas; pois que, por um lado, os governadores funcionaram, muitas vezes, como seus porta-vozes, e, por outro, o poder delas se viu, em grande parte, cerceado pela presença desses representantes da Coroa portuguesa. No rol das preocupações desses administradores, junto com questões econômicas, geográficas e militares, havia, além de seus próprios interesses, problemas relacionados tanto ao cumprimento da autoridade como ao trato com os principais da terra. Entendo que no exercício desses mandatos houve um movimento de articulação e de cooptação, mas também de vínculo entre esses governadores e a elite paulista, algumas vezes sem, todavia, necessariamente fazer frente às inúmeras ordens e determinações régias.

Parte I

Povoar, Defender, Desenvolver

1

O Tempo do Ladrilhador

Sérgio Buarque de Holanda, no clássico *Raízes do Brasil*, contrapôs dois tipos de colonização: o de Portugal e o da Espanha. No primeiro, destacou a "ordem do semeador", ou seja, o não "torcer a ordem da natureza", o lançar as sementes à terra e deixar que germinem e cresçam segundo suas próprias disposições. No segundo, ao contrário, a "ordem do ladrilhador", as regras e os padrões estritos, daqueles que para assentar um ladrilho após o outro devem calcular, medir, ponderar. Este tinha como causa a "fúria centralizadora, codificada, uniformizadora de Castela", que se exercia "até sobre o traçado das cidades coloniais". Aquele, "certa liberdade", um "natural conservantismo", um "deixar estar" típico português. Para Sérgio Buarque não se tratava de compará-los para avaliá-los. Mesmo assim, a desvantagem ficava por conta dos castelhanos, cujo modelo advinha da desunião interna de seu povo e da "permanente ameaça de desagregação". Já Portugal, "um país comparativamente sem problemas", tinha a seu favor, além da precoce unidade política, o fato de aplicar a própria ordem "em que estão postas as coisas divinas".[1] Aqui, o historiador brasileiro serviu-se do padre seiscentista António Viei-

---

[1] Sérgio Buarque de Holanda. *Raízes do Brasil*. Rio de Janeiro: José Olympio, 1969, 5ª edição, revista (1ª edição, 1936), p. 82-83.

ra, que, no *Sermão da Sexagésima*, criticando a extravagância do linguajar dos pregadores de então, argumentara que o estilo de pregar na terra deveria ser o mesmo do céu, em que as "palavras são as estrelas, os sermões são a composição, a ordem, a harmonia e o curso delas". "Um e outro é semear", dissera o pregador, "a terra semeada de trigo, o céu semeado de estrelas. O pregar há-de ser como quem semeia e não como quem ladrilha ou azuleja. Ordenado, mas como as estrelas". Enfim, Vieira lançara a passagem de seu sermão da qual se serviu Holanda: "Todas as estrelas estão por sua ordem; mas é ordem que faz influência, não é ordem que faça lavor. *Não fez Deus o céu em xadrez de estrelas*, como os pregadores fazem o sermão em xadrez de palavras".[2]

Não interessa tanto corroborar ou não o argumento de Sérgio Buarque, para o qual devem pesar os limites que um ensaio deve ter, o desenvolvimento das pesquisas desde então e, mais ainda, os objetivos que o autor queria alcançar. Mas, tomando essa ideia de semeador e de ladrilhador, perceber como, a partir da segunda metade do século XVIII, o intento centralista da Coroa portuguesa, especialmente com relação a suas colônias, é evidente a tal ponto que se possa considerar o período como o *tempo do ladrilhador*, no moldes apontados por Holanda.

No limite, essa pretensão de dar fôlego ao Império Português estava diretamente vinculada ao movimento seguinte à restauração da dinastia de Bragança em Portugal (1640).[3] Entretanto, é no século XVIII – especialmente na segunda metade dele – que mais claramente se pode percebe por parte da Metrópole portuguesa uma tentativa de promover melhorias na administração de seus domínios mediante políticas determinadas que incluíssem num mesmo plano todo o império, ainda que levassem em conta as especificidades, em vários níveis, de cada parte. Fernando Novais, analisando os *problemas da colonização portuguesa*, demonstra que os estadistas lusitanos do final do século XVIII propuseram maneiras de a monarquia enfrentar aquilo que

---

2   António Vieira. "Sermão da Sexagésima". 1655. In: *Obras completas do padre António Vieira: sermões*. 15 v. Porto: Lello & Irmão, 1959, v. 1, p. 19 (grifos meus).

3   As obras sobre a restauração portuguesa são inúmeras; para uma análise clássica desse processo e, especialmente, do homem português nele, veja-se Eduardo D'Oliveira França. *Portugal na época da Restauração*. São Paulo: Hucitec, 1997.

nomina crise do Antigo Sistema Colonial.⁴ "Tratava-se", afirma Novais, "de remover os obstáculos ao pleno funcionamento do sistema colonial, na nova conjuntura; tanto assim que o trabalho visa desde logo definir um 'sistema' de relações entre Portugal e domínios com mútuas vantagens, tornando o 'enlace dos domínios ultramarinos portugueses com a sua Metrópole... tão natural quanto pouco o era o de outras colônias que se separaram da sua mãe-pátria'".⁵ Nesse sentido, o quadro de fins do século XVIII compunha-se da seguinte forma: de um lado, o grande e acelerado desenvolvimento econômico de países como a Inglaterra; de outro, a necessidade de enquadrar Portugal nas mudanças próprias do período e de vincular as colônias, particularmente o Brasil, a esse intento. Tal necessidade, entretanto, não aparecia ofuscada na visão dos pensadores portugueses, mesmo antes do reinado josefino.⁶ O mais ilustre deles talvez seja d. Luís da Cunha, que, na década de 1740, dedicou um *Testamento Político* ao então príncipe d. José. Nele, dentre outras coisas, destacando o problema do pouco povoamento do Reino, constatou serem quatro as "sangrias" que sofria o "corpo do Estado": a primeira, eram as pessoas, "de ambos os sexos", que entravam nos conventos, "porque comem e não propagam"; a segunda, "é o socorro da gente que anualmente se manda para a Índia"; a terceira, a ida de pessoas para o Brasil, que "ao cheiro das minas querem lá ir buscar sua vida"; a quarta, e última, era a Inquisição, "porque diariamente com medo dela estão saindo de Portugal com os seus cabedais os chamados cristãos-novos".⁷ Mais adiante, tratando dos cristãos-novos e mais propriamente dos judeus, d. Luís da Cunha vinculou o necessário desenvolvimento das manufaturas em Portugal à tolerância religiosa, uma vez que os semitas, se fossem garantidas "liberdade de religião e segurança de que os seus bens não serão confiscados", empregá-los-iam "em

---

4   Cf. Fernando A. Novais. *Portugal e o Brasil na crise do Antigo Sistema Colonial (1777-1808)*. São Paulo: Hucitec, 1995. 6ª edição (1ª edição, 1979). Especialmente, o capítulo 2, intitulado "A crise do Antigo Sistema Colonial", p. 57-116.

5   *Ibidem*, p. 118. A citação feita por Novais é de D. Rodrigo de Souza Coutinho em sua "Memória sobre o melhoramento dos domínios na América", de 1797.

6   *Ibidem*, p. 131.

7   *Testamento Político de d. Luís da Cunha*. 174?. São Paulo: Alfa-Omega, 1976, p. 71-76.

renovar e aumentar as sobreditas manufaturas",[8] tão importantes para a promoção da riqueza do Reino. Mesmo com essas propostas de reformas sendo firmadas, foi, de fato, com o governo de d. José (1750-1777), e o ministério de Sebastião José de Carvalho e Melo, que ocorreu tentativa mais efetiva, e semeadora de frutos, de solução dos problemas de Portugal, especialmente no que diz respeito aos domínios ultramarinos.[9]

Contudo, antes de qualquer coisa, é preciso refletir sobre o papel de Sebastião José de Carvalho e Melo (o famoso marquês de Pombal) nesse período. José Maria Latino Coelho, abrindo a obra comemorativa do centenário da morte de Pombal, pontuou:

> Quando um povo pelos erros dos seus monarcas, pelos vícios da sua índole, e pela influência das circunstâncias, degenerado inteiramente da sua atividade primitiva, da sua príspina grandeza, e da sua prosperidade nacional, chegado à última degradação da inteligência e dos costumes, está prestes a apagar o seu nome na lista das nações, só dois caminhos se lhe oferecem para frustrar o destino, que o está ameaçando. Só há dois meios para evocar de novo à existência um povo, que raiou as extremas da sua decadência: a revolução, que é a energia violenta da própria sociedade, acordando do seu letargo diuturno pela ressurreição da consciência, ou o despotismo iluminado, que é a força de um só homem, substituída à dormente razão da sociedade.[10]

Segundo Coelho, para a "revolução" realizar-se seriam necessárias "condições" por demais complicadas. Na ausência delas, a única salvação era um despotismo que "cansado de embrutecer e oprimir, espontaneamente se

---

8   Ibidem, p. 99.

9   Cf. Francisco Calazans Falcon. *A Época Pombalina: política econômica e monarquia ilustrada*. São Paulo: Ática, 1982, p. 374.

10 José Maria Latino Coelho. "O Marquez de Pombal". *In: O Marquez de Pombal: obra comemorativa da sua morte*. Lisboa: Imprensa Nacional, 1885, p. 1.

resolva a oprimir e a ilustrar".[11] O protetor de Portugal não seria o rei d. José, porque suas "faculdades eram porventura inferiores às do seu predecessor". Mas, Sebastião José de Carvalho e Melo, "a revolução inconsciente, que vinha tomar das mãos ao débil potentado o cetro, que ele mal podia suster e menear".[12] O marquês de Pombal figurava, aqui, o "homem-causa", aquele que, sozinho, guiaria Portugal de volta aos gloriosos tempos de antão.[13]

Ange Goudar, no seu *Discurso Político*, supostamente atribuído a Pombal,[14] referindo-se a famoso ministro francês, afirmou de forma cáustica: "Ainda que nascesse um Colbert em Portugal, faltaria um Henrique IV".[15] Por trás do ataque encontra-se a evidência de que não bastava um secretário de Estado competente ou mesmo iluminado. Era necessário ter certos soberano, situação política, influência no campo mental e, igualmente, movimento já engendrado no reinado anterior que permitissem a consumação das propostas desse sujeito. Tendo isso em mente, quando me referir a reformas pombalinas, época pombalina, estarei, tão-somente, utilizando expressões já consagradas, que sobrelevam, como deve ser, o ministro português. No entanto, ao fazê-lo, fique claro que a época e, principalmente, as reformas, antes de serem de Pombal, são do rei d. José, que estava longe de ser o "débil

---

11 *Ibidem*, p. 2.

12 *Ibidem*, p. 6-7.

13 A expressão "homem-causa" é utilizada por Hélio de Alcântara Avellar na sua *História Administrativa do Brasil.* v. 5 DASP – Centro de Documentação e Informática, 1970, p. 12.

14 Cf. José Barreto. "O Discurso Político falsamente atribuído ao marquês de Pombal". *Revista de História das Ideias: O Marquês de Pombal e o seu tempo*. 2 tomos. Coimbra: Universidade de Coimbra, v. 4, tomo 1, 1982-1983, p. 385-422; e Francisco José Calazans Falcon. "O império luso-brasileiro e a questão da dependência inglesa - um estudo de caso: a política mercantilista durante a Época Pombalina, e a sombra do Tratado de Methuen". *Nova Economia*, Belo Horizonte, n. 15, maio/ago, 2005, p. 11-34.

15 "Discurso político sobre as vantagens que o reino de Portugal pode alcançar da sua desgraça". Arquivo Histórico Ultramarino, Administração Central, Conselho Ultramarino, Brasil. Códices, códice 1227, fls. 63 e 63v. Há algumas publicações desse documento, dentre elas a de Armando Castro, que o atribuía ao marquês de Pombal. Cf. Armando Castro. *A dominação inglesa em Portugal*. Três textos *do século XVIII em antologia*. Porto: Afrontamento, 1974, 2ª edição (1ª edição, 1972), p. 47-106.

potentado" ao qual se referia José Maria Latino Coelho. Sem o aval régio não haveria possibilidade de mudanças; menos ainda do posterior pombalismo, tão destacado pelo vintismo português e, depois, pelo próprio salazarismo.[16] Quando, com certa liberdade, retomo a ideia buarqueana de ladrilhador, é isso que quero destacar. Os eventos são de extrema importância, e Sebastião José de Carvalho e Melo demonstrou bem saber disso quando empreendeu as medidas para a reconstrução de Lisboa depois do terremoto que arrasou a cidade portuguesa em 1755.[17] Contudo, o movimento mais geral de mudanças em Portugal e na Europa, principalmente a Ocidental, foi decisivo para que vingasse a atuação do ministro, que não fora senão o ministro de d. José. Nesse sentido, sem diminuir a importância do marquês de Pombal, nem, por outro lado, escusar os possíveis abusos que os poderes que detinha permitiam-no cometer, é apropriado meditar sobre o fundo de verdade carregado pela afirmação que fez quando, já velho e isolado, corria inquérito sobre seus procedimentos: "Sendo eu ouvido não será fácil provar contra mim coisa que me faça carga, porque nada obrei que não fosse debaixo das ordens de El-Rei".[18]

Em Portugal, as "fendas" da "muralha que oprimia as inteligências"[19] eram maiores do que se assinalou. O papel dos estrangeirados já foi por de-

---

16 Cf. Joel Serrão. "Repensar Pombal". *In*: Maria Helena Carvalho dos Santos (org.).

Pombal Revisitado. 2 vols. Lisboa: Estampa, 1984, v. 2, p. 351-359, e, com especial atenção para o anti-pombalismo, Luís Reis Torgal. "Pombal perante as ideologias tradicionalistas e católicas". *In*: *Ibidem*, v. 1, p. 131-157. Veja-se, ainda, Fernando A. Novais. "O marquês de Pombal e os historiadores". *In*: *Aproximações: ensaios de história e historiografia*. São Paulo: Cosac Naify, 2005, p. 258.

17 Cf. Kenneth Maxwell. *Marquês de Pombal: paradoxo do iluminismo*. Rio de Janeiro: Paz e Terra, 1996 (1ª edição inglesa, 1995), p. 1-35.

18 *apud*: João Lúcio de Azevedo. *O Marquês de Pombal e a sua época*. Rio de Janeiro: Annuario do Brasil; Lisboa: Seara Nova; Porto: Renascença Portuguesa, 1922, 2ª edição com emendas (1ª edição, 1909), p. 388. Veja-se, também, Jorge Borges de Macedo. *A situação econômica no tempo de Pombal*. Lisboa: Gradiva, 1989, 3ª edição (1ª edição, 1951); e Joaquim Romero Magalhães. Sebastião José de Carvalho e Melo e a Economia do Brasil. *In*: *Labirintos brasileiros*. São Paulo: Alameda casa Editorial, 2011, p. 173-198.

19 João Lúcio de Azevedo. *O Marquês de Pombal e a sua época, op. cit.*, p. 87.

mais ressaltado. Não eram, todavia, um grupo organizado com um projeto certo para Portugal, baseado nas experiências que traziam de outros países. Em contrapartida, o Reino não estava alijado das descobertas que desde o final do século XVII faziam-se na filosofia, na matemática, na astronomia ou nas ciências naturais.[20] O iluminismo dependeu, para realizar-se no século XVIII, de uma mudança mental europeia que se cunhava desde fins do século anterior.[21] Portugal, por seu turno, não se moldaria, assim, da noite para o dia, nem com o pior dos cataclismos. Que as luzes lá florescidas, particularmente no que diz respeito às políticas governamentais, guardassem muito das formas anteriores não foge em demasia à regra geral.[22] Se o conceito de iluminismo, mesmo no século XVIII, foi polissêmico,[23] o que dizer, então, da sua aplicação nas políticas do Estado, mais ainda em um que, se recebeu influências do movimento geral, não chegou a propriamente beber direto da fonte. O reformismo ilustrado português não é, portanto, resultado de um só fator, mas de vários: da continuidade e do incremento, em alguma medida, de políticas dos reinados anteriores; do reflexo de ideias (cientificismo, racionalismo) inseridas na sociedade lusitana, ou, ao menos, na parcela mais importante dela; de um rei ciente da necessidade de mudanças em seu Estado; e, como não poderia deixar de ser, de um ministro que com o mesmo afinco usado para perseguir seus inimigos procurou introduzir modificações no Reino e em suas conquistas.

No Brasil, de modo geral, as chamadas reformas pombalinas tiveram o sentido de fortalecer a integração e a vinculação da colônia aos interesses

---

20 Cf. Tiago C. P. dos Reis Miranda. "Estrangeirados. A questão do isolacionismo português nos séculos XVII e XVIII". *Revista de História*, São Paulo: USP, n. 123-124, ago/dez, 1990 a jan-jul, 1991, p. 35-70.

21 Cf. Paul Hazard. *A crise da consciência europeia (1680-1715)*. Lisboa: Cosmos, 1948 (1ª edição francesa, 1935).

22 Cf. M. S. Anderson. *La Europa del siglo XVIII (1713-1789)*. México: Fundo de Cultura Económica, 1992, (1ª edição inglesa, 1966; 1ª edição em espanhol, 1968,), p. 152.

23 Para uma análise das diferentes definições do conceito no século XVIII, com especial atenção para o caso alemão, veja-se Miguel Baptista Pereira. "Iluminismo e secularização". *Revista de História das Ideias: O Marquês de Pombal e o seu tempo*. 2 tomos. Coimbra: Universidade de Coimbra, tomo 2, v. 4, p. 439-500, 1982-1983.

da Metrópole, verificado nas companhias de comércio, no fomento e na diversificação agrícola, na firmação de posições coloniais – mediante estabelecimento de fronteiras, defesa das mesmas e questões comerciais relacionadas à região platina –, no reforço do quadro burocrático etc. Francisco Falcon chama atenção para o contraditório, mas eficaz, movimento do governo do ministério pombalino que, de um lado, tinha como base um mercantilismo de tipo clássico e, de outro, o cunho ilustrado, "algo impreciso na teoria, mas inegável na prática".[24] Em 1777, com a morte de d. José, chegou ao fim o gabinete pombalino, assumindo a regência d. Maria I. Começaria, então, o período que recebeu a alcunha de "viradeira", ou seja, uma ruptura extrema nas políticas iniciadas no reinado josefino. Esse rompimento, todavia, não se verifica de maneira genérica e, mesmo no plano da administração colonial, além da continuidade das reformas pretéritas, houve certa aceleração do processo anteriormente iniciado.[25]

Conforme Andrée Mansuy Diniz Silva, além de a maioria dos que exerciam cargos na época de Pombal ter continuado no poder, a política econômica do período pós-pombalino seguiu as mesmas linhas gerais. Assim, "não só a política de substituição de importações e de expansão do comércio foi mantida com notável continuidade durante todo o reinado de dona Maria I e a regência *de fato* de seu filho, dom João, após 1792, mas também o princípio do pacto colonial foi reafirmado em várias ocasiões, tanto por Martinho de Melo e Castro quanto por seu sucessor, dom Rodrigo de Souza Coutinho".[26] Havia, ainda, identidade nos objetivos dos três importantes ministros de Estado - marquês de Pombal, Martinho de Melo e Castro, e D. Rodrigo de Souza Coutinho -, que, acreditando na importância vital do Brasil para a Metrópole portuguesa, "pretendiam estender seu território até onde fosse possível, reforçar sua estrutura administrativa, judicial e militar mediante o fortalecimento do poder absoluto da monarquia, e assegurar o desenvolvimento da economia brasileira dentro

---

24 Francisco Calazans Falcon. *A época pombalina: política econômica e monarquia ilustrada*, op. cit., p. 483.

25 Cf. Fernando A. Novais. *Portugal e Brasil na crise do Antigo Sistema Colonial (1777-1808)*, op. cit., p. 224.

26 Andrée Mansuy Diniz Silva. "Portugal e o Brasil: a reorganização do império, 1750-1808", *op. cit*, p. 503-504.

estritamente da estrutura do pacto colonial, em outras palavras, em proveito exclusivamente da metrópole".[27]

***

O quadro econômico português em fins do século XVIII, no que se refere à indústria, já foi apontado como um momento bastante promissor.[28] O comércio com as nações estrangeiras, por outro lado, era próspero, com saldo positivo. A conjuntura de Portugal no período era, então, "eminentemente favorável em muitos aspectos".[29] Qual era o papel do Brasil, pois, nesse contexto? D. Luís da Cunha já constatava, em famosa frase: "para poder preservar Portugal, [o príncipe] necessita totalmente das riquezas do Brasil, e de nenhuma maneira das de Portugal".[30] O desenvolvimento industrial português, por exemplo, dependeu, desde seu primeiro impulso, não só das matérias-primas coloniais para serem transformadas na Metrópole,[31] mas também do mercado daquela que foi sua principal conquista. Entre 1796 e 1806, o Brasil era o destino de quase toda a produção manufatureira portuguesa exportada (93,7%).[32] José Jobson Arruda destaca a importância do Brasil para Portugal nos últimos anos do século XVIII e princípios do XIX, momento em que, embora, segundo o autor, o comércio português com a colônia fosse deficitário, eram os produtos dela que propiciavam à Metrópo-

---

27 *Ibidem*, p. 479-480.

28 Cf. Jorge Borges de Macedo. *Problemas de história da indústria portuguesa no século XVIII*. Lisboa: Editorial Querco Ltda., 1982, 2ª edição (1ª edição, 1963), p. 235.

29 Albert Silbert. "Portugal Perante a Política Francesa (1799-1814)". *In: Do Portugal de Antigo Regime ao Portugal Oitocentista*. Lisboa: Horizonte, 1977, 2ª edição (1ª edição francesa, 1966; 1ª edição portuguesa, 1970), p. 47.

30 D. Luís da Cunha. *Instruções políticas. Introdução, estudo e edição de Abílio Diniz Silva*. Lisboa: CNCDP, 2001, p. 371.

31 Cf. António Moreira. "Desenvolvimento industrial e atraso tecnológico em Portugal na segunda metade do século XVIII". *In*: Maria Helena Carvalho dos Santos (org.). *Pombal* revisitado, *op. cit.,* vol. 2, p. 18.

32 Cf. Jorge Miguel Viana Pedreira. *Estrutura industrial e mercado colonial Portugal e Brasil (1780-1830)*. Lisboa: Difel, 1994, p. 277-278.

le uma balança superavitária nas trocas com as nações estrangeiras.[33] Valentim Alexandre questiona a metodologia aplicada por Jobson no cálculo das balanças de comércio, que insere junto com os outros produtos as remessas de metais preciosos, "transacções não-autónomas, de carácter compensatório" e, portanto, devendo ser registradas "abaixo da linha", por justamente não serem mero produto, mas servirem "de meio universal de pagamento". Mesmo assim, refazendo os cálculos e chegando a um superavit para a Metrópole dos saldos acumulados no comércio com o Brasil entre 1797 e 1804, pondera não haver dúvidas de "que se o comércio português é superavitário em relação aos países estrangeiros, deve-o fundamentalmente à exportação de produtos coloniais".[34]

Ora, se a situação era favorável, se a economia portuguesa crescia, se, no âmbito político, não havia maiores problemas, se até mesmo a guerra de independência dos Estados Unidos ajudou o comércio externo de Portugal,[35] a pergunta é, então, inevitável: de que se trata a crise do Antigo Sistema Colonial? Seria ela mera evidência sofística? Ou, pior, fruto de grosseira teleologia?[36] Com referência a esta última, é sempre válido relembrar o célebre posfácio escrito por Marx em 1873. Nele, o pensador, respondendo aos seus críticos, diferenciava o "método de exposição formal" do "método de pesquisa". Este "tem que captar detalhadamente a matéria, analisar as suas várias formas de evolução e rastrear sua conexão íntima". Depois, faz-se o caminho de volta e expõe-se "adequadamente o movimento real". "Caso se consiga isso", concluía Marx, "e espelhada idealmente agora a vida da maté-

---

33 José Jobson de A. Arruda. *O Brasil no comércio colonial*. São Paulo: Ática, 1980, p. 663 e nas p. 643-644 ver tabelas n. 3 e n. 4, respectivamente, "Produtos Brasileiros Reexportados por Portugal" e "Produtos Brasileiros Consumidos apenas em Portugal".

34 Valentim Alexandre. *Os sentidos do Império: questão nacional e questão colonial na crise do Antigo Regime português*. Porto: Afrontamento, 1993, p. 69.

35 Albert Silbert. "Portugal Perante a Política Francesa (1799-1814)", *op. cit.*, p. 45.

36 Para referência, e resposta, às principais críticas do conceito, veja-se José Jobson de Andrade Arruda. "O Sentido da Colônia: revisitando a crise do Antigo Sistema Colonial no Brasil (1780-1830)". *In*: José Tengarrinha (org.) *História de Portugal*. Bauru: EDUSC; São Paulo: UNESP; Portugal: Instituto Camões, 2000, p. 167-185.

ria, talvez possa parecer que se esteja tratando de uma construção *a priori*".[37] No caso em pauta, o sistema não estava fadado à superação porque foi superado. A coisa é um pouco mais refinada do que isso e, talvez, pela forma da exposição, possa-se supor apriorismo ou teleologia vulgar. A questão, ainda, não é puramente empírica, mas, também, teórica. Não se trata de provar ou não o valor quantitativo dos contrabandos no Brasil, porque eles, mesmo que tenham aumentado a partir de fins do século XVIII, não eram fator que negasse a estrutura do sistema, ao contrário, integravam-na.[38] A coisa dá-se no âmbito da contradição colonial; ou, melhor, da dialética colonial, que, na sua base, tinha uma lógica de acumulação primitiva de capitais na Europa; acumulação que, por sua vez, não sendo fator único, "contribuía para a formação dos requisitos na passagem para o capitalismo industrial".[39] Isso, repita-se, na base. A dialética mesma está na inevitável constatação: "Impossível explorar a colônia sem desenvolvê-la, ainda que de modo extensivo".[40] Para defender era necessário povoar e, ao povoar, era inevitável o desenvol-

---

37 Karl Marx. Posfácio da Segunda Edição. *In: O Capital: crítica da economia política*. São Paulo: Nova Cultural, 1988, 3ª edição (1ª edição alemã, 1867; 1ª edição brasileira, 1983), v. 1, livro primeiro, p. 26.

38 Cf. Fernando A. Novais. *Portugal e Brasil na crise do Antigo Sistema Colonial (1777-1808)*, op. cit., p. 91; e José Jobson de Andrade Arruda. *O Brasil no comércio colonial*, op. cit., p. 327-328. Para crítica da relação entre o contrabando e a crise do Antigo Sistema Colonial, veja-se Valentim Alexandre. *Os sentidos do Império: questão nacional e questão colonial na crise do Antigo Regime Português*, op. cit., p. 50-52, e Jorge Miguel Viana Pedreira. *Estrutura industrial e mercado colonial Portugal e Brasil (1780-1830)*, op. cit., p. 303-306. Para uma boa síntese da discussão, veja-se Maximiliano Mac Menz. *Entre dois impérios: formação do Rio Grande na crise do antigo sistema colonial (1777-1822)*. Tese (Doutorado em História). FFLCH-USP, 2006, p. 118-121. Esta tese foi publicada em 2009: Maximiliano Mac Menz. *Entre Impérios: formação do Rio Grande na crise do Sistema Colonial português*. São Paulo: Alameda, 2009.

39 Fernando A. Novais. "A evolução da sociedade brasileira: alguns aspectos do processo histórico da formação social no Brasil". *In: Aproximações*, op. cit., p. 149.

40 *Ibidem*.

vimento. Se a defesa está na gênese da colonização da América Portuguesa, passado o primeiro momento, era necessário inseri-la na lógica mais geral, não do mero povoamento, mas da exploração efetiva. A exploração colonial era, assim, o meio para um determinado fim, qual seja, "a acumulação na economia europeia".[41] Mas esse tipo de colonização, ainda que de exploração, não deixava de carregar o que lhe era elementar, ou seja, que "colonização significa *sempre* ocupação, povoamento e valorização de novas áreas".[42] É por isso que quando esse sistema estava em pleno vapor deu maiores forças à sua própria negação.[43]

A crise do Antigo Sistema Colonial não era, portanto, nem, especificamente, econômica nem política, nem, ainda, social. Era sistêmica. Reformismo ilustrado, Revolução Industrial, independência dos Estados Unidos da América, Revolução Francesa, são elementos que já denotavam uma mudança estrutural na dinâmica do próprio Antigo Regime. Pois a crise do Antigo Sistema Colonial não é senão parte integrante da crise do Antigo Regime.[44] Porque Portugal não estava no "centro desse processo",[45] podem-se apreender, sobretudo na relação com o Brasil, apenas as suas "manifestações".[46] Não bastassem as evidências que o próprio Fernando Novais aponta, de que forma poderíamos interpretar a análise feita pelo secretário de Estado, Martinho de Melo e Castro?

Em fins da década de 1770, o ministro português afirmava que a capitania de Pernambuco tinha mais de setenta navios, a Bahia, cento e cinquenta, e o Rio de Janeiro, "quantidade ainda maior", e que estes comerciavam

---

41 Idem. "Colonização e desenvolvimento econômico". In: Ibidem, p. 41. (O princípio dessa ideia já fora formulado por Caio Prado Jr. *Formação do Brasil Contemporâneo*. São Paulo: Martins Fontes, 1942.)

42 Ibidem, p. 32 (grifos meus).

43 Fernando A. Novais. *Portugal e Brasil na crise do Antigo Sistema Colonial (1777-1808)*, op. cit., p. 114 e 142.

44 Ibidem, p. 13.

45 Ibidem, p. 14.

46 Não é por acaso que Novais vai sempre se referir às "manifestações da crise", nome, inclusive, de um dos subcapítulos do terceiro capítulo de seu livro. *Ibidem*, p. 117-136.

com Angola e com a Costa da Mina, de modo que, só com esta, "empregam os Americanos entre trinta e quarenta navios por ano". Segundo seus cálculos, de Portugal para a Costa da Mina não saía nenhum navio por ano, e para Angola, quando muito, apenas um. Levando-o à "triste" conclusão de que "no dito comércio e navegação da Costa da Mina e Reino de Angola não parece Portugal o país dominante das suas Américas; mas são elas as que representam o país dominante de Portugal: E que no Reino e Estados de Angola, não tem Portugal mais que o simples domínio; porque o útil dele passa todo para as mãos dos Americanos". E, mais adiante, predizia o secretário:

> E bem se pode compreender que tendo os mesmos americanos não só o dito algodão no seu próprio continente, mas nos seus portos o grande número de navios que ficam acima indicados; tendo igualmente a facilidade da navegação, e o grande número de gente de mar, versada na Carreira da Índia, que tem passado, e continuamente passam, a estabelecer-se no Brasil; tendo enfim todas estas vantagens, não lhes será muito dificultoso de nos suplantar no comércio e navegação da Ásia da mesma sorte que o tiveram de Angola. E não nos poderá causar espanto se virmos quando menos o cuidarmos um comércio e navegação estabelecidos entre Ásia, África e América, sem dependência ou intervenção alguma do Reino de Portugal.[47]

O que seriam as considerações de Martinho de Melo e Castro senão constatações da manifestação da crise na relação entre Portugal e sua principal colônia, e seus possíveis reflexos no que diz respeito aos outros domínios lusitanos, ainda que por meio de uma tomada de consciência por parte do ministro português, influenciada pelo quadro mais geral, em especial depois da independência das colônias inglesas na América em 1776. As guerras napoleônicas e a invasão de Portugal, o consequente estabelecimento da família real no Brasil e a abertura dos portos, em 1808, são fatores que acelera-

---

47 'Informação (minuta) do [secretário de estado da Marinha e Ultramar], Martinho de Melo e Castro [...]'. c.1777. Arquivo Histórico Ultramarino, Administração Central, Concelho Ultramarino, Brasil/Geral, cx. 23, doc. 1976.

ram um movimento que, antes, já estava posto no plano estrutural. Estes são fundamentais para entender, "de um lado, nosso processo de independência política, de outro, o advento do liberalismo em Portugal",[48] mas não a dinâmica anterior e a inserção de Portugal e do Brasil nela; que são, enfim, os problemas dos quais trata detidamente Fernando Novais.[49]

O plano de reorganização da exploração ultramarina, inserido nesse quadro mais amplo, estava manifesto nas políticas administrativas estabelecidas nas diferentes partes do Império Português a partir do reinado de d. José e do ministério pombalino. Aqui, mais ainda do que em outros períodos, o sucesso da empreitada exigia não só que a Coroa colonizasse "seus próprios colonos",[50] ou seja, adequasse a exploração dos seus domínios a um dado plano, mas que também lidasse com as singularidades de cada local.

Na ilha da Madeira, a criação da Junta da Administração da Fazenda Real, em 1775, evidenciava forte valorização da questão fiscal. Ainda no plano econômico, houve um processo de reformas visando o incremento da agricultura e do comércio insular. No período, as necessidades de defender e de conhecer melhor o território foram outro ponto relevante. Com relação à população, houve empenho para se saber o número exato de habitantes de cada freguesia por meio de inúmeros recenseamentos.[51] Outro aspecto importante foi o combate aos frequentes contrabandos. Em princípios do século XIX, localizavam-se no Brasil os principais portos com os quais os habitantes da ilha faziam esse comércio ilegal. As ordens enviadas do Reino para que os administradores da Madeira se opusessem à interdita prática foram, como em outros pontos do império, contínuas.[52]

---

48 Fernando A. Novais. *Portugal e Brasil na crise do Antigo Sistema Colonial (1777-1808)*, op. cit., p. 298.

49 *Ibidem*, p. 15.

50 Essa expressão é utilizada por Luiz Felipe de Alencastro. *O Trato dos Viventes: formação do Brasil no Atlântico Sul*. São Paulo: Companhia das Letras, 2000, p. 11.

51 Cf. Ana Madalena Rosa Barros Trigo de Sousa. *O Exercício do Poder Municipal na Madeira e Porto Santo na época pombalina e post-pombalina*. Funchal: CEHA, 2004, p. 29-31.

52 Cf. Paulo Miguel Rodrigues. "A madeira e o Brasil no primeiro quartel do século

A partir do século XVIII, o intenso comércio de ingleses e franceses na costa do Congo levou à implementação, por parte da administração portuguesa, de medidas que coibissem, ainda que com pouco sucesso, os contrabandos e garantissem o monopólio desse mercado.⁵³ Para o caso de Angola, é possível observar um renovado programa político colonial. Segundo Catarina Madeira Santos, se na colonização anterior à segunda metade do século XVIII destacou-se a forte presença militar, atravessada por extremo casuísmo e experimentalismo, a partir do reinado de D. José instituiu-se iniciativa que visava a própria ideia civilizacional. Desse modo, é possível distinguir três fases dessa empresa: a primeira, de preparação, através de inventariação dos problemas do governo em Angola, a ser feita por um capitão-general enviado pela administração central; a segunda fase constituía planificação de como se deveria agir com relação àquela região; e, por fim, a ocupação dos territórios de Angola, por meio de envio de brancos e fundação de povoados civis.⁵⁴ Nas correspondências do governador d. Francisco Inocêncio de Souza Coutinho (1764-1772) com a Coroa portuguesa, foram frequentes as referências à necessidade de organização do trabalho nas minas de ferro, à importância da extração de cobre e salitre e ao cultivo dos campos e aproveitamento mais racional dos solos.⁵⁵

Para a Índia, a administração central de d. José "promulgou as instruções mais detalhadas e severas para a reconstrução e a recuperação da velha cidade portuguesa de Goa".⁵⁶ No relatório elaborado pelo intendente

---

XIX". In: Alberto Vieira (coord.). *A Madeira e o Brasil: colectânea de estudos.* Funchal: CEHA, 2004, p. 87-88.

53 Cf. Susan Herlin Broadhead. *Trade and Politics on the Congo coast: 1770-1870.* Boston: Boston University Graduate School, UMI Dissertation Services (cópia mimeografada), 1971, p. 98-123.

54 Cf. Catarina Madeira Santos. *Um governo "polido" para Angola. Reconfigurar dispositivos de domínio (1750-c.1800).* Tese (Doutorado) Lisboa/Paris: FCSH/EHESS, 2005.

55 Cf. Mônica Tovo Soares Machado. *Angola no período pombalino: o governo de Dom Francisco Inocêncio de Sousa Coutinho - 1764-1772.* Dissertação (Mestrado em História) São Paulo: FFLCH-USP, 1998.

56 Charles Boxer. *O império marítimo português 1415-1825.* São Paulo: Companhia das Letras, 2002 (1ª edição inglesa, 1969), p. 208.

geral da agricultura de Goa, no final do século XVIII, tem-se ideia dos esforços dirigidos para a promoção da agricultura na capital do Estado da Índia, bem como em outras regiões. No governo de Francisco da Cunha Menezes (1786-1794), que foi, antes de ser enviado à Índia, governador e capitão-general da capitania de São Paulo (1782-1786), houve grande incentivo à plantação de mandioca, principalmente para a fabricação de sua farinha. É o que o intendente noticiava, afirmando que o governador fizera "plantar por sua conta em plantamento seguido no pomar da horta das Casas de Taligão oito mil pés de mandioca e na baixa de outeiro da outra horta em Pangim oito mil e novecentos pés". Seguindo esse exemplo, o coronel de artilharia João Batista Godinho realizara, "por si e pelos seus oficiais, e soldados do seu regimento, e outros particulares", plantações do mesmo gênero. À custa da câmara de Goa, o governador mandou que se fizessem reformas em Damão, para "desentulhar" os "rios que cercam as ilhas, e parte das províncias". Facilitando, por um lado, a navegação e a defesa, e, por outro, o "aproveitamento de muita terra" que ficava antes do melhoramento impedida de ser cultivada, fazendo, assim, "uma nova riqueza efetiva do Estado". Na sua detalhada exposição, o intendente deu conta, também, de que as excepcionais chuvas no mês de dezembro de 1791 prejudicaram a lavoura do ano posterior porque trouxeram, como efeito, inúmeros gafanhotos e bichos "que devoraram muitas sementeiras e deram uma perda considerável". Outro problema era a falta de habitantes, provocada pelas epidemias, que atrapalhava "os desejados fins de melhoramento de tantas fazendas abandonadas". Mais uma vez, destacava o papel do governador Cunha Menezes, que socorreu os habitantes tão eficazmente "que hoje se conhece os efeitos de crescer a população" nas aldeias "e não haver doenças crônicas como nas antigas feridas do mesmo mal tem a experiência mostrado". Como consequência disso, "os terrenos reduzidos a mato agreste, que havia na aldeia de Valdões, estão se cultivando com vantagem, e com a dissipação daqueles matos goza aquela aldeia um completo restabelecimento das fazendas abandonadas". Por fim, contentava-se:

> Tem-se aforado em diversas aldeias do Estado [da Índia] neste ano muitas propriedades devolutas como se nota nos títulos respectivos de cada uma delas, que se estão reduzindo a cul-

tura e outras obras por conta das comodidades a que ocorre com todas as providências efetivas o Ilustríssimo e Excelentíssimo Senhor Governador e Capitão General e o Seu Ministro Secretário do Estado prontos a animar e proteger este estabelecimento que fazem feliz o trabalho desta Intendência Geral de Agricultura cortando pelos obstáculos, que a negligência de algumas aldeias atrasava os progressos dele na redução dos terrenos para darem as utilidades que a providência tem oferecido.[57]

Acompanhavam o relatório mapas detalhados da produção de mandioca nas aldeias de Goa, bem como do estabelecimento de outras culturas como a do arroz, cujos dados minuciosos das plantações, entre 1777 e 1792, eram apresentados. Seguia, ainda, descrição da produção de cada aldeia, com especial destaque para madeira, pimenta, algodão, mandioca e café.

Como podemos notar, por meio desses breves exemplos, havia projetos equivalentes para todos os domínios ultramarinos de Portugal, com três principais elementos a serem observados. A promoção de povoamentos, a defesa dos territórios e a valorização das regiões, com especial destaque, neste último, para o comércio e a produção agrícola. Essas medidas, que tinham como objetivo dinamizar a exploração das conquistas, não eram, de modo geral, estranhas a um mercantilismo de tipo clássico.[58] Mas, agora, sob a influência das luzes, ainda que difusa, a política para as conquistas servia-se de inovações que vinham sendo forjadas inclusive no campo das ciências. É nesse sentido que, dada a extrema relevância em demarcar corretamente as sesmarias concedidas pelo rei, elaborou-se relatório a fim de remediar as medições que foram feitas, na América, no reinado de d. João III. Naquele tempo, realizaram-se as demarcações "sem aquela formalidade devida". Pro-

---

57 "Agricultura de Goa - Ano de 1792". - v. 1 . 5 de março de 1793. Arquivo Histórico Ultramarino, Administração Central, Conselho Ultramarino, Brasil - Códices, códice 1178.

58 Cf. Eli F. Heckscher. *La época mercantilista*. México: Fondo de Cultura Económica, 1983, (1ª edição sueca, 1931; 1ª edição em espanhol, 1943), p. 459-495; e Pierre Deyon. *O mercantilismo*. São Paulo: Perspectiva, 1973 (1ª edição francesa, 1969), p. 14-45.

punha-se, então, corrigir o equívoco escriturando e marcando as terras "pelo verdadeiro rumo do Mundo", e, assim, sanar "os erros passados, e dando a cada um o que lhe pertence".⁵⁹ Era ainda imbuído desse mesmo espírito que o astrônomo Francisco de Oliveira Barboza declarava ao governador da capitania de São Paulo, antes de noticiar o eclipse do sol com precisão de dia, horas e minutos de seu princípio, meio e fim:

> Não há meio mais evidente de convencer aqueles entusiastas, que impunemente proferem a inconsiderada proposição = Quem sabe o que vai lá por cima? = do que é o prognóstico dos fenômenos celestes. Por este modo dá a conhecer o astrónomo ao resto da humanidade que, apesar de indizíveis trabalhos e contemplações, tem chegado o homem a penetrar os segredos da Natureza, e a pôr-se em estado de prognosticar afoitamente aqueles fenômenos, que por contínuas observações estão eternamente sujeitos a um rigoroso, e inalterável cálculo.⁶⁰

Foi mediante esses saberes que o astrônomo de "Sua Majestade" pôde, em 1788, utilizando "industriosa fórmula", chegar a "um perfeito conhecimento do lugar que ocupa no Globo terrestre a Cidade de S. Paulo da América Meridional". Aqui, "instrumentos competentes" e "astrónomos de profissão" serviam mais diretamente aos interesses régios com relação às suas colônias, uma vez que conhecer com exatidão a localização de determinado lugar era especialmente importante para garantir a sua defesa ou prevenir-se contra possíveis ataques.⁶¹ Tudo inserido, como declarava, dez anos depois, D. Rodrigo de Souza Coutinho, nas "grandes vistas" régias "que se estendem a todos os grandes objectos políticos, administrativos de Fazenda, Militares,

---

59 "Erros Sobre as Sesmarias das Terras da América e verdadeira forma de as Emendar e Regular". 1793. Arquivo Nacional da Torre do Tombo, Papéis do Brasil, códice 4, fls. 292-295v.

60 "Eclipses. Carta do astronomo Francisco de Oliveira Barbosa, predizendo o eclipse do sol, visível em São Paulo (Brazil)". 28 nov. 1788. Biblioteca Nacional - Lisboa, - Coleção Pombalina, códice 642, fl. 424.

61 "Carta do astrônomo Francisco de Oliveira Barbosa, determinando a situação geographica da cidade de S. Paulo, no Brasil". 1788. Biblioteca Nacional - Lisboa, - Coleção Pombalina, códice 642, fl. 80.

Marítimos Comerciais, e de Agricultura, e Artes".⁶²

No plano da agricultura, é claro o seguimento de ideias e discussões que vinham sendo formadas desde o século XVII. No entanto, a partir do Setecentos houve mudanças nas formas desses discursos, assim como nos tratamentos que se deram ao tema. José Vicente Serrão divide o pensamento agrário em Portugal em três períodos: um, da primeira metade do século XVIII, que também pode ser aplicado ao século anterior; outro, um período de transição, por volta de 1750; e, por fim, o último quartel do século, tendo como marco a fundação da Academia de Ciências de Lisboa, em 1779.⁶³ No primeiro momento, ainda que houvesse poucos escritos sobre o assunto, os discursos se caracterizavam por uma abordagem mais generalista.⁶⁴ A partir de então, somente com o que Serrão considera uma "evolução epistemológica", ou seja, "quando a agricultura se autonomizasse enquanto objecto de reflexão",⁶⁵ começaram a surgir mudanças no tipo de abordagem e nas propostas feitas. Foi, contudo, no terceiro quartel do século XVIII que essas ideias se avolumaram e ganharam corpo mais sólido, "estabelecendo decididamente as principais coordenadas que viriam a caracterizar a vaga agrarista dos finais do século". Com destaque para dois pontos: "um girando em torno das condições de produção e de exploração, e o outro das questões técnicas".⁶⁶ É tentador associar a formulação dessas ideias à influência direta do conjunto de doutrinas conhecido como fisiocracia,⁶⁷ mas o fato é que esse

---

62 'Discurso que recitou o Ministro e Secretário de Estado dos Negócios da Marinha, e Domínios Ultramarinos Dom Rodrigo de Souza Coutinho [...]'. Arquivo das Colónias. Lisboa: Ministério das Colónias, 1917, v. 1, p. 27.

63 José Vicente Serrão. O Pensamento Agrário Setecentista (pré-'fisiocrático'): diagnósticos e soluções propostas. *In*: José Luís Cardoso (org.). *Contribuição para a História do pensamento económico em Portugal*. Lisboa: Dom Quixote, 1988, p. 25-26.

64 *Ibidem*, p. 34.

65 *Ibidem*.

66 *Ibidem*, p. 41. Sobre as ideias agrárias formuladas no âmbito da Academia das Ciências de Lisboa, veja-se, na mesma obra, síntese de Jorge Miguel Pedreira. "Agrarismo, Industrialismo, Liberalismo: algumas notas sobre o pensamento económico português" (1780-1820), p. 66-70.

67 Para uma síntese sobre a fisiocracia, veja-se Eric Roll. *História das doutrinas econômicas*. São Paulo: Companhia Editora Nacional, 1971, 3ª edição ampliada

influxo tomou, em Portugal, formas específicas que se adequaram à realidade do próprio país. Por outro lado, o pensamento fisiocrático - que pode ter tido alguma inserção em Portugal em fins do século XVIII - não se reduzia ao agrarismo.[68]

De modo geral, a passagem das reflexões para as práticas não se dá de forma automática. No entanto, as medidas adotadas a partir do período pombalino denotam, no plano das reformas políticas, influência desse movimento agrarista,[69] que, posteriormente, tornar-se-ia ainda mais evidente. Exemplos disso já se encontram mais explicitamente nas primeiras considerações elaboradas por D. Rodrigo de Souza Coutinho, antes de ser secretário de Estado. Na *Recopilação dos ofícios de 1783* – quando se encontrava em missão diplomática em Turim (1779-1796) –, para a agricultura, apontou a indispensabilidade de o comércio ser livre e de se abolir o monopólio, visando a abundância de mercado; e, por outro lado, no que dizia respeito à manufatura e à indústria nacional, atentou-se para a necessidade de a matéria-prima ser de boa qualidade, de a mão de obra ser barata e de o capital ser abundante e com juro baixo.[70] As sugestões de d. Rodrigo, muitas delas inspiradas na chamada economia clássica, em especial nas ideias de Adam Smith, não se chocavam, todavia, com os interesses do país, notando-se grande pragmatis-

---

(1ª. edição inglesa, 1938; 1ª edição brasileira, 1948), p. 116-126.

68 Cf. José Luís Cardoso. *O pensamento econômico em Portugal nos finais do século XVIII (1780-1808)*. Lisboa: Estampa, 1989, especialmente o capítulo intitulado "Do Agrarismo à Fisiocracia", p. 67-79. Para uma análise das repercussões da doutrina política fisiocrática em Portugal, com especial atenção para a obra de Rodrigues de Brito, veja-se, do mesmo autor, "Direito Natural e Despotismo Legal: a ordem e o discurso fisiocrático em Portugal". In: *Pensar a economia em Portugal: digressões históricas*. Lisboa: Difel, 1997, p. 119-135.

69 Cf. José Vicente Serrão. O Pensamento Agrário Setecentista (pré-'fisiocrático'): diagnósticos e soluções propostas, *op. cit.*, p. 41-50.

70 Andrée Mansuy Diniz Silva. "Introdução". In: *D. Rodrigo de Souza Coutinho. Textos políticos, econômicos e financeiros (1783-1811)*. 2 tomos. Lisboa: Banco de Portugal, 1993. Tomo 1, p. xvi-xviii e p. 5-31. Sobre as propostas de d. Rodrigo para a agricultura, nesse período, veja-se, da mesma autora, *Portrait d'un homme d'État: D. Rodrigo de Souza Coutinho, comte de Linhares, 1755-1812*. 2 tomos. Lisboa/Paris: Fundação Calouste Gulbenkian, 2002 - 2006, tomo 1, p. 115-117.

mo em algumas de suas propostas para resolver questões decisivas. Em 1784, nas *Reflexões políticas sobre os meios de estabelecer em Portugal a cultura e manufactura da seda*, defendeu, em prol do incentivo à criação de novas manufaturas, o protecionismo e o empréstimo a artesãos que quisessem instaurar suas fábricas; sugeriu, ainda, a taxação das importações dos tecidos de seda, e posterior proibição dessas importações quando a produção nacional já estivesse satisfatoriamente desenvolvida, solução "bastante audaciosa", interpretada como indício de suas "qualidades de homem de Estado".[71]

No Brasil, como ministro e secretário de Estado da Marinha e Domínios Ultramarinos, um dos exemplos das ações de D. Rodrigo de Souza Coutinho são as instruções e os avisos enviados ao governador e capitão-general da Bahia, d. Fernando José de Portugal, indicando a necessidade de se fazer recenseamento da população. Discorreu, ainda, sobre serem forçosos maiores investimentos na agricultura daquela capitania. Além disso, julgava importante que as câmaras ajudassem a custear a formação de médicos, engenheiros hidráulicos, topógrafos e contadores, indispensáveis para solucionar possíveis problemas.[72] Para o governador de São Paulo, Antonio Manoel de Melo Castro e Mendonça, apontou, em instrução de outubro de 1797, ser forçosa a elaboração de mapas contendo informações detalhadas sobre a capitania. Neles deveriam constar os seguintes conteúdos: número de habitantes da capitania; ocupações que esses habitantes exerciam; relação dos casamentos, nascimentos e mortes anuais; dados de importações, exportações e produções; consumo dessas produções; dados de preços correntes dos gêneros; entrada e saída de navios dos portos de São Paulo.[73]

---

71 Andrée Mansuy Diniz Silva. *Portrait d'un homme d'État: D. Rodrigo de Souza Coutinho, comte de Linhares, 1755-1812, op. cit.*, tomo 1, p. 133. E, também, Idem. *D. Rodrigo de Souza Coutinho. Textos políticos, económicos e financeiros (1783-1811), op. cit.*, tomo 1, p. XXIV-XXVI, e, para transcrição das *Reflexões*, p. 113-140.

72 Andrée Mansuy Diniz Silva. "Introdução". *op.cit.*, p. XLI-XLII, e, para transcrição do documento, p. 38-47.

73 "Carta do secretário de Estado D. Rodrigo de Souza Coutinho ao governador e capitão-general Antonio Manoel de Mello Castro e Mendonça [...]". 21 out. 1797, e "Instrução de que trata a carta supra". s/d. *Documentos interessantes para a História e costumes de São Paulo*. São Paulo: Arquivo do Estado de São Paulo,

Se o Império Português era vasto e cada parte dele tinha importância para as reformas do período, o certo é que os reflexos dessas propostas no Brasil eram de interesse ampliado, porque, como constatava Martinho de Melo e Castro nas instruções que enviou ao vice-rei do Brasil, Luiz de Vasconcelos e Sousa, "sem Brasil, Portugal é uma insignificante potência".[74] Os exemplos demonstram que, também para a América, os projetos foram semelhantes aos aplicados nos outros domínios portugueses.

Na Bahia, ainda que o açúcar fosse o principal produto e que a lavoura canavieira fosse a mais valorizada, houve forte incentivo para a cultura de gêneros diversos.[75] Foi em consequência das medidas adotadas a partir do reinado de d. José, valorizando fortemente o comércio e a agricultura, que em fins do século XVIII a economia açucareira voltou a expandir-se. A revolução que, a partir de 1791, estourou em São Domingos, grande concorrente do açúcar do Brasil, deve ser ressaltada sem, entretanto, diminuir-se o papel das políticas metropolitanas introduzidas desde o período pombalino.[76] O aumento da produção açucareira da capitania pode ser notado, também, pela grande evolução do número de engenhos: de 166, em 1759, para 400, em 1798.[77]

Caso dos mais exemplares foi o Maranhão, onde, depois da criação da Companhia Geral do Grão Pará e Maranhão, na segunda metade do século XVIII, percebia-se a "montagem de uma economia de mercado à distância, resultante lógica da conquista e humanização da terra, até então selvagem e

---

1967, v. 89, p. 43-46.

74 "Instruções de Martinho de Mello e Castro a Luiz de Vasconcellos e Sousa, acerca do Governo do Brasil". 27 jan. 1799. *Revista do Instituto Histórico e Geográfico do Brasil.* Rio de Janeiro: Typographia de D. Luiz dos Santos, 1862, tomo, 25, p. 480.

75 Sobre a diversificação da produção do Brasil em fins do século XVIII e princípios do XIX, veja-se José Jobson de Andrade Arruda. *O Brasil no comércio colonial*, op. cit., p. 612-621.

76 Cf. Stuart Schwartz. *Segredos internos: engenhos e escravos na sociedade colonial, 1550-1835.* São Paulo: Companhia das Letras, 1988 (1ª edição estadunidense, 1985), p. 348; síntese dos reflexos das reformas pombalinas e pós-pombalinas na Bahia encontra-se às p. 337-355.

77 Cf. *Ibidem*, p. 343.

seminua".[78] Foi por conta dessas renovações que Raimundo Gaioso enaltecia o reinado de d. José, que "lembrou-se de dar calor ao comércio e à agricultura do resto de suas conquistas, e fazer a felicidade dos seus vassalos".[79] Nos mapas de exportação dos anos de 1783 e 1788 consta grande variedade de gêneros enviados do Maranhão para Lisboa e para o Porto, dentre eles algodão, arroz, couro, café, cacau, mel, gengibre etc., com rendimentos totais aproximados de 500 a 600 contos de reis.[80]

De Norte a Sul, das capitanias mais importantes às de pouca relevância, as mudanças iam, aos poucos, sendo introduzidas na América portuguesa. A volta da autonomia administrativa de São Paulo,[81] em 1765, inseria-se nesse plano mais geral, aqui esboçado. Os motivos para o restabelecimento da capitania eram de ordem geoestratégica de defesa territorial, reorganização administrativa e incremento econômico. A capitania paulista passaria, nesse momento, de mera "fronteira a território" efetivo.[82] Para que esse movimento se realizasse, os conflitos contra os espanhóis no Sul do Brasil, agravados desde a invasão da Colônia do Sacramento, em 1762, pelo general

---

78   Manuel Nunes Dias. *A Companhia Geral do Grão Pará e Maranhão (1755-1778)*. São Paulo: FFLCH-USP, 1971, p. 127. Ressalte-se que, sem descartar a viragem que teve a região depois da criação da Companhia, Manuel Nunes Dias dá demasiada ênfase à precariedade da situação anterior, como o próprio escritor do prefácio de seu livro atesta. Cf. Arthur Cezar Ferreira Reis. "Prefácio". In: *Ibidem*, p. 11-18.

79   Raimundo José de Sousa Gaioso. *Compêndio histórico-político dos princípios da lavoura do Maranhão*. Maranhão: Sudema; Rio de Janeiro: Cia. Editora Americana, 1970, edição fac-similar da primeira (1ª edição francesa, 1818), p. 170.

80   *Ibidem*, p. 210-211.

81   No ano de 1748, a mesma carta régia que criou as capitanias de Mato Grosso e Goiás determinou a extinção do governo da capitania de São Paulo, que ficava, então, subordinado ao governador e capitão-general do Rio de Janeiro. Cf. "Provisão Regia [cópia] Abolindo o Governo Separado de São Paulo, 1748". *Documentos interessantes para a História e costumes de São Paulo*. São Paulo: Arquivo do Estado de São Paulo, 1896, v. 11, p. 39-41.

82   Cf. Vera Lucia Amaral Ferlini. "São Paulo, de Fronteira a Território: uma Capitania dos Novos Tempos". In: *Laboratório do Mundo: ideias e saberes do século XVIII*. São Paulo: Imprensa Oficial, 2004, p. 19-25.

d. Pedro de Cevallos, foram decisivos.⁸³ Todavia, ainda que se sobressaíssem a questão da defesa dos territórios e a ajuda que São Paulo poderia levar às regiões do Sul do Brasil, não bastava restaurar a capitania pura e simplesmente. O papel do morgado de Mateus, primeiro governador e capitão-general desse período, e o de seus sucessores, exigia o cumprimento de uma série de instruções que tinham em vista, dentre outras coisas, inserir a capitania no quadro das reformas pombalinas e pós-pombalinas. Logo que chegou à colônia, o governador, munido dessas ordens, mudou a Provedoria, que se encontrava em Santos, para a cidade de São Paulo; promoveu ampla reforma militar; cuidou, no plano econômico, de impostos e outros tipos de arrecadação; despendeu grande esforço para promover a melhoria das técnicas agrícolas e, especialmente, o desenvolvimento de produtos exportáveis, como o açúcar.⁸⁴ É nesse contexto, pois, que se insere a restauração da capitania paulista bem como os estímulos para desenvolver nela uma agricultura de caráter mercantil-exportador; plano para o qual era indispensável, além de uma elite local que, de alguma forma, se empenhasse no projeto, a diligência dos governadores enviados para administrá-la.

---

83 Cf. General F. de Paula Cidade. *Lutas, ao sul do Brasil, com os espanhóis e seus descendentes (1680-1828)*. Rio de Janeiro: Biblioteca Militar, 1948, p. 69 e seguintes.

84 Cf. Heloísa Bellotto. *Autoridade e conflito no Brasil colonial: o governo do Morgado de Mateus em São Paulo: 1765-1775*. São Paulo: Conselho Estadual de Artes e Ciências Humanas, 1979, p. 203-262.

2

ADMINISTRADORES PROFISSIONAIS

Dauril Alden abre seu livro *Royal Government in Colonial Brazil* narrando o cerimonial pelo qual passou d. Luís de Almeida, o marquês de Lavradio, quando, em 1767, fez juramento perante o rei e assinou livro que promulgava sua patente de governador e capitão-general da Bahia. Logo depois da descrição, Alden lança a seguinte questão: "Quais qualidades deveria ter um governador ideal?". Ser valoroso, prudente, responsável e experiente na guerra, arguira o procurador-geral da Coroa, em 1711, sob influência do ataque francês ao Rio de Janeiro ocorrido no mesmo ano. Ter sangue nobre era essencial, mas apenas isso não bastava. A idade não poderia ser pouca, já que a prudência e a experiência demandam tempo. Para completar as características desse governador ideal, o procurador-geral apontava ser indispensável que o sujeito não se envolvesse em relações comerciais, uma vez que qualquer "interesse pecuniário afetaria inevitavelmente um julgamento imparcial". Com base nessas considerações, Alden pondera ser impossível precisar até que ponto tais qualidades foram mais decisivas às escolhas feitas pela Coroa, se comparadas com as influências familiares na Corte. No caso do marquês de Lavradio, conclui o historiador estadunidense, a maioria dos requisitos listados pelo procurador-geral da Coroa estava presente, mas, em contraposição, "ele foi inquestionavelmente favorecido em sua ascensão profissional pelo status de sua família e pelas alianças palacianas".[1]

A partir da dinastia de Bragança em Portugal (1640), a mudança na denominação da patente dos governadores, de *capitão-mor e governador* para *governador e capitão-general*, já denotava a importância marcial desses sujeitos, uma vez que para obter o título era necessária experiência militar comprovada.[2] No século XVII, para a seleção desses administradores eram promovidos espécies de concursos em que, geralmente, o mais votado levava o posto, após consulta do Conselho Ultramarino ou, dependendo do caso, de outros conselhos. No Setecentos, a prática passou a ser abolida, sendo a nomeação feita diretamente pelo rei, fato que revela manutenção e acentuação do "carácter profundamente elitista" dessas escolhas.[3] Na passagem de um século para o outro, percebe-se, então, processo de afunilamento na obtenção dos cargos de governadores coloniais. Por outro lado, a ascensão de locais aos governos das capitanias era cada vez mais rara; quando ocorria, era, mormente, nas de menor importância.[4]

---

1 Dauril Alden. *Royal Government in Colonial Brazil - with special reference to the administration of the Marquis of Lavradio, Viceroy, 1769 - 1779*. Berkley, Los Angeles: University of California Press, 1968, p. 3-4.

2 Cf. Mafalda Soares da Cunha; Nuno Gonçalo Monteiro. "Governadores e capitães-mores do império atlântico português nos séculos XVII e XVIII". *In*: Nuno Gonçalo Monteiro; Pedro Cardim; Mafalda Soares da Cunha. *Optima Pars*. "Elites ibero-americanas do Antigo Regime. Lisboa: Imprensa de Ciências Sociais, 2005, p. 210.

3 *Ibidem*, p. 214.

4 Cf. Nuno Gonçalo Monteiro. "Governadores e capitães-mores do Império Atlântico português no século XVIII". *In*: Maria Fernanda Baptista Bicalho; e Vera Lucia Amaral Ferlini (orgs.). *Modos de governar: ideias e práticas políticas no império português, séculos XVI-XIX*. São Paulo: Alameda, 2005, p. 93-115. Caso da subida de um local ao cargo de governador é o de Rafael Pinto Bandeira na capitania subalterna do Rio Grande de São Pedro. Cf. Augusto da Silva. *Rafael Pinto Bandeira: de bandoleiro a governador - relações entre os poderes privado e público em rio Grande de São Pedro*. Porto Alegre (Dissertação/Mestrado) UFGRS-IFHC, 1999.

***

A 7 de março de 1761 era emitido por d. José o estatuto do Colégio Real dos Nobres. Quem quisesse ingressar no instituto deveria ter entre sete e treze anos, saber ler e escrever, ter foro de moço fidalgo, pagar pensão anual de 120 mil réis, ser de boa família e, ainda, passar pelo crivo do rei, que era quem dava o aceite aos jovens estudantes.[5] As matérias ensinadas eram das mais variadas: línguas (as vivas e as mortas), retórica, poética, lógica, história, passando por física, álgebra, astronomia e, inclusive, pelas artes liberais, como cavalaria, esgrima e dança.[6] Destas, destaco duas, a saber, a matemática, que foi extinta em 1772,[7] e a arte militar. A primeira era tema, segundo o rei, "não só útil, mas indispensavelmente necessário a todos os que aspirarem a servir-me na Milícia, ou por mar, ou por terra". A segunda incluía "as regras gerais da fortificação; os diversos métodos regulares e irregulares de fortificar as Praças; os modos de fazer e defender um sítio, as fortificações dos campos, e exércitos".[8] A educação do jovem fidalgo era, também, a formação de um futuro servidor da Coroa. Se os primogênitos da primeiríssima nobreza quase não passaram pelo Colégio dos Nobres,[9] homens importantes na administra-

---

5 Cf. "Carta do rei D. José em que restabelece em sua Corte e cidade de Lisboa um colégio sob o nome de Colégio Real dos Nobres, com seus respectivos estatutos". 7 mar. 1761. Antonio Delgado da Silva. *Collecção da legislação portuguesa desde a ultima compilação das ordenações* [...].19 v. Lisboa: Tip. Maigrense, Correia da Cunha, 1830-1849, (1750-1762), p. 776 e 778.

6 Para um estudo detalhado sobre o Colégio dos Nobres, veja-se Rómulo de Carvalho. *História da fundação do Colégio Real dos Nobres de Lisboa*. Coimbra: Atlântida, 1959.

7 Nos primeiros anos da década de 1770, o Colégio dos Nobres passou por algumas reformas significativas. Cf. *Ibidem*, p. 160-178.

8 "Carta do rei D. José em que restabelece em sua Corte e cidade de Lisboa um colégio sob o nome de Colégio Real dos Nobres, com seus respectivos estatutos". 7 mar. 1761, *op. cit.*, p. 782 e 783.

9 Cf. Nuno Gonçalo Monteiro. *O crepúsculo dos grandes: a casa e o patrimônio da aristocracia em Portugal (1750-1832)*. Lisboa: Imprensa Nacional, Casa da Moeda, 2003, 2ª edição revista (1ª edição, 1996), p. 523.

ção régia, como D. Rodrigo de Souza Coutinho,[10] tiveram nele seus anos iniciais de formação.

Ainda com relação ao ensino,[11] vale destacar a reforma empreendida na Universidade de Coimbra a partir de 1770, com a criação da Junta de Providência Literária. Até então, o último estatuto daquela universidade datava de meados do século XVII. O principal objetivo das mudanças era modernizar o ensino da instituição. Para tanto, foram reformadas as cadeiras de teologia, cânones, leis e medicina, com introdução de novos livros e, em algumas, de novas metodologias; seguindo esse mesmo esforço de renovação, criaram-se as cadeiras de matemática e de filosofia.[12] A universidade não poderia ser vista, portanto, como algo desvinculado dos interesses do Estado, mas, ao contrário, nas palavras de Francisco Lemos de Faria Pereira Coutinho, um dos membros da Junta que se formou, "como um corpo no coração do Estado que, mercê de seus intelectuais, cria e difunde a sabedoria do Iluminismo para todas as partes da Monarquia a fim de animar e revitalizar todos os ramos da administração pública e de promover a felicidade do Homem".[13]

O intuito pode ser claro: "criar uma geração ilustrada de burocratas e funcionários públicos". No entanto, certificar o sucesso da empreitada não é tão simples. Kenneth Maxwell considera que a administração pombalina não chegou a colher desses frutos, tendo "um grupo muito pequeno de colaboradores", como Cenáculo, Francisco Lemos, os "peritos estrangeiros" Vandelli e Stephens, e "alguns pequenos nobres e aristocratas ilustrados como o morgado de Mateus e o marquês de Lavradio". Legando, assim, aos vindouros

---

10 Cf. Andrée Mansuy Diniz Silva. *Portrait d'un homme d'État: D. Rodrigo de Souza Coutinho, comte de Linhares, 1755-1812. op.cit.*, Tomo I, p. 39-50.

11 Para uma análise crítica da bibliografia sobre o ensino na época pombalina, veja--se António Alberto Banha de Andrade. "O Marquês de Pombal e o Ensino no Brasil (Revisão crítica do tema)". *In*: Maria Helena Carvalho dos Santos (org.). *Pombal revisitado. op.cit.*, v. 1, p. 225-241.

12 Cf. Manuel Augusto Rodrigues. "Alguns aspectos da reforma pombalina da Universidade de Coimbra", 1772 *In: Ibidem*, p. 209-223.

13 "Relação geral do estado da universidade". 1777. Coimbra: reprodução em fac--símile, 1983, p. 232. *Apud*: Kenneth Maxwell. *Marquês de Pombal: paradoxo do iluminismo. op.cit.*, p. 114.

a fruição das medidas adotadas no período.¹⁴ A comprovação efetiva deste postulado não é, todavia, tarefa das mais fáceis. Se tomarmos o vastíssimo banco de dados *Optima Pars*,¹⁵ notaremos que no campo relativo à "formação acadêmica" dos diplomatas, governadores coloniais e magistrados, dos 3.842 nomes totais há apenas informações sobre 89 deles. Para o século XVIII, o número de indivíduos cai para 758, com referência à formação de 32. Desses, apenas um deles consta ter estudado no Colégio dos Nobres; justamente D. Rodrigo de Souza Coutinho. Na Universidade de Coimbra, aparecem 25 nomes, sendo impossível discernir todos aqueles que se formaram antes ou depois das reformas pombalinas.

Ao estatuto de nobreza, indispensável aos governadores coloniais, não estavam vinculados apenas a origem da família, os contatos na Corte ou o destaque de certa Casa no serviço régio. A educação recebida e o conjunto de saberes indispensáveis à boa administração dos governos das conquistas eram primordiais. As reformas no campo dos estudos promovidas no reinado de d. José indicam uma tendência a "produzir um novo corpo de funcionários ilustrados para fornecer pessoal à burocracia estatal".¹⁶ É certo que afirmar terminantemente essa intenção e, mais ainda, sua efetivação significaria trabalhar com dados empíricos mais contundentes, o que, por ora, como vimos, ainda se estão por levantar. Interessa-me, nesse momento, apenas sugerir essa hipótese e, principalmente, perceber as identidades das carreiras e formações dos seis governadores da capitania de São Paulo no período abarcado por este estudo, entre 1765 e 1802.

O termo *administradores profissionais*, aqui, não deve ser entendido, então, como uma formação de tipo acadêmica desses oficiais da Coroa, como se houvesse uma escola de governadores. A ideia, ao contrário, é dar relevo ao fato de que a escolha desses sujeitos estava condicionada, cada vez mais, a uma *manifesta* gama de atributos indispensáveis à seleção, que levava em

---

14 Kenneth Maxwell. *Marquês de Pombal: paradoxo do iluminismo, op. cit.,* p. 115-116.
15 Cf. Nuno Gonçalo Monteiro; Pedro Cardim; Mafalda Soares da Cunha. "Apresentação". In: *Optima Pars. Elites ibero-americanas do antigo regime, op. cit.,* p. 11-12. Agradeço imensamente à profa. Dra. Mafalda Soares da Cunha e ao sr. David Felismino, que, gentilmente, cederam-me cópia do banco de dados.
16 Kenneth Maxwell. *Marquês de Pombal: paradoxo do iluminismo, op. cit.,* p. 110.

conta o nível de instrução, a experiência militar, o grau de nobreza e, também, a trajetória já percorrida no governo das diferentes partes dos domínios; considerando, neste último ponto, a hierarquia na administração das conquistas, segundo a qual se era enviado para um local de menor destaque até, dependendo da atuação, progressivamente ir-se a um de maior relevo, ou até mesmo ser indicado a cargo em algum conselho do Reino.

Seria difícil encontrar alguém que, por si, desejasse sair de Portugal, entrar numa embarcação, enfrentar os perigos do mar e ir governar um local qualquer, distante de sua terra e família. Os integrantes do topo mais alto da pirâmide social portuguesa não se arriscavam, que os tempos eram outros: preferiam ocupar os postos das tropas de primeira linha ou os ofícios da Casa Real.[17] Os governadores coloniais, ainda que fidalgos, não eram, dentre os grandes, os maiores. A melhor forma de ser agraciado com mercês era servir ao rei na imensidão do Império, mais destacado do que se o fizessem no Reino. Apenas a necessidade de garantir privilégios à sua Casa valia a empreitada.[18]

***

A nau Estrela do Mar saiu do porto de Lisboa em direção ao Rio de Janeiro no dia 27 de março de 1765. A bordo dela estava o recém-nomeado governador e capitão-general da capitania de São Paulo, d. Luís Antonio de Souza Botelho Mourão, o morgado de Mateus. Os 86 dias de viagem foram calmos, sem tormentas nem doenças, tendo como único inconveniente os 22 dias de calmaria quando passaram pelas ilhas de Cabo Verde, que tardaram a chegada na América. Mesmo assim, desacostumado ao cheiro e ao balanço do mar, o morgado de Mateus penou com "extraordinário enjoo" durante os primeiros trinta dias.[19] Atravessar o Atlântico em direção ao Rio de Janeiro,

---

17 Cf. Nuno Gonçalo Monteiro. *O Crepúsculo dos Grandes: a casa e o patrimônio da aristocracia em Portugal (1750-1832)*, op. cit., p. 524-530.

18 Cf. Idem. "Governadores e capitães-mores do Império Atlântico português no século XVIII", *op. cit.*, p. 109.

19 "Ofício do [governador nomeado para a capitania de São Paulo], D. Luís Antônio de Sousa [Botelho Mourão], ao [secretário de estado do Reino e Mercês], conde

quando não houvesse maiores problemas, podia durar entre 55 e 65 dias. Não era incomum, porém, que os governadores sofressem um pouco durante o percurso. Antonio Manoel de Melo Castro e Mendonça demorou-se mais do que o esperado na capital do Brasil por ter que recuperar sua saúde, "que algum tanto sofreu pelo mar".[20] Logo que desembarcassem, deveriam se encontrar com o vice-rei, a fim de apresentar as instruções recebidas - das quais este já teria, de antemão, ciência - para que, assim, pudessem dar início às suas "conferências" sobre o novo governo da capitania.[21] Isto feito, seguiriam o caminho do sertão e dariam entrada na cidade de São Paulo, onde tomariam posse, "na forma do costume praticado" na capitania.[22]

As despesas desses agentes régios não eram poucas. A começar pela própria viagem, feita à custa dos novos governadores. Mas os gastos iniciavam-se antes mesmo de partirem. De saída, pagavam por suas patentes e pelas propinas das homenagens que deviam ser feitas. Compravam roupas, providenciavam os víveres e os mantimentos para o consumo da tripulação da embarcação que os levaria; além da remuneração do capitão de mar e guerra. No Brasil, tinham que comprar os móveis e utensílios para suas casas e, também, carruagem e cavalos, "porque a rainha não dá senão as paredes das casas". Quase sempre saíam do Reino endividados, dependendo de seus soldos para cobrir seus gastos durante o governo e buscando poupar para cumprir as pendências com seus credores. Na volta, concluída essa obrigação com a Coroa, mais gastos: novamente, com o sustento da tripulação e o ordenado do

---

de Oeiras, [Sebastião José de Carvalho e Melo] [...]". 21 jun. 1765. Arquivo Histórico Ultramarino, Administração Central, Conselho Ultramarino, Brasil/Geral, cx. 19, doc. 1687.

20 "Carta de Antonio Manoel de Mello Castro e Mendonça para Bernardo José de Lorena, participando a sua chegada no Rio de Janeiro". 27 abr. 1797. Biblioteca Nacional - Lisboa, - Coleção Pombalina, códice 617.

21 "Carta de Martim Lopes Lobo de Saldanha para o marquês de Pombal dando parte de sua chegada no Rio de Janeiro". 24 abr. 1775; e "Carta de Martim Lopes Lobo de Saldanha para Martinho de Mello e Castro dando parte de sua chegada no Rio de Janeiro". 24 abr. 1775. Biblioteca Nacional - Lisboa, Avulsos, códice 4530, fls. 22, 24 e 25.

22 "Carta [de Bernardo Jozé de Lorena] Ao Illustríssimo e Excelentíssimo Senhor Martinho de Mello e Castro [...]". 8 jul. 1788. *Documentos interessantes para a História e costumes de São Paulo*. São Paulo: Arquivo do Estado de São Paulo, 1924, v. 45, p. 8.

capitão da embarcação.²³

D. Luís da Cunha Menezes, que governou Minas Gerais entre 1783 e 1788, pediu ao Conselho Ultramarino, quando estava no Reino, que lhe fossem concedidas ajudas de custo na "ida e na volta de seus governos", como "antigamente" conferia-se a quem fosse governar aquela capitania. Em resolução de agosto de 1792, a rainha d. Maria I não só negou a assistência a d. Luís da Cunha Menezes como declarou que aquilo antes praticado era "contra as minhas reais ordens com notória equivocação".²⁴ Foi com muito pesar que o vice-rei do Brasil, o conde de Resende, deu a notícia a seu primo, amigo e, à época, governador de Minas Gerais, Bernardo José de Lorena, de que por conta dessa determinação régia estava impossibilitado de auxiliá-lo em suas despesas, que, caso contrário, "o faria de melhor vontade".²⁵

Findado seu governo na capitania de São Paulo, o morgado de Mateus, defendendo-se daqueles que faziam acusações contra a sua administração, sintetizou as dificuldades de um governador colonial:

> Deixei tudo por Vossa Majestade: os filhos pequenos, a mulher, a casa, as riquezas e as comodidades, e o sossego; fui arriscar-me aos mares e a muitos perigos, e o que mais é a estes infortúnios, que não padeceria sem dúvida alguma se eu quisesse conformar-me com os que mal serviam a Vossa Majestade e aos seus Reais interesses. Deixei já postos grandes neste Reino adonde todos os do meu tempo, com muito diferentes serviços, se acham adiantados em patentes e em governos. Não me escusei de ir para tão longe, estando mal convalescido de uma queda em que fiquei por morto, com o braço direito em três pedaços. Não levei intento de riquezas, porque essas

---

23 "Parecer do [presidente do Conselho da Fazenda, ex-vice-rei do Estado do Brasil], conde de Azambuja, [Antônio Rolim de Moura Tavares] [...]". post. 1777. Arquivo Histórico Ultramarino, Administração Central, Conselho Ultramarino, Brasil-Geral, cx. 23, doc. 1981.

24 "Resolução de D. Maria I negando ajuda de custo na ida e volta de D. Luiz da Cunha Menezes, e a todos os governadores". 3 ago. 1792. Biblioteca Nacional - Lisboa, Coleção Pombalina, códice 642, fls. 531-531v.

25 "Carta do vice-rei do Estado do Brasil, conde de Rezende, ao governador de S. Paulo Bernardo José de Lorena, sobre não poder dar ajuda de custo ao governador". 9 jan. 1797. Biblioteca Nacional - Lisboa, Manuscritos - Coleção Pombalina, códice 633, fl. 106.

ajuntaria melhor do que em São Paulo no Retiro de Mateus. Não as trouxe do Brasil, porque tudo que Vossa Majestade lá me deu, lá mesmo o gastei com o seu Real Serviço. Cheguei aqui com muito pouco, como manifestei na Casa da Moeda.[26]

Na ida para o exercício do serviço régio, largavam suas famílias e suas casas, cuja administração, muitas vezes, ficava por conta das esposas, que deviam se contentar em sanar possíveis dúvidas por meio de cartas, e padecerem sozinhas com as demandas que se lhes empunham, algumas delas de tirar "cem anos de vida", tamanha complicação.[27] Dependendo do tempo de serviço, e do exercício continuado do cargo em diferentes capitanias, deixavam também dívidas que se prolongavam por anos e anos, para o desassossego de seus beneficiários.

Em quinze de setembro de 1787, Bernardo José de Lorena, antes de partir para o governo da capitania de São Paulo, comprou de João Dias Pereira Chaves inúmeras fazendas brancas para si e para seus criados, totalizando pouco mais de dois mil e quinhentos réis. Doze anos depois, a dívida ainda não tinha sido paga. O credor já estava morto, e era seu irmão, Baltasar José Pereira Chaves, quem, com mil escusas e pedidos de licença, escreveu ao então governador de Minas Gerais. Afirmou que o irmão falecera em 1791 e deixara a incumbência da cobrança com ele; ao tratar do assunto com o irmão de Lorena, d. Brás da Silveira, este lhe disse que, como era tesoureiro da administração da casa do governador e, portanto, recebia "o que pertencia a Vossa Excelência", faria o pagamento. No entanto, a quantia, até aquele momento, não lhe fora ressarcida, e como d. Brás estava "metido em grandes negócios, em grau de Comendador", Chaves julgava certo que não cumpriria

---

26 "Auto de justificação apresentado pelo ex-governador e capitão general da capitania de São Paulo, Morgado de Mateus, D. Luís Antônio de Sousa Botelho Mourão, à rainha [D. Maria I] [...]", posterior a 5 set. 1777. Arquivo Histórico Ultramarino, Administração Central, Conselho Ultramarino, Brasil - São Paulo, cx. 8, doc. 465.

27 "Carta recebida por D. Luís Antonio de Souza Botelho Mourão, enviada por sua mulher, D. Leonor Ana Luísa José de Portugal". 24 jan. 1766. Arquivo da Casa de Mateus, Sistema de Informação Casa de Mateus (SICM), Subsecção (SSC) 06.01, Série (SR), Correspondência; cópia fotográfica deste documento foi publicada no *Catálogo do Arquivo da Casa de Mateus*. Vila Real: Fundação da Casa de Mateus, 2005, p. 132.

com o prometido. A ânsia por reaver suas perdas ou, ao menos, parte delas era tamanha que o credor disse dispensar os juros pelos doze anos, deixando a cargo de Lorena dar aquilo que achasse justo. Por fim, queixou-se de o irmão ter deixado seu cabedal, em testamento, todo em forma de obrigações a serem recebidas, das quais poucas se cumpririam, uma vez que, morrendo os devedores, seus herdeiros "dizem que não sabem de tais dívidas". Mesmo ciente de que se o governador morresse levaria consigo a pendência, e a dívida estaria "perdida", rogava a Deus que "Vossa Excelência há de pagar com a brevidade que puder ser".[28]

O conde de Azambuja, presidente do Conselho da Fazenda e ex-vice-rei do Brasil, em fins do século XVIII, emitiu parecer no qual sugeria aumento no valor dos soldos dos governadores do Brasil, de acordo com a realidade de cada local. O governador da Bahia, segundo o conde, não poderia ganhar menos de seis contos e oitocentos mil réis, alegando que, além de a cidade ser muito grande, "ainda que a Bahia não é tão cara como o Rio, de nenhum modo se pode chamar barata". Para o governador do Pará, quatro contos por ano, "porque a Capitania é hoje bastantemente importante, e cuido não está já tão barata". Ao do Rio Negro, quatrocentos mil réis. Para o Maranhão, se houvesse governadores e capitães-generais, se lhes dariam três contos e seiscentos mil réis, ponderando, todavia, que para lá bastava um governador subalterno ao do Pará, com soldo de dois contos. Para o governador de Pernambuco, o conde não se "atrevia" a dar menos de quatro contos, "por ser uma Capitania antiga com bastante nobreza e em que quando por ali passei havia bastante trabalho".[29] Em 1765, foi estipulado ao morgado de Mateus, para governar a capitania de São Paulo, soldo de três contos e duzentos mil réis por ano.[30] Um quadro aproximado dos soldos de algumas capitanias do Brasil e das ilhas da Madeira e dos Açores, no segundo quartel do século XVIII, ficaria assim:

---

28 "Carta de Baltazar José Pereira Chaves para o governador de Minas Gerais Bernardo José de Lorena [...]". 4 dez. 1799. Biblioteca Nacional - Lisboa, Coleção Pombalina, códice 633.

29 "Parecer do [presidente do Conselho da Fazenda, ex-vice-rei do Estado do Brasil], conde de Azambuja, [Antônio Rolim de Moura Tavares] [...]", post. 1777, *op. cit.*

30 "D. Luiz Antonio de Souza. Carta Patente. Governador e capitão-general da capitania de São Paulo". 12 jan. 1765. Arquivo Nacional da Torre do Tombo, Registro Geral de Mercês, d. José, liv. 19, fl. 22.

Tabela 2.1
Soldos dos governadores do Brasil e das ilhas
(segundo quartel do século XVIII)

	Capitanias	Soldos (réis)
Brasil	Bahia	4.070.000*
	Pernambuco	3.400.000
	São Paulo	3.200.000
	Grão-Pará	2.800.000
	Maranhão	2.800.000
	Rio Negro	2.000.000
	Piauí	2.000.000
Ilhas	Madeira	4.000.000
	Açores	4.000.000

* somados o soldo e as propinas que o governador dessa capitania recebia

Fontes: Arquivo Histórico Ultramarino, Administração Central, Conselho Ultramarino, Brasil - Geral, cx. 23, doc. 1981; e Arquivo Nacional da Torre do Tombo, Registro Geral de Mercês, d. José, liv. 19, fl. 22.

A análise do valor do soldo de cada capitania é forte indício da hierarquia geográfica dos governos no Império português. Se as capitanias mais importantes proporcionavam os maiores soldos, davam, também, mais prestígio. São Paulo, como vemos, não era a que proporcionava o menor vencimento dentre os locais arrolados. Tampouco era o mais alto da colônia, pois que esses ficavam para as capitanias mais consideradas como Bahia, Pernambuco ou mesmo as ilhas da Madeira e dos Açores. Não sei qual foi a intensidade do efeito que surtiu a consideração do conde com relação ao aumento dos soldos no Brasil, mas, em 1790, por decreto, houve acrescentamento de seus valores em diversas capitanias da América.[31] Em

---

31 "Requerimento do governador e capitão-general da capitania de São Paulo, Antônio Manuel de Melo e Castro de Mendonça, pedindo a (D. Maria I) que lhe aumente o soldo [...]", posterior a 18 jan. 1790. Arquivo Histórico Ultramarino,

São Paulo, os dois últimos governadores do período em pauta ganharam quatro contos por ano cada um (Tabela 2.2).

Tabela 2.2
Soldos dos governadores da capitania de São Paulo (1765-1802)[32]

Governadores	Períodos	Soldos
Luís Antonio de Souza Botelho Mourão	1765-1775	3.200.000
Martim Lopes Lobo de Saldanha	1775-1782	3.200.000
Francisco da Cunha Menezes	1782-1786	3.200.000
José Raimundo Chichorro da Gama Lobo (interino)	1786-1788	3.200.000
Bernardo José de Lorena	1788-1797	4.000.000
Antonio Manoel de Melo Castro e Mendonça	1797-1802	4.000.000

Nuno Gonçalo Monteiro e Mafalda Soares da Cunha, com base em dados do século XVII, apontam que "ajudas de custo para embarcação, verbas para pagamento de um certo número de homens de guarda (vinte ou trinta) e participação na actividade comercial do território eram complementos remuneratórios generalizadamente atribuídos e que variavam consoante o território".[33] Pelo parecer do conde de Azambuja, bem como pelos pedidos denegados de ajudas de custo, poder-se-ia supor que houve uma viragem no século XVIII e que esses subsídios deixaram de ser concedidos, talvez porque naquele momento estivesse "em moda dizer-se mal" das gratificações "depois que o Marquês de Pombal as qualificou com o epíteto de abuso e

---

Administração Central, Conselho Ultramarino, Brasil - São Paulo- Mendes Gouveia, cx. 39, doc. 3272.

32 Fontes: Arquivo Nacional da Torre do Tombo, Registro Geral de Mercês, d. Maria I, liv. 10, fl. 348; liv. 20, fl. 222; liv. 19, fls. 214v e 216v; *Documentos interessantes para a História e costumes de São Paulo*, op.cit., v. 45, p. 373-374; e Arquivo Histórico Ultramarino, Administração Central, Conselho Ultramarino, Brasil - São Paulo - Mendes Gouveia, cx. 39, doc. 3272. O soldo de José Raimundo Chichorro da Gama Lobo, governador interino, deduzi que fora o mesmo que o do capitão-general anterior.

33 Mafalda Soares da Cunha; Nuno Gonçalo Monteiro. "Governadores e capitães--mores do império atlântico português nos séculos XVII e XVIII", *op. cit.*, p. 207.

corruptela".[34] Aqui, entretanto, mais uma vez estava explícita a hierarquia da administração dos domínios portugueses. Quando foi nomeado para governar o Estado da Índia, Francisco da Cunha Menezes, então capitão-general de São Paulo, recebeu carta do secretário de Estado, Martinho de Melo e Castro, que, além de comunicar a indicação, informava as quantias conferidas por "Sua Majestade" para a posse do cargo: dois contos e quatrocentos mil réis de ajuda de custo; quatro contos e oitocentos mil réis referentes a seis meses de soldos adiantados; e dois contos para o pagamento da patente, "tudo na forma que se praticou com Frederico Guilherme de Souza, a quem Vossa Senhoria vai suceder".[35] Quanto mais importante o lugar a governar, maior o valor do soldo, maior o destaque e, também, mais chances de garantir auxílios, inclusive financeiros. Essa hierarquia dos domínios do Império português e a evolução na carreira da administração das conquistas são possíveis de se acompanhar nas trajetórias percorridas pelos governadores da capitania de São Paulo.[36]

***

D. Luís Antonio de Souza Botelho Mourão, o morgado de Mateus, nasceu em 21 de fevereiro de 1722, na vila de Amarante.[37] Filho primogênito de Antonio Botelho Mourão, fidalgo da Casa Real, e neto de Mateus Álvares Mourão, em 9 de janeiro de 1749 tornou-se familiar do Santo

---

34 "Parecer do [presidente do Conselho da Fazenda, ex-vice-rei do Estado do Brasil], conde de Azambuja, [Antônio Rolim de Moura Tavares] [...]", post. 1777, *op. cit.*

35 "Para Francisco da Cunha Menezes. Participa se lhe que está nomeado Governador da Índia". 11 nov. 1785. Arquivo Histórico Ultramarino, Administração Central, Conselho Ultramarino, Brasil - Códices, códice 424, fls. 130v-131.

36 Sobre a hierarquia do Império, veja-se: Mafalda Soares da Cunha; Nuno Gonçalo Monteiro. "Governadores e capitães-mores do império atlântico português nos séculos XVII e XVIII", *op. cit.*, p. 210. Veja-se, ainda, Fernanda Olival. *As ordens militares e o Estado moderno: honra, mercê e venalidade em Portugal (1641-1789)*. Lisboa: Estar, 2001, p. 128-131.

37 Cf. Heloísa Liberalli Bellotto. *Autoridade e conflito no Brasil colonial: o governo do Morgado de Mateus em São Paulo (1765-1775). op. cit.*, p. 54-55.

Ofício;[38] recebeu, em 18 de abril de 1749, foro de fidalgo cavaleiro da Casa Real, que "pelo dito seu pai lhe" pertencia;[39] por conta de seus serviços "feitos na Província de Entre Douro e Minho, por espaço de 13 anos e 9 dias em praça de soldado da guarnição do Castelo de Santiago da Barra de Vila de Viana, continuados desde 18 de fevereiro de 1725 até 21 de fevereiro de 1738" e "aos de seu tio d. Antonio Luiz de Souza Queiroz", à época falecido, foi agraciado, em 3 de junho de 1752, com o hábito da Ordem de Cristo;[40] em 27 de julho de 1756, o rei fez-lhe mercê de "Senhorio do Conselho e Honra de Ovelha situado na Serra do Marão que divide as duas Províncias do Minho e Trás-os-Montes, para, à sua custa, fazer Vila de que se poderá chamar senhor, e usar da jurisdição que a lei lhe permite";[41] e, em 15 de janeiro de 1758, recebeu a Comenda de Santa Maria de Vermiosa.[42]

Nos *Livros Mestres* do Arquivo Histórico Militar português há registro da carreira militar de D. Luís Antonio de Souza. Em 13 de fevereiro de 1725, sentou praça como soldado no Castelo de Viana, onde seu avô era governador, com quem foi morar depois da morte de sua mãe.[43] Fazendo-se os cálculos, vê-se que, espantosamente, o morgado de Mateus entrou para o serviço militar aos três anos de idade.[44] Seguindo o registro, consta, em 6 de outubro de 1749, promoção a mestre de campo auxiliar do "Partido do Porto"; em 9 de janeiro de 1763, a coronel; e, em 1º de agosto de 1764, "passagem para outro regimento ou baixa", no caso, nomeação "ao governo de Castelo Viana".[45] Este

---

38 *Catálogo do Arquivo da Casa de Mateus*, op. cit., p. 48.
39 "D. Luiz Antonio de Souza Botelho Mourão. Foro de Fidalgo Cavaleiro". Arquivo Nacional da Torre do Tombo, Registro Geral de Mercês, d. João V, liv. 40, fl. 40v.
40 "D. Luiz Antonio de Souza Botelho Mourão. Carta de Padrão. Tença de 12$000 rs. e Hábito". Arquivo Nacional da Torre do Tombo, Registro Geral de Mercês, d. José, liv. 4, fl. 321.
41 "D. Luiz Antonio de Souza Botelho Mourão. Carta. Doação". Arquivo Nacional da Torre do Tombo, Registro Geral de Mercês, d. José, liv. 10, fl. 479.
42 Cf. *Catálogo do Arquivo da Casa de Mateus*, op. cit., p. 48
43 A informação da ida do morgado de Mateus para a casa de seu avô está em Heloísa Liberalli Bellotto. *Autoridade e conflito no Brasil colonial: o governo do Morgado de Mateus em São Paulo (1765-1775)*, op. cit., p. 55.
44 Sobre essa questão, *Ibidem*, nota 91.
45 "Registo dos Nomes, Terras, Idades, e Serviços dos Officiáes do Regimento de Bragança de que he Coronel D. Luís a quem sucedeo Fernado de Souza Leitte".

cargo de governador não chegou a exercer, uma vez que, em 12 de janeiro de 1765, o rei foi "servido" restituir a capitania de São Paulo "a seu antigo estado", indicando o morgado de Mateus para administrá-la;[46] ainda em janeiro do mesmo ano, recebeu título do Conselho Real.[47] Em 1772, "teve carta de mercê da Alcaidaria-mor do Castelo de Bragança",[48] e, já de volta a Portugal, aplicou-se à administração de sua Casa. O posto de brigadeiro de infantaria reformado foi-lhe concedido somente em 31 de maio de 1791, alguns anos antes de seu falecimento, em 3 de outubro de 1798.[49]

Os estudos do morgado de Mateus foram feitos, provavelmente, "dentro do próprio Castelo de Viana. Sua formação teria obedecido, desde então, a uma forte influência militar, com orientação do próprio avô".[50] Foi exatamente sua experiência militar que influenciou decisivamente na escolha feita pelo rei. São Paulo, como já destaquei, tinha posição estratégica na defesa do Sul do Brasil contra os ataques castelhanos. Em 1762, no contexto da Guerra dos Sete Anos, a atuação de d. Luís Antonio de Souza foi bastante destacada na contenção da invasão dos espanhóis no Nordeste de Portugal, sob o comando do famoso conde de Lippe, marechal de campo inglês enviado para auxiliar o exército lusitano.[51]

O morgado de Mateus foi casado com dona Leonor Ana Luísa José de Portugal, filha de D. Rodrigo de Souza Coutinho e, portanto, tia do, depois, 1º conde de Linhares e secretário de Estado português, homônimo de

---

Arquivo Histórico Militar, Livros Mestres, livro B24-2, fl. 1.

46 "D. Luiz Antonio de Souza. Carta Patente. Governador e capitão-general da capitania de São Paulo". 12 jan.1765, *op. cit.*

47 "D. Luiz Antonio de Souza. Carta. Título de Conselho". 18 jan. 1765. Arquivo Nacional da Torre do Tombo, Registro Geral de Mercês, d. José, liv. 19, fl. 22.

48 *Catálogo do Arquivo da Casa de Mateus, op. cit.,* p. 49.

49 *Ibidem.* Essa promoção custou muito a receber, ainda que diversos ofícios seus e de outros tenham sido enviados à rainha. Sobre o caso, veja-se Heloísa Liberalli Bellotto. *Autoridade e conflito no Brasil colonial: o governo do Morgado de Mateus em São Paulo (1765-1775), op. cit.,* p. 341-348.

50 Heloísa Liberalli Bellotto. *Autoridade e conflito no Brasil colonial: o governo do Morgado de Mateus em São Paulo (1765-1775), op. cit.,* p. 56.

51 *Ibidem,* p. 59-60.

seu avô.⁵² Dois pontos pesaram bastante na nomeação de d. Luís Antonio de Souza para o governo de São Paulo: a origem fidalga e a carreira militar. Nas palavras de Heloísa Bellotto: "Pertencer, de preferência, à fidalguia, ser um militar experiente, com prestígio na Corte e alto grau de fidelidade ao Rei e à Pátria, eram as características que se esperavam de um administrador colonial. Por tudo isso, foi colocado à frente dos destinos de São Paulo restaurada, D. Luís Antonio de Souza Botelho Mourão, morgado de Mateus".⁵³

***

Martim Lopes Lobo de Saldanha nasceu na vila de Extremoz, possivelmente entre a primeira e a segunda décadas do século XVIII. Filho primogênito de Jerônimo Lobo de Saldanha, moço fidalgo, e neto de Martim Lopes Lobo de Saldanha. Em 11 de março de 1746, Martim Lopes e seu irmão, Cristóvão Antonio Lobo de Saldanha, receberam do rei mercês de moço fidalgo, com mil reis de moradia por mês e um alqueire de cevada por dia para cada um.⁵⁴ Casado com Joana Bernarda Fresneta, ligou-se a grande Casa, uma vez que a mãe de sua esposa, Maria Caetana Fresneta, levou a seu casamento com Francisco Magalhães Silva Sousa "mais de 16 mil cruzados de renda".⁵⁵ Lobo de Saldanha sentou praça em 8 de janeiro de 1733, como soldado na província de Alentejo, passando a alferes e, depois, a tenente do Regimento da Guarnição da Praça de Elvas, posto que ocupava até, ao menos, 7 de junho de 1746. A 12 de

---

52 Cf. "La Famille Paternelle de D. Rodrigo de Souza Coutinho". *In*: Andrée Mansuy Diniz Silva. *Portrait d'un homme d'État: D. Rodrigo de Souza Coutinho, comte de Linhares, 1755-1812, op. cit.,* tomo 1, p. 18 -19.

53 Heloísa Liberalli Bellotto. *Autoridade e conflito no Brasil colonial: o governo do Morgado de Mateus em São Paulo (1765-1775), op. cit.,* p. 51.

54 "Martim Lopes Lobo de Saldanha. Alvará. Foro de Moço Fidalgo", e "Cristóvão Antonio Lopes de Saldanha. Alvará. Foro de Moço Fidalgo". 11 mar. 1746. Arquivo Nacional da Torre do Tombo, Registro Geral de Mercês, d. João V, liv. 36, fl. 273.

55 "Martim Lopes Lobo Saldanha". *Optima Pars II . As elites na sociedade portuguesa do Antigo Regime* (POCTI/HAR/35127/99).

março de 1750, recebia hábito da Ordem de Cristo, com tença de 18.000 reis anuais.[56]

Em junho de 1762, já com quase trinta anos de serviço, por lhe ter sido conferido o Regimento de Infantaria de Olivença, o agora coronel Lobo de Saldanha pediu a d. Luís da Cunha que lhe concedesse o favor de passar alguns "camaradas distintos" para o seu comando, com o intuito de poder, assim, "ter a vaidade de ser coronel do melhor Regimento". Não esqueceu, todavia, de interceder a favor de seu irmão, que era "tenente de cavalaria há oito anos, e tem vinte de serviço", pedindo ao ministro que, estando duas companhias de Dragões de certo regimento vagas, desse-lhe "uma por esmola".[57] Em 10 de maio de 1774 recebeu título do Conselho do rei e em 1775 foi promovido a brigadeiro e nomeado governador e capitão-general de São Paulo.[58] Para o governo da capitania, Lobo de Saldanha levou consigo, como capitão e seu ajudante de ordens, seu filho, Antonio Lobo de Saldanha.[59]

No dia 14 de junho de 1778, Martins Lopes completava os três anos pelos quais fora governar a capitania. Em vista disso, escreveu carta ao secretário de Estado, Martinho de Melo e Castro, pedindo que se lhe enviasse sucessor. Três anos, quando não houvesse nenhum impeditivo, era o tempo mínimo de permanência de um governador na localidade de sua administração. Porém, nas cartas de nomeação, logo após essa informação acrescentava-se: "e o mais que for o rei servido enquanto não enviar sucessor". Porque se passaram mais dois anos depois desse primeiro pedido de Lobo de Saldanha, o governador escreveu novamente ao secretário de Estado, e o fez ainda mais uma vez em 1781. Nesta última, rogava pela nomeação de seu sucessor, porque sua Casa precisava da assistência que poderia dar, além de "ter

---

56 "Martim Lopes Lobo de Saldanha. Carta de Padrão". 12 mar. 1750. Arquivo Nacional da Torre do Tombo, Registro Geral de Mercês, d. João V, liv. 41, fl. 137.

57 "Carta de Martim Lopes Lobo de Saldanha a D. Luís da Cunha [...]". 4 jun. 1762; e "Carta de Martim Lopes Lobo de Saldanha a D. Luís da Cunha [...]". 23 jun. 1762. Arquivo Histórico Militar, Documentos Digitalizados, respectivamente, PT AHM-DIV-1-07-2-47_m0001 e m0002-m0003.

58 "Martim Lopes Lobo Saldanha". *Optima Pars II - As Elites na Sociedade Portuguesa do Antigo Regime, op.cit.*

59 "Carta de Martim Lopes Lobo de Saldanha para o marquês de Pombal [...]" 3 dez. 1775. Biblioteca Nacional - Lisboa, Manuscritos. Avulsos, códice 4530, fl. 154.

de casar" seu filho primogênito, que o havia acompanhado naquele governo; e acrescentou a isso o "estar completando seis anos de governo, para o que me faltam já as forças", por conta da idade, das "efetivas moléstias" e das intrigas que contra ele havia naquela capitania.⁶⁰ Mas, somente em 1782, Lobo de Saldanha se veria livre do fardo e poderia, finalmente, retornar ao Reino.

O peso na decisão das indicações do morgado de Mateus e de Martim Lopes parece vir, além da indispensável nobreza, dos bons serviços no campo militar, mais do que qualquer outra coisa. São Paulo foi a única capitania que governaram. Findado o serviço, voltaram para suas respectivas Casas e para seus regimentos. Com os três governadores efetivos seguintes é que se pode notar tanto a carreira na administração dos domínios quanto a ascensão para cargos mais distintos, tendo como ponto de partida a capitania paulista.

***

Francisco da Cunha Menezes nasceu em 10 de abril de 1747, filho secundogênito de José Félix Cunha Menezes, que era senhor do morgado de Paio Pires e Cachoeiras, marechal de campo, governador das Armas da Beira, e vedor da rainha Mariana de Áustria. Sua mãe, Constança Xavier Menezes, era filha dos quintos condes de Ericeira. Cunha Menezes tinha na família administradores coloniais; como ele, também o foram seus irmãos Luís da Cunha Menezes, aquele para o qual a rainha negou ajuda de custo e que governou Goiás (1770-1783) e Minas Gerais (1783-1788); e Manuel da Cunha Menezes, governador da Bahia (1774-1779).⁶¹

Por decreto de 4 de abril de 1781, Francisco da Cunha Menezes foi nomeado governador e capitão-general de São Paulo; em 30 de maio de 1781, como era praxe aos governadores coloniais, foi-lhe concedido título do Con-

---

60 "Ofício do governador e capitão general da capitania de São Paulo, Martim Lopes Lobo de Saldanha, ao [secretário de estado da Marinha e Ultramar], Martinho de Melo e Castro [...]". 9 abr. 1781. Arquivo Histórico Ultramarino, Administração Central, Conselho Ultramarino, Brasil - São Paulo, cx. 10, doc. 507.

61 *Grande enciclopédia portuguesa e brasileira*. 40 v. Lisboa; Rio de Janeiro: Editorial Enciclopédia, 1935-60, v. 8, verbete 'Cunha Meneses (Francisco da)', p. 280; e 'Francisco Cunha Menezes', e 'Manuel da Cunha Menezes'. *Optima Pars II - As elites na sociedade portuguesa do Antigo Regime. op. cit.*

selho do rei. No mesmo ano, recebeu mercê do hábito da Ordem de Cristo, por portaria de 26 de maio,⁶² e foi promovido a tenente-coronel de infantaria por decreto de 24 de junho.⁶³

Do governo da capitania paulista, Cunha Menezes foi enviado para o do Estado da Índia, por decreto de 31 de outubro de 1785, e, em 21 de março de 1800, para o da Bahia.⁶⁴ Seu caso evidencia bem as mercês adquiridas por conta do serviço ao rei no governo das conquistas. Assim, em 26 de outubro de 1800, o príncipe regente, "tendo consideração ao distinto serviço que Francisco da Cunha Menezes me tem feito nos diversos empregos que tem ocupado esperando do seu zelo, honra e merecimento que se fará cada vez mais digno de ser por mim atendido", dava-lhe, exatamente como remuneração desses serviços, mercê, "em duas vidas", da Comenda de São Nicolau dos Vales da Ordem de Cristo no Arcebispado de Braga, cuja carta foi passada em 21 de novembro do mesmo ano.⁶⁵ Foi, ainda, por conta desse desempenho que pôde, por graça régia, deixar os rendimentos de sua comenda da Ordem de Cristo a uma filha sua, "reconhecida e legitimada", uma vez que não era casado, pouco antes de sua partida para o governo da Bahia, para que, caso morresse, ela não ficasse desamparada.⁶⁶ Em 1805, findado seu mandato no Brasil, foi promovido a

---

62 "Francisco da Cunha Menezes. Carta Patente. Governador e capitão-general da capitania de São Paulo". 26 maio 1781, "Francisco da Cunha Menezes. Carta. Título de Conselho". 30 maio 1781, e "Francisco da Cunha Menezes. Carta de Padrão. Tença de 12$000 rs, dos Almoxarifados do Reino com o Hábito de Cristo". Arquivo Nacional da Torre do Tombo, Registro Geral de Mercês, d. Maria I, liv. 10, fl. 348.

63 Cf. Manuel Lopes de Almeida (ed.). *Notícias históricas de Portugal e Brasil (1751-1800)*. Coimbra: Biblioteca Geral da Universidade de Coimbra, 1964, p. 125.

64 "Francisco da Cunha Menezes. Carta Patente. Governador e capitão-general do Estado da Índia". 19 dez. 1785, e "Francisco da Cunha Menezes. Carta Patente. Governador e capitão-general da capitania da Bahia". 3 out. 1800. Arquivo Nacional da Torre do Tombo, Registro Geral de Mercês, d. Maria I, liv. 29, respectivamente, fls. 102v e 114.

65 "Francisco da Cunha Menezes. Alvará. Mercê da Comenda de S. Nicolau dos Vales". 26 out. 1800, e "Francisco da Cunha Menezes. Carta. Comenda de S. Nicolau dos Vales". 21 nov. 1800. Arquivo Nacional da Torre do Tombo, Registro Geral de Mercês, d. Maria I, liv. 30, fl. 354v.

66 'Francisco da Cunha Menezes'. 21 de novembro de 1800. Arquivo Nacional da Torre do Tombo, Registro Geral de Mercês, D. João VI, liv. 2, fls. 100-101.

tenente-general. Faleceu em 12 de junho de 1812, possivelmente no Reino.[67]

Porque Cunha Menezes foi para a Índia e não fora nomeado, até aquele momento, governador para São Paulo, José Raimundo Chichorro da Gama Lobo administrou a capitania interinamente. Por não ser efetivo, alguns de seus traços diferem um pouco dos de seus antecessores e sucessores. A começar pela indicação, que não foi feita pelo rei, mas pelo vice-rei do Estado do Brasil.[68] José Raimundo Chichorro, eclesiástico, nasceu em Monforte, no Além Tejo, nas primeiras décadas do século XVIII, filho de André Chichorro da Gama Lobo e de Catarina Jerónima Juzarte Silva Barreto.[69] Aos dezesseis anos de idade sentou praça como soldado; em 11 de março de 1754, passou a alferes, em 22 de março de 1758, a capitão e, em 17 de setembro de 1759, a capitão de granadeiro. Foi promovido a sargento-mor em 1º de junho de 1763,[70] e, a partir de então, ocupou os postos de tenente-coronel e de coronel de infantaria.[71]

Como vemos, a escolha feita pelo vice-rei não recaiu sobre qualquer pessoa. José Raimundo Chichorro, em 1767, foi para o regimento do Rio de Janeiro, tornou-se brigadeiro, fez a campanha do Rio Grande de São Pedro, promovido, então, a marechal de campo, e "comandou a expedição da Ilha da santíssima Trindade, na posse dos Ingleses".[72] Fidalgo cavaleiro, com hábito da Ordem de Malta,[73] em 5 de julho de

---

67 "Francisco Cunha Menezes", e "Manuel da Cunha Menezes". *Optima Pars II - "As elites na sociedade portuguesa do Antigo Regime"* (POCTI/HAR/35127/99).

68 "Para o Bispo. Participa se lhe a nomeação de Francisco da Cunha e Menezes para Governador do Estado da India [...]". 11 nov. 1785. Arquivo Histórico Ultramarino, Administração Central, Conselho Ultramarino, Brasil - Códices, códice 424, fls. 130-130v.

69 "José Raimundo Chichorro Gama Lobo". *Optima Pars II. "As Elites na Sociedade Portuguesa do Antigo Regime"* (POCTI/HAR/35127/99).

70 As informações sobre a carreira militar de Gama Lobo, até 1763, estão em "Registo dos Nomes, Terras, Idades, e Serviços dos Officiáes do Regimento d'Elvas". Arquivo Histórico Militar, Livros Mestres, livro B60-1, fl. 3.

71 "José Raimundo Chichorro Gama Lobo". *Optima Pars II - "As elites na sociedade portuguesa do Antigo Regime* (POCTI/HAR/35127/99).

72 *Ibidem.*

73 *Ibidem.*

1788, às dezesseis horas, deu posse ao capitão-general Bernardo José de Lorena, para, no dia 7, às três da manhã, pôr-se em marcha à cidade do Rio de Janeiro, aonde chegou "no dia vinte e seis, participando a Vossa Excelência", Martinho de Melo e Castro, "a tranquilidade e sossego em que ficaram aqueles humildes povos que tive a honra de governar interinamente".[74]

***

Bernardo José Maria da Silveira e Lorena, natural da freguesia de Santos Reis do Campo Grande, Lisboa, nasceu em 20 de abril de 1756.[75] Durante algum tempo, especialmente para certos genealogistas brasileiros, considerou-se que o pai de Lorena era D. Luiz Bernardo de Lorena e Távora, e sua mãe, D. Thereza de Távora. Aquele, acusado, julgado e condenado à morte, junto com seus pais e outros parentes, pela tentativa de assassinato que sofreu D. José, em 1758; esta, forçosamente reclusa no convento de Santos e, depois, no de Chelas. A versão é defendida por Maria Luiza Franco da Rocha, integrante da descendência "legítima de D. Bernardo José de Lorena que ficou no Brasil".[76] Mesmo não ignorando a existência de Nuno Gaspar Lorena, que, antes, levava o sobrenome Távora, nem de Maria Inácia Silveira, a autora advoga contra a possibilidade de serem progenitores do, depois, governador de São Paulo. Dois motivos são notavelmente causadores da interpretação de Maria Franco da Rocha: primeiro, o fato de, como reconhece, não ter feito investigações nos arquivos portugueses, baseando-se na documentação brasileira e na "tradição oral"; segundo, porque há de se convir que, em não havendo provas contrárias, é muito mais encantador ascender de sujeito que foi levado para a reclusão de sua mãe "escondido, pelo temor de que não lhe fizessem algum mal", "pe-

---

74 "Ofício do governador interino da capitania de São Paulo, brigadeiro frei José Raimundo Chichorro, ao [secretário de estado da Marinha e Ultramar], Martinho de Melo e Castro [...]". 29 jul. 1788. Arquivo Histórico Ultramarino, Administração Central, Conselho Ultramarino, Brasil - Geral, cx. 27, doc. 2229.

75 Arquivo Nacional da Torre do Tombo, Paróquia de Campo Grande, Registo de baptismos, Lv B5 - Cx 2. fl. 13v.

76 Maria Luiza Franco da Rocha. Biografia de D. Bernardo José Maria de Lorena. *Revista do Arquivo Municipal.* São Paulo: Departamento de Cultura da Secretaria de Educação e Cultura da Prefeitura de São Paulo, n°. 64, 1940, p. 136.

quetito, ainda de braço", permanecendo por 19 anos trancado num convento, obrigado a superar sua "infância triste", lutar para aprimorar "sua educação" e cultivar "o seu espírito com padres, que foram os seus mestres" e, com eles, aprender, "além de filosofia e belas letras", "varias línguas", conhecendo, inclusive, "o latim a fundo".[77] A intenção e a argumentação podem ser das melhores, mas, infelizmente para a ilustre história de Lorena, e, certamente, felizmente para ele mesmo, os tempos não foram tão penosos como se traçou. Lorena foi, de fato, filho de Nuno Gaspar e de Maria Inácia, como consta do registro de seu batismo e dos inúmeros registros das mercês por ele recebidas. Versou-se, sim, em diversas áreas do conhecimento, mas não com os padres, recluso juntamente com sua mãe. Foi no Colégio dos Nobres que estudou, para o qual ingressou em 7 de abril de 1766, tendo se destacado de tal modo que, em 22 de julho de 1771, fez "um ato particular em Retórica e Lógica, com geral aplauso". Lá permaneceu até 31 de julho de 1771,[78] indo estudar, então, na Universidade de Coimbra, em período posterior à reforma curricular, onde defendeu tese em 14 de maio de 1778.[79]

Por alvará de 3 de fevereiro de 1766, Lorena recebeu foro de moço fidalgo, ao qual, anos depois, foi acrescido o de fidalgo escudeiro.[80] Tendo sido capitão de cavalaria agregado,[81] foi nomeado, por decreto de 28 de julho de 1786, governador e capitão-general da capitania de São Paulo. Em 9 de agosto de 1786, recebeu carta com título do Conselho régio, e, no dia 25 daquele mês, foi-lhe despachada mercê do hábito da Ordem de Cristo, para o qual foi

---

77 *Ibidem*, p. 117-118.
78 'Livro 4º. de registo da entrada, sahida, profissões e actos dos collegiaes do Collegio dos Nobres (1766 a 1769)'. Arquivo Nacional da Torre do Tombo, Colégio dos Nobres, liv. 62, p. 26.
79 'Theses pro repetitionis actu ex Historia Ecclesiastica, jure tum naturali, canonico, publico, ac privato, cum regio selectas. (Auctor) Bernardus Josephus a Lorena'. 14 de maio de 1778. Biblioteca Nacional - Lisboa, Manuscritos - Coleção Pombalina, códice 653.
80 'Bernardo José de Lorena. Foro de Moço Fidalgo'. 3 de fevereiro de 1766, e 'Bernardo José de Lorena. Foro de Fidalgo Escudeiro'. 14 de dezembro de 1776. Arquivo Nacional da Torre do Tombo, Registro Geral de Mercês, D. José, liv. 19, fl. 485.
81 'Bernardo José Maria Silveira Lorena'. *Optima Pars II - As Elites na Sociedade Portuguesa do Antigo Regime* (POCTI/HAR/35127/99).

habilitado em 22 de setembro.[82] Em 20 de abril de 1796, Lorena comunicou ao então secretário de Estado interino, Luiz Pinto de Souza, o recebimento da carta em que lhe anunciava a nomeação para governador de Minas Gerais, atestando que passaria para Vila Rica "sem a menor perda de tempo", como ordenava ser conveniente "Sua Majestade".[83] Por decreto de 17 de setembro de 1801, D. João fez a Lorena mercê "de um lugar ordinário de Conselheiro de Capa e Espada do Conselho Ultramarino". Em 30 de agosto de 1804, o príncipe regente o decretava deputado da Junta de Arrecadação do Tabaco, com ordenado de seiscentos mil réis anuais.

No tempo em que esteve em São Paulo, Lorena amancebou-se com uma filha da terra, que, segundo Maria Luiza Franco da Rocha, era Mariana Angélica de Bustamante Sá Leme, de importante família da capitania.[84] Seu pai, Antonio Fortes de Bustamante Sá, era "doutor de capelo e opositor que foi às cadeiras de Coimbra", sua mãe, Anna Maria Pinto da Silva, era filha de Isabel Caetano de Araújo e de Diogo Pinto do Rego, este, "cavaleiro fidalgo da casa real, mestre de campo dos auxiliares de São Paulo, e proprietário do oficio de escrivão da ouvidoria e correição da comarca da cidade de São Paulo".[85] Lorena teve três filhos com Mariana, a saber, Maria Inácia, Francisca e Francisco de Assis.[86] Este, em carta de março de 1799, declarava-se ao pai "o mais feliz menino na América", por sua avó o ter reconhecido e, então, poder

---

82 'Bernardo José de Lorena. Carta de Padrão. Hábito da Ordem de Cristo'. 14 de abril de 1786, 'Bernardo José de Lorena. Carta de Título. Conselho'. 9 de agosto de 1786, e 'Bernardo José de Lorena. Carta de Profissão. Hábito'. 26 de novembro de 1786. Arquivo Nacional da Torre do Tombo, Registro Geral de Mercês, D. Maria I, liv. 20, respectivamente, fls. 222, 222v e 372.

83 'Carta de Bernardo Jozé de Lorena ao secretário de Estado comunicando ter recebido a ordem para que passasse para a vila de Minas Gerais'. 20 de abril de 1796. *Documentos interessantes para a História e costumes de São Paulo*, vol. 45, *op. cit.*, p. 187.

84 Cf. Maria Luiza Franco da Rocha. Biografia de D. Bernardo José Maria de Lorena, *op. cit.*, p. 130 e seguintes.

85 Pedro Taques de Almeida Paes Leme. *Nobiliarchia Paulistana Histórica e Genealógica*. 3 tomos. São Paulo: Comissão do IV Centenário da Cidade de São Paulo / Livraria Martins Fontes, sem data, 3ª edição (2ª edição, completa, 1940/1944), tomo 3, p.111.

86 Cf. Maria Luiza Franco da Rocha. Biografia de D. Bernardo José Maria de Lorena, *op. cit.*, p. 131.

dizer-se "neto da Excelentíssima Senhora Dona Maria Inácia da Silveira".[87] Em 4 de abril de 1818, os descendentes que Lorena deixou no Brasil foram legitimados pelo Desembargo do Paço.[88]

Em 24 de maio de 1805, o príncipe regente fez a Bernardo José de Lorena mercê do título de conde de Sarzedas. No ano seguinte, pelo "valor e limpeza de mãos com que o dito Conde de Sarzedas procedeu sempre em meu serviço pela confiança que tenho de que em tudo a de que o encarregar me servirá com satisfação como até agora o fez", foi nomeado vice-rei do Estado da Índia,[89] último cargo conquistado até falecer, em data incerta.

**

Antonio Manoel de Melo Castro e Mendonça era filho de Dinis Gregório Melo Castro Mendonça, e de Maria Rosa de Ataíde.[90] Não se sabe a data de seu nascimento. Em livro de lançamento dos recibos dos governadores ultramarinos, há nome de "Antonio Manoel de Melo e Castro" encarregado do governo dos Rios de Sena, em 1779;[91] certamente, trata-se de homônimo, já que, em abril de 1773, Melo Castro e Mendonça ainda estava recebendo seu foro de moço fidalgo.[92] Aos 16 dias de novembro de 1795, recebeu o hábito de cavaleiro noviço da Ordem de Santiago da Espada, e, no ano seguinte, era

---

87 'Carta de Francisco de Assis a seu pai Bernardo José de Lorena'. 7 de março de 1799. Biblioteca Nacional - Lisboa, Manuscritos - Coleção Pombalina, códice 710.

88 'Bernardo José Maria Silveira Lorena'. *Optima Pars II - As Elites na Sociedade Portuguesa do Antigo Regime* (POCTI/HAR/35127/99).

89 'Bernardo José de Lorena. Carta. Conde de Sarzedas'. 24 de maio de 1805, e 'O Conde de Sarzedas. Bernardo José de Lorena. Vice-rei do Estado da Índia'. Arquivo Nacional da Torre do Tombo, Registro Geral de Mercês, D. João VI, respectivamente, liv. 7, fls. 30v-31, e liv. 8, fls. 313-313v.

90 Sobre seu pais, veja-se 'Dinis Gregório Melo Castro Mendonça'. *Optima Pars II - As Elites na Sociedade Portuguesa do Antigo Regime* (POCTI/HAR/35127/99).

91 'Livro onde os governadores do Ultramar lançavam os recibos das cartas e mais papeis de serviço que levavam - 1762 a 1830 - 1 vol.'. Arquivo Histórico Ultramarino, Administração Central, Conselho Ultramarino, Brasil - Códices, códice 467, fl. 15.

92 'Antonio Manoel de Mello Castro e Mendonça. Moço Fidalgo'. 2 de abril de 1773. Arquivo Nacional da Torre do Tombo, Registro Geral de Mercês, D. José, liv. 28, fls. 59-59v.

despachada pelo Tribunal da Mesa da Consciência e Ordens a comenda de Alcaria Ruiva da Ordem de Santiago, mercê recebida como recompensa aos serviços prestados por seu pai, como governador das Ilhas dos Açores, "e dos dele até ao presente, em Praça de Soldado e Capitão de Infantaria com exercício de Ajudante das ordens do dito Governador: tendo embarcado voluntariamente por duas vezes na guerra contra as Argelinas".[93] Também por causa dos serviços de seu pai foi dispensado das habilitações para ser professo na Ordem de Cristo, na qual ingressou em 18 de setembro de 1797.[94]

Aos 29 dias de maio de 1795, no Palácio de Queluz, "Sua Majestade" decretava ao Conselho Ultramarino que, tendo em conta "qualidade e merecimento dos serviços" de Antonio Manoel de Melo Castro e Mendonça nas ilhas dos Açores, havia por bem nomeá-lo governador de São Paulo.[95] O então capitão-general da capitania paulista, segundo José Joaquim Machado de Oliveira, fora nomeado para o cargo pelo ministro D. Rodrigo de Souza Coutinho.[96] É por meio do mesmo Machado de Oliveira, aliás, que podemos saber que Melo Castro e Mendonça era sobrinho do secretário de Estado antecessor, Martinho de Melo e Castro, em quem D. Rodrigo sugeria, mais de uma vez, o governador deveria sempre se espelhar.[97] Em maio de 1809, Melo

---

93 'Antonio Manoel de Mello Castro e Mendonça. Carta. Profissão de Hábito'. 16 de novembro de 1795, 'Antonio Manoel de Mello Castro e Mendonça. Alvará. Comenda'. 16 de outubro de 1795, e 'Antonio Manoel de Mello Castro e Mendonça. Carta. Comenda de Alcaria Ruiva'. 13 de agosto de 1796. Arquivo Nacional da Torre do Tombo, Registro Geral de Mercês, D. Maria I, respectivamente, liv. 18, fl. 111, liv. 27, fls. 267v-268, e liv. 28, fls. 135-135v.

94 'Antonio Manoel de Mello Castro e Mendonça'. *Optima Pars II - As Elites na Sociedade Portuguesa do Antigo Regime* (POCTI/HAR/35127/99).

95 'Decreto da rainha D. Maria I nomeando por tempo de três a anos Antônio Manuel de Melo Castro e Mendonça para governador e capitão general da capitania de São Paulo'. 29 de maio de 1795. Arquivo Histórico Ultramarino, Administração Central, Conselho Ultramarino, Brasil-São Paulo, cx. 12, doc. 596, e 'Antonio Manoel de Mello Castro e Mendonça. Patente de governador e capitão-general da capitania de São Paulo'. Arquivo Nacional da Torre do Tombo, Registro Geral de Mercês, D. Maria I, liv. 19, fls. 214v e 216v.

96 J. J. Machado D'Oliveira. *Quadro Histórico da Província de São Paulo*. São Paulo: Governo do Estado, 1978, edição fac-similada da 1ª. (1ª. edição de 1864), p. 189.

97 '[Carta de D. Rodrigo de Souza Coutinho para o governador Antonio Manoel de Mello Castro e Mendonça] [...]'. 19 de setembro de 1798. Arquivo Histórico Ultramarino, Administração Central, Conselho Ultramarino, Brasil - Códices,

Castro e Mendonça foi nomeado governador de Moçambique, onde ficou até 1812, quando foi indicado para administrar a ilha da Madeira,[98] cargo que não chegou a ocupar, pois que "tendo já a bagagem a bordo e quando ia a embarcar, foi de súbito atacado de uma doença, que o vitimou".[99] No Brasil, deixou um filho, Antonio Manoel de Melo, paulista, nascido em 2 de outubro de 1802, que sentou praça de alferes com 11 anos de idade, e em 1823 ingressou na Academia Militar no Rio de Janeiro. O filho de Melo Castro e Mendonça fez destacada carreira militar no Brasil, tendo participado, inclusive, já como brigadeiro, da guerra do Paraguai, em 1865.[100]

***

Fica claro, por meio das breves descrições biográficas que acabo de traçar, a circulação desses sujeitos pelo Império Português, e a indicação de que, quanto mais serviços prestavam à monarquia, maiores eram as chances de receberem mercês. Os casos citados, todavia, não são únicos. Outras trajetórias nos diversos governos das colônias atestam a mesma característica.[101]

---

códice 424, fls. 149-149v.

98 'Antonio Manoel de Mello Castro e Mendonça'. *Optima Pars II - As Elites na Sociedade Portuguesa do Antigo Regime* (POCTI/HAR/35127/99).

99 *Grande Enciclopédia Portuguesa e Brasileira*, op. cit., vol. 16, verbete 'Mendonça (Antonio Manuel de Melo Castro)', p. 902.

100 Cf. Manuel Eufrasio de Azevedo Marques. *Apontamentos históricos, geográficos, biográficos, estatísticos e noticiosos da província de São Paulo* [...]. 2 tomos. São Paulo: Comissão do IV Centenário da Cidade de São Paulo, 1953 (1ª edição, 1879), tomo 1, p. 68-70.

101 Cf. Dauril Alden. *Royal Government in Colonial Brazil - with special reference to the administration of the Marquis of Lavradio, Viceroy, 1769 - 1779*, op. cit.; para os governadores de Minas Gerais no século XVIII, Caio Boschi. Administração e administradores no Brasil pombalino: os governadores da capitania de Minas Gerais. *Tempo*, Rio de Janeiro, n. 13, p. 77-109 e Laura de Mello e Souza. *O Sol e a Sombra. Política e Administração na América portuguesa do século XVIII*. São Paulo: Companhia das Letras, 2006; para os de Santa Catarina, Augusto da Silva. Nobres governadores na vila do Destêrro (1738-1807). Texto inédito, gentilmente cedido pelo autor, apresentado no *(Pequeno) Seminário Internacional Poder Local na Dimensão do Império Português*. Promovido pela

Todos eram fidalgos e tinham experiência militar, uns mais, outros menos. Dos que fizeram uma carreira na administração dos domínios, a paga pelos serviços mostra-se clara: não necessariamente em benefícios amealhados localmente, mas principalmente em privilégios concedidos pelo rei, para si e para os seus descendentes. A moeda corrente parece ser essa; sem, é claro, excluírem-se possíveis vantagens conquistadas no âmbito dos governos locais.

Os governadores coloniais foram figuras indispensáveis ao bom funcionamento das políticas metropolitanas para as conquistas. Na época em questão, a renovada estratégia por parte da Coroa de Portugal, especialmente no que diz respeito à região Centro-Sul do Brasil, permite refletir sobre as dificuldades de um império plástico, que tinha nesses indivíduos importantes aliados. Avaliar as distâncias reais entre objetivos e práticas é considerar que os governadores, enquanto agentes do poder régio, tinham que lidar com a especificidade das relações sociais da terra ao adequar a ela as ordens que se lhes enviavam. Além disso, essas instruções que vinham da Metrópole passavam pelo entendimento, ou pelo não entendimento, desses representantes da Coroa, os quais, embora, muitas vezes, trouxessem na bagagem experiências de governos anteriores, aprendiam sempre e de novo com cada realidade. Não bastasse isso, a ingerência do rei e de seus secretários de Estado não tinha como ser ilimitada. Entre o trono régio e a cadeira do governador havia nada menos do que a imensidão oceânica.

Cátedra Jaime Cortesão e pelo Projeto Temático Dimensões do Império Português, em 2007, e *Idem. A Ilha de Santa Catarina e sua Terra Firme. Estudo sobre o governo de uma capitania subalterna (1738-1807)*. São Paulo: FFLCH--USP, 2008, tese de doutorado.

3

Mundo, vasto mundo

Em carta de janeiro de 1779, a rainha D. Maria I enviou ao vice-rei do Brasil, Luís de Vasconcelos e Souza, cópia da ordem que dera ao marquês de Lavradio sobre o cumprimento do Tratado Preliminar de Limites, assinado em Santo Ildefonso no ano de 1777, relativo à disputa de terras ao Sul da América entre Portugal e Espanha. Relatou, ainda, a dificuldade que se teve para cumprir alguns pontos do acordo e determinou como ficariam estabelecidas as divisões territoriais.[1] No mesmo mês, o ministro Martinho de Melo e Castro informou ao vice-rei as inúmeras providências que se deveria tomar para realizar de modo eficaz a demarcação dos limites do Brasil com os domínios de Espanha. Durante os trabalhos, era preciso levar em conta questões relevantes: desde a escolha e a nomeação daqueles que comporiam a divisão para a realização das atividades até a demarcação efetiva dos limites nas diversas regiões fronteiriças com as de Espanha. O tratamento a ser dispensado aos espanhóis, segundo o ministro, estaria imbuído de "polidez e ci-

---

1 'Carta (cópia) da rainha D. Maria ao vice-rei do Estado do Brasil Luis de Vasconcelos e Souza [...]'. 25 de janeiro de 1779. *Documentos interessantes para a História e costumes de São Paulo*. São Paulo: Arquivo do Estado de São Paulo, 1898, vol. 25, p. 8-17.

vilidade, sem adulação nem abatimento", cuidando sempre em não "mostrar a menor desconfiança nem entrar com eles em grandes disputas que passem insensivelmente a contestações vivas, e desagradáveis; a boa harmonia enfim com os ditos espanhóis".[2] Ainda que o chamado Tratado de Santo Ildefonso não tenha durado muito tempo, uma vez que em 1801 foi necessário assinar outro, foi um importante recomeço das tentativas de estabelecer acordo entre as duas Coroas ibéricas. Contudo, faltou pouco para que não chegasse nem a sair do papel.

O vice-rei do Brasil, marquês de Lavradio, noticiou ao governador de São Paulo, em maio de 1776, que o então nomeado general-em-chefe João Henrique de Böhm, na madrugada do dia 1º de abril daquele ano, tomara quase sem "resistência" dois fortes castelhanos erigidos em território outrora pertencente ao Rio Grande de São Pedro. Pouco antes, o sargento-mor Rafael Pinto Bandeira já invadira e destruíra o forte espanhol de Santa Tecla, localizado no atual município de Bagé, no Estado do Rio Grande do Sul.[3]

Alguns meses depois dessa última nova, em novembro de 1776, o mesmo marquês justificou a Lobo de Saldanha que sua demora para responder às correspondências do governador devia-se ao grande trabalho para os quais se dedicara nos últimos tempos. Comunicou, também, que os sucessos das tropas portuguesas no Rio Grande de São Pedro chegaram até a Corte portuguesa, e foram agradáveis de tal modo que diversos oficiais receberam premiações, tal qual Pinto Bandeira, promovido a coronel comandante de uma legião e agraciado com o hábito da Ordem de Cristo, com tença de duzentos mil réis. Aliás, as informações sobre a vitória portuguesa naquela batalha chegaram a Portugal por intermédio espanhol. De Montevidéu a Cádis levava sessenta dias para que uma carta atravessasse o oceano, do Rio de Janeiro a Lisboa, "30 e tantos"; mas, o comunicado, tendo de, antes, ir do

---

2 'Carta (cópia) do ministro de estado Martinho de Mello e Castro ao vice-rei do Estado do Brasil Luis de Vasconcelos e Souza [...]'. 27 de janeiro de 1779. *Ibidem*, p. 18-39.

3 'Ofício do marquês de Lavradio, vice-rei do Estado do Brasil e governador e capitão-general do Rio de Janeiro, ao governador e capitão-general de São Paulo Martim Lopes Lobo de Saldanha [...]'. 7 de maio de 1776. *Documentos interessantes para a História e costumes de São Paulo*. São Paulo: Arquivo do Estado de São Paulo, 1895, vol. 17, p. 111-112.

Rio Grande até a capital do Brasil, demorou a sair.[4] Por conta dessa demora, instalou-se tremendo quiproquó.

Naquele momento, as duas Cortes ibéricas estavam tratando de um pacto cujo objetivo era interromper as suas contendas na América, "tendo ambos os soberanos expedido ordens aos seus generais para cessarem entre nós todas as hostilidades, que estivessem principiadas". O marquês de Lavradio tomou ciência dessas ordens no "mesmo dia que no Rio Grande se tinha praticado a última ação". Chegando ao conhecimento dos castelhanos, "não fizeram combinação das épocas" e julgaram ser manifesto descumprimento do acordo, suspendendo, assim, as negociações. Os espanhóis, nas palavras do marquês, "romperam nas suas costumadas bravatas, e entraram imediatamente a dispor-se a virem tomar a sua satisfação". Para tanto, criaram o vice-reinado do Rio da Prata e nomearam Pedro de Cevallos seu vice-rei, e capitão-general de um dos exércitos. Mais: o rei de Espanha, Carlos III, "mandou aprontar oito mil homens para embarcarem; uma esquadra competente e navios de transporte correspondentes a estes grandes projetos; muitas galeotas para bombas, muitas jangadas e infinitas munições de Guerra de toda a qualidade". Por fim, declarava que antes mesmo de sair a expedição vingadora de Espanha, o rei português já havia mandado seu embaixador entregar aos de França e Inglaterra, as duas Cortes mediadoras da negociação, manifesto expondo o equívoco e reiterando sua intenção de estabelecer a paz com Sua Majestade Católica, o rei espanhol. Este soberano, por sua vez, igualmente protestou seu desejo pela conservação do acordo. Mesmo assim, o vice-rei alertava que D. José, "com as suas incomparáveis luzes, conhecendo a má fé dos castelhanos", estava certo de que estenderiam as negociações pelo tempo necessário para dar algum golpe, "que equivalha ao que nós lhes demos".[5]

A grande preocupação do marquês e do próprio rei era a Bahia, onde se sabia não haver tropas que pudessem defendê-la do possível ataque. Em vista disso, D. José ordenou que dois regimentos fossem em socorro da ca-

---

4   'Ofício do marquês de Lavradio, vice-rei do Estado do Brasil e governador e capitão-general do Rio de Janeiro, ao governador e capitão-general de São Paulo Martim Lopes Lobo de Saldanha [...]'. 8 de novembro de 1776. *Ibidem*, p. 130-135.

5   *Ibidem*.

pitania, "mandando mais o Brigadeiro José Custodio de Sá e Faria para ajudar ao Senhor Governador Manoel da Cunha nos diferentes serviços que lhe eram precisos para acautelar a defesa daquela Cidade" de Salvador.[6] Todavia, o problema não chegou a atingir aquela costa; instalou-se bem mais ao Sul, em Santa Catarina. Em fevereiro de 1777, os navios espanhóis renderam as tropas catarinenses, que capitularam sem lutar. Por terra, Cevallos tinha um exército, segundo o general Paula Cidade, de 9.000 homens. O enfrentamento entre eles e a - depois reagrupada - tropa do general Böhm não chegou a ocorrer, por causa, justamente, do tratado que as duas nações, enfim, resolveram firmar.[7]

***

Eric Hobsbawn, ao comparar a década de oitenta do século XVIII com a de sessenta do XX, afirmou que naquela o mundo era, concomitantemente, menor e maior do que nesta. Menor, por questões que vão desde o conhecimento mais limitado que se tinha do globo terrestre até a estatura mais baixa das pessoas; maior, porque a dificuldade de transportar-se de um local a outro era enorme, acarretando, consequentemente, problemas na comunicação. O transporte por terra era o mais demorado deles. Para se ter uma ideia, o historiador britânico usou como exemplo o informe da queda da Bastilha, em 14 de julho de 1789, que, enquanto demorou 13 dias para chegar a Madri, só alcançaria Péronne, "distante apenas 133 quilômetros da capital francesa", no fim daquele mês.[8] Nesse mesmo sentido, Fernand Braudel, preocupado com as "trocas", atentou para o problema dos transportes. Ainda no século XVIII, os terrestres eram relativamente "ineficazes", dado que correspondiam às dinâmicas próprias da economia de então; os fluviais, por água doce, apesar de "fáceis e a preços baixos" tinham que lidar com a

---

6 *Ibidem.*

7 Cf. General F. de Paula Cidade. *Lutas, ao sul do Brasil, com os espanhóis e seus descendentes (1680-1828).* Rio de Janeiro: Biblioteca Militar, 1948, p. 92-93.

8 Eric Hobsbawn. *A Era das Revoluções. Europa 1789-1848.* São Paulo: Paz e Terra, 2005, 19ª edição (1ª edição inglesa, 1962; 1ª edição brasileira, 1977), p. 27.

lentidão que podia se agravar conforme os "caprichos dos rios"; os marítimos, por fim, estavam sempre à mercê das tormentas e dos corsários.[9]

O caso relatado pelo marquês de Lavradio atesta os limites, físicos inclusive, da administração portuguesa. Um dos primeiros, e fundamentais, estudos sobre Portugal, sob a ótica do império, foi realizado por Charles Boxer.[10] Partindo de dois marcos cronológicos - a conquista de Ceuta (1415) e o reconhecimento da independência do Brasil por Portugal (1825) -, Boxer demonstrou as inúmeras contingências da Coroa portuguesa em diferentes momentos no tempo e no espaço. As estratégias da administração lusitana para garantir a manutenção de seus domínios e das relações comerciais estabelecidas com eles, e a partir deles, fossem no Brasil, na África, em Goa ou em Macau, permitem pensar nas diversas formas pelas quais a Metrópole portuguesa lidou com o fato de possuir extenso território - ou já conquistado ou por conquistar -, passível dos obstáculos criados pela distância e pelos poderes locais.

Tal qual ocorria com as outras nações do período, a administração do Reino de Portugal e de seus domínios era estruturalmente dependente das infindáveis cartas, ordens e instruções trocadas entre a Coroa e seus funcionários. As dificuldades do transporte dessas correspondências devem ser levadas em conta se quisermos vislumbrar o tipo de centralização possível, e as barreiras que a monarquia teria que transpassar se desejasse aplicar seus desígnios às diversas localidades de suas vastas e longínquas conquistas. O dirigismo metropolitano confluía, pois, com uma sempre relativa autonomia decisória de seus funcionários. Com relação aos governadores, embora houvesse alguma possibilidade de criação em suas administrações, e ponderando que muitas vezes agiam primeiro para depois darem notícias ao rei e a seus secretários de Estado, esses funcionários da Coroa tiveram sempre que justificar suas ações. Alguns se dedicaram a fazê-lo até os últimos anos de suas vidas.[11]

---

9   Fernand Braudel. *Civilização Material, Economia e Capitalismo: séculos XV--XVIII*. 3 vols. São Paulo: Martins Fontes, 1995-1996 (1ª edição francesa, 1979), vol. 2, p. 306-326.

10 Charles Boxer. *O Império Marítimo Português (1415-1825)*. São Paulo: Companhia das Letras, 2002 (1ª edição inglesa, 1969).

11 Caso notável é o de D. Luís Antonio de Souza Botelho Mourão. Cf. Heloísa Libe-

Esses embaraços tiveram grande peso na administração central. Na periferia, o preço cobrado por essa especificidade também não era pequeno. Na tentativa de justificar e resguardar as ações do ex-governador de São Paulo Martim Lopes Lobo de Saldanha, carta enviada à rainha D. Maria I atesta exemplarmente essa questão. O autor da missiva declarou que, mesmo não sendo impossível "governar bem os povos", era "muito e muito difícil governar sempre e em toda a ocasião com acerto". Ora, se os próprios magistrados, obrigados "a resolver os casos conforme as regras imprescritíveis, e os fatos constantes e examinados com todas as delongas forenses, muitas e muitas vezes erram e se enganam". O que dizer, então, dos governadores, "que se veem na necessidade de resolver e fazer executar logo, conforme a urgência dos negócios, dependentes de informações e provas que muitas vezes se não podem sujeitar a maior exame!". Enfim, assegurou:

> O Governador de qualquer das Capitanias do Brasil não é, nem pode ser, um simples Governador das Armas; é também inspetor de todo o estado civil, político e econômico para providenciar aquelas matérias que necessitam de um remédio pronto; ao menos até que Sua Majestade dê novas providências: pois que aquelas distâncias desta Corte muitas vezes não dão lugar a esperar-se pelas régias resoluções sem um gravíssimo incômodo e prejuízo do Estado.[12]

Apenas governar já era dificultoso. Governar de acordo com as vontades régias, algumas vezes sem saber se as providências tomadas consonavam com elas, era muito mais complexo. Quando se chegava a uma capitania cuja autonomia administrativa estava recém-restaurada, o esforço era, então, ainda maior. Geralmente, o governador que saísse de uma capitania, além de dar posse a seu sucessor, dedicava-lhe memória sobre os principais

---

ralli Bellotto. *Autoridade e Conflito no Brasil colonial: o governo do Morgado de Mateus em São Paulo (1765-1775)*. São Paulo: Conselho Estadual de Artes e Ciências Humanas, 1979, p. 331-348.

12 'Carta, à rainha [D. Maria I], sobre as dificuldades que teve no governo de São Paulo Martim Lopes de Saldanha'. Post. 4 de agosto de 1780. Arquivo Histórico Ultramarino, Administração Central, Conselho Ultramarino, Brasil-São Paulo, cx. 9, doc. 496.

assuntos relacionados ao governo da localidade. O morgado de Mateus, mesmo podendo tratar diretamente com o governador do Rio de Janeiro, a quem a administração da capitania esteve, até então, subordinada, não teve acesso a esse tipo de informação mais específica, ainda que fossem poucas as memórias com grande riqueza de detalhes. Baseou-se, então, nas instruções que trouxe do Reino, nas conversações que travou com o vice-rei, e no modelo do Maranhão, parâmetro que devia mirar e, o quanto fosse possível, imitar. Em 22 de julho de 1766, o então conde de Oeiras recomendou que o governador de São Paulo empregasse todos os seus empenhos para fazer prosperar a agricultura e o comércio na capitania paulista, tomando como exemplo o Maranhão, "que estando tão pobres como os de São Paulo, e entrando a cultivar algodão, que remetem para este Reino em rama, só uma carregação deste gênero lhes importou agora em mais de sessenta e seis contos de réis". Assim, "dentro em poucos anos de cultura das terras e criações de gados se acham opulentos".[13]

D. Luís Antonio de Souza estava em posse de instruções recebidas por Francisco Xavier de Mendonça Furtado, que fora governador do Estado do Grão-Pará, e das de outros governos.[14] As correspondências, pessoais ou oficiais, que trocava com Sebastião José de Carvalho e Melo igualmente serviam de apoio. Numa delas, o secretário de Estado sugeriu que o capitão-general não escrevesse de próprio punho nenhuma de suas cartas, familiares ou não, "porque é melhor empregar desse tempo com mais utilidade do Real Serviço, a que Vossa Senhoria se aplica tão louvável e frutuosamente".[15] Porque não se

---

13 'Carta do conde de Oeiras a D. Luis Antonio de Souza [...]'. 22 de julho de 1766. Arquivo do Estado de São Paulo. Avisos-Cartas Régias (1765-1777) - C00420, livro 169; há cópia desta carta em Arquivo Histórico Ultramarino, Administração Central, Conselho Ultramarino, Brasil - Códices, códice 423, N. 31.

14 Cf. 'Copia dos Paragrafos da Instrução que se mandou a Gomes Freire de Andrade em 21 de Setembro de 1751'. 1765; e 'Copia de algúas Instruções que Sua Magestade mandou expedir a Francisco Xavier de Mendonça Furtado [...]. 1765. Arquivo do Estado de São Paulo. Avisos-Cartas Régias (1765-1777) - C00420, livro 169.

15 'Carta pessoal do conde de Oeiras ao governador Morgado de Mateus [...]'. 22 de julho de 1766. Arquivo do Estado de São Paulo. Avisos-Cartas Régias (1765-1777) - C00420, livro 169; há cópia desta carta em Arquivo Histórico Ultramarino, Administração Central, Conselho Ultramarino, Brasil - Códices, códice 423, N. 30.

governa sozinho, e com o objetivo de animar os espíritos de alguns homens da capitania "que sejam capazes de discernimentos e de percepção", o conde de Oeiras, por ordem régia, chegou a enviar ao morgado de Mateus exemplares traduzidos dos ofícios do político e pensador romano Cícero, "que o mesmo Senhor" D. José "mandou estampar para a educação da Nobreza do seu Real Colégio desta Corte".[16]

Mesmo cercado por todos esses instrumentos, D. Luís Antonio de Souza não deixava de requerer todo tipo de informação sobre as medidas que deveria tomar no governo de São Paulo. As cartas enviadas a Francisco Xavier de Mendonça Furtado manifestam essa insegurança e o desejo de se informar. Em julho de 1765, ainda no Rio de Janeiro, o governador de São Paulo perguntou ao então secretário de Estado da Marinha e Ultramar se ele e o conde de Oeiras estavam satisfeitos com a maneira pela qual enviava os informes exigidos, "porque eu não achei aqui quem me pudesse instruir; nem sei se vão conformes a ordinária formalidade".[17] Em outras duas correspondências, ambas datadas de 1º de março de 1769, expressou a Francisco Xavier o "grande cuidado" com que esperava as respostas às suas questões. A urgência e a necessidade das ordens requeridas eram para poder "regular os distritos" das freguesias e das vilas confinantes; saber como proceder com relação ao pagamento dos párocos das novas povoações, já que os habitantes delas ainda não estavam estabelecidos totalmente e, dessa forma, não possuíam rendas suficientes para contribuir com as despesas das missas; fundar novas vilas e povoações, para o que se fazia indispensável ter acesso a "todas as ordens e instruções", sobre o assunto, enviadas ao secretário de Estado quando governou o Pará; lidar com os negociantes, que "acostumados à sua antiga rotina" não compravam os gêneros da capitania, preferindo os do Rio de Janeiro e os da Bahia. De tudo queria certificar-se ou ter

---

16 'Carta do conde de Oeiras a D. Luis Antonio de Souza [...]'. 22 de julho de 1766. Arquivo do Estado de São Paulo. Avisos-Cartas Régias (1765-1777) - C00420, livro 169.

17 'Ofício do [governador nomeado para a capitania de São Paulo], D. Luís Antônio de Sousa [Botelho Mourão], ao [secretário de estado da Marinha e Ultramar], Francisco Xavier de Mendonça [...]'. 1º de julho de 1765. Arquivo Histórico Ultramarino, Administração Central, Concelho Ultramarino, Brasil/Geral, cx. 19, doc. 1694.

uma ideia mais detalhada, para, assim, "desembaraçar as muitas dúvidas com que a cada passo me vejo atalhado".[18]

Antes de Antonio Manoel de Melo Castro e Mendonça tomar posse na administração paulista, D. Rodrigo de Souza Coutinho, ao comunicar-lhe a nomeação, informou que na secretaria de governo de São Paulo o capitão-general encontraria as instruções e as ordens dadas a seus antecessores, além dos esclarecimentos por escrito que lhe entregaria o antigo governador. Tais eram os subsídios que dariam a Melo Castro e Mendonça "os conhecimentos preliminares e locais" de que precisava. O resto viria com o tempo e com "as suas próprias luzes", pelas quais conheceria "os meios mais próprios de dirigir as suas disposições a fim de promover a felicidade daqueles povos, como o principal objeto a que Vossa Senhoria deve encaminhar todos os seus cuidados". Prevenindo, contudo, que seria conveniente continuar o "sistema de governo" de Bernardo José de Lorena, "que tem merecido uma completa aprovação da Mesma Senhora", a rainha D. Maria I.[19]

Como não bastavam apenas as "luzes" dos governadores, ter conhecimento pormenorizado do que acontecia na capitania era primordial. Com esse objetivo, a rainha ordenou, por provisão de 20 de julho de 1782, que os ouvidores das comarcas de São Paulo fizessem anualmente "memoriais dos novos estabelecimentos, fatos, e casos, notáveis e dignos de História".[20] Censos, balanços, mapas de exportação, todo tipo de informação era essencial para o bom andamento da administração de uma conquista que se en-

---

18 'Ofício do governador e capitão general da capitania de São Paulo, Morgado de Mateus [...] ao secretário de estado da Marinha e Ultramar, Francisco Xavier de Mendonça Furtado [...]'. 1º de março de 1769; e 'Ofício (Cópia) do governador e capitão general da capitania de São Paulo, Morgado de Mateus [...] ao secretário de estado da Marinha e Ultramar, Francisco Xavier de Mendonça Furtado [...]'. 1º de março de 1769. Arquivo Histórico Ultramarino, Administração Central, Conselho Ultramarino, Brasil-São Paulo, cx. 5, docs. 348 e 349.

19 'Carta do secretário de Estado D. Rodrigo de Souza Coutinho a Antonio Manoel de Mello Castro e Mendonça [...]'. 27 de outubro de 1796. *Documentos interessantes para a História e costumes de São Paulo*. São Paulo: Arquivo do Estado de São Paulo, 1967, vol. 89, p. 15.

20 'Ofício do governador e capitão-general Francisco da Cunha Menezes ao ouvidor da comarca de Parnaguá doutor Antonio Barboza de Matos [...]'. 1º de abril de 1785. *Documentos interessantes para a História e costumes de São Paulo*. São Paulo: Arquivo do Estado de São Paulo, 1961, vol. 85, p. 151.

contrava distante das vistas régias. Mas não de suas ordens; mesmo que, no caminho, elas corressem o risco de se perderem ou de não chegarem a tempo de uma decisão urgente, para o desespero de alguns capitães-generais. A 5, 7 e 13 de maio de 1776, Francisco da Cunha Menezes informava ao capitão comandante de Santos, Francisco Aranha Barreto, sobre encomendas e cartas que uma embarcação vinda de Lisboa trazia para si. No primeiro ofício, queixou-se da demora; no segundo, explicou não ser a corveta que dera entrada naquele porto a embarcação que esperava, cujo mestre era Joaquim José Ferreira, e pedia notícias, "se saiu ou não a dita de Lisboa, e o tempo que ali faz tenção demorar-se"; no terceiro, e último, ficou esclarecida a demora, por conta da escala feita no Rio de Janeiro, o que causou surpresa e algum descontentamento ao governador, uma vez que tinha aviso "de que vinha em direitura a Santos".[21]

As dificuldades na comunicação não eram exclusivas da capitania com o Reino. Na própria colônia os embaraços foram constantes. A relativa proximidade entre São Paulo e Rio de Janeiro não impedia que os governadores ficassem, por vezes, desamparados das orientações que esperavam receber do vice-rei. Em sucessivas cartas ao morgado de Mateus, o conde de Azambuja justificava sua falta por não "escrever com mais largueza" ao capitão-general nem responder "sobre os particulares" que lhe tinha comunicado. Isso por causa de suas moléstias e, principalmente, porque estava ocupado com as correspondências que tinha de enviar à Corte. Em outra ocasião, confidenciou, em tom queixoso, nunca ter tido "maior lida do que agora", e lamentou que, estando à espera de uma nau de guerra e dos governadores de Minas e de Pernambuco, não tinha tempo de responder com maior precisão às cartas de D. Luís Antonio de Souza, "que nem a pressa me permite buscar para as ver", e o fazia apenas sobre as matérias de que se lembrava.[22]

---

21 'Para o Capitão Comandante da Praça de Santos Francisco aranha Barreto [...]'. 5 de maio de 1776; 'Para o Capitão Comandante da Praça de Santos Francisco Aranha Barreto [...]". 13 de maio de 1776; e "Para o Capitão Francisco Aranha Barreto Comandante da Praça de Santos [...]". 17 de maio de 1776. *Documentos interessantes para a História e costumes de São Paulo*. São Paulo: Arquivo do Estado de São Paulo, 1954, vol. 75, respectivamente, p. 67-68, 76-77, e 80.

22 'Carta do conde de Azambuja ao governador e capitão-general de São Paulo Morgado de Mateus [...]'. 7 de maio de 1768; 'Carta do conde de Azambuja ao governador e capitão-general de São Paulo Morgado de Mateus [...]'. 14 de junho

Quando não eram a suposta falta de tempo e o alegado excesso de trabalho, a comunicação na colônia sofria os inconvenientes dos quais as correspondências eram inevitavelmente passíveis. Afora a demora, não havia sempre a garantia de que as cartas e os ofícios chegariam intactos, ou não se perderiam durante o trajeto. Uma carta enviada pelo governador Francisco da Cunha Menezes ao capitão-mor da vila de Curitiba, Lourenço Ribeiro de Andrade, chegou aberta na vila de Itapetininga, caminho para chegar ao destinatário. O capitão-general ordenou, em outubro de 1782, que o sargento-mor da vila de Sorocaba averiguasse quem havia cometido o atrevido delito, e se outras pessoas participaram "de semelhante falta de temor e respeito; o que não é novo nesta capitania", para que, assim, os pudesse castigar com a severidade exigida pela ofensa.[23] Não tardou muito para que o evento se repetisse. Quase dois anos depois, o mesmo governador declarava-se, ao sargento-mor da vila de Parnaíba, ciente do "descaminho" de uma carta que enviara para o capitão-mor de Itu. Admirava-se e repreendia o sargento-mor não tanto pelo acontecido, mas por aquele oficial até o momento não ter cuidado da "causa do referido descaminho para se castigar a quem foi origem dele".[24]

No plano das mensagens trocadas entre a Coroa e os governadores, e dos problemas causados por decisões, algumas vezes, feitas à revelia das determinações régias, há dois casos lapidares. O primeiro, a insistência do morgado de Mateus em certa estratégia no conflito contra os espanhóis. O segundo, o modo pelo qual Bernardo José de Lorena conseguiu recursos para a reforma e o calçamento do caminho ligando a cidade de São Paulo à vila de Santos.

***

---

de 1768; e 'Carta do conde de Azambuja ao governador e capitão-general de São Paulo Morgado de Mateus [...]. 6 de setembro de 1768. *Documentos interessantes para a História e costumes de São Paulo.* São Paulo: Arquivo do Estado de São Paulo, 1895, vol. 14, respectivamente, p. 219-220, 220, e 223.

23 'Ofício do governador e capitão-general Francisco da Cunha Menezes ao sargento-mor das ordenanças de vila de Sorocaba Francisco Ribeiro de Morais Pedrozo [...]'. 3 de outubro de 1782. *Documentos interessantes para a História e costumes de São Paulo*, vol. 85, op. cit., p. 70.

24 'Ofício do governador e capitão-general Francisco da Cunha Menezes ao sargento-mor da vila de Parnaíba Francisco Nunes de Siqueira [...]. 22 de julho de 1784. *Ibidem*, p. 123.

A escolha de D. Luís Antonio de Souza, como já afirmei, deveu-se em grande parte à sua experiência militar. Defender a capitania dos ataques castelhanos era um dos principais objetivos do governador. Foi com esse intuito que o morgado de Mateus idealizou, então, a "diversão" pelo Oeste da capitania, quer dizer, fazer com que o inimigo castelhano dividisse sua força militar em duas frentes de batalha distantes uma da outra. Ainda nos primeiros anos de seu governo, mandou, com aprovação régia, inúmeras expedições para investigar os sertões do extremo Oeste de São Paulo. Às margens do rio Iguatemi, próximo à serra do Maracaju, fez instalar o presídio de Nossa Senhora dos Prazeres. Na explicação para o uso da manobra, o morgado de Mateus sustentou que ao terem conhecimento das forças portuguesas naquela região, e do perigo para seus domínios, os espanhóis enviariam tropas para se defenderem. O foco da guerra se deslocaria do Sul àquela região, com a vantagem de os portugueses, já preparados, dirigirem antecipadamente suas ofensivas. Previu, inclusive, a proteção das capitanias do Mato Grosso e de Cuiabá, e uma possível invasão do Paraguai, província de suma importância à Espanha. A tática, de modo geral, foi bem-aceita pelas autoridades do Reino, desde que os socorros ao Rio Grande de São Pedro não cessassem.[25]

O morgado de Mateus, ao que parece, estava verdadeiramente empenhado em combater os espanhóis por diversas frentes. Em 1765, ainda no Rio de Janeiro, admirava-se com o Brasil, "a melhor terra do mundo descoberto", que "pelas suas imensas riquezas, e extraordinária fama, e muita fertilidade é com justa razão hoje a inveja de todas as Nações". Em vista dessas qualidades, e da deslealdade manifesta dos espanhóis para com os portugueses, com constante desrespeito aos tratados, julgava pouco provável que se chegasse a um acordo favorável a Portugal numa negociação com a Coroa castelhana. A essa hipótese lançou dois meios "para recuperar o que se nos tem usurpado": a força e a indústria. Para o primeiro, era indispensável a "poderosa mão" régia a socorrer "este Estado", da qual resultavam as providências que tinha o encargo de cumprir, somadas à urgência de seis naus que fizessem frente àquelas que

---

25 A questão é detalhada por Heloísa Liberalli Bellotto. *Autoridade e Conflito no Brasil colonial: o governo do Morgado de Mateus em São Paulo (1765-1775)*, op. cit., p. 117-169.

"os inimigos juntam no Rio da Prata". Com relação ao segundo meio, apontou haver em São Paulo "um facinoroso com grandes crimes", que, temendo a pena que lhe era devida, retirara-se "com alguns companheiros a sítio inacessível donde não pode ser preso". Por informações do capitão-mor de Itu, sabia que junto destes havia outros que lá iam refugiar-se, "que já passam de cento e tantos". E, nesse momento da carta, vinha a parte da "indústria". O governador sugeriu que se usasse esse sujeito para inquietar os castelhanos "nas terras que nos tem usurpado, e, talvez, que se lhes pudessem tomar por este meio". Porque, concluía, "a todo o tempo se poderia pretextar e desculpar o atentado, desaprovando o Governador, dizendo ser feito sem o seu consentimento por desordem e desregramento daquele facinoroso e vadio que não tem obediência, nem domicílio certo". D. Luís Antonio de Souza estava bastante animado para começar a batalha contra os espanhóis, mas, como não queria ser "responsável das perniciosas consequências que se podem seguir de atear guerra neste país", ficava aguardando o aval régio.[26]

A proposta de usar o facínora, ainda que levantada, era facilmente descartável, pois que não configurava tática de guerra, mas, apenas, um complemento às outras medidas. Por outro lado, abdicar do presídio no Iguatemi e do envio de homens para aquela região seria mais complicado. Se, em 1771, Martinho de Melo e Castro comunicou a aprovação e o louvor do rei pelas ações do governador, especialmente a construção da fortaleza e da povoação na margem setentrional do rio Iguatemi,[27] no ano seguinte, o discurso era bem diferente. Melo e Castro, em primeiro lugar, expressou o estranhamento por não receber notícias do governador desde aquela última carta de 1º de outubro do outro ano, num "inesperado silêncio" do capitão--general. Em seguida, com relação ao Iguatemi e ao presídio lá estabelecido, afirmou que, antes de se darem os "passos" para o envio de grande número

---

26 'Ofício do [governador nomeado para a capitania de São Paulo], D. Luís Antônio de Sousa [Botelho Mourão], ao [secretário de estado do Reino e Mercês], conde de Oeiras, [Sebastião José de Carvalho e Melo] [...]'. 3 de julho de 1765. Arquivo Histórico Ultramarino, Administração Central, Concelho Ultramarino, Brasil/Geral, cx. 19, doc. 1695.

27 Cf. 'Carta de Martinho de Mello e Castro ao governador e capitão general da capitania de São Paulo, Dom Luis Antonio de Souza [...]'. 1º de outubro de 1771. Arquivo do Estado de São Paulo. Avisos-Cartas Régias (1765-1777) - C00420, livro 170, há cópia desta carta em Arquivo Histórico Ultramarino, Administração Central, Conselho Ultramarino, Brasil - Códices, códice 424, fls. 1-6.

de homens àquelas paragens, era necessário ordenar que o brigadeiro José Custódio de Sá e Faria fizesse, "ocularmente", verificação da importância do sítio. Esse tipo de informação não poderia ser colhido com o povo nem com "paisanos", mas com espiões e pessoas "que tenham certeza do que se passa", acrescentando-se a isso prudência, reflexão e cálculo, tudo para se ter um "claro conhecimento das coisas tais quais elas são, e não como cada um as representa". Feitas essas considerações, o ministro relatou que o rei soubera, "com positiva certeza", ser "impraticável" um ataque com grandes forças dos castelhanos àquela região, e, mesmo se o fizessem, ter-se-ia tempo suficiente para prevenir a ação. A razão, "clara como a luz", demonstrava que o presídio de São Miguel, fortaleza castelhana "distante dez léguas da Serra de Maracaju", não estava tão bem preparado como se dizia. Esse fato não fora advertido pelos "exploradores" do Iguatemi, e como no Reino só se tinham as notícias do morgado de Mateus, "se deram as providências que constam dos ofícios" remetidos ao governador. Sendo "grande imprudência mandar precipitadamente, e com grande despesa, forças consideráveis àquele sítio, para o defender de um inimigo que não existe", ordenou que D. Luís Antonio de Souza centrasse seus esforços em socorrer o Sul do Brasil, com tropas municiadas e bem preparadas para a sua defesa.[28]

Quase um ano e meio depois, o mesmo Martinho de Melo e Castro informou ter apresentado as relações que o morgado de Mateus enviara como resposta às suas duas últimas cartas. Não se deteria em relatar o "juízo que aqui de fez sobre os extensíssimos, dispendiosos e impraticáveis serviços de que tratam as ditas relações", participando apenas as "positivas ordens" do rei. Enfatizou, então, que "Sua Majestade" reprovara a "diversão" do sertão de Iguatemi como meio para defender o Viamão e o Rio Grande de São Pedro. Sendo assim, ordenara que o governador não promovesse, nem dispusesse, nem intentasse outro serviço na capitania de São Paulo que não dois: garantir o domínio e a posse do que já fora conquistado no Iguatemi, e enviar ajuda para o Sul da América. Para que não houvesse mais dúvidas, ficando o governador "nesta

---

28 'Carta de Martinho de Mello e Castro, ao governador e capitão general da capitania de São Paulo, Dom Luis Antonio de Souza [...]'. 20 de novembro de 1772. Arquivo do Estado de São Paulo. Avisos-Cartas Régias (1765-1777) - C00420, livro 170

inteligência", concluía destacando três pontos:

> Em primeiro lugar: Que Sua Majestade estima muito mais a perda de uma só légua de terreno na Parte Meridional da América Portuguesa que cinquenta léguas de Sertão descobertas no interior dela.
> Em segundo lugar: Que ainda que os ditos descobrimentos do Sertão fossem de um inestimável valor a todo o tempo se podiam, e podem, prosseguir; E que a Parte Meridional da América Portuguesa uma vez perdida nunca mais se poderá recuperar.
> E terceiro e último lugar: Que, nesta certeza, não deve Vossa Senhoria sem expressas ordens de Sua Majestade divertir por agora os rendimentos e faculdades dessa Capitania, nem empregar os seus habitantes em outro algum serviço que não seja por uma parte o da conservação do Iguatemi [...] E por outra parte no da defesa, preservação e segurança de Viamão e Rio Grande de São Pedro [...].[29]

De nada adiantaram as determinações régias. D. Luís Antonio de Souza estava mesmo convencido, quase obsessivamente, de que aquela estratégia militar era a melhor opção. Não se tratava apenas da pouca possibilidade de um considerável ataque espanhol. O Iguatemi era longe, difícil de abastecer e de manter, passível de ataques de indígenas. Em razão dessa obstinação do morgado de Mateus, assinalou-se na Corte, segundo Heloísa Bellotto, "o início de sua queda".[30] A do presídio no Iguatemi, tomado pelos espanhóis, deu-se em 1777, no governo de Martim Lopes Lobo de Saldanha.

***

---

29 'Carta de Martinho de Mello e Castro, ao governador e capitão general da capitania de São Paulo, Dom Luis Antonio de Souza [...]'. 21 de abril de 1774; e 'Carta de Martinho de Mello e Castro ao governador e capitão general da capitania de São Paulo, Dom Luis Antonio de Souza [...]'. 21 de abril de 1774. Arquivo do Estado de São Paulo. Avisos-Cartas Régias (1765-1777) - C00420, livro 170.

30 Heloísa Liberalli Bellotto. *Autoridade e Conflito no Brasil colonial: o governo do Morgado de Mateus em São Paulo (1765-1775), op. cit.*, p. 129.

A geografia de São Paulo tem uma característica bastante singular. Dividindo o litoral e o planalto encontra-se extensa cadeia de montanhas de difícil transposição, a Serra do Mar. No começo da colonização do Brasil, e antes mesmo da chegada dos portugueses, a ligação entre as duas regiões era feita pelas trilhas dos índios, para os quais o planalto era bastante valorizado, mais até do que o litoral. No âmbito dos povoamentos indígenas, as áreas eram, então, interdependentes, característica que se manteve na ocupação lusitana daquelas terras.[31] Essa mútua colaboração entre o território que se encontrava na parte superior da serra – ou, como se costumava dizer, a região de serra-acima – e o da marinha necessitava obedecer a certas normas, caso a capitania quisesse inserir-se efetivamente no mercado transatlântico. As antigas trilhas feitas pelos autóctones se adequavam a uma produção diminuta, não à quantidade que se esperava da agricultura a ser desenvolvida em São Paulo. Vem daí os esforços para construir caminho, apropriado à nova lógica, unindo a cidade de São Paulo à vila de Santos, que tinha o principal porto da capitania.

Todos os governadores, em níveis diferentes, empenharam-se no projeto. Foi no governo de Bernardo José de Lorena, entretanto, que se finalizou o caminho e construiu-se a tão famosa calçada do Lorena. Em 15 de fevereiro de 1792, o governador deu a Martinho de Melo e Castro o informe de que "finalmente" concluíra-se o caminho ligando a cidade de São Paulo até Cubatão, local de passagem para a vila de Santos. A construção, segundo Lorena, com calçamento e largura suficiente para que as tropas passassem sem a necessidade de paradas, ficou tão boa que era possível seguir viagem "até de noite". O comércio estava definitivamente facilitado. Os tropeiros nem se queixavam de pagar "quarenta reis por besta" e "cento e vinte" por cabeça de gado, dinheiro usado para ressarcir as despesas da obra.[32] A responsabilidade

---

31   Cf. Pasquale Petrone. *Aldeamentos paulistas*. São Paulo: Edusp, 1995, p. 27-49.

32   'Ofício do governador e capitão general da capitania de São Paulo, conde de Sarzedas, Bernardo José de Lorena, ao secretário de estado da Marinha e Ultramar, Martinho de Melo e Castro [...]'. 15 de fevereiro de 1792. Arquivo Histórico Ultramarino, Administração Central, Conselho Ultramarino, Brasil-São Paulo, cx. 11, doc. 566; há transcrição deste ofício em *Documentos interessantes para a História e costumes de São Paulo*. São Paulo: Arquivo do Estado de São Paulo,

pela conservação ficou dividida entre as vilas de serra-acima e a de Santos: o percurso que ia até o pico da Serra do Mar, por conta daquelas, deste ponto até Cubatão, por incumbência desta.[33] O conserto do caminho era de suma importância e não criou tanta controvérsia quanto a forma encontrada para levantar o dinheiro a ser utilizado na sua construção.

Foi usual durante toda a colonização da América Portuguesa o emprego de recursos privados para concretizar os projetos encabeçados pelo Estado. Dessa vez não foi diferente. O procedimento obedeceu a uma dinâmica um tanto inusitada, já que o benfeitor, dono da verba que se empregou, estava morto e enterrado.[34] No Cofre dos Defuntos e Ausentes da vila de Santos se encontravam 2.800.162 réis referentes à herança deixada pelo almoxarife da Real Fazenda Pedro Machado de Carvalho. Enquanto não se quitassem suas dívidas, a quantia deveria permanecer guardada e intocada. A despeito disso, em sessão de 23 de junho de 1789, a Junta da Fazenda, presidida pelo governador e capitão-general Bernardo José de Lorena, decidiu usar o cabedal do ex-almoxarife para terminar a construção do caminho ligando o planalto ao litoral. Tomando cuidado para não causar prejuízo àqueles que, por ventura, tivessem direito à herança, determinou-se que "se lhes mandará satisfazer esta quantia por uma contribuição posta em todas as cargas e cavalgaduras, que anualmente passam pelo sobredito caminho, até que inteiramente se complete e satisfaça esta quantia, por não haver presentemente outros meios pelos quais se possa fazer uma obra tão precisa e tão interessante (como fica dito) ao público e aos rendimentos da Fazenda Real".[35]

1924, vol. 45, p. 70-71.

33 Cf. 'Escritura (Cópia) de contrato que fez a Câmara da cidade de São Paulo juntamente com as demais Câmaras das vilas de Serra Acima [...]'. 7 de fevereiro de 1792; e 'Termo de vereança (Cópia), folhas 232 do Livro da Câmara [...]'. 5 de fevereiro de 1791. Arquivo Histórico Ultramarino, Administração Central, Conselho Ultramarino, Brasil-São Paulo, cx. 11, doc. 566.

34 Sobre a reforma do caminho do mar, as técnicas e a mão de obra empregadas, veja-se Denise Mendes. *A calçada do Lorena: o caminho de tropeiros para o comércio do açúcar*. São Paulo: FFLCH/USP, 1994, dissertação de mestrado.

35 'Assento (Cópia) que se fez [...] sobre o dinheiro que se achava no Cofre dos defuntos, e auzentes da Villa de Santos [...]'. 23 de junho de 1789. Arquivo Histórico Ultramarino, Administração Central, Conselho Ultramarino, Brasil-São Paulo, cx. 11, doc. 566; há cópia deste assento também em Biblioteca Nacional - Lisboa, Manuscritos - Coleção Pombalina, códice 633, fl. 68.

Chegando à Metrópole o conhecimento da prática do governador, a rainha ficou bastante insatisfeita. Assim, repreendeu-o fortemente, recordando que por regimento não se podia tomar dinheiro dos "Ausentes", independentemente da urgência ou relevância da precisão. Desse modo, a Junta da Fazenda ignorara e quebrara as determinações régias ao aplicar "o produto da herança, por empréstimo, para os Caminhos da Serra do Cubatão". Além disso, justificara-se aquele disparate com outro "pior", qual seja, o de que se passaram dezoito anos sem que a conta do almoxarife estivesse "liquidada", uma vez que por provisão era determinado "que as contas se ajustem com brevidade; o que concorda muito mal com dezoito anos de demora". A rainha asseverou que a validade de qualquer intento não dava direito aos governadores ou ministros de "aniquilar os regimentos e ordens dos Meus Tribunais". Acrescentando a isso a incompatibilidade com "a boa fé, com o Direito público, e com a jurisprudência distributiva" o fato de os filhos daquele funcionário régio, moradores do Reino, ficarem "privados violentamente de seus bens em benefício dos que vivem na Capitania, e que tem cabedal e lucros que devem empregar em sua utilidade". Por fim, ordenou que o dinheiro "dos Ausentes" fosse imediatamente ressarcido.[36]

Em resposta às determinações régias, Lorena redarguiu que, além da conta de Pedro Machado, outras estavam atrasadas, e que a responsabilidade não era da Junta da Fazenda vigente, "onerada com este trabalho além do expediente ordinário". Quanto ao proveito do caminho, não era apenas para os paulistas, "mas principalmente para a Fazenda de Sua Majestade", beneficiada pelos direitos que resultavam do comércio daquela capitania. Por fim, justificou que nunca estivera na apreciação da Junta da Fazenda poder prejudicar os testamentários do almoxarife, "porque ao tempo em que se concluísse a liquidação da conta, certamente se havia de achar aquele dinheiro restituído ao Cofre". Mesmo tendo isso em consideração, e levando em conta que as ações praticadas foram sempre comunicadas à Corte, executaria prontamente as decisões régias.[37] Em 1º de dezembro de 1792, "continuando a dar

---

36 'Carta da rainha D. Maria a Bernardo Jozé de Lorena [...]'. 9 de maio de 1791. *Documentos interessantes para a História e costumes de São Paulo*, vol. 45, *op. cit.*, p. 76-78.

37 'Carta de Bernardo Jozé de Lorena à rainha D. Maria [...]'. 3 de junho de 1792.

execução à Ordem Régia de 9 de maio de 1791", o governador informou que por recibo do tesoureiro da Provedoria dos Ausentes da vila de Santos ficava patente que o dinheiro que se tirara por empréstimo, para a construção da calçada do Lorena, já estava de volta àquele cofre.[38]

***

Mesmo que agissem em prol da Coroa, os governadores, em alguns momentos, extrapolavam os limites de seus poderes. Não foram raras as ocasiões em que outros funcionários régios mencionaram ou fizeram lembrar a esses sujeitos quem era o soberano dos domínios que estavam encarregados de administrar. Martinho de Melo e Castro, na carta em que procurou desvencilhar o morgado de Mateus da ideia de valorizar excessivamente o Iguatemi, destacou a "obrigação" que os capitães-generais e os habitantes das diversas capitanias tinham de socorrerem uns aos outros, porque, firmava, a "Capitania de São Paulo, o Rio Grande de São Pedro, e as mais colônias portuguesas são todas de Sua Majestade; e os que as governam são todos vassalos Seus".[39] Em 1791, o conde de Resende reconheceu, a Bernardo José de Lorena, os defeitos que, quiçá, tinha como administrador régio, mas, em contrapartida, orgulhava-se de ser "o vassalo mais obediente às ordens de Sua Majestade". Concluindo, com as mesmas palavras enunciadas por Melo e Castro, dizia serem, tanto São Paulo como as demais capitanias, domínios "da Rainha", e que os "homens honrados a quem ela as confia cuidam unicamente do bem público, porque sendo útil aos povos também é de vantagem à Mesma Senhora".[40]

Ibidem, p. 75-76

38 'Carta de Bernardo Jozé de Lorena à rainha D. Maria [...]'. 1º de dezembro de 1792. *Ibidem*, p. 81.

39 'Carta de Martinho de Mello e Castro ao governador e capitão general da capitania de São Paulo, Dom Luis Antonio de Souza [...]'. 20 de novembro de 1772. Arquivo do Estado de São Paulo. Avisos-Cartas Régias (1765-1777) - C00420, livro 170.

40 'Carta do vice-rei conde de Rezende a Bernardo Jozé de Lorena [...]'. 8 de agosto de 1791. *Documentos interessantes para a História e costumes de São Paulo*, vol. 45, *op. cit.*, p. 269-270.

Dada a extensão da distância entre o soberano e os governadores, e sendo a autoridade destes suficientemente grande para que cometessem abusos, no final do século XVIII e em princípios do XIX, sucessivas ordens e determinações delimitavam ainda mais os poderes dos capitães-generais. A partir de então, se mandassem magistrados presos para o Reino, sem ordens régias, responderiam com seus bens pelos danos e perdas a eles causados.[41] Com referência às tropas militares, não podiam dar baixas de oficiais sem o expresso aval do príncipe regente.[42] Tampouco tinham a permissão de dar patentes honoríficas "sem especial ordem" de D. João,[43] nem "multiplicar" os postos das tropas auxiliares e de ordenanças, ou modificar a "organização e composição atual destes Corpos", sem representar ao príncipe e aguardar a sua aprovação, excetuando-se momentos de guerra ou casos de ereção de novas vilas ou povoações, para os quais deveriam ser sempre respeitados os regimentos e as provisões.[44]

Submeter sempre ao rei a autoridade dos governadores era forma segura de contê-los e impedir excessos. No entanto, para uma eficaz administração das conquistas, era urgente a necessidade de se estabelecer comunicação menos morosa. Nesse ponto, a Corte espanhola saiu na frente. Desde 1767 foi instaurado correio marítimo entre Espanha e a região platina.[45] Em 21 de setembro de 1796, D. Rodrigo de Souza Coutinho perguntou a Bernardo José de Lorena sobre a possibilidade de se estabelecer "correio das cartas

---

41 'Provizão do Conselho Ultramarino [...]'. 14 de março de 1798. *Documentos interessantes para a História e costumes de São Paulo*, vol. 89, *op. cit.*, p. 63-64.

42 'Provizão do Conselho Ultramarino [...]'. 12 de maio de 1801. *Ibidem*, p. 229.

43 'Provizão do Conselho Ultramarino [...]'. 24 de março de 1802. *Ibidem*, p. 261-262.

44 'Consulta do Conselho Ultramarino [...]'. 22 de fevereiro de 1802. Arquivo Histórico Ultramarino, Administração Central, Concelho Ultramarino, Brasil/Geral, cx. 34, doc. 2742; 'Provizão do Conselho Ultramarino [...]'. 4 de abril de 1802; e 'Carta de Sua Alteza Real [...]'. 20 de julho de 1802. *Documentos interessantes para a História e costumes de São Paulo*, vol. 89, *op. cit.*, respectivamente, p. 262-263 e 258-259.

45 Sobre o tema, veja-se Manoel Lelo Bellotto. *Correio Marítimo Hispano-Americano*. Assis: Faculdade de Filosofia, Ciência e Letras de Assis, 1971.

dessa Capitania com o Reino, e com os outros Domínios Ultramarinos".[46] Quatro anos depois, o governador Melo Castro e Mendonça afirmou ter recebido ordens segundo as quais era proibido deixar sair dos portos da capitania embarcações de guerra ou mercantes para Lisboa ou outras capitanias sem que levassem malas do correio.[47] Essas determinações faziam parte do Alvará régio que, em 20 de janeiro de 1798, sancionou o correio marítimo entre Portugal e suas colônias.[48] Até então, os capitães-generais tinham que receber suas ordens, escrever as respostas e despachá-las nos primeiros navios que partissem, se lá os houvesse. Para o desenvolvimento de um correio interno em São Paulo, houve diligências desde o governo do morgado de Mateus.[49] Demorou mais de trinta anos para que fosse posto em vigor. Somente em 28 de julho de 1798 se criaram duas linhas de correio entre a cidade de São Paulo e a vila de Santos. A partir daí, outras como estas foram sendo estabelecidas.[50]

Como já se ressaltou, uma das dificuldades com a qual a Metrópole

---

46 'Ofício do secretário de Estado D. Rodrigo de Souza Coutinho ao governador Bernardo José de Lorena [...]'. 21 de setembro de 1796. *Documentos interessantes para a História e costumes de São Paulo*, vol. 25, op. cit., p. 165; há cópia desse ofício em *Idem*, vol. 45, op. cit., p. 489.

47 'Ofício do governador e capitão general da capitania de São Paulo, Antônio Manuel de Melo Castro e Mendonça, ao [secretário de estado da Marinha e Ultramar], D. Rodrigo de Sousa Coutinho [...]'. 5 de janeiro de 1801. Arquivo Histórico Ultramarino, Administração Central, Conselho Ultramarino, Brasil-São Paulo, cx. 16, doc. 796.

48 Cf. 'Alvará com força de lei criando os correios marítimos'. 20 de janeiro de 1798. Antonio Delgado da Silva. *Collecção da Legislação portuguesa desde a ultima compilação das ordenações* [...].19 vols. Lisboa: Tip. Maigrense, Correia da Cunha, 1830-1849, (1791-1801), p. 479-482. O único trabalho que conhecemos sobre o tema é o de Armando Mário O. Vieira. *Subsídios para a História do Correio Marítimo Português*. Porto: Núcleo Filatélico do Ateneu Comercial do Porto, 1988.

49 Cf. Heloísa Liberalli Bellotto. *Autoridade e Conflito no Brasil colonial: o governo do Morgado de Mateus em São Paulo (1765-1775)*, op. cit., p. 240-241.

50 Cf. Manuel Eufrasio de Azevedo Marques. *Apontamentos históricos, geográficos, biográficos, estatísticos e noticiosos da província de São Paulo* [...]. 2 tomos. São Paulo: Comissão do IV Centenário da Cidade de São Paulo, 1953 (1ª edição, 1879), tomo 1, p. 207.

deveria lidar era o fato de o Império Português se estender por múltiplos espaços territoriais além-mares. Os governadores e capitães-generais foram um dos principais aliados da Coroa nessa tentativa de adequar os propósitos régios às diferentes situações encontradas nas localidades a governar. A partir da segunda metade do século XVIII, com projetos certos para as conquistas, esses sujeitos tiveram sua importância redobrada. Tendo que dar conta das especificidades locais, e sendo frequentemente lembrados de suas obrigações e cobrados pelo bom cumprimento delas. Eram claras as diferenças entre a letra da lei e a sua aplicação, entre as intenções e as práticas, entre as barreiras e os meios para suplantá-las. Os esforços para lidar com essa complexa realidade foram constantes e englobavam cada uma das distantes e diversas partes do império. Na capitania de São Paulo, com a restauração da sua autonomia administrativa, e o desenvolvimento de uma série de reformas, o quadro apresentava-se de forma ainda mais evidente.

Parte II

A Capitania Restaurada

4

Uma Empresa Exportadora

Em 1791 era publicada por ordem da Academia Real das Ciências de Lisboa a *Memória sôbre o preço do açúcar*, na qual José Joaquim da Cunha de Azeredo Coutinho, então deputado do Santo Ofício,[1] tratando do pioneirismo português na produção do açúcar, afirmava:

> Mas ao tempo em que as nossas fábricas de açúcar se achavam já muito melhoradas, com mais de noventa e sete anos de adiantamento do que as de todos os estrangeiros, e nós quase senhores únicos deste comércio, se descobriram, para nós desgraçadamente, as minas de ouro, que nos fizeram desprezar as verdadeiras riquezas da agricultura, para trabalharmos nas de mera representação.

---

1 Cf. Sérgio Buarque de Holanda. Apresentação. In: *Obras Econômicas de J. J da Cunha Azeredo Coutinho*. São Paulo: Companhia Editora Nacional, 1966, p. 15.

> A riqueza rápida daquelas minas, que tanto tem aumentado a indústria dos estrangeiros, chamou a si quase todos os braços das nossas fábricas de açúcar: este cego abandono fez que elas fossem logo em decadência.²

E, mais adiante, concluía:

> Portugal perdeu a superioridade da sua agricultura e do seu comércio pela cegueira com que correu atrás de uma representação e de uma sombra de riqueza, sem ver que deixava atrás de si o precioso corpo que ela representava: sem dúvida porque a sombra parece muitas vezes maior do que o corpo.³

Pouco mais de vinte e cinco anos antes, por volta de 1765, o recém-nomeado governador e capitão-general da, igualmente, recém-restaurada capitania de São Paulo, enviava ao rei D. José trinta perguntas a respeito de como proceder no governo da capitania paulista. Tais questões foram dirigidas ao ministro Sebastião José de Carvalho e Melo, que, então, as comunicou ao rei, que "de sua própria voz" as respondeu. Na pergunta n°. 18, o governador e capitão-general D. Luís Antonio de Souza Botelho Mourão, morgado de Mateus, indagava se deveria "procurar descobrimentos de minas". Ao que o rei, categoricamente, respondeu: "De nenhuma forma; antes impedir inflexivelmente estes descobrimentos".⁴

A instrução era para que, mesmo durante as incursões em territórios novos, cujo intuito óbvio era a procura por "haveres" (quer dizer, ouro e pedras preciosas), não se usasse a errada tática de ir direto a uma serra, por exemplo, em busca de tais objetivos, ainda que o governador os considerasse um bom incentivo à exploração dos sertões da capitania.⁵ Do contrário, seria o mesmo

---

2   J. J. da Cunha Azeredo Coutinho. Memória sôbre o preço do açúcar. 1791. *In: Ibidem*, p. 182.

3   *Ibidem*, p. 184.

4   'Copia das perguntas que fez o Governador e Capitam General de Sao Paullo Dom Luís Antonio de Souza [...]'. 1772. Arquivo do Estado de São Paulo. Avisos-Cartas Régias (1765-1777), C00420, livro 169.

5   Cf. Heloísa Liberalli Bellotto. *Autoridade e conflito no Brasil colonial: o go-*

que entregar o ouro para o ladrão, uma vez que os aventureiros portugueses, ainda não estabelecidos adequadamente em tais territórios, não teriam meios nem forças para defendê-los de possíveis ataques castelhanos. A estratégia era avançar em segredo, de dez em dez léguas, e construir povoações, "recolhendo e civilizando" os índios que fossem encontrados no caminho, ensinando-os a trabalhar e dando-lhes ferramentas; a mesma coisa com os vadios, dispersos pelos sítios volantes.[6]

Em 22 de julho de 1766, Sebastião José de Carvalho e Melo, então conde de Oeiras, explicava ao governador de São Paulo os dois motivos pelos quais se deveria impedir, com prudência e "por todos os meios indiretos", o estabelecimento de minas de ouro em Santos. Em primeiro lugar, porque, "pelo cálculo da Aritmética Política e Econômica do Estado", a agricultura se mostrava mais útil do que as minas, numa diferença que ia "de vinte contra um"; depois, ainda que as minas fossem mais úteis, não seria sensato permiti-las em lugares vizinhos às costas marítimas, como a praça de Santos. À questão da segurança somava-se a enunciada lógica da aritmética política e econômica do Estado, com influência clara das reformas próprias do período no campo da agricultura.[7] Nessa lógica, mais útil ainda eram as minas de ferro, como as que começavam a ser descobertas nos arredores da vila de Sorocaba, das quais D. Luís Antonio dava as primeiras notícias ao rei e ao secretário de Estado.[8]

---

verno do Morgado de Mateus em São Paulo: 1765-1775. São Paulo: Conselho Estadual de Artes e Ciências Humanas, 1979, p. 213.

6   'Carta do conde de Oeiras a D. Luís Antonio de Souza informando o porquê de não permitir novas descobertas de minas de ouro'. 22 de julho de 1766, e 'Carta do conde de Oeiras a D. Luís Antonio de Souza informando a aprovação do rei de proibir o descobrimento das minas do rio Pardo'. 22 de julho de 1766. Arquivo

    do Estado de São Paulo. Avisos-Cartas Régias (1765-1777), C00420, livro 169; há cópia desta última carta em Arquivo Histórico Ultramarino, Administração Central, Conselho Ultramarino, Brasil - Códices, códice 423, N. 21.

7   Cf. José Vicente Serrão. O Pensamento Agrário Setecentista (pré-«fisiocrático»):

    diagnósticos e soluções propostas. *In*: José Luís Cardoso (org.). *Contribuição para a História do Pensamento Econômico em Portugal*. Lisboa: Dom Quixote, 1988, p. 23-50.

8   'Carta do conde de Oeiras a D. Luís Antonio de Souza sobre as minas de ferro'. 22 de julho de 1766. Arquivo do Estado de São Paulo. Avisos-Cartas Régias (1765-1777), C00420, livro 169.

Que o cultivo da terra e de seus frutos e os descobrimentos de ferro tivessem preferência não significa que as minas de ouro foram de todo abandonadas. No governo de D. Luís Antonio de Souza (1765-1775), houve inúmeros pedidos para exploração mineral de territórios recém-descobertos.[9] No de Martim Lopes Lobo de Saldanha (1775-1782), surgiram novas notícias de descobertas de ouro na região de Apiaí, que, no começo do século XVIII, foi ocupada justamente por conta da extração aurífera.[10] Em cartas de 11 de abril de 1776, o governador e capitão-general dava ordens para que se não começassem as extrações de ouro sem as devidas averiguações, que deveriam ser feitas por quatro especialistas.[11] Dez dias depois, os oficiais da câmara de Sorocaba, responsáveis pela tarefa, enviaram carta a Lobo de Saldanha noticiando a nomeação dos especialistas e a descoberta de outras terras, vizinhas às primeiras, suspeitas de serem próprias para a extração do precioso metal.[12]

A produção de ouro da capitania paulista na segunda metade do século XVIII era bastante insignificante. A Casa de Fundição de São Paulo - primeira a ser criada no Brasil, em fins do século XVI[13]- fora restabelecida em 1766 e voltou a funcionar em 1770, após oito anos de extinção.[14] Em 1772, o morgado de Mateus proibiu que qualquer qualidade de ouro fosse fun-

---

9   Cf. Heloísa Liberalli Bellotto. *Autoridade e conflito no Brasil colonial: o governo do Morgado de Mateus em São Paulo: 1765-1775, op. cit.*, p. 213.

10 Cf. Manuel Eufrasio de Azevedo Marques. *Apontamentos históricos, geográficos, biográficos, estatísticos e noticiosos da província de São Paulo* [...] 2 tomos. São Paulo: Comissão do IV Centenário da Cidade de São Paulo, 1953 (1ª edição, 1879), tomo 1, p. 85-86.

11 'Para os Juizes Ordinarios e Officiaes da Camara da Villa de Sorocaba'. 11 de abril de 1776, e 'Para o Thenente José Pereira da Silva em Sorocaba'. 11 de abril de 1776. *Documentos interessantes para a História e costumes de São Paulo*. São Paulo: Arquivo do Estado de São Paulo, 1954, vol. 75, p. 19-21.

12 'Para a Camera de Sorocaba'. 2 de maio de 1776. *Ibidem*, p. 58-59.

13 Sobre as primeiras extrações das minas em São Paulo, e, especialmente, seus administradores gerais e provedores, veja-se Francisco de Assis Carvalho Franco. *História das minas de São Paulo: administradores gerais e provedores (séculos XVI E XVII)*. São Paulo: Conselho Estadual de Cultura de São Paulo, 1961.

14 Cf. Heloísa Liberalli Bellotto. *Autoridade e conflito no Brasil colonial: o governo do Morgado de Mateus em São Paulo: 1765-1775, op. cit.*, p. 213-216.

dida em outro lugar que não na restaurada Casa. Mesmo sendo pequena a produção de ouro de São Paulo,[15] a medida deixou descontente o vice-rei do Estado do Brasil e governador do Rio de Janeiro, capitania onde, até então, tinham os paulistas que quintar seu ouro. D. Luís Almeida Soares Portugal, o marquês de Lavradio, em carta de 9 de fevereiro de 1776, reclamava a Lobo de Saldanha da medida tomada pelo morgado de Mateus, e pedia que o governador enviasse cópia das "ordens positivas de El-Rei" a esse respeito, pois, segundo o vice-rei, muitos se sentiam oprimidos em ter que levar seu ouro para a cidade de São Paulo, por ser o caminho distante e dificultoso.[16] Não há notícias da resposta dada por Lobo de Saldanha ao vice-rei, mas, em 18 de maio do mesmo ano, o governador informou ao ouvidor de Paranaguá o problema que vinha tendo com a Intendência do Rio de Janeiro, desejosa da liberação de lá fundir o ouro que "as partes" quisessem levar. Ordenou que se não autorizasse tal coisa, e que todo ouro fosse fundido somente na Casa de Fundição de São Paulo, conforme praticado nas demais capitanias, nas quais jamais se permitiria que o ouro de uma comarca se fundisse em outra.[17]

O fato é que, a partir da segunda metade do século XVIII, a produção aurífera da América Portuguesa, começando a diminuir, não era mais a menina dos olhos da Coroa lusitana.[18] A "representação" e a "sombra de riqueza"

---

15 'Mappa em que se mostra todo o oiro que foi aprezentado nesta Real Caza da Fundição da Cidade de São Paulo, e quinto que delle se tirou para Sua Magestade em cada hum dos mezes do anno'. 1793, 1794 e 1795. Biblioteca Nacional de Portugal, Reservados, Coleção Pombalina, códice 643, fls. 482-484.

16 'Ofício do marquês de Lavradio, vice-rei do Estado do Brasil e governador e capitão-general do Rio de Janeiro, ao governador e capitão-general de São Paulo Martim Lopes Lobo de Saldanha'. 9 de fevereiro de 1776. *Documentos interessantes para a História e costumes de São Paulo*. São Paulo: Arquivo do Estado de São Paulo, 1895, vol. 17, p. 100-102.

17 'Para o Doutor Ouvidor de Parnaguá'. 18 de maio de 1776. *Documentos interessantes para a História e costumes de São Paulo*, vol. 75, *op. cit.*, p. 87-89.

18 Cf. Valores aproximados da exportação e do mil reis no período colonial. *In*: Roberto C. Simonsen. *A História Econômica do Brasil (1500-1820)*. São Paulo: Companhia Editora Nacional, 1978, 8ª edição (1ª edição de 1937), anexo à p. 382; e Virgílio Noya Pinto. *O Ouro Brasileiro e o Comércio Anglo-Português: uma contribuição aos estudos da economia atlântica no século XVIII*. São Paulo: Ed. Nacional, 1979, 2ª edição (1ª edição, 1972), p. 114-115.

da extração aurífera, às quais se referia J. J. da Cunha Azeredo Coutinho, deixavam de ser as principais catalisadoras dos esforços metropolitanos, que, então, voltavam-se cada vez mais para a produção de gêneros agrícolas exportáveis para o mercado europeu. Caio Prado Jr., em sua *História Econômica do Brasil*, analisando esse reflorescimento agrícola, apontou o declínio da mineração como um fator interno e negativo, graças ao qual a agricultura "volta a ocupar a posição dominante que desfrutara nos dois primeiros séculos da colonização".[19]

No caso da capitania de São Paulo, nesse período, saltam aos olhos as questões referentes à conquista e à defesa das regiões do Sul que, desde o fracasso do Tratado de Madri (assinado em 1750), estavam em disputa com os espanhóis. Contudo, "consolidar o domínio das capitanias do Brasil"[20] significava também, e principalmente, estabelecer e desenvolver na colônia, inclusive na capitania paulista, uma economia capaz de dar conta da nova conjuntura, não só no âmbito das relações entre a Metrópole e suas colônias, mas no âmbito da economia mundial. Nesse sentido, o grande papel de D. Luís Antonio de Souza Botelho Mourão, primeiro governador da São Paulo restaurada, e de seus sucessores foi conhecer o estado da agricultura paulista; organizar uma produção cuja lógica, até então, obedecia às dinâmicas de um comércio de abastecimento interno, e, assim, adequá-la ao mercado externo; e, enfim, desenvolver tanto essa produção como a infraestrutura da capitania (caminhos, passagens, portos etc.) com o intuito de facilitar seu escoamento.

A agricultura voltada para exportação não era novidade na história de São Paulo. A produção de trigo, durante os anos 1630 a 1680, já foi apontada como fator importante tanto para o desenvolvimento do planalto como para o chamado "surto bandeirante" de 1628 a 1641, que "relacionava-se muito mais ao desenvolvimento da economia do planalto do que - como a maioria dos historiadores paulistas tem colocado - à demanda por escravos no litoral açucareiro".[21] Os principais consumidores desse trigo eram as capitanias da

---

19 Caio Prado Jr. *História Econômica do Brasil*. São Paulo: Editora Brasiliense, 1983, 28ª. edição (1ª edição, 1945), p. 79-80.

20 Carta de Sebastião José de Carvalho e Melo ao morgado de Mateus. 26 de janeiro de 1765. Arquivo do Estado de São Paulo, Avisos-Cartas Régias (1765-1777), C00420, livro 169.

21 John Manuel Monteiro. *Negros da Terra: índios e bandeirantes nas origens de*

Bahia, de Pernambuco, do Rio de Janeiro e, inclusive, Angola. Segundo John Monteiro, há poucas evidências que sustentem a relação das bandeiras com um grande comércio de escravos indígenas entre São Paulo e outras capitanias.[22] A captura dos índios estaria, desse modo, muito mais ligada ao desenvolvimento da economia do planalto paulista e à crise de abastecimento de mão de obra cativa para a região. A esse respeito, Luiz Felipe de Alencastro é mais ponderado ao afirmar que, mesmo que as bandeiras não fossem feitas com o intuito de vender índios para as regiões do Norte do Brasil, elas foram "originadas pela quebra do tráfico atlântico", na disputa entre portugueses e batavos. Num processo de "substituição de importação", segundo o qual os índios do Sul cultivavam alimentos em São Paulo e no Rio de Janeiro, que faziam "as vezes dos produtos europeus, platenses e brasileiros nas praças de aquartelamento da América portuguesa", dada a aguda falta de cativos e de alimentos.[23] Ao vincular habilmente São Paulo ao comércio com as principais capitanias do período, Alencastro pôde explicar a decadência e o fim da grande produção de trigo paulista de forma direta e nada obscura, motivada pelo restabelecimento de um comércio "regular" do Brasil com a Metrópole e o ressurgimento do trato negreiro, findada a guerra contra os Países Baixos.

Ainda que a produção da capitania não estivesse, antes de fins do século XVIII, ligada a um grande circuito exportador sem depender de fatores conjunturais, é possível detectar indícios de uma produção mercantil paulista em períodos remotos. No caso mais específico da vila de São Paulo, pode-se, inclusive, inferir que em fins do século XVII havia uma significativa comercialização de produtos locais, "o que garantia um determinado nível de circulação e de acumulação de capitais, justificando todo um comércio de gêneros de outras regiões e até de produtos importados, desde que não praticado a preços exorbitantes".[24] Na última década do Seiscentos, a descoberta

---

São Paulo. São Paulo: Companhia das Letras, 1994, p. 76.

22   *Ibidem*, p. 76-77.

23   Luiz Felipe de Alencastro. *O Trato dos Viventes: formação do Brasil no Atlântico Sul*. São Paulo: Companhia das Letras, 2000, p. 194-199.

24   Ilana Blaj. *A trama das tensões: o processo de mercantilização de São Paulo colonial (1681-1721)*. São Paulo: Humanitas/FFLCH/USP: Fapesp, 2002, p. 108.

das minas de ouro significou o fortalecimento de um movimento iniciado anteriormente, ou, nas palavras de Ilana Blaj, "assistimos" não a "uma nova configuração da vila nem a uma ruptura brusca com o padrão anterior, ao contrário, à consolidação de todo um processo de expansão econômica, de mercantilização e de concentração de poder nas mãos de uma elite local. A articulação com o núcleo mineratório dinamizará este quadro mas não será, de forma alguma, responsável por sua existência".[25] Um dos méritos do estudo de Ilana Blaj, divisor de águas na historiografia paulista, é que a autora, ao apontar certo nível de mercantilização em São Paulo, não caiu na tentação de imputar à capitania um caráter autonomista. Ou seja, esse processo de mercantilização não negava o sentido da colonização,[26] antes o reforçava, na medida em que São Paulo funcionou, em determinados momentos, como espécie de suporte às principais capitanias da colônia, fossem elas produtoras de açúcar ou de ouro.

Em geral, a historiografia que antecede o estudo de Ilana Blaj aponta como marco do desenvolvimento de algum nível de riqueza em São Paulo o período posterior a 1765.[27] A continuidade dessa interpretação pode ser percebida em estudos que tratam justamente da capitania paulista restaurada, quer dizer, na época em que nela se desenvolveu uma economia de exportação.

No trabalho de Maria Thereza Petrone, estudo pioneiro sobre a lavoura canavieira paulista, é destacado o caráter decadente da agricultura anterior ao restabelecimento da autonomia administrativa de São Paulo. Se atentarmos para o estudo de Petrone, notaremos que ela investiga a lavoura canavieira mirando a posterior produção de uma agricultura cafeicultora.[28] O que fundamenta a análise da autora é perceber como a cultura açucareira

---

25 *Ibidem*, p. 125.

26 Cf. Caio Prado Jr. *Formação do Brasil Contemporâneo*. São Paulo: Livraria Martins Editora, 1942, p. 13-26.

27 Cf. Ilana Blaj. *A trama das tensões: o processo de mercantilização de São Paulo colonial (1681-1721)*, op. cit., p. 39-85.

28 Cf. Maria Thereza Schoper Petrone. *A Lavoura Canavieira em São Paulo: expansão e declínio (1765-1851)*. São Paulo: Difusão Européia do Livro, 1968, p. 7-9.

voltada para o mercado externo possibilitou o desenvolvimento de estruturas fundamentais para a, ulterior, cultura e comercialização do café. Não é por acaso que os marcos temporais adotados são 1765, com o governo do morgado de Mateus, e 1850/1851, período em que a exportação de café ultrapassou a de açúcar. Nesse sentido, ao indagar-se sobre a proveniência dos primeiros senhores de engenho da São Paulo restaurada, bem como do capital inicial para o investimento na produção, Petrone expõe a dificuldade, documental inclusive, de provar qualquer conjectura a esse respeito.[29] Não obstante, considera que a capitania antes do desenvolvimento da lavoura canavieira de exportação era pobre e cultivava apenas uma agricultura de subsistência.[30] O fato é que para a hipótese defendida pela autora não importa tanto de onde veio essa elite, nem com que cabedais foi possível montar a lavoura açucareira exportadora na capitania; bastava detectar e investigar tanto a produção como a infraestrutura estabelecida a partir dela.

Outro estudo fundamental sobre São Paulo que adota, por motivos diferentes, a mesma visão sobre o período anterior a 1765 é o de Heloísa Bellotto. Quando trata da economia da capitania antes do governo de D. Luís Antonio de Souza, Bellotto tem como base os estudos de Alfredo Ellis Jr. e o relato de alguns cronistas, segundo os quais a decadência econômica de São Paulo era consequência da dispersão econômica e da penúria da agricultura.[31] Ellis Jr. considerava que mesmo o comércio entre São Paulo e as regiões das minas era parco, uma vez que a produção paulista não dava conta daquele crescente mercado. A insuficiência de condições para forjar uma economia longe do isolamento e da decadência foi, segundo o autor, agravada com a construção do Caminho Novo e a consequente concorrência com o Rio de Janeiro. A situação da economia paulista, segundo essa interpretação, só não se agravou porque o mercado das regiões das minas era grande e não se bas-

---

29 Cf. *Ibidem*, p. 58-59.
30 Cf. *Ibidem*, p. 10-12.
31 Dentre eles, José Arouche de Toledo Rendon, Marcelino Pereira Cleto e J. J. Machado de Oliveira. Cf. Heloísa Liberalli Bellotto. *Autoridade e Conflito no Brasil Colonial: o governo do Morgado de Mateus em São Paulo: 1765-1775, op. cit.*, p. 204-206.

tava com os produtos fluminenses.³² Ora, o que interessa à análise de Bellotto não é especificamente a economia paulista, mas a trajetória de um dos administradores da capitania. Economia, políticas administrativas e conflitos de interesses em São Paulo, entre 1765 e 1775, são pontos investigados e esclarecidos que, todavia, estão sob a égide do objeto de estudo da autora: não a capitania de São Paulo, mas o próprio morgado de Mateus.

Um dos principais argumentos utilizados para justificar a miséria de São Paulo é a dispersão populacional para as regiões das minas. Mesmo o clássico estudo de Maria Luiza Marcílio, que, ao demonstrar um crescimento populacional de 425% em São Paulo entre 1690 e 1765,³³ põe por terra esse argumento, carrega consigo a imagem isolacionista da capitania. Assim, ao referir-se à sociedade paulista até 1765, Marcílio utiliza qualificações como "violência e selvageria" associadas à "falta de justiça e de leis". Os governadores do período posterior à restauração da capitania foram, desse modo, os principais interventores nessa sociedade; graças a eles foram "impostos" "padrões, normas, leis e condutas da Metrópole e da cultura portuguesa".³⁴ Marcílio supõe que por ser "elementar" a divisão do trabalho na sociedade paulista ela era "organizada em bases muito igualitárias e homogêneas".³⁵ Extrapolando para toda a sociedade colonial paulista tipos de relações possíveis aos chamados

---

32 Cf. Alfredo Ellis Jr.; e Myriam Ellis. *A economia paulista no século XVIII: o ciclo do muar, o ciclo do açúcar*. (Biblioteca Academia Paulista de Letras, vol. 11). São Paulo: Academia Paulista de Letras, 1979, 2ª edição (1ª edição, 1950), p. 99.

33 Maria Luiza Marcílio. *Crescimento Demográfico e Evolução Agrária Paulistana (1700-1836)*. São Paulo: HUCITEC / Edusp, 2000, p. 71.

34 *Ibidem*, p. 156.

35 Cita, para embasar seu argumento, dentre outros, Alfredo Ellis Jr., que considerava o "meio rude" um "agente democratizador". Cf. Alfredo Ellis Jr. *Capítulos da história social de São Paulo*. São Paulo: Nacional, 1944, p. 101-103; e Maria Sylvia de Carvalho Franco, de quem, ao que parece, toma emprestada a ideia de associar a divisão social do trabalho pouco elaborada à insustentabilidade de formas de "estratificação social". Cf. Maria Sylvia de Carvalho Franco. *Homens Livres na Ordem Escravocrata*. São Paulo: Fundação Editora da UNESP, 1997, 4ª. edição (1ª edição de 1969). Cf. Maria Luiza Marcílio. *Crescimento Demográfico e Evolução Agrária Paulistana (1700-1836), op. cit.*, p. 162-163, especialmente nota 38.

homens livres pobres.

Somando questões relacionadas aos interesses suscitados por cada objeto de estudo e os limites interpretativos e documentais de cada época, temos, especialmente a partir dos anos 70 do século XX, aquilo que Ilana Blaj nominou convivência, "às vezes lado a lado", de "imagens cristalizadas, inovações, permanências e renovações".[36] Estudos mais recentes, a seu modo e em níveis diferentes, vêm demonstrando como, apesar de não fazer parte do grande eixo mercantil da colônia, algum nível de produção, comércio e riqueza desenvolveu-se na região paulista mesmo antes de 1765.[37]

O que pretendo com este estudo está longe de uma revisão historiográfica, tão em voga em trabalhos, e escolas, mais recentes. Não desejo, ainda, construir uma interpretação a despeito dos estudos anteriores. Mas, a partir deles - alguns, como os citados, clássicos da historiografia paulista - perceber o processo pelo qual a economia e a agricultura da capitania passaram a inserir-se no comércio atlântico. Aliás, a agricultura paulista, antes de 1765, poderia ser classificada de "orientada à subsistência", sim. Todavia, isso só seria possível se o termo "subsistência" tivesse o sentido que lhe deu Caio Prado Jr.: uma produção destinada "ao consumo e à manutenção da própria colônia".[38] Assim, a grande virada não foi no sentido de uma economia mise-

---

36 Ilana Blaj. *A trama das tensões: o processo de mercantilização de São Paulo colonial (1681-1721)*, op. cit., p. 85.

37 Dentre eles: Milena Fernandes Maranho. *A Opulência Relativizada: Níveis de vida em São Paulo do século XVII (1648-1682)*. Bauru: EDUSC, 2010; Idem, *O Moinho e o Engenho. São Paulo e Pernambuco em diferentes contextos e atribuições no Império Colonial Português (1580-1720)*. São Paulo: FFLCH-USP, 2006, tese de doutorado; para o caso particular de uma vila, Madalena Marques Dias. *A formação das elites numa vila colonial paulista: Mogi das Cruzes (1608-1646)*. São Paulo: FFLCH-USP, 2001, dissertação de mestrado; sobre as "mulheres senhoriais paulistas" no processo de formação da vila de São Paulo, Igor Renato Machado de Lima. *O fio e a trama: trabalho e negócios femininos na Vila de São Paulo (1554-1640)*. São Paulo: FFLCH-USP, 2006, dissertação de mestrado; sobre os negociantes na cidade de São Paulo, Maria Aparecida de Menezes Borrego. *A Teia Mercantil: negócios e poderes em São Paulo colonial (1711-1765)*. São Paulo: FFLCH-USP, 2006, tese de doutorado.

38 Caio Prado Jr. *Formação do Brasil Contemporâneo*, op. cit., p. 151 e seguintes.

rável para uma economia fértil. Diferentemente, a economia paulista deixou de ser voltada para o abastecimento interno da colônia, e passou a dirigir-se ao mercado externo, à Metrópole. Foi a partir de 1765 que a empresa exportadora apresentou-se como importante mote na administração da capitania. Vigorou, então, o esforço, o empreendimento por parte da Coroa, de seus governadores e demais ministros para o desenvolvimento e o estabelecimento de um tipo específico de produção agrícola, enquadrada nas reformas e nas propostas próprias do período.

***

Logo que chegou ao Brasil, D. Luís Antonio de Souza descreveu ao conde de Oeiras, em carta de 22 de junho de 1765, o fascínio que lhe causara a capital da colônia, o Rio de Janeiro. Com relação à agricultura daquela capitania, contava com bastante admiração da abundância e da qualidade das terras. E asseverou:

> E se se conseguisse reduzi-las [as terras] à cultura, desterrando a negligência e ócio dos naturais, não necessitaríamos de coisa alguma dos países estrangeiros; antes lhes poderíamos vender em abundância as sedas, os algodões, os linhos, as madeiras, os couros, os trigos, os grãos, as carnes, os peixes, porque de tudo mostra a experiência se pode recolher em muita cópia.[39]

Pouco menos de quatro anos depois, já estabelecido em São Paulo, o morgado de Mateus comentou ao secretário de Estado da Marinha e Ultramar, Francisco Xavier de Mendonça Furtado, sobre as várias cartas e ofícios, enviadas a ele por Sebastião José de Carvalho e Melo, nas quais recomendava "toda a aplicação e cuidado no aumento da lavoura, e estabelecimento do comércio", os dois principais meios para fazer enriquecer e povoar as terras da capitania.[40] Nesse ofício, o governador e capitão-general deu conta, ainda,

---

39 'Ofício do D. Luís Antônio de Sousa ao conde de Oeiras'. 22 de junho de 1765. Arquivo Histórico Ultramarino, Administração Central, Concelho Ultramarino, Brasil/Geral (003), cx. 19, doc. 1688.

40 Dentre elas: 'Carta do conde de Oeiras a D. Luís Antonio de Souza sobre o governador promover a agricultura e o comércio na capitania de São Paulo'. 22 de julho de 1766. Arquivo do Estado de São Paulo, Avisos-Cartas Régias (1765-1777)

de alguns gêneros da capitania cujo comércio poderia ser de interesse para a Coroa portuguesa: os pinheiros do porto de Paranaguá, que poderiam ser usados para mastros de navios; "uma coisa a que chamam imbé de que se fazem boas cordas"; a salsaparrilha que havia no rio de Piracicaba; a erva-de--anil; o arroz, que "é admirável e dá-se em qualquer parte". Por fim, certificou que somente a existência de tais gêneros não bastava, era preciso que homens de negócio comprassem os produtos da capitania e os fizessem passar para o Reino. Igualmente, era necessário fazer algumas melhorias indispensáveis para concretizar tal meta: "facilitar os caminhos, abrir passagens nas serras, e alguns passos nos rios".[41]

Embora o açúcar tenha sido o principal gênero exportado por São Paulo em fins do século XVIII, a produção da capitania era bastante variada, e isso foi incentivado pela administração portuguesa.[42] O anil, por exemplo, bastante valorizado no mercado internacional, e cuja erva tinha fácil produção no Brasil, estava na pauta dos produtos a serem explorados. No governo de Martim Lopes Lobo de Saldanha, a erva já era encontrada em abundância na capitania paulista.[43] Em 9 de novembro de 1776, o governador informou ao secretário de Estado, Martinho de Melo e Castro, a grande qualidade do anil que se produzia em São Paulo, e remeteu-lhe algumas amostras dele. Em

---

- C00420, livro 169; há cópia dessa carta em Arquivo Histórico Ultramarino, Administração Central, Conselho Ultramarino, Brasil - Códices, códice 423, N. 31.

41 'Ofício do Governador e Capitão General da capitania de São Paulo, Morgado de Mateus, ao Secretário de Estado da Marinha e Ultramar, Francisco Xavier de Mendonça Furtado'. 1º de março de 1769. Arquivo Histórico Ultramarino, Administração Central, Conselho Ultramarino, Brasil-São Paulo (023), cx. 5, doc. 347.

42 Cf. Francisco Vidal Luna; e Herbert Klein. *Evolução da Sociedade e Economia Escravista de São Paulo, de 1750 a 1850*. São Paulo: Edusp, 2006 (1ª. edição estadunidense, sob outro título, 2003), p. 108. Sobre o tema, no âmbito do Brasil, veja-se J. R. Amaral Lapa. O Problema das Drogas Orientais. In: *Idem. Economia Colonial*. São Paulo: Editora Perspectiva, 1973, p. 111-140; e Luís Ferrand de Almeida. Aclimatação de plantas do Oriente no Brasil durante os séculos XVII e XVIII. *Revista Portuguesa de História*. Coimbra: Instituto de Estudos Históricos, tomo 15, 1975, p. 339-481.

43 Cf. Carlos Borges Schmidt. O Anil - Cultura e indústria em São Paulo, na época colonial. *Revista do Instituto Histórico e Geográfico de São Paulo*. São Paulo: Instituto Histórico e Geográfico de São Paulo, vol. 44, 1948, p. 167.

abril de 1778, o ministro respondeu que se poderia fazer um "grande ramo de comércio" com tal produto.[44] Quatro anos mais tarde, o então governador Francisco da Cunha Menezes ordenou ao capitão-mor da cidade de São Paulo, Manoel de Oliveira Cardoso, que não permitisse nenhuma pessoa agir contra a plantação da erva-de-anil, "que é ramo de negócio tão útil para esta capitania", completando que castigaria quem deixasse fazer estrago a ela sem atentar para o prejuízo causado "a este Estado" e ao "bem comum".[45] Mesmo com todos os cuidados e com a demanda, na Metrópole, do corante feito do anil, a produção da capitania nunca foi grandiosa e a qualidade, ainda que boa, não era a esperada.[46]

A madeira foi outro produto bastante explorado. Em 1766, D. Luís Antonio de Souza alertava para a iminente extinção de algumas árvores necessárias para a fabricação do atanado, couro curtido. O conde de Oeiras deu, então, orientações para que o governador não permitisse o uso dessas árvores como lenha nem o corte das que ainda não tivessem tamanho suficiente. A regra era extrair as maiores e deixar as menores crescerem e espalharem suas sementes, propagando "estas espécies de árvores utilíssimas ao comércio".[47] Mais tarde, o mesmo governador indicou ao secretário dos negócios do Ultramar, Martinho de Melo e Castro, o grande número de pinhais na capitania de São Paulo, que poderiam ser usados como mastros de embarcações. O secretário respondeu ao governador, em outubro de 1771, que, de fato, esse era um importante artigo para o Arsenal Real, para a navegação portuguesa e, ainda, para os próprios habitantes da capitania. Enviou instruções detalhadas, escritas pelo mestre construtor do Arsenal Real, Ma-

---

44 'Carta de Martinho de Mello e Castro para o governador Martim Lopes Lobo de Saldanha sobre o cultivo de anil na capitania de São Paulo'. 28 de abril de 1778. Arquivo Histórico Ultramarino, Administração Central, Conselho Ultramarino, Brasil - Códices, códice 424, fls. 111-111v.

45 'Ofício do governador e capitão-general Francisco da Cunha Menezes ao capitão-mor da cidade de São Paulo Manoel de Oliveira Cardozo'. 9 de novembro de 1782. *Documentos interessantes para a História e costumes de São Paulo.* São Paulo: Arquivo do Estado de São Paulo, 1961, vol. 85, p. 73.

46 Cf. Carlos Borges Schmidt. O Anil: *Cultura e indústria em São Paulo, na época colonial, op. cit.,* p. 169.

47 'Carta do conde de Oeiras a D. Luís Antonio de Souza informando do cuidado que deve ter com árvores úteis ao comércio'. 22 de julho de 1766. Arquivo do Estado de São Paulo. Avisos-Cartas Régias (1765-1777) - C00420, livro 169.

noel Vicente, sobre como deveriam ser cortadas e escolhidas as madeiras. Por fim, destacou a indispensável necessidade de haver "sujeito inteligente" para escolher as madeiras boas, saber cortá-las e conduzi-las ao embarque nos portos, com "direção e economia".[48]

Em março de 1797, o próprio príncipe regente, D. João, lembrou ao governador Antonio Manoel de Melo Castro e Mendonça a importância das madeiras do Brasil para o uso da marinha real e para a reexportação às nações estrangeiras. Dessa forma, determinou que, sendo de propriedade "exclusiva" da Coroa régia "todas as matas e arvoredos à borda da costa, ou de rios que desemboquem imediatamente no mar", ficava proibido, por ora e futuramente, dar sesmarias em tais lugares, e ordenava que o governador verificasse o meio pelo qual se poderiam readquirir as terras já dadas. Mandou, igualmente, que Melo Castro e Mendonça fizesse "levantar" mapas dos lugares onde existiam as tais madeiras, indicando seus respectivos nomes, propriedade e usos. Para a boa administração do empreendimento, apontou quatro princípios: primeiro, a conservação das "matas e arvoredos"; segundo, a economia nos cortes e conduções (já ressaltado mais de vinte anos antes por Martinho de Melo e Castro); terceiro, a facilitação das remessas das madeiras; e, por último, que se mostrasse o preço de cada peça tirada "dos mesmos arvoredos e matas".[49]

No governo de Francisco da Cunha Menezes (1782-1786), é possível notar grande empenho em estabelecer e desenvolver a produção do linho cânhamo, usado na fabricação de tecidos e cordas. Em cartas a diferentes oficiais da capitania, o governador mandava que se fomentasse a cultura da linhaça, protegendo e animando "esta tão útil como interessante plantação". Enviava junto às determinações algumas sacas com sementes para que os oficiais as repartissem entre os "mais curiosos lavradores" de suas respec-

---

48 'Carta de Martinho de Mello e Castro ao governador de São Paulo sobre a importância das madeiras de pinhais'. 1º de outubro de 1771, e 'Relação dos Paos de pinho que são precizos para as matreaçoens das Naos fragatas e Embarcaçoens miudas e ligeiras que se achão feitas neste Arcenal da Ribeira das Naos.' 22 de julho de 1771. Arquivo do Estado de São Paulo. Avisos-Cartas Régias (1765-1777) - C00420, livro 170.

49 'Carta de Sua Majestade a Antonio Manoel de Mello Castro e Mendonça'. 13 de março de 1797. *Documentos interessantes para a História e costumes de São Paulo*. São Paulo: Arquivo do Estado de São Paulo, 1967, vol. 89, p. 33-34.

tivas vilas. Foram enviadas sementes, principalmente, para as vilas de Paranaguá, Curitiba, Itu e São Sebastião.[50] Em 1798, continuavam as recomendações régias para que se cultivasse o linho cânhamo em São Paulo, e, mais, pedia-se o estabelecimento de um "método" segundo o qual os negociantes remetessem o "importante gênero" para a Metrópole.[51] Pouco mais de dois meses após a primeira orientação régia para Antonio Manoel de Melo Castro e Mendonça, o secretário de Estado enviou nova carta em que reafirmava a confiança de "Sua Majestade" no cuidado do governador em dilatar a cultura do cânhamo, mas devia renovar as ordens nesse sentido, determinando que se fizesse pagar por conta da Real Fazenda todo o cânhamo produzido na capitania e que se o remetesse para o Arsenal Real.[52] A produção foi estimulada de tal forma que em outubro de 1783 foi criada na capitania do Rio Grande de São Pedro a Real Feitoria do Linho Cânhamo.[53]

A farinha de pau, ou farinha de mandioca, foi produto que no começo do século XVIII deixou de povoar as descrições sobre o Brasil. No fim da centúria, todavia, vinha à tona com importância redobrada, adquirindo destaque como gênero de exportação.[54] D. Rodrigo de Souza Coutinho, reiteradas vezes, informava ao governador Antonio Manoel de Melo Castro e Mendonça as ordens régias para que fosse incentivada a produção de farinha de pau, bem como as remessas da mesma para o Reino;[55] sem, entretanto,

---

50   Vejam-se os ofícios que atestam essa informação em *Documentos interessantes para a História e costumes de São Paulo*, vol. 85, *op. cit.*, p. 146-147 e 158.

51   'Carta do Secretário d'Estado [D. Rodrigo de Souza Coutinho] sobre animar a Cultura do Linho Canhamo.' 16 de fevereiro de 1798. *Documentos interessantes para a História e costumes de São Paulo*, vol. 89, *op. cit.*, p. 62-63.

52   'Sobre Linho Cânhamo, etc'. 23 de abril de 1798. Arquivo Histórico Ultramarino, Administração Central, Conselho Ultramarino, Brasil - Códices, códice 424, fls. 147v-148.

53   Cf. Maximiliano Mac Menz. Os escravos da feitoria do linho cânhamo: trabalho, conflito e negociação. *Afro-Ásia*. nº 32, 2005, p. 139-158.

54   Cf. Pinto de Aguiar. *Mandioca: pão do Brasil*. Rio de Janeiro: Civilização Brasileira, 1982, p. 59-62.

55   'Carta do secretário de Estado D. Rodrigo de Souza Coutinho ao governador e capitão-general Antonio Manoel de Mello Castro e Mendonça sobre promover a cultura da farinha de pau'. 16 de agosto de 1797, e outra de mesmo teor em 9 de abril de 1798. *Documentos interessantes para a História e costumes de São*

proibir-se o livre comércio do gênero, fosse para os portos de São Paulo fosse para os das outras capitanias.⁵⁶ Em novembro de 1800, o secretário de Estado noticiou ao governador de São Paulo a "conta", que estivera presente ao príncipe D. João, do intendente geral da polícia da Corte e Reino, pela qual ficava exposta a "pronta saída e venda" da farinha de mandioca carregada por navios que partiam dos portos do Pará e Maranhão. Ordenou, então, que o governador animasse mais e mais a produção do gênero e se empenhasse para fazer grande volume de exportação da farinha para o Reino:

> não só nos navios mercantes e da Praça, senão também nas Charruas [tipo de veleiro], Correios Marítimos, e mais embarcações de guerra da Coroa, nos lugares cômodos para a sua condução, sem embaraço das respectivas manobras e governo das mesmas embarcações; e Vossa Senhoria animará os negociantes dessa Praça a fazerem as maiores remessas possíveis, as quais possam abundar e suprir os mercados e Praças deste Reino.⁵⁷

A ideia era que a farinha de mandioca pudesse substituir as importações de trigo, e outros grãos, feitas pelo Reino. Em dezembro de 1801, Melo Castro e Mendonça, em resposta a determinação do secretário de Estado, afiançou que, em vista das "repetidas ordens" a ele dirigidas, fomentaria não só a produção do gênero como a exportação da "maior quantidade possível" dele.⁵⁸

Dos minerais, destaque-se o salitre, gênero privativo à Fazenda Real e utilizado para fazer pólvora, e o ferro, cujas minas despertavam grandes es-

---

Paulo, vol. 89, *op. cit.*, p. 42 e p. 65.
56 'Do Secretário de Estado [D. Rodrigo de Souza Coutinho] sobre a Farinha de Páo'. 28 de janeiro de 1799. *Ibidem*, p. 131.
57 'Carta do Secretário de Estado [D. Rodrigo de Souza Coutinho] sobre recomendar ao General o fazer augmentar a Cultura da Mandioca'. 7 de novembro de 1800. *Ibidem*, p. 220-221.
58 'Ofício do governador e capitão general da capitania de São Paulo, Antônio Manuel de Melo Castro e Mendonça, ao secretário de estado da Marinha e Ultramar, D. Rodrigo de Sousa Coutinho'. 15 de dezembro de 1801. Arquivo Histórico Ultramarino, Administração Central, Conselho Ultramarino, Brasil-São Paulo (023), cx. 18, doc. 896.

peranças no Reino.⁵⁹ Nos diversos mapas de exportação das embarcações que saíam da capitania⁶⁰ encontramos, ainda, goma, algodão, arroz, café, couros, barbatana, banha, aguardente, melaço e, é claro, açúcar em diferentes tipos e em quantidades bem superiores às dos outros produtos.⁶¹

***

Quando, em 1767, um navio vindo de Lisboa chegou ao porto de Santos, o governador morgado de Mateus prontamente enviou ao encarregado da embarcação, João Ferreira de Oliveira, ordens para que não a deixasse sair sem levar cargas da capitania paulista. Ao que, em carta de 26 de junho do mesmo ano, João Ferreira lamentou, explicando que o navio já estava com sua carga pronta na Bahia, e que esta era "de tão grande porte que se não carrega com menos de seiscentas caixas de açúcar, fora madeiras, e tabaco, e sola, couros, e outros efeitos". Afirmou, ainda, que, além de o dinheiro para a referida carga já se encontrar na Bahia, o dono do navio não dera ordem "para aqui comprar nenhuns efeitos, o que sucederia se em Lisboa soubessem que neste porto e capitania há efeitos que se possam carregar para Lisboa, e para isto se conseguir era preciso que os lavradores dos efeitos e serradores das madeiras se antecipassem a fabricá-los, e tê-los prontos para quando chegasse qualquer navio, pois do contrário será preciso estar aqui um navio um ano à espera de alguma carga, e isto é perdição para os donos". O encarregado do navio terminou a carta declarando que, de sua parte, sentia não ter feito o pouco açúcar que poderia fazer naquele ano, a fim de aproveitar a ocasião, "mas por conta de obras que ando fazendo no tal engenho, e outros estorvos, ainda o não pude botar a moer, o que pretendo fazer dia de São Pedro, o que Deus me der irá em outros navios que, segundo a carta que tenho do meu contratador e caixa do contrato

---

59 'Do Secretário de Estado [D. Rodrigo de Souza Coutinho]'. 20 de agosto de 1799. *Documentos interessantes para a História e costumes de São Paulo*, vol. 89, *op. cit.*, p. 173.
60 Salvo quando indicado, sempre que me referir a exportação, trata-se de envio de produtos para fora do Brasil; não, apenas, para fora da capitania.
61 A listagem dessas embarcações, com seus respectivos mapas, é extensa. Para arrolamento detalhado, veja-se o apêndice *on-line* em <social.stoa.usp.br/sp>.

do sal, espero aqui brevemente mais navios".[62]

João Ferreira de Oliveira, ele mesmo um produtor de açúcar, bem sabia, como podemos notar em sua carta, que o estabelecimento de um comércio exterior na capitania de São Paulo dependia de inúmeros fatores que se relacionavam e impulsionavam mútuo desenvolvimento. Não bastava possuir engenho, era necessário possuir mercado, e, mais ainda, dever-se-iam gerar condições favoráveis para que, por exemplo, os navios chegassem ao porto de Santos com o expresso intuito de carregar os produtos da capitania paulista. Para tanto, era preciso garantir não só algo elementar, ou seja, que os produtos já estivessem prontos quando os navios lá atracassem, mas, igualmente, coisas mais complicadas como estabelecer - algo feito anos mais tarde - um caminho que ligasse aquela que foi a grande área produtora de açúcar da capitania, a região de serra-acima, ao litoral.[63]

Em 1770, o morgado de Mateus destacou, em ofício ao conde de Oeiras, a atuação do capitão de cavalaria auxiliar Baltazar Rodriguez Borba na tarefa de desobstruir a parte da passagem do rio Pequeno que atravessava o caminho da serra de Cubatão. A obra resultou em quinze léguas de navegação, possibilitando a comunicação entre as aldeias de Carapicuíba e Barueri, a freguesia de Santo Amaro e a vila de Parnaíba, e, além disso, facilitando "o navegar por água todos os transportes pesados que vierem da vila de Santos, desde o alto da serra até esta cidade [de São Paulo]".[64] A preocupação com este e outros caminhos também acompanhou os governadores que sucederam ao morgado de Mateus. Antonio Manoel de Melo Castro e Mendonça apontou, em sua *Memória sobre a comunicação da vila de Santos com a cidade de S. Paulo*, as melhorias feitas no caminho de Cubatão durante o governo de seus antecessores: no de Martim Lopes Lobo de Saldanha (1765-1782), foi feito

---

62 'Carta (cópia) de João Ferreira de Oliveira ao Morgado de Mateus'. 26 de junho de 1767. Arquivo Histórico Ultramarino, Administração Central, Conselho Ultramarino, Brasil-São Paulo (023), cx. 5, doc. 347.

63 Cf. Heloísa Liberalli Bellotto. *Autoridade e Conflito: O Governo do Morgado de Mateus em São Paulo (1765-1775), op. cit.*, p. 221.

64 'Ofício (2ª via) do governador e capitão-general da capitania de São Paulo, Morgado de Mateus, D. Luís Antonio de Souza Botelho Mourão, ao secretário do reino, conde de Oeiras, Sebastião José de Carvalho e Melo'. 27 de março de 1770. Arquivo Histórico Ultramarino, Administração Central, Conselho Ultramarino, Brasil-São Paulo (023), cx. 6, doc. 360.

um aterro próximo ao rio Grande, "que, pelas suas inundações, fazia invadeável aquela estrada"; já no de Francisco da Cunha Menezes (1782-1786), houve aperfeiçoamento do caminho; José Raimundo Chichorro da Gama Lobo, governador interino (1786-1788), "mandou fazer o aterrado que vai do fim da serra até a margem do Rio Cubatão, que pelas suas inundações, e a do Rio das Pedras que vem da serra, encharcavam aquele lugar".[65]

Os caminhos deveriam ser feitos sem dar despesa alguma à Real Fazenda. Contando, portanto, com a participação dos habitantes da capitania para a tarefa. Aos governadores caberia, apenas, despender "diligências" e "atenções" a fim de conduzir os paulistas.[66] Ficava também às expensas dos paulistas o conserto dos caminhos, que deveriam ser feitos periodicamente, mantendo a passagem livre e sem incômodos.[67]

O volume de exportação que se esperava da capitania paulista exigia que o trânsito de serra-acima para o litoral não fosse feito mais pelo lombo humano em trilhas indígenas, mas por mulas ou cavalos em caminhos que permitissem a circulação de grande quantidade de gêneros.[68] Era necessário estabelecer essa rota de comércio tanto para as vilas do planalto, e para, especificamente, o porto de Santos, quanto para outras vilas, como São Sebastião e Jacareí.[69] No governo de Bernardo José de Lorena (1788-1797), o caminho

---

65 'Memoria sobre a communicação da Villa de Santos com a cidade de S. Paulo'. *Documentos interessantes para a História e costumes de São Paulo*. São Paulo: Arquivo do Estado de São Paulo, 1899, vol. 29, p. 113.

66 Martim Lopes Lobo de Saldanha utiliza o termo "desconfiados paulistas" para explicar tal condução. 'Ofício (1ª e 2ª vias) do governador e capitão general da capitania de São Paulo, Martim Lopes Lobo de Saldanha, ao secretário de estado da Marinha e Ultramar, Martinho de Melo e Castro'. 10 de novembro de 1775. Arquivo Histórico Ultramarino, Administração Central, Conselho Ultramarino, Brasil-São Paulo (023), cx. 6, doc. 388.

67 'Ofício do governador e capitão-general Francisco da Cunha Menezes ao sargento-mor das ordenanças da vila de Mogi Mirim.' 19 de março de 1783. *Documentos interessantes para a História e costumes de São Paulo*, vol. 85, *op. cit.*, p. 82.

68 Sobre a construção do caminho e, principalmente, sobre a região de Cubatão desde princípios do século XVI até fins do XIX, veja-se Inez Garbuio Peralta. *O Caminho do Mar. Subsídios para a História de Cubatão*. Cubatão: Prefeitura Municipal de Cubatão, 1973.

69 'Ofício do governador e capitão-general Francisco da Cunha Menezes à câmara da vila de São Sebastião', e 'Ofício do governador e capitão-general Francisco

ligando a cidade de São Paulo à vila de Santos foi terminado e calçado. Coube a Melo Castro e Mendonça consertar o restante do percurso, mandar calçar a Praça de Cubatão (ponto de ligação entre o fim da serra e a vila de Santos) e fazer os "rascunhos necessários para se guardarem as mercadorias que sobem e os produtos do país que descem para Santos".[70]

Se, na primeira metade do século XVIII, a construção de caminhos esteve ligada principalmente ao envio seguro dos quintos aos cofres régios, contra possíveis e constantes desvios, na segunda metade, o interesse voltava-se mais ao estabelecimento de estruturas que facilitassem a exportação de gêneros agrícolas.[71] Mesmo assim, o combate aos contrabandos não deixava de ser um importante aspecto na administração da economia da capitania de São Paulo. Em ofício de 3 de fevereiro de 1788, o secretário de Estado, Martinho de Melo e Castro, lembrou a Bernardo José de Lorena a confiança que "Sua Majestade" dispensava ao governador para que combatesse, com "toda a sua vigilância", os contrabandos e os descaminhos na capitania.[72] Em 16 de outubro do mesmo ano, Lorena respondeu ao ministro afirmando que tinha tomado todas as providências e todos os cuidados com o porto de Santos e com as estradas que ligavam São Paulo às outras capitanias.[73] A grande

---

da Cunha Menezes ao capitão-mor da vila de Jacareí.' 17 de fevereiro de 1785. *Documentos interessantes para a História e costumes de São Paulo*, vol. 85, *op. cit.*, respectivamente, p. 121 e 38-39; e 'Do dito Secretário de Estado [D. Rodrigo de Souza Coutinho].' 30 de agosto de 1799. *Documentos interessantes para a História e costumes de São Paulo*, vol. 89, *op. cit.*, p. 174.

70   Antonio Manoel de Mello Castro e Mendonça. 'Memória sobre os objetos mais interessantes da Cap. de S. Paulo entregue ao Ilmo. e Exmo. Sr. Antonio José da Franca e Horta..., 1802'. *Anais do Museu Paulista*. São Paulo: Museu Paulista, 1964, tomo 18, p. 242.

71   Cf. Paulo Pereira dos Reis. *O Caminho Nôvo da Piedade no Nordeste da Capitania de S. Paulo*. São Paulo: Conselho Estadual de Cultura, 1971, p. 43.

72   'Ofício do ministro de estado Martinho de Mello e Castro ao governador e capitão-general da capitania de São Paulo Bernardo José de Lorena sobre os contrabandos'. 3 de fevereiro de 1788. *Documentos interessantes para a História e costumes de São Paulo*. São Paulo: Arquivo do Estado de São Paulo, vol. 25, 1898, p. 69; e, cópia do mesmo documento, 1924, vol. 45, p. 420.

73   'Carta de Bernardo Jozé de Lorena ao ministro de Estado Martinho de Mello e Castro.' 16 de outubro de 1788. *Documentos interessantes para a História e*

dificuldade era cuidar da "multidão infinita de pequenos portos e enseadas solitárias", como as que existiam na vila de Ubatuba.⁷⁴ Em janeiro de 1797, o príncipe regente mandou ao Brasil uma esquadra, composta por cinco naus de linha, três fragatas e alguns bergantins, a fim de realizar uma expedição de segurança e defesa dos domínios portugueses.⁷⁵ Nas instruções enviadas ao chefe da esquadra, Antonio Januário do Valle, o secretário de Estado D. Rodrigo de Souza Coutinho considerou que seria um "grande e distinto serviço" se fossem descobertos os lugares por onde os navios estrangeiros contrabandeavam com o interior do Brasil. Deu, ainda, plenos poderes para que o chefe da esquadra visitasse "indistintamente" embarcações estrangeiras que estivessem nas costas do Brasil.⁷⁶

A determinação era para tomar o maior cuidado com navios estrangeiros que, com o pretexto de fazerem arribadas de emergência nos portos do Brasil, comerciavam com os habitantes locais. Era o caso do navio dinamarquês chamado Minerva, que chegou ao Rio de Janeiro, vendeu suas cargas e, também, "carregou açúcar, couros e outras mercadorias para o porto de Falmouth".⁷⁷ Alguns negociantes estrangeiros, por sua vez, projetavam descarregar por contrabando no Brasil as fazendas inglesas, anteriormente destinadas à França e proibidas por decisão do diretório executivo daquele governo.⁷⁸ Outro meio, ainda, pelo qual se passou a introduzir produtos

---

costumes de São Paulo, vol. 45, op. cit., p. 18.
74 'Carta de Bernardo Jozé de Lorena ao conde de Rezende, vice-rei do Brasil, sobre o contrabando que se faz do porto da vila de Ubatuba'. 16 de abril de 1795. *Ibidem*, p. 292-293.
75 'Carta da rainha D. Maria I ao vice-rei do Brasil D. José de Castro, conde de Rezende.' 7 de Janeiro de 1797. *Documentos interessantes para a História e costumes de São Paulo*, vol. 89, op. cit., p. 20-21.
76 'Carta do secretário de Estado D. Rodrigo de Souza Coutinho a Antonio Januario do Valle.' 7 de janeiro de 1797, e 'Carta de Sua Magestade ao Sobredito Antonio Januario do Valle.' 7 de janeiro de 1797. *Ibidem*, p. 21-28.
77 'Carta do secretário de Estado D. Rodrigo de Souza Coutinho ao governador e capitão-general Antonio Manoel de Mello Castro e Mendonça.' 2 de janeiro de 1798. *Ibidem*, p. 47.
78 'Do dito Secretário d'Estado [D. Rodrigo de Souza Coutinho].' 31 de março de 1798. *Ibidem*, p. 51.

estrangeiros por contrabando no Brasil foi a falsificação dos selos das alfândegas portuguesas. O governador de São Paulo deveria, então, ordenar aos juízes e administradores da alfândega da capitania que não se fiassem nos selos das fazendas, mas que comparassem as remessas de mercadorias com as "notas e avisos que receberem do Superintendente Geral das Alfândegas", bem como castigar os cúmplices no delito.[79]

Com relação às arribadas forçadas dos navios estrangeiros, a ordem era para "enfastiá-los", polidamente e sem nenhuma grosseria, com visitas regulares, rigorosas e demoradas, "acompanhadas de muitas atenções aparentes, [até] que finalmente este comércio interlope cesse por si mesmo, a força de dar grandes perdas".[80] Em carta de janeiro de 1801, Melo Castro e Mendonça comunicou a D. Rodrigo de Souza Coutinho que não tinha notado contravenções nem das embarcações "nacionais" nem das estrangeiras que nos portos da capitania entravam. Reafirmou, entretanto, que seguia atento e pronto para executar as ordens e as instruções régias a esse respeito.[81] Não obstante as convicções do governador, em setembro do mesmo ano o príncipe regente, devido às continuadas arribadas forçadas, pretexto para os navios estrangeiros entrarem nos portos do Brasil e comerciarem com eles, ordenou que se pusesse "em todo o seu rigor" o conteúdo da provisão de 8 de fevereiro de 1711 e do alvará de 5 de outubro de 1715. A provisão e o alvará, de modo geral, proibiam a entrada de navios estrangeiros nos portos do Brasil. Exceto se fossem, comprovadamente, obrigados por alguma tempestade ou por falta de mantimentos, e, em tais casos, deveriam ser ajudados sem, todavia, permitir-lhes comerciar. As embarcações que não tivessem justificativa plausível para arribarem aos portos da colônia seriam confiscadas, e para tanto era necessário fazer um "rigoroso exame em todos os navios" que fossem ao Brasil e verificar, de forma minuciosa, "se a causa da arribada deles é falsa ou

---

79 'Do Mesmo Secretário de Estado [D. Rodrigo de Souza Coutinho].' 7 de outubro de 1799. *Ibidem*, p. 169-170.
80 'Do dito Secretário [de Estado D. Rodrigo de Souza Coutinho].' 20 de setembro de 1798. *Ibidem*, p. 65.
81 'Ofício do governador e capitão general de São Paulo, Antônio Manuel de Melo Castro e Mendonça ao secretário de estado da Marinha e Ultramar, Dom Rodrigo de Sousa Coutinho.' 21 de janeiro de 1801. Arquivo Histórico Ultramarino, Administração Central, Conselho Ultramarino, Brasil-São Paulo (023), cx. 16, doc. 813.

verdadeira".[82]

Os navios das nações estrangeiras eram convencidos, a toda prova, a não atracarem aos portos da capitania. Já os portugueses, instigados de tal forma que, muitas vezes, algumas obrigações dos capitães dos navios eram informalmente "disfarçadas", a fim de que eles se dirigissem mais vezes e em maior número aos portos da capitania. Mesmo que isso significasse, por vezes, sofrer algum abuso. Como o fez o capitão do navio Santa Rita, que, tendo partido de Lisboa em direção ao porto de Santos, arribou ao de São Sebastião e lá ficou com excessiva demora, sem aparente necessidade nem escusas.[83] Formalmente, o comércio, não só para a capitania de São Paulo, mas para todo o Brasil, vinha sendo facilitado desde as primeiras décadas do reinado de D. José. As leis, os alvarás e os decretos isentaram dos direitos de entrada e saída, ou qualquer emolumento, gêneros como o arroz e o anil.[84] De quebra, desde setembro de 1765, sucessivos alvarás aboliram as frotas e esquadras para as capitanias do Brasil e para outros pontos do Império, deixando livre a navegação daqueles que quisessem comerciar.[85] Em abril de 1799, D. Rodrigo de Souza Coutinho informava ao governador de São Paulo que o príncipe regente, "querendo favorecer os Negociantes", ordenava que os navios que es-

---

82 'Carta de Sua Alteza Real sobre os Contrabandos e o mais que abaixo se declara'. 2 de setembro de 1801. *Documentos interessantes para a História e costumes de São Paulo*, vol. 89, *op. cit.,* p. 244-245.

83 'Ofício do governador e capitão-general Francisco da Cunha Menezes ao juiz de fora da vila de Santos doutor Marcelino Pereira Cleto.' 3 de outubro de 1785, e 'Ofício do governador e capitão-general Francisco da Cunha Menezes ao capitão-mor da vila de São Sebastião Manoel Lopes da Ressurreição.' 3 de outubro de 1785. *Documentos interessantes para a História e costumes de São Paulo*, vol. 85, *op. cit.,* p. 172-173.

84 Sobre o arroz: Decretos de 1º de julho de 1761 e de 18 de maio de 1773. Antonio Delgado da Silva. *Collecção da Legislação portuguesa desde a ultima compilação das ordenações* [...].19v. Lisboa: Tip. Maigrense, Correia da Cunha, 1830-1849, respectivamente, suplemento aos anos de 1750-1762, p. 814-815, e suplemento aos anos de 1763-1790, p. 301. Sobre o anil: Alvará de 9 de julho de 1764.

João Pedro Ribeiro. *Indice Chronologico Remissivo da Legislação Portugueza Posterior à Publicação do Codigo Filippino com hum Appendice.* 7 vols. Lisboa: Typografia da Academia Real das Sciencias de Lisboa, 1805-1820, vol. 2, p. 66.

85 Entre eles, os de 10 e 27 de setembro de 1765. Antonio Delgado da Silva. *Coleção da legislação portuguêsa* [...], *op. cit.,* (1763-1774), p. 221-222 e 402-403.

tivessem armados de forma suficiente para a própria defesa pudessem partir dos portos paulistas sem a necessidade de estarem comboiados.[86]

Por um lado, os negociantes eram estimulados. Por outro, na capitania, os lavradores também o eram. Assim, "Sua Majestade" ordenou que os lavradores de São Paulo não fossem obrigados a dar nem negros nem carros para o serviço da Coroa, a menos que fosse urgente. O mesmo com relação aos gêneros tomados para a "Fazenda Real", que deviam ser sempre "pagos pelo preço corrente, pois que assim se animam as plantações e não se prejudica o povo".[87]

Além das plantações, os governadores deviam promover por todos os meios, exceptuando-se o da violência, o consumo dos produtos metropolitanos, naturais ou manufaturados, na colônia. Os vinhos do Porto, Carcavelos, Barra a Barra, Figueira; os azeites; o sal; o vinagre; as manufaturas de seda, lã, linho e "trastes de luxo, trabalhados em Lisboa ou no Porto".[88] Preocupando-se sempre em "animar e favorecer a agricultura e o comércio, a fim de que haja a maior extração dos frutos dessa capitania",[89] e o envio deles para Portugal. De um lado, a colônia enviava os mais variados gêneros agrícolas para os portos do Reino, de outro, seguiria consumindo os produtos metropolitanos, em especial as manufaturas.

No famoso alvará de 5 de janeiro de 1785, em que D. Maria I proibia as manufaturas têxteis nas capitanias do Brasil, estava claro o intuito de "resguardar condições para o incremento da indústria metropolitana portuguesa".[90] Este intuito, no entanto, já fora afirmado durante o reinado de

---

86 'Do Secretário de Estado [D. Rodrigo de Souza Coutinho].' 15 de abril de 1799. *Documentos interessantes para a História e costumes de São Paulo*, vol. 89, op. cit., p. 147.

87 'Do mesmo [secretário de Estado D. Rodrigo de Souza Coutinho].' 1º de outubro de 1798. *Ibidem*, p. 68-70.

88 'Do referido Secretário d'Estado.' 24 de julho de 1797. *Documentos interessantes para a História e costumes de São Paulo*, vol. 89, op. cit., p. 40-41.

89 'Do mesmo Secretário d'Estado [D. Rodrigo de Souza Coutinho].' Post. outubro de 1797. *Ibidem*, p. 97-102.

90 Fernando Antônio Novais. A proibição das manufaturas no Brasil e a política econômica portuguesa do fim do século XVIII. In: Idem. *Aproximações: ensaios*

D. José I. Em 1765, o morgado de Mateus, entusiasmado com a possibilidade de crescimento da produção de algodão, informou a Sebastião José de Carvalho e Melo que mandara trazer do Rio de Janeiro "mestres tecelões" para estabelecer uma fábrica na capitania paulista.[91] O conde de Oeiras respondeu ao governador que o rei ficara ciente da informação de que tinha dado início a uma "fábrica de algodões" na vila de Santos, "e o mesmo Senhor manda participar a Vossa Senhoria que será melhor suspender esta e as mais manufaturas, e promover a lavoura, porque a política de todas as nações tem estabelecido receber das colônias ultramarinas os frutos e materiais crus, assim como as terras os produzem, para serem lavrados e dirigidos na Europa, e se remeterem depois dela as manufaturas; por cujo princípio se deve Vossa Senhoria aplicar a promover com grande força a lavoura do algodão para ser aqui transportado em rama".[92]

É claro que exportar não significava tão-somente enviar as produções para a Metrópole. Os mapas de exportação de São Paulo para outras capitanias comprovam isso.[93] Entretanto, é preciso "desbastar", como ensinava Caio Prado Jr., do "cipoal" de eventos e dados aquilo que dá sentido a determinado objeto.[94] A própria Coroa portuguesa incitava um livre comércio entre as capitanias, uma vez que isso significava desenvolver a produção delas, estimular o comércio de modo geral, e abastecê-las de víveres essenciais à subsistência.[95] Uma análise que supervalorize o comércio interno pode ofuscar o fato de que

---

de história e historiografia. São Paulo: Cosac Naify, 2005, p. 80. Há cópia do alvará às p. 81-82 da mesma obra.

91   Ernani Silva Bruno. *Viagem ao País dos Paulistas*. Rio de Janeiro: Livraria José Olympio Editora, 1966, p. 94.

92   'Carta do conde de Oeiras a D. Luís Antonio de Souza informando que fez presente ao rei o fato de estar principiando em Santos uma fábrica de algodão.' 21 de julho de 1766. Arquivo do Estado de São Paulo, Avisos-Cartas Régias (1765-1777) - C00420, livro 169.

93   *Anais do Museu Paulista*. São Paulo: Museu Paulista, 1961, tomo 15, p. 244-245, docs. 21-24.

94   Caio Prado Jr. *Formação do Brasil Contemporâneo, op. cit.*, p. 13.

95   'Do mesmo [secretário de Estado D. Rodrigo de Souza Coutinho] sobre várias providências dos Governos.' 1º de outubro de 1798. *Documentos interessantes para a História e costumes de São Paulo*, vol. 89, *op. cit.*, p. 68-70.

o primeiro meio pelo qual a agricultura da capitania de São Paulo passou de uma economia de abastecimento da colônia para uma de exportação não foi a mera vontade de seus governadores nem apenas a luz própria deles. É preciso ressaltar a importância desses administradores em tal empreendimento sem, entretanto, esquecer que havia ordens expressas da Metrópole para que se desenvolvesse esse tipo de agricultura na capitania. O sentido do estabelecimento de uma agricultura de exportação é enviar produtos para Portugal, e não para o comércio interno. Isso não quer dizer que não existisse comércio interno, mas, que o sentido dessa economia que passa a ser estabelecida em São Paulo, nunca é demais repetir, é o envio de produtos para a Metrópole. Caso contrário, com perdão do trocadilho, desenvolvê-la não faria sentido.[96]

A relação de Portugal com o fomento agrícola no Brasil, e a imbricação, na ação governamental, de questões ligadas à agricultura, à indústria e ao comércio já estavam, como vimos, evidentes nas políticas do período pombalino, sendo continuadas e incrementadas nos ministérios posteriores. O novo padrão de colonização, termo cunhado por José Jobson de Andrade Arruda,[97] se insere, então, como algo que "emerge do âmago" do Antigo Sistema Colonial, do elo, portanto, entre Metrópole e colônia, agora posto num novo modelo. Segundo o qual a colônia passaria, cada vez mais, a constituir-se enquanto consumidora de produtos industrializados da Metrópole, ou por ela exportados, e produtora, em contrapartida, de matéria-prima, víveres e gêneros a serem reexportados. Tendo isso em mente, é possível entender o papel que teve São Paulo a partir da segunda metade do século XVIII, bem como as reformas empreendidas na capitania.

---

96 Análise, já bastante conhecida, que sobreleva o comércio interno encontra-se em João Fragoso. *Homens de Grossa Aventura: acumulação e hierarquia na praça mercantil do Rio de Janeiro (1790-1830)*. Rio de Janeiro: Civilização Brasileira, 1998, 2ª edição (1ª edição, 1992). Para uma boa crítica à obra e, principalmente, à análise quantitativa do autor, veja-se Maximiliano Mac Menz. *Entre dois impérios: formação do Rio Grande na crise do antigo sistema colonial (1777-1822)*. São Paulo: FFLCH-USP, 2006, tese de doutorado, especialmente, p. 110-118.

97 Cf. José Jobson de Andrade Arruda. Decadência ou Crise do Império Luso-Brasileiro: o novo padrão de colonização do século XVIII. *Actas dos IV Cursos Internacionais de Verão de Cascais (7 a 12 de Julho de 1997)*. Cascais: Câmara Municipal de Cascais, 1998, vol. 3, p. 213-228.

5

Ouro Branco

Ter engenho de açúcar, mesmo que ele não fosse de grande porte, era privilégio de poucos.¹ Nas palavras de Pedro Calmon, em sua *História do Brasil*: "Não tinha engenho quem queria, como um canavial, que alguns escravos, em terra boa, plantavam facilmente; mas quem podia, como propriedade, que correspondia a riqueza, espírito organizador, autoridade".²

Os dados de recenseamento feito em vilas e freguesias durante o governo do morgado de Mateus, em São Paulo, comprovam que a concentração de riqueza da capitania estava nas mãos de algumas poucas famílias. Alice Canabrava, em artigo intitulado *Uma economia de decadência: os níveis de riqueza na capitania de São Paulo, 1765-67*, trabalhou com números que englobam

---

1   Sobre os diferentes tipos de engenho, veja-se Ruy Gama. *Engenho e tecnologia*. São Paulo: Livraria Duas Cidades Ltda., 1983, p. 86 e seguintes.

2   Pedro Calmon. *História do Brasil*. Rio de Janeiro: Livraria José Olympio Editora, 1963, 2ª edição (1ª edição, 1946), vol. 2, p. 355. Sobre a complexidade da organização de um engenho, veja-se Vera Lucia Amaral Ferlini. *Terra, trabalho e poder. O mundo dos engenhos no Nordeste colonial*. São Paulo: Editora Brasiliense / CNPq, 1988, p. 104.

72,03% da população estimada para o ano de 1766, e 74% de suas famílias.[3] Como podemos notar (Tabela 5.1), o coeficiente de C. Gini[4] da população que possuía alguma riqueza declarada varia de 0,60 a 0,78. Já o coeficiente da população total (com riqueza declarada e sem nenhuma riqueza) oscila entre 0,75 e 0,93. A análise destes dados permitiu a Canabrava concluir: "Estamos, portanto, em presença de uma tendência bem caracterizada, comum a todas as populações da capitania de São Paulo em 1765-67, quanto à estrutura da distribuição de riqueza, que se caracteriza por alto grau de concentração".[5] Diferentemente da autora, entretanto, que encarava essa característica como evidência da decadência da capitania paulista, interpreto tais dados como indicativos da constituição de uma elite local, concentradora da maior parcela da riqueza da capitania, contraposta a uma população de pequenos lavradores, prestadores de serviços, vadios, mendigos, etc., o que, feitas as devidas ressalvas, não era incomum também nas outras capitanias do Brasil.

---

3   Alice P. Canabrava. Uma Economia de decadência: os níveis de riqueza na capitania de São Paulo, 1765-67 [1972]. *In: Idem. História Econômica: Estudos e Pesquisas.* São Paulo: HUCITEC / UNESP / ABPHE, 2005, p. 169-202.

4   De maneira resumida, o coeficiente de Corrado Gini (1884-1965) implica em demonstrar a concentração (desigualdade) e a distribuição (igualdade) de qualquer variável (entre 0 e 1). No caso estudado, quanto mais próximo de 1, maior é o nível de concentração da riqueza, por conseguinte, quanto mais próximo de 0, maior é sua distribuição.

5   Alice P. Canabrava. Uma Economia de decadência: os níveis de riqueza na capitania de São Paulo, 1765-67, *op. cit.,* p. 188.

Tabela 5.1
Coeficiente de C. Gini da riqueza em vilas e freguesias da capitania de São Paulo (1765-1767)

Localidades	Coeficiente de C. Gini (população com riqueza)	Coeficiente de C. Gini (população total)
São Paulo	0,74	0,88
Santo Amaro	0,61	0,75
Cotia	0,70	0,87
Nazaré	0,60	0,81
Guarulhos	0,75	0,83
Juqueri	0,67	0,78
Sorocaba	0,74	0,89
Itu	0,78	0,88
Parnaíba	0,68	0,87
Jundiaí	0,73	0,83
Mogi Mirim	0,66	0,80
Mogi Guaçu	0,66	0,76
Taubaté	0,76	0,91
Guaratinguetá	0,69	0,88
Jacareí	0,77	0,93
Mogi das Cruzes	0,70	0,84
Pindamonhangaba	0,70	0,90
Santos	0,78	0,89
São Sebastião	0,76	0,91
Ubatuba	0,61	0,84

Fonte: Alice P. Canabrava. Uma Economia de decadência: os níveis de riqueza na Capitania de São Paulo, 1765-1767 [1972]. In: Idem. *História Econômica: estudos e pesquisas*. São Paulo: HUCITEC / UNESP / ABPHE, 2005, p. 187.

Os elementos apresentados por Alice Canabrava, em suma, demonstram que a concentração da riqueza da capitania de São Paulo, no momento de sua restauração, estava em poder de poucas famílias, de uma elite local.

Elite local, é bom ressaltar, que estava tão longe de ser comparada, em termos de quantidade de riqueza, às grandes produtoras de açúcar do Nordeste como de ser associada à mera agricultura de subsistência.

Embora o "processo de mercantilização de São Paulo" seja anterior à descoberta das minas e ao comércio de abastecimento com as capitanias extratoras de metais preciosos,[6] a partir de aí é possível verificar significativo desenvolvimento das estruturas tanto econômicas como sociais da capitania. Na fase mais importante da extração aurífera (1690-1765), a população paulista mais que quadruplicou.[7] A expansão do mercado teve tal fôlego que surgiram no Oeste paulista, já nesse período, áreas produtoras de açúcar para o abastecimento das minas. Foi esse negócio de abastecimento, aliás, que permitiu que uma parcela da população acumulasse riqueza suficiente para, na segunda metade do século XVIII, pôr em prática uma agricultura não mais de abastecimento; antes, uma agricultura que visasse o mercado externo.

Já em 1950, Alfredo Ellis Jr. levantava a hipótese de que a produção açucareira de São Paulo, no século XVIII, teve início por conta da demanda de suas regiões vizinhas, especialmente as áreas mineradoras, que, mandassem esse açúcar vir do Nordeste, por exemplo, o custo do transporte - animais, fretes, etc. - seria tão alto que "se tornaria proibitivo".[8] Enunciava, assim, o "ciclo do açúcar", ou o "pequeno ciclo do açúcar", iniciado por volta de 1760 e findado em meados de 1860. Trabalhando, ainda, com a ideia de ciclos, o autor associava o "ciclo do açúcar" ao "ciclo do muar" (1729-1875), indispensável tanto para o transporte da produção agrícola como para a ampliação do comércio paulista, principalmente em Sorocaba, onde existiam

---

6   Cf. Ilana Blaj. *A trama das tensões: o processo de mercantilização de São Paulo colonial (1681-1721)*. São Paulo: Humanitas/FFLCH/USP: Fapesp, 2002, p. 125.

7   Cf. Maria Luiza Marcílio. *Crescimento demográfico e evolução agrária paulista: 1700-1836*. São Paulo: HUCITEC / Edusp, 2000, p. 71.

8   Alfredo Ellis Jr.; e Myriam Ellis. *A economia paulista no século XVIII: o ciclo do muar, o ciclo do açúcar*. (Biblioteca Academia Paulista de Letras, vol. 11). São Paulo: Academia Paulista de Letras, 1979, 2ª edição (1ª edição, 1950), p. 99-100. A esse respeito ver as considerações, no mesmo sentido, de Mafalda P. Zemella. *O abastecimento da capitania de Minas Gerais no século XVIII*. São Paulo: HUCITEC: Edusp, 1990, 2ª edição (1ª edição, 1951), p. 59-60.

feiras para venda desses e de outros animais.⁹ Ellis detectava cinco principais mercados consumidores do açúcar paulista: as "Gerais"; Goiás; Mato Grosso; o Sul do Brasil; a Europa e o Prata, via porto de Santos. Além da população local, os consumidores do açúcar da capitania de São Paulo, em 1780, totalizariam, segundo o autor, meio milhão de pessoas.¹⁰ Porque voltava os olhos para São Paulo e, mais ainda, para o mercado de abastecimento, o autor apontava como fator "causador" do desenvolvimento de caminhos, ligando o planalto ao litoral, a própria produção açucareira ("superprodução"), que, ampliada principalmente pela venda às regiões das minas e ao Sul do Brasil, necessitava de escoamento para outros polos. Nesse sentido, considerava que a "calçada do Lorena", por exemplo, não era senão "mera consequência fatalizada pelo açúcar paulista".¹¹ A "teimosia" paulista em se isolar¹² funcionava como explicação para o fato de, segundo Ellis, a capitania "quase não" exportar "o produto para regiões de além-mar".¹³

Um ano após a publicação da primeira edição do livro de Ellis Jr., Mafalda Zemella, sua orientanda, apontou dois tipos de personagens na São Paulo após a descoberta das minas: aquele que, sonhando com o lucro rápido da extração, só pensava no caminho de ida para a região aurífera; e, o outro, que pensava na ida e na volta, eram os "mercadores, tropeiros, comboieiros e boiadeiros", interessados no mercado de abastecimento das regiões mineradoras.¹⁴ Com a proibição da construção de engenhos naquelas regiões, os

---

9   Sobre o comércio de gado em Sorocaba, veja-se Maria Thereza Schorer Petrone. *O Barão de Iguape. Um empresário na Época da Independência*. São Paulo: Companhia Editora Nacional, 1976, principalmente, p. 102-123. Para um importante estudo sobre a vila de Sorocaba no século XVIII e XIX, veja-se Carlos de Almeida Prado Bacellar. *Viver e Sobreviver em uma vila Colonial: Sorocaba, séculos XVIII e XIX*. São Paulo: Annablume/Fapesp, 2001.

10 Alfredo Ellis Jr.; e Myriam Ellis. *A economia paulista no século XVIII: o ciclo do muar, o ciclo do açúcar, op. cit.*, p. 102-104.

11 *Ibidem*, p. 131-137.

12 *Ibidem*, p. 131.

13 *Ibidem*, p. 143.

14 Mafalda P. Zemella. *O abastecimento da capitania de Minas Gerais no século XVIII, op. cit.*, p. 55.

paulistas concorriam com o açúcar e com a aguardente produzida no Rio de Janeiro.[15] O porto de Santos passou a ter sua importância ampliada, já que era o meio pelo qual se fazia o comércio das Minas com a Europa; por ele entravam mercadorias que iam desde artigos de vestuário até escravos africanos.[16] Contudo, em 1725 estava finalmente terminado o "caminho novo" que ligava o porto do Rio de Janeiro a Minas Gerais, fazendo concorrência com Santos. A descoberta de minas nas regiões de Mato Grosso e Goiás, segundo Zemella, garantiram o comércio e a continuidade da produção açucareira da capitania de São Paulo.[17]

Na década de 60 do século XX, no premiado ensaio de Ernani Silva Bruno, o renascimento da cultura canavieira em São Paulo era datado dos anos 1750-1760. Mesmo considerando que o período de 1730 a 1775 caracterizou-se pelo declínio da produção agrícola paulista,[18] o autor apontava evidências da cultura canavieira bem como da construção de engenhos na região de serra-acima. Mais ainda, evocava carta de 1767, na qual o morgado de Mateus referia-se ao açúcar de Itu, mais barato por ser produzido em engenhocas.[19] Entretanto, a grande produção açucareira paulista só começaria, segundo Silva Bruno, em meados de 1775.[20]

É necessário não desconsiderar, pura e simplesmente, os trabalhos ditos tradicionais, pois eles revelam pontos importantes para novas pesquisas. Esse é o caso das obras supracitadas. Há questões abordadas com as quais a historiografia não trabalha mais. Como, por exemplo, a ideia de ciclos de Alfredo Ellis Jr., há muito tempo, acertadamente, criticada e superada. No entanto, a exposição que ele fez desses ciclos sobreleva aspectos a serem considerados na economia paulista. A hipótese que nos toca, destacada por esses autores, é a de que a produção de açúcar da capitania de São Paulo, mesmo

---

15 *Ibidem*, p. 59-60.

16 *Ibidem*, p. 61.

17 *Ibidem*, p. 63. Veja-se, ainda, Ilana Blaj. *A trama das tensões*, op. cit., p. 276.

18 Ernani Silva Bruno. *Viagem ao País dos Paulistas*. Rio de Janeiro: Livraria José Olympio Editora, 1966, p. 90.

19 *Ibidem*, p. 92.

20 *Ibidem*, p. 105-131.

antes de 1765, tomou certo impulso por conta de um comércio de abastecimento das capitanias vizinhas. De aí, podemos tirar duas conclusões. Em primeiro lugar, que foi por meio desse comércio, tanto de açúcar como de outros gêneros, que uma parte dos habitantes da capitania conseguiu acumular algum cabedal. Depois, que a produção açucareira de São Paulo, pós--restauração de 1765, não começou do nada, mas, de experiências anteriores que tomam, a partir de então, nova proporção e dinâmica.

Dois períodos são decisivos nessa nova fase da agricultura açucareira em São Paulo: um, é o ano de 1765 e os esforços do morgado de Mateus em desenvolver a agricultura a tal nível que chegasse a ser um "empreendimento visando o mercado mundial";[21] o outro, é o governo de Antonio Manoel de Melo Castro e Mendonça, até 1802, marco da consolidação da lavoura canavieira e da produção de açúcar para o mercado externo. Dos inúmeros produtos exportados por Santos e Rio de Janeiro, principais portos escoadouros do açúcar paulista, o "açúcar branco" foi o artigo que teve maior saída, para ambos os portos, durante os anos de 1796 e 1811.[22] Aliás, o "açúcar branco", segundo José Jobson Arruda, era "um dos principais produtos brasileiros na reexportação metropolitana".[23]

As áreas produtoras de açúcar em São Paulo localizavam-se no litoral e em duas diferentes áreas da chamada região de serra-acima. Os grandes produtores do litoral eram Ubatuba e São Sebastião. Na primeira área de serra-acima, o gênero foi fabricado principalmente em Taubaté, Pindamonhangaba, Guaratinguetá, Lorena, Cunha e São Luiz do Paraitinga. Essa região não foi grande produtora de açúcar porque aí existiam outros tipos de plantação, ou seja, "a cana-de-açúcar não monopolizou todas as forças dessa área".[24] Já o chamado "quadrilátero do açúcar", segunda área de serra-acima, e a mais considerável produtora de açúcar da capitania, abrangia as vilas de

---

21 Maria Thereza Schoper Petrone. *A Lavoura Canavieira em São Paulo: expansão e declínio (1765-1851)*. São Paulo: Difusão Européia do Livro, 1968, p. 12.

22 Cf. José Jobson de A. Arruda. *O Brasil no Comércio Colonial*. São Paulo: Editora Ática, 1980, p. 184 e p. 271.

23 *Ibidem*, p. 355.

24 Maria Thereza Schoper Petrone. *A Lavoura Canavieira em São Paulo: expansão e declínio (1765-1851), op. cit.*, p. 39.

Sorocaba, Itu, Porto Feliz, Piracicaba, Mogi Mirim, Jundiaí e Campinas.[25] Em outras áreas, fora desse "quadrilátero", desenvolveu-se alguma produção do gênero, por exemplo, "Atibaia, Bragança, os arredores de São Paulo e Parnaíba".[26]

Cá está, em linhas gerais, a divisão geográfica da produção açucareira de São Paulo apresentada, em 1968, por Maria Thereza Petrone. Julgo que ela ainda é válida e que, diga-se de passagem, o trabalho de Petrone, assim como o de Suely Robles de Queiroz,[27] permanece um dos mais importantes estudos sobre a cultura do gênero na capitania de São Paulo. Não obstante, entendo que, nesse agrupamento, valha destacar, além do "quadrilátero do açúcar" salientado por Petrone, um segundo quadrilátero, cuja produção, com efeito, era bastante inferior à do primeiro. Das dez maiores produtoras no ano de 1799 - para o qual há mais dados -, seis concentravam-se no primeiro, duas no segundo, e duas situavam-se fora dos quadriláteros. Vale lembrar que essa divisão é utilizada porque facilita a análise da geografia da produção açucareira em São Paulo; à época, a capitania era separada em duas zonas, serra-acima (englobando o que, atualmente, chamamos de Oeste e de vale do Paraíba) e litoral. Temos, então, em serra-acima, os dois quadriláteros, mais as vilas de Parnaíba, Jacareí, Mogi das Cruzes e Itapetininga, dentre as quais a única com volume de produção considerável era a primeira. No litoral, sobreleva-se especialmente São Sebastião, com uma das maiores produções do ano. Porque não trabalho com dados do século XIX, fiz uma pequena modificação na rota do primeiro quadrilátero, formulado por Petrone, e não considerei Mogi Guaçu, região da qual se tem notícia de engenhos em 1819;[28] no seu lugar, aponto como marco a vila de Mogi Mirim.[29] Outro aspecto a levar em conta é

---

25 Petrone chama de "quadrilátero do açúcar" a área formada por Sorocaba, Piracicaba, Mogi Guaçu e Jundiaí. *Ibidem*, p. 41.

26 *Ibidem*, p. 53.

27 Suely Robles Reis de Queiroz. Algumas Notas Sobre a Lavoura do Açúcar em São Paulo no Período Colonial. *Anais do Museu Paulista*. São Paulo: Museu Paulista, 1967, tomo 21, p. 241-262.

28 Cf. Maria Thereza Schoper Petrone. *A Lavoura Canavieira em São Paulo: expansão e declínio (1765-1851)*, op. cit., p. 51.

29 A ideia desse quadrilátero foi originalmente formulada por Caio Prado Jr., que, ao tratar do "crescimento" da população de São Paulo em fins do século XVIII,

a divisão administrativa. Das regiões que compõem a geografia açucareira da capitania (Mapa 5.1), todas são vilas, exceção feita à freguesia de Piracicaba,[30] que fazia parte da vila de Itu, mas aparece sozinha nos quadros e mapas das produções de açúcar elaborados na época.

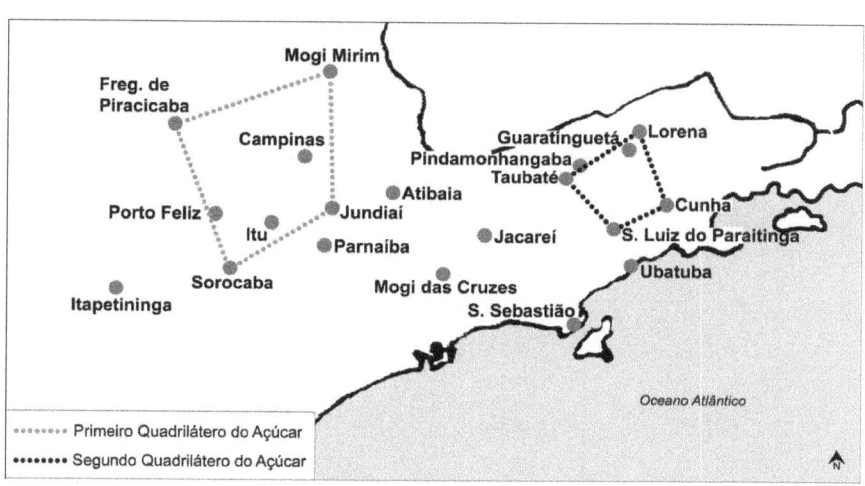

Mapa 5.1 - Geografia da produção açucareira na capitania de São Paulo (1799)

FONTE: *Anais do Museu Paulista.* São Paulo: Museu Paulista, 1961, tomo 15, p. 243, doc. 20.

O primeiro quadrilátero concentrava a primeira, a terceira e a quarta maiores produtoras no ano de 1799 (Tabela 5.2); o segundo quadrilátero, a quinta maior produtora do ano, além de vilas com menor volume de açúcar. No mesmo ano, a soma da produção do primeiro quadrilátero totalizava 136.991 arrobas; a do segundo, 16.458, perfazendo, junto com as outras re-

---

indicou importante região da capitania onde se produzia açúcar: "Tal crescimento se verifica particularmente na área central da capitania, entre os rios Mogi, Piracicaba e Tietê, grosseiramente o quadrilátero compreendido entre as vilas de Mogi-guassú, Jundiaí, Porto Feliz e Piracicaba (esta ainda simples freguesia)".

Caio Prado Jr. *Formação do Brasil Contemporâneo.* São Paulo: Livraria Martins Editora, 1942, p. 75.

30 Sobre a importância da freguesia de Piracicaba como produtora de açúcar, veja-se Maria Thereza Schoper Petrone. *A Lavoura Canavieira em São Paulo: expansão e declínio (1765-1851), op. cit.,* p. 47-49.

giões, 153.449 para serra-acima. Da marinha, a vila de São Sebastião deve ser observada, já que teve produção da ordem de 39.893 arrobas, a segunda maior da capitania. O caso de São Sebastião atesta a importância de uma análise que leve em conta o conjunto da produção paulista.

Tabela 5.2 - Maiores produtores de açúcar da capitania de São Paulo (1799)

	Vilas	Arrobas (mil)
Q1	Itu	73,51
	S. Sebastiao	39,89
Q1	Porto Feliz	30,67
Q1	Campinas	16,88
Q2	Guaratinguetá	9,09
Q1	Sorocaba	5,74
Q1	Jundiaí	4,75
	Parnaiba	4,68
Q1	Mojimirim	3,53
Q2	Lorena	2,96
Q1	Piracicaba	1,92
Q2	Paraitinga	1,40
Q2	Pindamonhangaba	1,29
Q2	Taubaté	1,05
Q2	Cunha	0,66

Q1 = primeiro quadrilátero
Q2 = segundo quadrilátero

Fonte: *Anais do Museu Paulista*. São Paulo: Museu Paulista, 1961, tomo 15, p. 243, doc. 20.

Tendo como base os mapas de engenhos da região de serra-acima entre 1793 e 1799,[31] é possível tecer algumas observações sobre a produção açucareira do período. Um primeiro aspecto a ser notado diz respeito à evolução do quadro das regiões produtoras do gênero. Nota-se que Itu fabricou sempre a maior quantidade de açúcar da capitania: dezoito vezes mais do que a segunda maior produtora em 1793; até duas vezes mais em 1799. Ao passo que o volume de açúcar das outras vilas ia crescendo, a diferença entre Itu e elas diminuía; todavia, não deixava de ser considerável. É interessante apontar, também, que no ano de 1793 Sorocaba, cuja economia era centrada principalmente no comércio de gado, foi a segunda maior produtora de açúcar, e, até 1797, estava entre as quatro maiores da região.[32]

Ainda com base nos mapas de engenhos, é possível notar a curva tanto da produção como do número de engenhos da capitania de São Paulo no período.[33] Os dados da *Evolução do Crescimento* (Tabela 5.3) da região de serra-acima permitem acompanhar o desenvolvimento e a consolidação da produção de açúcar, caracterizada por um crescimento contínuo.

---

31 Para os dados referentes ao período de 1793-1798, que utilizei nas tabelas, mapas e gráficos que seguem, exceto quando houver indicação em contrário: 'Mapas com resumo geral dos engenhos de açúcar que existem na capitania de São Paulo'. Pós 1798. Arquivo Histórico Ultramarino, Administração Central, Conselho Ultramarino, Brasil-São Paulo (023), cx. 14, doc. 698. Para o período de 1799:

Anais do Museu Paulista. São Paulo: Museu Paulista, 1961, tomo 15, p. 243, doc. 20. Conheço apenas a publicação do 'Resumo Geral dos Engenhos', cruzando os documentos citados, feita por Corcino Medeiro dos Santos. O autor indica a publicação de todos os mapas na obra do Prof. Amaral Lapa, intitulada

Campinas Colonial. A obra, entretanto, ao que parece, nunca veio a lume. Cf. Corsino Medeiro dos Santos. Algumas notas sobre a economia de São Paulo no

final do século XVIII. *Revista do Arquivo Municipal*. São Paulo: Divisão do Arquivo Histórico do Departamento Artístico-Cultural da Secretaria Municipal da Prefeitura do Município de São Paulo, 1974, vol. 186, ano 37, p. 158.

32 Sobre a produção açucareira na vila de Sorocaba, veja-se Adilson Cezar. *Notas*

para a Lavoura Canavieira em Sorocaba. São Paulo: Fundação Dom Aguirre, 1984, especialmente, p. 43-67.

33 Vale lembrar que, como os dados não são absolutamente confiáveis, mais ainda por haver muitas diferenças nas somas dos diferentes "Mapas" das vilas de serra-acima, aquilo que mais interessa é a curva, ou seja, não precisamos os números, mas a notável evolução da produção e do número de engenhos.

Tabela 5.3 - Evolução do crescimento de engenhos e da produção de açúcar na região de serra-acima da capitania de São Paulo (1793-1799)

Anos	Engenhos	Arrobas de Açúcar
1793	79	41.708
1794	103	52.402
1795	134	58.439
1796	210	80.870
1797	272	102.789
1798	359	124.759
1799	433	153.449
Crescimento total	548%	368%

Outra análise possível de ser feita diz respeito à utilização da mão de obra. Maria Thereza Petrone destacou a dificuldade de tirar conclusões sobre a produtividade dos escravos nos engenhos paulistas "somente com os dados numéricos referentes à produção e ao número de trabalhadores". A justificativa é o fato de que havia nas fazendas de São Paulo cultura de outros gêneros concomitantemente com a produção de açúcar.[34] De fato, se observarmos os dados dos mapas de engenhos da capitania, veremos que a maior quantidade de escravos para o período de 1793 a 1798 é de 78 cativos para o engenho de Salvador de Oliveira Leme, de Sorocaba, cuja produção variava entre 20 e 60 arrobas anuais. O maior produtor de açúcar do ano de 1798 foi José Manuel de Mesquita, de Itu, que possuía 73 escravos e produziu naquele ano 2.800 arrobas de açúcar, ou seja, 46 vezes mais do que Salvador de Oliveira Leme. Na mesma vila de Itu, o engenho de Estanislau de Campos, com 72 escravos, produziu 1.600 arrobas de açúcar no ano de 1798, quase a metade da produção de José Manuel de Mesquita. Aliás, os dez sujeitos que possuíam o maior número de escravos não são os mesmos dez maiores produtores de açúcar no ano de 1798. Os primeiros, dividem-se entre as vilas de Sorocaba, Itu, Paraitinga e Campinas; os segundos, concentram-se todos na vila de Itu (Tabelas 5.4 e 5.5).

---

34 Maria Thereza Schorer Petrone. *A Lavoura Canavieira em São Paulo. Expansão e Declínio (1765-1851), op. cit.,* p. 113.

Tabela 5.4 - Os dez maiores proprietários de escravos na região de serra-acima da capitania de São Paulo (1798)

Nome	Vila	Escravos	Arrobas Produzidas
Salvador de Oliveira Leme	Sorocaba	78	55
José Manuel de Mesquita	Itu	73	2.800
Estanisláo de Campos	Itu	72	1.600
Joaquim Jose de Almeida	Sorocaba	66	1.500
José do Amaral Gurgel	Itu	65	2.000
José Ferreira de Castilhos e José Faustino de Alvarenga (em sociedade)	Paraitinga	63	1.400
Vicente da Costa Taques Goes	Itu	57	1.500
Bárbara Dias Leite	Itu	54	220
Antonio Ferraz de Campos	Campinas	53	1.520
Antonio Ferraz Pacheco	Itu	51	1.590

Tabela 5.5 - Os dez maiores produtores de açúcar na região de serra-acima da capitania de São Paulo (1798)

Nome	Vila	Escravos	Arrobas Produzidas
José Manuel de Mesquita	Itu	73	2.800
Antonio de Barros Penteado	Itu	40	2.500
Maria Dias Leite	Itu	36	2.400
Vicente do Amaral Campos	Itu	23	2.100
José do Amaral Gurgel	Itu	65	2.000
Josefa de Goes	Itu	50	2.000
Estanisláo de Campos	Itu	72	1.600
José de Goes Pacheco	Itu	32	1.600
Antonio Ferraz Pacheco	Itu	51	1.590
Bento Dias Pacheco	Itu	33	1.550

É evidente que se considerarmos os dados totais por vilas perceberemos que as três maiores produtoras de açúcar (Itu, Porto Feliz e Campinas) no ano de 1798 são também as vilas com maior número de escravos. No entanto, nas outras, cuja produção é bastante inferior, se comparada a essas três, a relação da produção de açúcar com o número de escravos não é equivalente (Gráficos 5.1 e 5.2).

Gráfico 5.1 - Produção de açúcar (em arrobas) na região de serra-acima da capitania de São Paulo (1798)

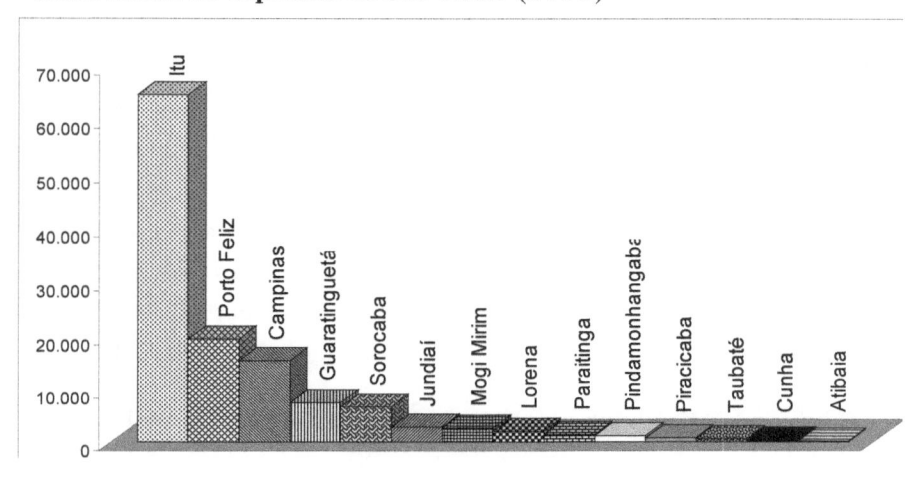

[Gráfico de barras com valores em arrobas para: Itu, Porto Feliz, Campinas, Guaratinguetá, Sorocaba, Jundiaí, Mogi Mirim, Lorena, Paraitinga, Pindamonhangaba, Piracicaba, Taubaté, Cunha, Atibaia]

Gráfico 5.2 - Número de escravos na região de serra-acima da capitania de São Paulo (1798)

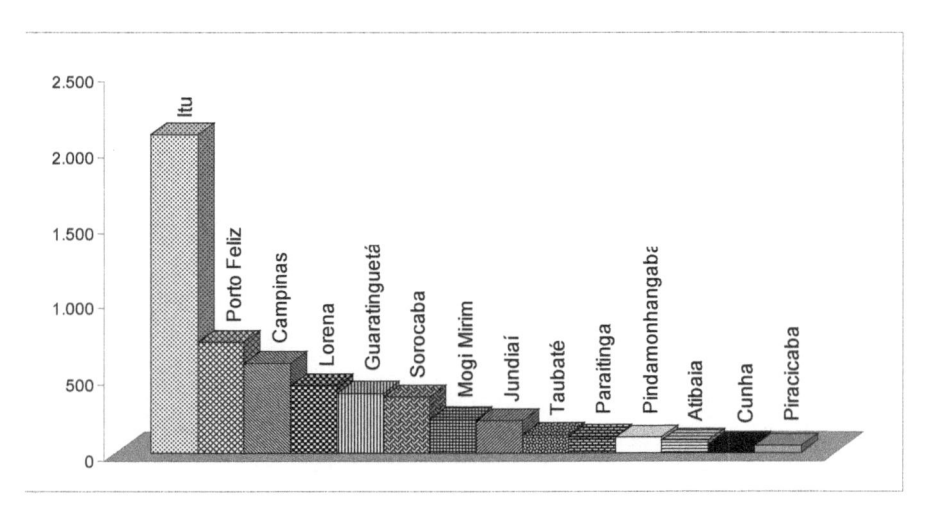

[Gráfico de barras com número de escravos para: Itu, Porto Feliz, Campinas, Lorena, Guaratinguetá, Sorocaba, Mogi Mirim, Jundiaí, Taubaté, Paraitinga, Pindamonhangaba, Atibaia, Cunha, Piracicaba]

Como vimos (Tabela 5.3), o aumento do número de engenhos na região de serra-acima foi de 548% e o da produção, se comparado a este, foi de apenas 368%. Por que o volume da produção não acompanhou o número de engenhos estabelecidos na capitania? Em primeiro lugar, em razão da relativa baixa produtividade dos engenhos. Em 1798, dos 329 engenhos que fizeram açúcar no ano, apenas 7 produziram entre 2.000 e 2.800 arrobas; 36, entre 1.999 e 1.000 arrobas; e aproximadamente 87% dos engenhos produzia menos de 1.000 arrobas do gênero (Tabela 5.6). Para se ter uma ideia, se compararmos com a produção baiana no século XVIII, o fenômeno fica ainda mais evidente. Em 1786, a Bahia produziu aproximadamente três vezes mais do que a capitania toda de São Paulo em 1798.[35] Todavia, São Paulo tinha 417 engenhos, enquanto a Bahia, 150. A média de arrobas de açúcar produzido por engenho na capitania baiana era 2.667; na paulista, apenas 300. Ainda no que diz respeito à produtividade da capitania, na vila de Itu, maior produtora de açúcar de São Paulo, dos 103 engenhos existentes, somente 32 deles deram conta de mais de 70% da produção total no ano de 1798 (Tabela 5.7).

Tabela 5.6 - Produtividade dos engenhos de açúcar da região de serra-acima (1798)

produção (@)	Nº. de engenhos
entre 2.800 e 2.000	7
entre 1.999 e 1000	36
entre 999 e 100	194
menos de 100	92
total	329

---

35 Em 1786, a produção baiana foi de 400.000 arrobas de açúcar; a paulista, em 1798, 152.840 arrobas. Os dados da produção da Bahia estão em Stuart Schwartz.

Segredos Internos: engenhos e escravos na sociedade colonial, 1550-1835. São Paulo: Companhia das Letras, 1988 (1ª edição estadunidense, 1985), p. 150. Os de São Paulo, em *Anais do Museu Paulista*. São Paulo: Museu Paulista, tomo 15, p. 243, doc. 20.

Tabela 5.7 - Produtividade dos engenhos de açúcar da vila de Itu (1798)

	Nº. de engenhos	produção (@)	% da produção total
	32	45.631	70,6
	71	18.980	29,4
total	103	64.611	100

Explicação que dá conta da baixa produtividade dos engenhos paulistas, e, também, da pouca relação entre quantidade de escravos e volume de açúcar produzido anualmente, é o fato de que a produção de São Paulo não era única e exclusivamente voltada para a fabricação de açúcar. Esse aspecto é relevante para entendermos como, mesmo o açúcar sendo o principal gênero da capitania nesse período, além dele, outras produções foram importantes. Se observarmos os mapas das cargas transportadas do porto de Santos para o de Lisboa, veremos que, depois do açúcar, há outras mercadorias exportadas em quantidades consideráveis. Peguemos, como exemplo, os gêneros carregados pelo navio Santos Mártires Triunfo do Mar, em 1797, do porto de Santos para o de Lisboa. De açúcar, somados os diferentes tipos (branco fino, branco redondo, branco batido e mascavado macho), constam 28.085 arrobas. Em seguida, há 5.002 arrobas de arroz e 2.374 arrobas de couro. O restante, em quantidades bem menores, são café, goma, anil, sola, tábuas e miudezas.[36]

O tamanho das propriedades em São Paulo variava muito. No vale do Paraíba, de 8 a 14.000 alqueires-paulistas.[37] Se comparadas às da Bahia e às de Pernambuco, eram, em média, menores; assim como também o

---

36 'Ofício do governador e capitão general da capitania de São Paulo, Antônio Manuel de Melo Castro e Mendonça, ao [secretário de estado da Marinha e Ultramar], conde de Linhares, D. Rodrigo de Sousa Coutinho [...]'. 17 de agosto de 1797. Arquivo Histórico Ultramarino, Administração Central, Conselho Ultramarino, Brasil-São Paulo (023), cx. 14, doc. 683.

37 Cf. Ana Sílvia Volpi Scott. *Dinâmica familiar da elite paulista (1765-1836): estudo diferencial de demografia histórica das famílias dos proprietários de grandes escravarias do Vale do Paraíba e região da capital de São Paulo*. São Paulo: FFLCH/USP, 1987, dissertação de mestrado, p. 229. Cada alqueire paulista equivale a 24.200 metros quadrados.

foram as do Rio de Janeiro.³⁸ Este dado, no entanto, como já demonstrou detalhadamente Maria Thereza Petrone, não pode ser, na capitania paulista do período em pauta, relacionado à produtividade dos engenhos.³⁹ Não eram necessariamente as maiores fazendas que produziam as mais altas quantidades de açúcar. O que reforça a ideia de uma diversificação agrícola.

Mesmo com considerável produção de víveres e de outros gêneros que poderiam deslocar a mão de obra dos engenhos açucareiros, é possível evidenciar maior especialização da produção e aumento da quantidade de escravos empregados na lavoura da cana ao longo do período em pauta. Não tenho dados que permitam calcular com precisão o crescimento do número de cativos na capitania de São Paulo em fins do século XVIII.⁴⁰ Muito embora Luna e Klein usem, sobretudo, números do século XIX, os censos de 1777, com os quais também trabalharam, os permitiu detectar aumento na razão de masculinidade dos cativos nas regiões açucareiras, indicando alta proporção de escravos vindos de fora, em contraste aos nascidos no Brasil, em que a razão de masculinidade aparece mais equilibrada.⁴¹ É possível, também, no cômputo geral das regiões açucareiras de São Paulo, indicar crescimento do número de proprietários de escravos entre fins do século XVIII e meados do XIX.⁴²

---

38   Cf. Stuart Schwartz. *Segredos Internos: engenhos e escravos na sociedade colonial, 1550-1835*, op. cit., p. 347.

39   Cf. Maria Thereza Schorer Petrone. *A Lavoura Canavieira em São Paulo: expansão e declínio (1765-1851)*, op. cit., p. 59-78.

40   Os dados referentes ao número de escravos que nos trazem os 'Mapas com resumo geral dos engenhos de açúcar que existem na capitania de São Paulo' não são adequados para uma análise da sua evolução, porque alguns engenhos não indicam a quantidade de escravos que possuem, e, noutros, o número de escravos não está declarado anualmente, mas, por um resumo total.

41   Francisco Vidal Luna; e Herbert Klein. *Evolução da Sociedade e Economia Escravista de São Paulo, de 1750 a 1850*. São Paulo: Edusp, 2006 (1ª. edição estadunidense, sob outro título, 2003), p. 180.

42   Cf. Iraci Del Nero da Costa. *Arraia-miúda: um estudo sobre os não-proprietários de escravos no Brasil*. São Paulo: MGSP, 1992, p. 27-29, e, para o vale do Paraíba, entre 1779 e 1829, veja-se Ana Sílvia Volpi Scott. *Dinâmica familiar da elite paulista (1765-1836)*, op. cit., p. 226.

Com relação ao padrão da posse de escravos, é possível fazer algumas observações, tendo em conta a realidade de outras capitanias, muito embora os dados que consegui coligir sejam de períodos diversos. Em 1798, os 103 engenhos da vila de Itu que produziram açúcar, os 43 de Porto Feliz, e os 35 de Campinas tinham, respectivamente, um total de 2.066, 767 e 531 escravos. Com média entre 20 e 15 escravos por engenho, mediana entre 17 e 11 cativos por propriedade,[43] e coeficiente Gini entre 0,334 e 0,346. No Rio de Janeiro, em 1778, a média era de 36 escravos por unidade produtiva, moda[44] de 30, e coeficiente de Gini de 0,522. Na Bahia, por sua vez, os números são bem mais elevados. Em 1816-1817, nas vilas de São Francisco e de Santo Amaro, grandes produtoras de açúcar, a média estava entre 69 e 62 escravos por proprietário, com coeficiente Gini entre 0,21 e 0,3. Comparação entre as três regiões demonstra que mesmo possuindo uma produção comparativamente menor, o padrão de posse de escravos de São Paulo não diferia muito do padrão do Rio de Janeiro; e estes, conjuntamente, eram bastante diferentes do da Bahia, com maiores produção e número de cativos. Por outro lado, "a massa de proprietários fluminenses era marcadamente mais heterogênea do que a paulista e a baiana",[45] ou seja, havia poucos proprietários com grande número de escravos, o que comprova o alto valor do coeficiente Gini, enquanto na Bahia e em São Paulo a posse era mais equânime (Tabela 5.8).

---

43 Mediana é "o valor que divide um conjunto ao meio". Sua vantagem, em relação à média, é que "não é sensível a valores extremos". Alexandre Sartoris. *Estatística e introdução à economia*. São Paulo: Saraiva, 2003, p. 39.

44 Moda é o valor que aparece mais vezes. No caso das vilas de São Paulo, como há dois (bimodal) ou três (trimodal) valores com a mesma frequência de surgimento, calculei a mediana. Para as outras capitanias, não tenho os dados das medianas.

45 Iraci Del Nero da Costa. Nota sobre a posse de escravos nos engenhos e engenhocas fluminenses (1778). *Revista do Instituto de Estudos Brasileiros*. São Paulo: IEB/USP, 1988, nº. 28, p. 113.

Tabela 5.8 - Padrão da posse de escravos de engenhos de São Paulo, Rio de Janeiro e Bahia (1778-1817)

Localidades (ano)	Nº. médio de escravos	Moda	Mediana	Coeficiente de Gini
Rio de Janeiro (1778)	35,98	30	-	0,522
Itu (1798)	20,05	6 e 17	17	0,334
Porto Feliz (1798)	17,83	13	15	0,336
Campinas (1798)	15,17	8, 10 e 12	11	0,346
V. de S. Francisco (1816-17)	69,5	-		0,210
V. de Santo Amaro (1816-17)	61,8	-		0,300

Fontes: Para Bahia e Rio de Janeiro: Iraci Del Nero da Costa. Nota sobre a posse de escravos nos engenhos e engenhocas fluminenses (1778). *Revista do Instituto de Estudos Brasileiros*. São Paulo: IEB/USP, 1988, nº. 28, p. 111-113. Para São Paulo: 'Mapas com resumo geral dos engenhos de açúcar que existem na capitania de São Paulo'. Pós 1798. Arquivo Histórico Ultramarino, Administração Central, Conselho Ultramarino, Brasil-São Paulo (023), cx. 14, doc. 698

Na capitania de São Paulo, ainda que o número de cativos não fosse alto, com o aumento da produção na ordem de 368%, é claro que a inversão de capitais deveria ser, também, cada vez maior no que diz respeito à mão de obra. Em 23 de abril de 1791, oficiais da câmara de Itu, dentre eles dois senhores de engenho,[46] comunicavam, com grande satisfação, que todo mês de setembro, "ou outubro, mais ou menos", estaria no porto de Santos uma embarcação vinda de Benguela com mais de trezentos escravos, "para ali se disporem". A notícia fora dada a todos os moradores, para que se preparassem naquele período, a fim de encontrar "melhor comodidade" nesse comércio.[47] A entrada regular de escravos pelo porto de Santos evidencia o desenvolvimento cada vez maior da agricultura da capitania. Se, por um

---

46 O presidente da câmara Lourenço de Almeida Prado e o vereador José da Cunha Castanho constam na lista de senhores de engenho dos 'Mapas com resumo geral dos engenhos de açúcar que existem na capitania de São Paulo'. Pós 1798, *op. cit.*

47 'Carta dos oficiais da vila de Itu ao governador Bernardo José de Lorena [...]'. 23 de abril de 1791. *Documentos interessantes para a História e costumes de São Paulo*. São Paulo: Arquivo do Estado de São Paulo, 1924, vol. 45, p. 337.

lado, ganhavam os agricultores, mais especificamente os senhores de engenho, garantindo a mão de obra tão necessária, por outro, ganhava a Coroa com a arrecadação do imposto na alfândega de Santos.[48] Os direitos pagos na compra dos escravos de Benguela comprovam a relativa periodicidade do envio de cativos para a capitania de São Paulo, bem como sua venda para as vilas de serra-acima (Tabela 5.9).

Tabela 5.9 - Direitos dos escravos de Benguela vendidos para serra-acima (1791-1795)

Ano	Rendimento (Réis)
1791	877.500
1792	18.000
1793	0
1794	670.500
1795	1.012.500

Fonte: Arquivo Histórico Ultramarino, Administração Central, Conselho Ultramarino, Brasil-São Paulo (023), cx. 12, doc. 625.

A entrada de escravos no porto de Santos não é exclusiva da última década do século XVIII. Desde fins da década de 1770 eram despachados cativos, às centenas, vendidos, principalmente, para as vilas de serra-acima (Tabela 5.10). É claro que, se compararmos com números dos portos de Pernambuco, da Bahia e do Rio de Janeiro[49] a quantidade não é lá muito grande, mas, para São Paulo, o número de escravos e a contínua entrada deles na capitania são significativos.

---

48 Com relação à notícia da entrada dos escravos de Benguela em Santos, o vice-rei do Brasil, conde de Rezende, em 20 de janeiro de 1791, protegendo os interesses do Rio de Janeiro, queixou-se ao secretário de Estado da Marinha e Ultramar, alegando que se isso ocorresse a capital do Brasil sofreria grandes perdas nos seus rendimentos. Cf. Maximiliano Mac Menz. *Entre dois Impérios: formação do Rio Grande na Crise do Antigo Sistema Colonial (1777-1822)*. São Paulo: FFLCH-USP, 2006, tese de doutorado, p. 200.

49 Só para se ter uma ideia, entre 1791 e 1800 entrou uma média anual de 9.878 escravos no porto de Rio de Janeiro, maior importador de cativos da América. Cf. Manolo Florentino. *Em costas negras: uma história do tráfico de escravos entre a África e o Rio de Janeiro (séculos XVIII e XIX)*. São Paulo: Companhia das Letras, 1997, p. 64-69.

Tabela 5.10 - Relação dos escravos despachados na alfândega de Santos (1779-1786)

Anos	Escravos
1779	407
1780	393
1781	255
1782	176
1783	134
1784	133
1785	252
1786	276

Fonte: Arquivo Nacional da Torre do Tombo, Papéis do Brasil, cód. 4, fl. 274.

A Coroa sabia da importância do comércio de escravos, tanto para a arrecadação dos cofres régios como para o aumento da cultura dos frutos da terra. É nesse sentido que, em outubro de 1798, D. Rodrigo de Souza Coutinho ressaltou, ao governador Melo Castro e Mendonça, a relevância da exportação cada vez maior da cachaça paulista para os portos africanos. Para tanto, era necessário fazer diminuir a venda dela no mercado do Brasil. Afirmava, então, que por ordem régia devia-se pôr uma "taxa forte" sobre a cachaça consumida na colônia, e, por outro lado, "aliviar de todo, ou ao menos diminuir consideravelmente, o imposto de toda a que se exportar para África".[50] Não tenho dados para os últimos anos do século, mas sei que desde 1789 embarcações partiam do porto de Santos com destino a Benguela e Angola (Tabela 5.11).

---

50 'Do mesmo [secretário de Estado D. Rodrigo de Souza Coutinho] sobre várias providências dos Governos'. 1º de outubro de 1798. *Documentos interessantes para a História e costumes de São Paulo*. São Paulo: Arquivo do Estado de São Paulo, 1967, vol. 89, p. 68-70.

Tabela 5.11 - Saída de embarcações do porto de Santos para Benguela e Angola (1789-1795)

Ano	Embarcação
1789	Paquete da Ásia (Galera)
1793	Cabo Frio (Corveta)
1794	Flora (Galera)
1794	Parlamento Ligeiro (Sumaca)
1795	Conceição (Corveta)

Fonte: Arquivo Histórico Ultramarino, Administração Central, Conselho Ultramarino, Brasil-São Paulo (023), cx. 19, doc. 937.

Conforme crescia a produção e a exportação do açúcar de São Paulo, a necessidade de mão de obra aumentava. Não bastava, entretanto, garantir escravos e uma produção volumosa. Ter mercado certo para o açúcar paulista era indispensável. Nesse sentido, dever-se-ia cuidar, dentre outras coisas, de sua reputação. À qualidade inferior do açúcar paulista era associado o descuido na sua fabricação. Todavia, a principal causa da sua inferioridade era o mau acondicionamento do produto e, também, as fraudes praticadas.[51] Na representação que o paulista Diogo de Toledo Lara Ordonhes fez, estava clara a importância de se criar uma Mesa de Inspeção na capitania paulista, nos mesmos moldes das instaladas, em 1751, no Rio de Janeiro, na Bahia, em Pernambuco e no Maranhão, a fim de assegurar a lisura na exportação das mercadorias paulistas.

Lara Ordonhes contou que no período da criação das ditas Mesas a capitania de São Paulo não comerciava com Lisboa, nem, consequentemente, com a Europa, "uma só arroba de açúcar, nem outro algum efeito". Depois, começando-se a fabricar na capitania um pouco de anil e açúcar em maior quantidade, esses produtos eram levados, por comerciantes de Santos, ao Rio de Janeiro, para serem enviados a Portugal. Declarou, também, que só na administração de Francisco da Cunha Menezes (1782-1786), começaram a sair

---

51 Cf. Suely Robles Reis de Queiroz. Algumas Notas Sobre a Lavoura do Açúcar em São Paulo no Período Colonial, *op. cit.*, p. 189-204, e Maria Thereza Schorer Petrone. *A Lavoura Canavieira em São Paulo: expansão e declínio (1765-1851)*, *op. cit.*, p. 178-186.

do porto de Santos navios carregados com produtos da capitania em direção a Lisboa. A liberdade de encaminhar produtos ao Rio de Janeiro, para que de lá fossem exportados, continuou tanto nesse governo como no do sucessor José Raimundo Chichorro (1786-1788). O governador Bernardo José de Lorena (1788-1797), entretanto, além de promover grande desenvolvimento da agricultura, vetou, no ano de 1789, "a exportação de todos os gêneros de embarque para outra qualquer capitania: para deste modo facilitar-se o comércio direto para Portugal: o que conseguiu com grande benefício dos povos que regia". Antes da proibição, o açúcar da capitania se confundia com o do Rio de Janeiro, pois que, despachado por aquele porto, chegava a Lisboa sob seu nome, preservando naquela praça "a mesma reputação que tinha adquirido o do Rio pela autoridade da Mesa de Inspeção". Enfim, quando começou a ser conhecido como o "açúcar de Santos", a reputação do gênero paulista caiu muito, e, por conseguinte, seu preço. Diogo de Toledo alegou que esse fato era motivado pelo costume de se enviarem caixas nominadas "açúcar branco fino" ou "açúcar branco redondo" com açúcares de qualidades inferiores misturados aos declarados; "o que se deve atribuir em parte à ignorância e aos descuidos d'alguns fabricantes de açúcar, e em parte à malícia e má fé dos mesmos, e dos que o compram e o tornam a vender, ou o enviam para Lisboa". Para pôr fim a essa "desordem", propôs que fosse criada uma Mesa de Inspeção em Santos, "ou com a mesma jurisdição das outras, ou subordinada à do Rio de Janeiro".[52]

Antonio Manoel de Melo Castro e Mendonça tinha a mesma opinião de Diogo de Lara. Findado seu governo, dedicou uma memória ao seu sucessor, Antonio José da Franca e Horta, na qual considerou que a falta de inspeção do açúcar paulista era causa da sua má fama. O grande problema era a falsificação do açúcar. O cálculo que fazia Melo Castro e Mendonça, a título de exemplo, era o seguinte: um senhor de engenho, que, normalmente, tinha sua produção já comprometida com um credor, produzindo mil arrobas de açúcar, propositalmente, não o purificava. Por quê? Para poder lucrar mais. Vendia açúcar de qualidade inferior ("redondo" ou "batido") como se fosse

---

52 'Do Mesmo Secretário de Estado [D. Rodrigo de Souza Coutinho] [...]'. 27 de março de 1799. *Documentos interessantes para a História e costumes de São Paulo*, vol. 89, *op. cit.*, p. 142-144.

de qualidade superior ("alvo e fino"). Se o produto melhorado valesse mil réis por arroba, o inferior valia duzentos réis a menos. Desse modo, ganhava duplamente: pelo maior preço do açúcar "fino" e pela maior quantidade do gênero que, com a falsificação, conseguia vender, "porque este açúcar, sendo purificado, diminui mais uma quarta parte do peso primitivo e, por consequência, das 1.000 arrobas perderia 250 arrobas".[53] A questão, para a qual não atentava esse suposto senhor de engenho falsificador, era que esse ato influiria, negativamente, no comércio geral da capitania, já que o comprador lesado não voltava a negociar os produtos paulistas. Por isso, Melo Castro e Mendonça reafirmou a necessidade de uma fiscalização "ativa e vigilante", só possível com o estabelecimento de uma Mesa de Inspeção na capitania.[54]

Não obstante a falta de uma Mesa de Inspeção em São Paulo, tanto a produção como a exportação de açúcar para o mercado além-mar cresceram durante o período em pauta. Como já destaquei, houve considerável comércio entre São Paulo e outras capitanias; além disso, o mercado de abastecimento da colônia, fosse com víveres fosse com o próprio açúcar, era bastante valorizado pelos paulistas.[55] Mesmo assim, afirmar, pura e simplesmente, que nesse período "não prevalecia em São Paulo a agroexportação escravista" e que a "economia paulista se assentava, principalmente, na produção de subsistência e naquela voltada para o mercado interno colonial"[56] é desconsiderar aspectos importantes da agricultura que passa a se estabelecer na

---

53 Antonio Manoel de Mello Castro e Mendonça. 'Memória sobre os objetos mais interessantes da Cap. de S. Paulo entregue ao Ilmo. e Exmo. Sr. Antonio José da Franca e Horta [...], 1802'. *Anais do Museu Paulista*. São Paulo: Museu Paulista, 1964, tomo 18, p. 227-268.

54 Petrone leva em conta, ainda, o problema do transporte do açúcar, que, no caminho para o porto de Santos, poderia estragar. Cf. Maria Thereza Schorer Petrone. *A Lavoura Canavieira em São Paulo: expansão e declínio (1765-1851), op. cit.,* p. 180-181.

55 Comprovam esse fato as inúmeras cartas de câmaras de São Paulo, escritas entre novembro e dezembro de 1775, pedindo que se proibissem as plantações de tabaco e de cana-de-açúcar, bem como as fábricas de aguardente, em Minas Gerais, Goiás e Cuiabá, porque estavam prejudicando o comércio paulista com aquelas capitanias. Arquivo Histórico Ultramarino, Administração Central, Conselho Ultramarino, Brasil-São Paulo (023), cx. 7, doc. 397.

56 João Luís Fragoso. *Homens de grossa aventura: acumulação e hierarquia na praça mercantil do Rio de Janeiro (1790-1830)*. Rio de Janeiro: Civilização Brasileira, 1998, 2ª edição (1ª edição, 1992), p. 138.

capitania. Que a posse de grande quantidade de escravos concentrou-se nas mãos de poucos, especialmente os senhores de engenho, não significa que uma agricultura de "subsistência" fizesse frente à de exportação.[57] De fato, é até válido afirmar que em São Paulo não *predominava* a "agroexportação escravista", uma vez que os senhores de engenho, que possuíam as maiores quantidades de cativos, não eram numericamente majoritários na capitania. Agora, a partir dessa constatação, inferir que São Paulo era "assentada" numa economia de subsistência e voltada para o mercado interno, é exagerar um pouco. Para afirmar isso, seria necessário compulsar a produção açucareira da capitania e comparar com a quantidade exportada pelo porto de Santos, e pelo do Rio de Janeiro, grande reexportador do açúcar paulista, frente àquilo que circulava internamente. Não tenho, por ora, condições de fazer esse cálculo. Resta-me ponderar que as reformas empreendidas na capitania só foram possíveis por conta de uma nova dinâmica na produção agrícola, não mais exclusivamente voltada para o abastecimento, mas, agora, para o mercado além-mar. Isso implicou o desenvolvimento de infraestruturas para esse comércio, o incremento da lavoura canavieira, o aumento no número de concessões de sesmarias,[58] e, inclusive, a crescente entrada de escravos pelo porto de Santos, bem como o estabelecimento de comércio com Benguela e Angola. O acréscimo no número de embarcações que atracavam no porto de Santos em busca de produtos da capitania para o comércio transatlântico também evidencia essa tendência[59].

***

---

57 Na Bahia, no contexto de reestruturação da economia açucareira, o quadro, nesse aspecto, é equivalente ao de São Paulo. Cf. Stuart Schwartz. *Segredos Internos: engenhos e escravos na sociedade colonial*, op. cit., p. 357-358.

58 Para a capitania de São Paulo, excluindo o que atualmente é o Estado do Paraná, Elizabeth Darwiche detectou, entre 1765 e 1802, total de 415 sesmarias concedidas. Elizabeth Darwiche Rabelo. *As Elites na Sociedade Paulista na Segunda Metade do Século XVIII*. São Paulo: Safady, 1980, p. 53. Comparando com período anterior ao estudado, temos como exemplo o caso de Jundiaí, em que entre 1699 e 1770 foram concedidas 11 sesmarias, e, entre 1770 e 1802, 21. Cf. Miyoko Makino. *Jundiaí: povoamento e desenvolvimento (1655-1854)*. São Paulo: FFLCH-USP, 1981, dissertação de mestrado, p. 72-74.

59 Veja-se, no apêndice *on-line* <social.stoa.usp.br/sp>, *Movimento transatlântico de embarcações no porto de Santos (c. 1774-c.1802)*.

Na história dos preços, as guerras tiveram papel definidor nos movimentos e flutuações. No final do século XVIII e no princípio do XIX, o advento do Império Napoleônico e a subsequente guerra de proporções mundiais, cujos polos mais evidentes foram Inglaterra e França, confluíram para uma alta geral dos preços, que, na colônia, refletiu sobremaneira.[60] Com relação ao preço do açúcar no mercado mundial, é possível verificar alta durante o período que vai de 1796 a 1800, e seus evidentes reflexos no preço do produto comercializado no porto de Santos[61]. A partir de então, e até o ano de 1802, houve acentuada e brusca queda, que pode ser explicada pelo fato de Inglaterra e França terem declarado um cessar-fogo, conhecido como Paz de Amiens, e, com isso, na iminência de se restabelecer a economia das duas potências, sobreveio retração na demanda de produtos, inclusive os de origem colonial.[62] Com efeito, a alta dos preços do açúcar no mercado mundial empolgou de tal maneira os produtores paulistas que muitos deles resolveram investir ou no aumento de suas fábricas ou, ainda, na construção de novas. Não contando com a baixa repentina do preço do açúcar, endividaram-se a fim de animar seus possíveis ganhos. A atuação das câmaras das vilas produtoras de açúcar, frente ao governador e capitão-general Antonio Manoel de Melo Castro e Mendonça, foi decisiva para que os credores não exercessem as dívidas dos donos de engenhos nem nas propriedades de suas fábricas nem em seus escravos, mas, apenas, as tomassem dos rendimentos que proviessem do comércio de seus produtos. Baseando-se na provisão de 26 de abril de 1760, que concedia tais privilégios à capitania do Rio de Janeiro, e, por

---

60 Cf. José Jobson de A. Arruda. *O Brasil no comércio colonial, op. cit.*, p. 340.

61 Veja-se, no apêndice *on-line* <social.stoa.usp.br/sp>, *Cálculo aproximado do preço do açúcar no porto de Santos (1790-1801)*.

62 Sobre a relação entre a Paz de Amiens e os preços dos produtos coloniais, veja-se Javier Cuenca Esteban. The Markets of Latin American Exports, 1790-1820. A Comparative Analysis of International Prices. *In*: Lyman L. Johnson; e Enrique Tandeter. *Essays on The Price History of Eighteenth-Century Latin America.* New Mexico: University of New Mexico Press, 1990, p. 378-379. Sobre o preço da exportação e reexportação do açúcar branco brasileiro no período de 1796 a 1811, veja-se José Jobson de A. Arruda. *O Brasil no Comércio Colonial, op. cit.,* p. 355-363.

tabela, às regiões, como São Paulo, que estivessem sob sua administração, o governador Melo Castro e Mendonça estabeleceu, em ofício de 16 de abril de 1801, que pelo período de um ano fosse observada para a capitania paulista aquela provisão.[63]

Os comerciantes, por seu turno, queixaram-se contra o que chamavam de "grande vexame". Declaravam que não poderia ser do desejo régio privilegiar uns vassalos em detrimento e prejuízo de outros, que contribuíam muito mais para o "aumento das rendas reais". Afirmaram que a pretensão dos senhores de engenho era reter o "cabedal alheio"; ou mesmo se estabelecerem com grandes engenhos à custa dos investimentos dos comerciantes. Solicitaram, enfim, que o rei denegasse o pedido dos produtores de açúcar de São Paulo, tão afastados daqueles senhores das capitanias da Bahia e do Rio de Janeiro como de merecerem tal regalia.[64]

Não obstante as queixas dos comerciantes, em ofício de maio de 1801, o governador de São Paulo informou ao secretário de estado da Marinha e Ultramar, D. Rodrigo de Souza Coutinho, que instaurara o privilégio da provisão de 1760 pelo tempo de um ano, declarando, também, que estava à espera da "decisão de Sua Alteza Real" para aplicá-lo por tempo indeterminado.[65] Espécie de reforço às solicitações de Melo Castro e Mendonça, em junho do mesmo ano, oficiais da câmara da vila de Porto Feliz, dentre eles os senhores de engenho André Dias de Aguiar e Miguel João de Castro,[66] escreveram carta endereçada ao próprio príncipe regente D. João, na qual pediam a continuidade da concessão, destacando o intuito de "promover o aumento do comércio e da agricultura, e

---

63 'Ofício (Cópia) do governador de capitão general da capitania de São Paulo, Antônio Manuel de Melo Castro e Mendonça, aos senhores juiz presidente e oficiais da câmara da cidade de São Paulo, e ao senhor doutor desembargador e ouvidor geral Joaquim Jozé de Almeida [...]'. 16 de abril de 1801. Arquivo Histórico Ultramarino, Administração Central, Conselho Ultramarino, Brasil-São Paulo (023), cx. 17, doc. 845.

64 'Requerimento dos comerciantes da capitania de São Paulo ao príncipe regente [D. João] [...]'. ant. 2 de maio de 1801. Arquivo Histórico Ultramarino, Administração Central, Concelho Ultramarino, Brasil/Geral (003), cx. 33, doc. 2691.

65 'Ofício do governador de capitão general da capitania de São Paulo, Antônio Manuel de Melo Castro e Mendonça, ao secretário de estado da Marinha e Ultramar, D. Rodrigo de Sousa Coutinho [...]'. 2 de maio de 1801. Arquivo Histórico Ultramarino, Administração Central, Conselho Ultramarino, Brasil-São Paulo (023), cx. 17, doc. 845.

66 Cf. 'Mapas com resumo geral dos engenhos de açúcar que existem na capitania de São Paulo'. Pós 1798, *op. cit.*

especialmente as fábricas [engenhos] do açúcar, que fazem hoje a base principal destes vastos domínios".[67] Por alvará de 6 de julho de 1807, o privilégio foi, finalmente, estendido aos senhores de engenho paulistas.[68]

O caso da disputa entre os senhores de engenho e os comerciantes da capitania aponta que, no estímulo ao desenvolvimento da produção açucareira paulista voltada para o mercado externo, a mediação, por parte dos governadores e da administração régia em geral, de conflitos entre distintos interesses foi essencial para que, já em princípios do XIX, o açúcar paulista tivesse importância decisiva na economia da capitania. E, assim, deixasse de ser mero gênero sacarino, passando a poder ser considerado verdadeiro ouro branco.

---

67 'Carta dos oficiais da Câmara da vila de Porto Feliz [...] ao príncipe regente D. João [...]'. 27 de junho de 1801. Arquivo Histórico Ultramarino, Administração Central, Conselho Ultramarino, Brasil-São Paulo (023), cx. 17, doc. 863. Documento transcrito e publicado na *Revista do Instituto Histórico e Geográfico de São Paulo*. São Paulo: Typographia do "Diario Official", vol. 6, 1902, p. 471-472.

68 Cf. Maria Thereza Schorer Petrone. *A Lavoura Canavieira em São Paulo: expansão e declínio (1765-1851)*, op. cit., p.135.

6

O Rei e Seus Vassalos

Durante 17 anos (1748-1765), a capitania de São Paulo foi regida pelo governador da capitania do Rio de Janeiro, que não dava conta de território tão extenso.[1] Em 1765, não só foi nomeado um governador para a capitania paulista como este veio com uma série de instruções a cumprir, a fim de inseri-la no quadro das reformas do período. Pois bem, esse governador, assim que chegou, mudou a provedoria de Santos para São Paulo; promoveu reforma militar, segundo a qual, dentre outras coisas, ficava estabelecido que os soldos dos sargentos-mores e dos ajudantes das tropas auxiliares deveriam ser pagos pelas câmaras das respectivas vilas da capitania; no campo econômico, além do cuidado com impostos e outros tipos de arrecadação, houve grande esforço para fomentar a produção agrícola da capitania.[2] Ora,

---

1 Cf. Carta do vice-rei do Brasil, conde da Cunha, ao Secretário de Estado da Marinha e Ultramar, Francisco Xavier de Mendonça Furtado. 12 de agosto de 1764[?].
Documentos interessantes para a História e costumes de São Paulo. São Paulo: Arquivo do Estado de São Paulo, 1896, vol. 11, p. 210-211.

2 Cf. Heloísa Liberalli Bellotto. *Autoridade e Conflito no Brasil Colonial: o governo do Morgado de Mateus em São Paulo*. São Paulo: Conselho Estadual de Artes e Ciências Humanas, 1979, p. 250 e seguintes.

implementar essa série de mudanças significou lidar com e, por vezes, aliar-se a uma elite local que, nesse momento, já estava estabelecida e inserida na administração da capitania paulista. No século XVI, a associação entre Coroa e colonos aparece como peça fundamental do estabelecimento do domínio e da colonização, conciliando poder, formação de patrimônio e distribuição de cargos.[3] Na segunda metade do XVIII, no plano do incremento da lavoura paulista, essa aliança se renova. Ou, como considerou Florestan Fernandes, no famoso artigo intitulado *A Sociedade Escravista no Brasil*: "Uma Coroa pobre, mas ambiciosa em seus empreendimentos, procura apoio nos vassalos, vinculando-os aos seus objetivos e enquadrando-os às malhas das estruturas de poder e à burocracia do Estado patrimonial".[4]

De fato, o que moveu, em primeiro lugar, o restabelecimento da autonomia administrativa da capitania de São Paulo foi uma questão geoestratégica. São Paulo funcionava como barreira entre as regiões do Sul, em disputa com os espanhóis, e as principais capitanias mais ao norte.[5] Além disso, os paulistas deviam enviar tropas para enfrentar o inimigo castelhano.

Em carta de 1765, o conde de Oeiras lembrou ao vice-rei do Brasil, o conde da Cunha, da necessidade de cooperação entre ele e o novo governador de São Paulo, D. Luís Antonio de Souza, para a "boa execução" das ordens régias. Pediu, ainda, a união com o governador de Minas Gerais, Luís Diogo Lobo da Silva, para, com os três governos juntos, superarem-se as forças enviadas pelos castelhanos e, também, pelos franceses, "com eles inseparavelmente coligados". Destacou a importância das tropas auxiliares e de ordenanças. Instigou, por fim, a memória do vice-rei para a expulsão dos batavos de Pernambuco, em 1654, "no tempo da sua maior força, e melhor disciplina", graças à disposição de negros e das ordenanças. E que, para os vastos sertões do Brasil, não era tão indispensável a ordem e a disciplina das tropas, mas sujeitos acostumados à terra e a sobreviver sem a absoluta necessidade

---

3   Cf. Rodrigo Ricupero. *A Formação da Elite Colonial: Brasil, c. 1530-c. 1630*. São Paulo: Alameda casa Editorial, 2009.

4   Florestan Fernandes. A Sociedade Escravista no Brasil. In: Idem. *Circuito Fechado*. São Paulo: HUCITEC, 1976, p. 34.

5   Cf. Heloísa Bellotto. *Autoridade e conflito no Brasil colonial: o governo do Morgado de Mateus em São Paulo: 1765-1775, op. cit.*, p. 46-47.

de envio de suprimentos, caso houvesse corte de algum comboio. "Lembra", insistia o secretário de Estado, "que para esta pequena guerra de insultos vagos, e de emboscadas, e surpresas por caminhos incógnitos, são muito mais aptos os naturais desses países do que os estrangeiros que podem ir a eles".[6] No mesmo ano, o conde de Oeiras, em resposta a duas cartas do governador de São Paulo, comunicou o contentamento do rei com as providências tomadas pelo morgado de Mateus no sentido de "conciliar os ânimos dos paulistas" para que participassem da guerra contra os espanhóis. Reiterou que a vitória naquela disputa dependia desses sujeitos: "porque uma dúzia de sertanejos práticos do país vale nesses matos, desfiladeiros e passagens de rios mais do que cem soldados europeus".[7]

A *lenda negra* dos paulistas bravos, aventureiros e cruéis, criada nos séculos XVI e XVII,[8] ganhava, nesse contexto, novas facetas. É preciso balizar o autonomismo, a especificidade e a audácia dos paulistas. E, nesse sentido, vale considerar o outro lado da história, ou seja, como a Coroa portuguesa utilizou-se desse mito dos paulistas para cooptá-los. Assim, o morgado de Mateus era instruído a exultar o espírito dos paulistas, lembrando-lhes de seus antepassados e de seus grandes feitos. Fazendo com que os "principais daquela capitania" tivessem ciência de que levantar alguns terços de auxiliares ou de ordenanças era, antes de tudo, um meio para o renascimento da "glória dos seus progenitores". A ideia era mexer com a vaidade dos paulistas, e, para tanto, o governador deveria fazer-se coronel de um dos regimentos, intitulado, agora, "Regimento do General". E o mesmo governador e capitão-general, por vezes, apareceria, quando o terço fizesse seus exercícios militares, montado a cavalo diante de seus oficiais e soldados. Tudo a fim de "fomentar a vaidade dos paulistas".[9]

---

6   'Carta do secretário de Estado, conde de Oeiras, ao vice-rei do Brasil, conde da Cunha [...]'. 26 de janeiro de 1765. Arquivo do Estado de São Paulo. Avisos-Cartas Régias (1765-1777) - C00420, livro 169.

7   'Carta do conde de Oeiras em resposta às enviadas por D. Luís Antonio de Souza [...]'. 20 de novembro de 1765. Arquivo do Estado de São Paulo. Avisos-Cartas Régias (1765-1777) - C00420, livro 169.

8   Sobre o tema, veja-se Raquel Glezer. *Chão de terra e outros ensaios sobre São Paulo*. São Paulo: Alameda casa Editorial, 2007, p. 44-45.

9   'Carta (Cópia) do secretário da marinha e ultramar, conde de Oeiras, ao vice rei

A diferenciação estava também no plano alegórico. Por isso, o rei determinava que os oficiais das companhias auxiliares e de ordenanças podiam usar uniformes, divisas, e cairéis no chapéu, embora não fosse permitido no Reino;[10] as divisas e os cairéis seriam de ouro ou prata para os oficiais e de lã para os soldados.[11] Com relação aos soldados, ofício tão malvisto pelos homens livres pobres da capitania,[12] o governador de São Paulo havia de tratá-los de modo a distingui-los dos "paisanos", dos que não serviam nas tropas, para que sentissem e soubessem que eram "mais estimados", não importando se fossem brancos, pardos ou índios.[13]

Em maio de 1775, o vice-rei do Brasil, marquês de Lavradio, comunicou ao governador Martim Lopes Lobo de Saldanha que enviara parecer sobre como proceder para cumprir as instruções régias, especialmente no que dizia respeito à defesa do Rio Grande de São Pedro. Num primeiro momento, lembrou da importância que, no passado, tiveram os paulistas para acrescentar territórios aos domínios régios. Reconhecendo, ademais, o grande valor dos descendentes desses vassalos da Coroa régia: "os netos de uns homens que com a maior distinção e utilidade do serviço de nosso Augusto Amo se empregaram no aumento e glória deste Estado". Cá já está enunciada a forma pela qual, segundo o marquês de Lavradio, o governador Lobo de Saldanha deveria conquistar os paulistas para que se sujeitassem ao real serviço, especialmente na defesa das regiões do Sul. Lavradio afirmou que os paulistas eram "sumamente vaidosos" e que esse era o ponto para lhes

do Estado do Brasil, Conde da Cunha [...]'. 26 de janeiro de 1765. Arquivo do Estado de São Paulo. Avisos-Cartas Régias (1765-1777) - C00420, livro 169.

10 Cf. Nanci Leonzo. As Companhias de Ordenanças na capitania de São Paulo - das origens ao governo do Morgado de Matheus. *Coleção Museu Paulista, série de História*. São Paulo: Edição do Fundo de Pesquisas do Museu Paulista da USP, 1977, vol. 6, p. 181.

11 'Carta do rei D. José ao governador e capitão-general D. Luís Antonio de Souza [...]'. 22 de março de 1766. Arquivo do Estado de São Paulo. Avisos-Cartas Régias (1765-1777) - C00420, livro 169.

12 Sobre o processo de recrutamento na capitania de São Paulo, veja-se Enrique Peregalli. *Recrutamento Militar no Brasil Colonial*. Campinas: Editora da UNICAMP, 1986.

13 'Carta do conde de Oeiras a D. Luís Antonio de Souza [...]'. 22 de julho de 1766. Arquivo do Estado de São Paulo. Avisos-Cartas Régias (1765-1777) - C00420, livro 169.

sujeitar a "razão". Afagar-lhes a vaidade. Uma mão seduziria e acariciaria os que merecessem, enquanto a outra castigaria e ensinaria aos insubordinados o peso da autoridade superior. Assim, acrescentou o vice-rei:

> Que eu governador ia na ideia de lhes fazer as maiores distinções. Que eu havia de chamar para o pé de mim todos os que fossem dignos do nome de paulista, assim como eu mostraria o meu desagrado a todos aqueles que não procedessem como deviam.
> Falando-lhes por este modo, eu faria hoje algumas distinções àqueles que o merecessem, esperançando-os de que quando chegasse à Real Presença de El-Rei Meu Senhor a informação do seu merecimento, que seriam infinitamente mais acrescidas aquelas mesmas distinções, e que à proporção destes benefícios, eu castigaria aqueles que não parecessem descendentes dos honrados paulistas.[14]

Anos depois, seguindo essa mesma política de sedução, o marquês de Lavradio pediu que o governador de São Paulo espalhasse entre os paulistas a notícia de que os castelhanos diziam aos sete ventos que desejavam ardentemente vingar-se deles. Mesmo que prometessem tratá-los com caridade, tirariam a vida de todos os paulistas que caíssem em suas mãos. Os espanhóis afirmavam ter informações de que os paulistas não eram mais como os seus antepassados, não tinham o mesmo valor, e, vivendo em regozijo, haviam perdido a glória de seus avós. Por fim, o vice-rei declarou confiar muito nos paulistas e estar certo de que tomariam "a competente satisfação da injuria" com a qual foram atacados.[15] Na transcrição feita pelo Arquivo do Estado de São Paulo, há, em nota, a seguinte consideração a respeito dessa mensagem:

---

14 'Ofício do marquês de Lavradio, vice-rei do Estado do Brasil e governador e capitão-general do Rio de Janeiro, ao governador e capitão-general de São Paulo Martim Lopes Lobo de Saldanha [...]'. 27 de maio de 1775. *Documentos interessantes para a História e costumes de São Paulo*. São Paulo: Arquivo do Estado de São Paulo, 1895, vol. 17, p. 1-20.

15 'Ofício do marquês de Lavradio, vice-rei do Estado do Brasil e governador e capitão-general do Rio de Janeiro, ao governador e capitão-general de São Paulo Martim Lopes Lobo de Saldanha [...]'. 26 de março de 1777. *Ibidem*, p. 208-211.

"Isto parece não ser mais do que uma intriga inventada pelo Vice-Rey para estimular os brios dos Paulistas".¹⁶ É impossível saber se o fato declarado pelo marquês é verdadeiro ou não. Agora, é indubitável que a máxima "conveniência" em torná-lo notório aos paulistas pode ser encarada como mais uma das estratégias para mexer na "vaidade" desses homens.

Cargos superiores das companhias de ordenanças eram um bom incentivo para que os mais importantes habitantes da capitania concretizassem projetos que, de outra forma, trariam despesas à Fazenda Real. Em algumas notas em forma de minuta, datadas de período posterior a 1770, encontramos a informação de que o governador D. Luís Antonio de Souza deu a certo Antonio de Souza o cargo de capitão-mor por ele ter construído, com muito dispêndio, a igreja matriz da "Nova Povoação de São Luiz de Guaratuba", em 1767.¹⁷ Evidência da recompensa de serviços prestados já nos primeiros anos da administração da capitania restaurada, ser nomeado capitão-mor trazia consigo, além dos privilégios e do poder vinculados ao cargo, a garantia da continuidade das prerrogativas inerentes ao ofício, uma vez que a partir de 1749 o posto tornou-se, de trienal, vitalício.¹⁸

Além de cargos, outro modo de presentear os bons vassalos era a distribuição de mercês de hábitos das Ordens Militares.¹⁹ Em julho de 1766, o conde de Oeiras se dizia informado do "ardente zelo" de alguns paulistas "para concorrerem com as suas fazendas, com o seu trabalho e com o seu tempo para as úteis disposições" às quais o governador tinha dado princípio. Explicou que, com o tempo, deveriam ser nomeadas as pessoas "mais principais" e que mais tivessem se destacado para que ganhassem mercê do hábito

---

16 *Ibidem*, p. 211.
17 'Notas (Minuta) que mencionam a fundação das vilas de Atibaia, Mogi-Mirim, Faxina, Piracicaba, Guaratuba e outras [...]'. 22 de março de 1770. Arquivo Histórico Ultramarino, Administração Central, Conselho Ultramarino, Brasil-São Paulo (023), cx. 6, doc. 357.
18 Cf. Graça Salgado (coord.). *Fiscais e meirinhos. A administração no Brasil Colonial*. Rio de Janeiro: Nova Fronteira / Arquivo Nacional, 1990, 2ª edição (1ª edição, 1985), p. 404.
19 Sobre o tema, veja-se Fernanda Olival. *As Ordens Militares e o Estado Moderno. Honra, mercê e venalidade em Portugal (1641-1789)*. Lisboa: Estar Editora, 2001.

da Ordem de Cristo.[20] Com relação ao desembarque de alguns estrangeiros nas costas do Brasil, tão combatido pela Coroa, temerosa do contrabando, aqueles que rechaçassem a entrada de navios ou pequenas embarcações seriam igualmente recompensados. Desse modo, reconheceriam a "Benigna Mão de uma Augusta Senhora, sempre pronta a premiar e beneficiar os seus vassalos quando neles reconhecer merecimentos e virtudes".[21]

No que diz respeito à agricultura, vimos os esforços dos governadores para introduzir certo tipo de produção em São Paulo. O projeto dependia de todos os habitantes da capitania, em especial de uma elite com cabedal suficiente para aplicá-lo. Considerações sobre a produção da capitania, algumas com referências ao desenvolvimento da exportação, em fins do século XVIII e inícios do XIX, estiveram presentes inclusive nos discursos de pessoas ligadas à administração paulista.[22] Mesmo que esses arrazoados estivessem relacionados a preocupações específicas de determinados grupos e a interesses por vezes pontuais, o estopim desse movimento foi dado por uma pressão enorme por parte da Metrópole para que tais produções agrícolas fossem desenvolvidas.[23] Todavia, apenas estimular a produção de gêneros exportáveis não bastava. Era preciso certificar-se de que ela não seria feita a esmo, sem obedecer a preceitos e técnicas específicas. O incentivo ao seu desenvol-

---

20 'Carta do conde de Oeiras a D. Luís Antonio de Souza [...]'. 22 de julho de 1766. Arquivo do Estado de São Paulo. Avisos-Cartas Régias (1765-1777) - C00420, livro 169; há cópia dessa carta em Arquivo Histórico Ultramarino, Administração Central, Conselho Ultramarino, Brasil - Códices, códice 423, N. 15.

21 'Carta do secretário de Estado D. Rodrigo de Souza Coutinho ao governador e capitão-general Antonio Manoel de Mello Castro e Mendonça [...]'. 22 de março de 1797. *Documentos interessantes para a História e costumes de São Paulo*. São Paulo: Arquivo do Estado de São Paulo, 1967, vol. 89, p. 35.

22 Dentre eles, Marcelino Pereira Cleto. 'Dissertação sobre a capitania de São Paulo, sua decadência e modo de restabelecê-la'. 25 de outubro de 1782, e Manoel Cardoso de Abreu. 'Divertimento Admirável para os historiadores observarem as máquinas do mundo reconhecidas nos sertões da navegação das minas de Cuiabá e Mato Grosso'. 1783, especialmente o capítulo 13. In: *Roteiros e Notícias de São Paulo Colonial*. São Paulo: Governo do Estado, 1977, respectivamente, p. 11-52 e p. 53-87.

23 Análise de alguns desses discursos encontra-se em Ana Paula Medicci. *Entre a 'decadência' e o 'florescimento': a Capitania de São Paulo na interpretação de memorialistas e autoridade públicas (1782/1822)*. São Paulo: FFLCH-USP, 2005, dissertação de mestrado.

vimento e à sua racionalização estava expresso tanto na recomendação para o uso do arado como nas inúmeras remessas de livros sobre o cultivo dos mais variados produtos feitas por D. Rodrigo de Souza Coutinho para que o governador Antonio Manoel de Melo Castro e Mendonça os vendesse entre os moradores de São Paulo.

O arado era já um velho rival dos paulistas, que não o queriam usar, e dos governadores, que não o conseguiam inserir na agricultura da capitania. O morgado de Mateus tentara, com pouco sucesso, "doutrinar" os paulistas e introduzir o uso do instrumento.[24] Desejava-se que a agricultura fosse promovida pela introdução de novos artigos e pelo aperfeiçoamento dos "antigos métodos de cultivar o terreno, e recolher e preparar as suas produções". Em 1798, D. Rodrigo de Souza Coutinho ordenou que Melo Castro e Mendonça fomentasse o uso de bois e de arados, e que a economia das lenhas fosse estimulada, especialmente nos engenhos de açúcar, "inculcando o método de queimar as canas já moídas, como praticam os ingleses e franceses nas Antilhas". Com esse intuito, instruía-o, ainda, a persuadir as câmaras da capitania a darem prêmios àqueles que primeiro introduzissem tais reformas.[25] O governador, em agosto do mesmo ano, enviou carta à câmara da cidade de São Paulo comunicando as intenções régias com relação ao modo de proceder na agricultura da capitania. Anexou à carta memória sobre as orientações de "Sua Majestade", em que constavam quatro aspectos a serem difundidos: primeiro, uma agricultura própria para o "país", em especial os gêneros necessários à subsistência e aqueles que tivessem uma "infalível exportação para fora"; segundo, o uso do arado, e, como recomendava o secretário de Estado, a listagem dos nomes daqueles que primeiro fizessem a introdução desse instrumento em suas lavouras para que fossem premiados; terceiro, a "transplantação e introdução de alguma nova planta", como o cacau e a baunilha, já cultivados em alguns lugares do Brasil; e, por último, a introdução, o melhoramento e o aperfeiçoamento de

---

24 Cf. Heloísa Liberalli Bellotto. *Autoridade e conflito no Brasil colonial: o governo do Morgado de Mateus em São Paulo: 1765-1775, op. cit.*, p. 217-221.

25 'Carta do secretário de Estado D. Rodrigo de Souza Coutinho ao governador e capitão-general Antonio Manoel de Mello Castro e Mendonça [...]' 4 de janeiro de 1798. *Documentos interessantes para a História e costumes de São Paulo*, vol. 89, *op. cit.*, p. 48-49.

máquinas e engenhos, utilizadas tanto na limpeza e processamento de algodão, arroz, café como na produção de açúcar, aguardente, anil, e outros.[26]

Anos depois, obtendo pouco resultado as determinações anteriores relativas ao uso do arado, a ordem era para que não se concedessem novas sesmarias sem a "cláusula" de que parte das terras fosse cultivada com aquele instrumento; a mesma obrigação se imporia às sesmarias já conferidas.[27] De modo geral, pressões sociais, das mais variadas ordens, interferem no desenvolvimento e no uso de técnicas novas, especialmente no que diz respeito à produção agrícola.[28] A dificuldade de introduzir o uso do arado parece menos ligada a um possível desmazelo dos paulistas do que a uma crença, movida por experiências anteriores, de que esse instrumento não era compatível ao tipo de terra cultivada no Brasil. De pouco valeria a vinda de colonos açorianos, a fim de ensinar e difundir novas técnicas na capitania paulista.[29] Os casos indicam que estes, fossem, ainda, alemães ou franceses, estivessem em Porto Alegre ou em Guarapuava, seguiam utilizando as mesmas técnicas dos autóctones.[30] O arado existe em diversos tipos, próprios para terrenos e culti-

---

26 'Registo da carta que sua excellencia escreveu a esta Camara, cujo teor é o seguinte.' 14 de agosto de 1798, e 'Memoria dos objectos, que de recommendação de Sua Magestade, e por utilidade publica devem promover os juiz e vereadores da Camara desta Cidade [de São Paulo].' s/d. *Registo Geral da Camara Municipal de S. Paulo (1796-1803)*. São Paulo: Typographia Piratininga, 1921, vol. 12, p. 256-260.

27 'Carta do Secretário de Estado [D. Rodrigo de Souza Coutinho] recommendando ao General as providencias necessarias, para facilitar a Introdução do Arado na Agricultura desta Capitania [...]'. 18 de maio de 1801. *Documentos interessantes para a História e costumes de São Paulo*, vol. 89, op. cit., p. 237.

28 Cf. T. K. Derry e Trevor I. Williams. *Historia de La Tecnología*. 3 vols. México: Siglo Veintiuno Editores, 1984, 7ª edição (1ª edição em espanhol, 1977; 1ª edição em inglês, 1960), vol. 3, p. 987.

29 Proposta feita por Antonio Manoel de Mello Castro e Mendonça. Cf. 'Memória econômico política da capitania de São Paulo'. *Anais do Museu Paulista*. São Paulo: Museu Paulista, 1961, tomo 15, p. 81-247.

30 O caso dos colonos alemães é apontado por Sérgio Buarque de Holanda, o de Guarapuava, por Rosangela Ferreira Leite, ambos em fins do século XIX. Cf. Sérgio Buarque de Holanda. *Raízes do Brasil*. Rio de Janeiro: Livraria José Olympio Editora, 1969, 5ª edição, revista (1ª edição, 1936), p. 36-40; e Rosangela Ferreira Leite. *Nos Limites da Colonização. Ocupação territorial, organização econômica e populações livres pobres (Guarapuava, 1808-1878)*. São Paulo: FFL-

vos específicos. Os raramente utilizados em São Paulo, na época colonial, não eram os mais adequados à "lavoura em terras tropicais e subtropicais, ainda mal libertas de seu revestimento florestal".[31] Implementá-lo, ademais, significava trabalho redobrado na limpeza da terra, a fim de adequá-la para que pudesse "receber a aração mecânica".[32] Some-se a isso a força da convicção de que usá-lo seria danar a terra, e teremos a introdução desse instrumento, em São Paulo, apenas na segunda metade do século XIX.[33]

Seguindo a tentativa de inculcar nos paulistas técnicas específicas de cultivo agrícola, encontramos as inúmeras remessas de livros para serem vendidos na capitania. Os livros versavam, de modo geral, sobre métodos de cultivo e produção de potássio, salitre, açúcar, cânhamo, canela, cochonilha (inseto usado para fazer tintura), urumbeba (espécie de cacto, utilizado na criação da cochonilha), batata, cravo, tabaco, quinaquina (árvore considerada medicinal), algodões, sobre reforma dos alambiques, transporte de produtos para Portugal, queijos, minérios, anil, café e, inclusive, abelhas. A quantidade de cada título enviado variava, aproximadamente, entre 3 e 100, e os livros eram desde simples folhetos até edições luxuosas com estampas "iluminadas".[34] Dentre as obras há a famosa *Cultura e Opulência do Brasil*, escrita pelo padre jesuíta João Antonio Andreoni (sob o pseudônimo André

CH-USP, 2006, tese de doutorado, p. 149-166. Esta tese foi publicada em 2011: Rosângela Ferreira Leite. *Nos Limites da Exclusão: ocupação territorial, organização econômica e populações livres pobres* (Guarapuava 1808-1878). São Paulo: Alameda, 2011.

31 Sérgio Buarque de Holanda. *Caminhos e fronteiras*. São Paulo: Companhia das Letras, 1995, 3ª edição (1ª edição, 1957), p. 206.

32 Maria Luiza Marcílio. *Crescimento demográfico e evolução agrária paulistana (1700-1836)*. São Paulo: HUCITEC / Edusp, 2000, p. 180.

33 D. Luís Antonio de Souza propôs, em 1766, que fosse utilizado um tipo menos pesado de arado (já empregado em algumas regiões de Portugal), que apenas riscasse a terra e não penetrasse tão profundamente nela, evitando, assim, danificá-la. Esse instrumento nunca foi enviado à capitania. Cf. Sérgio Buarque de Holanda. *Caminhos e Fronteiras, op. cit.,* 204-208.

34 As cartas de D. Rodrigo de Souza Coutinho para Antonio Manoel de Melo Castro e Mendonça, informando a remessa de livros para serem vendidos na capitania paulista, são inúmeras. Cf. *Documentos interessantes para a História e costumes de São Paulo*, vol. 89, *op. cit.*, p. 35, 43, 47-49, 51, 131-132, 145, 146, 166, 197, 198, 202, 209, 218, 219 e 240.

João Antonil), que, pouco tempo após a publicação, em 1711, foi proibida e destruída por ordem da Coroa portuguesa, principalmente, por divulgar "as rotas do ouro e os processos de produção das mercadorias que constituíam a parte mais importante das trocas da metrópole: o fumo e o açúcar".[35] Ora, o livro é, antes de tudo, um modelo estrito de como agir tanto na produção dos principais gêneros exportados para a Metrópole quanto no trato com escravos e demais senhores de engenho e lavradores. De tal forma que, se fora proibido e queimado em princípios do século XVIII, com o risco da cobiça de outras nações, em fins do mesmo século e princípios do XIX[36] figurava importante referência na produção da capitania de São Paulo. Os conselhos e normas lá expostas, outrora arriscadas, agora se faziam indispensavelmente úteis.

Vendo a prosperidade da agricultura das colônias de outras nações, foi "Sua Majestade" servida mandar imprimir livros com instruções "do que a experiência tem mostrado ser mais útil e vantajoso". Os livros deveriam ser vendidos a fim de "indenizar" o valor da impressão feita pela Real Fazenda.[37] Em janeiro de 1800, D. Rodrigo de Souza Coutinho reiterava ao governador Melo Castro e Mendonça que os vendesse com a maior "brevidade", e re-

---

35 Alice P. Canabrava. *João António Andreoni e sua obra*. In: André João Antonil.

Cultura e Opulência do Brasil (texto da edição de 1711). Introdução e vocabulário por Alice P. Canabrava. São Paulo: Companhia Editora Nacional, 1967, 2ª edição (1ª edição, 1923), p. 29. Andrée Mansuy Diniz Silva transcreve Consulta do Conselho Ultramarino de 17 de março de 1711 em que são destacados os

"perigos de se divulgarem os itinerários dos caminhos para as Minas". In: André João Antonil. *Cultura e opulência do Brasil por suas drogas e minas*. Introdução e comentário crítico por Andrée Mansuy Diniz Silva. Lisboa: CNCDP, 2001, p. 52-53. Sobre a apreensão do livro, veja-se, também, Laura de Mello e Souza. *O sol e a sombra. Política e administração na América portuguesa do século XVIII*. São Paulo: Companhia das Letras, 2006, p. 78-108.

36 No início do século XIX foram feitas diversas reedições de partes do texto. Reedição integral, entretanto, surgiu apenas em 1837. Cf. André João Antonil. *Cultura e Opulência do Brasil por suas drogas e minas*. Introdução e comentário crítico por Andrée Mansuy Diniz Silva, op. cit., p. 16.

37 'Do referido Secretário d'Estado [D. Rodrigo de Souza Coutinho] [...]'. 3 de abril de 1798. *Documentos interessantes para a História e costumes de São Paulo*, vol. 89, op. cit., p. 51.

metesse o produto da venda para ser restituído à Real Fazenda.[38] Esse era o problema. Vender os livros tornou-se tarefa quase impossível, uma vez que não havia lavradores que os quisessem comprar. Melo Castro e Mendonça decidiu, num primeiro momento, dar alguns e, em fevereiro de 1802, apontava como única saída distribuí-los gratuitamente, cobrindo as despesas com os valores arrecadados pelo novo imposto da contribuição literária. O fato de a Coroa insistir em vender tais livros, escusando-se do ônus da impressão deles, significou "obstáculo" adicional à acolhida por parte dos paulistas desses manuais, pelos quais se espalharia mais facilmente uma política agrícola específica.[39]

De pouco, ou de quase nada, adiantaria para o crescimento da capitania uma agricultura exportadora se os produtos paulistas continuassem sendo levados ao porto do Rio de Janeiro, e não ao de Santos. Prática comum em São Paulo, foi incentivada até mesmo por governantes da capitania fluminense.

Em ofício de julho de 1776, o marquês de Lavradio apontou ao governador e capitão-general Lobo de Saldanha a importância da plantação do tabaco, bem como de sua disseminação tanto na capitania de São Paulo como na do Rio de Janeiro. Considerando ser muito conveniente que se praticasse como na Bahia, "com a sua cultura, colheita, e fabrico", aproveitou para comunicar que lhe foram remetidos da capitania baiana alguns mestres que sempre se ocuparam no fabrico de tabaco. Porém, continuou o marquês, as vilas do Rio de Janeiro não eram as mais próprias para a produção do gênero, diferentemente das vilas paulistas de Taubaté, São Luiz do Paraitinga, Ubatuba e São Sebastião. Sabendo da abundância e da fertilidade das terras desses lugares, mandou que os mestres da Bahia lá fossem promover a plantação e a fábrica do tabaco, para serem, depois, enviados ao porto do Rio de Janeiro, e de lá "lhes dar saída, enviando-os para o porto de Lisboa, e os da Costa da Mina, que é o modo com que sempre se tem dado saída ao tabaco da Bahia".

Todo esse introito do marquês preparava a derradeira informação de

---

38 '[Carta] Do Sobredito Secretário de Estado [D. Rodrigo de Souza Coutinho] [...]'. 29 de janeiro de 1800. *Ibidem*, p. 202.

39 Cf. Maria Odila Leite da Silva Dias. Aspectos da ilustração no Brasil. In: Idem. *A interiorização da metrópole e outros estudos*. São Paulo: Alameda Casa Editorial, 2005, p. 111-112.

que ele tinha escrito aos capitães-mores e comandantes das referidas vilas da capitania de São Paulo para que "fizessem promover nos seus respectivos distritos os referidos estabelecimentos, pela forma e método que determinassem os mestres, obrigando os povos a praticarem tudo o que eles mandassem observar a este respeito". Ora, o marquês, do alto de sua benevolência, acabou passando por cima da autoridade do governador de São Paulo, e, como bem sabia disso, concluiu:

> Vossa Excelência perdoe-me o mandar eu na sua capitania, donde conheço não devo determinar coisa alguma, o que fiz tão-somente por ter descoberto o meio com que a dita capitania pode restabelecer da ruína e decadência em que se acha, fazendo-se em breve tempo muito opulenta, e não querer que houvesse a mínima demora em se praticar o que me ocorreu para o seu aumento, a fim de se lhe não demorar por mais tempo esta grande felicidade.[40]

Deixando de lado o abuso do vice-rei em mandar na capitania de outrem, o que interessa, nesse momento, é destacar que, certamente, a produção de tabaco ajudaria muito no desenvolvimento da agricultura exportadora da capitania, e, também, traria riquezas para seus produtores. No entanto, tal bem-aventurança, segundo o marquês de Lavradio, só estaria completa se o tabaco produzido por São Paulo fosse exportado para Lisboa ou para a Costa da Mina pelo porto do Rio de Janeiro. Não é por acaso que ele deu grande destaque a essa condição, quase corriqueira, já que todos, inclusive os da Bahia, supostamente a praticavam. A despeito dos esforços do vice-rei, a produção de tabaco não chegou a vingar na capitania paulista.[41]

O envio de gêneros de São Paulo para a capital do Brasil não era raro. O açúcar estava na pauta dos produtos paulistas que eram reexportador pe-

---

40 'Ofício do marquês de Lavradio, vice-rei do Estado do Brasil e governador e capitão-general do Rio de Janeiro, ao governador e capitão-general de São Paulo Martim Lopes Lobo de Saldanha [...]'. 12 de julho de 1776. *Documentos interessantes para a História e costumes de São Paulo*, vol. 89, op. cit., p. 117-119.

41 Cf. 'Carta do Secretário de Estado [D. Rodrigo de Souza Coutinho] [...]'. *Ibidem*, p. 164.

los portos fluminenses. A grande confusão causada quando, anos mais tarde, Bernardo José de Lorena centralizou as exportações de açúcar da capitania no porto de Santos tem relação com os interesses desses mesmos negociantes do Rio de Janeiro, para os quais, ao que parece, o marquês de Lavradio dava grande atenção.[42]

Em 1789, por ordem do governador de São Paulo, foi determinado que só podiam ser enviados sem licença para fora da capitania paulista milhos, feijões, farinhas, toucinhos, fumos "e todos os pomos e raízes que a terra produzir". Por outro lado, açúcares, gomas, arrozes e aguardentes não podiam sair sem licença; e, caso houvesse comprador em Santos que os quisesse carregar em algum navio que lá se encontrasse, deviam ser vendidos a ele, pelos preços que se pagavam no Rio de Janeiro. Tais gêneros não podiam, em hipótese alguma, sair da capitania se nela houvesse quem os quisesse comprar.[43] Anos mais tarde, Lorena contou a seu sucessor o esforço para evitar a saída dos produtos paulistas pelo porto do Rio de Janeiro, dizendo que os negociantes de São Paulo mereciam o nome de "caixeiros" dos comerciantes do Rio. Explicou, por fim, que, antes da centralização das exportações em Santos, pagava-se o imposto da dízima na Alfândega do Rio de Janeiro, e apresentava-se a guia de pagamento no porto de Santos. Agora, a situação estava invertida: "fica aqui o dinheiro e vai para lá o papel".[44]

O juiz de fora da praça de Santos, em março de 1788, justificou ao secretário de Estado, Martinho de Melo e Castro, a demora da galera Santa Rita naquele porto. Afirmou que, dada a falta de mercadorias, a "ruína" da

---

42 Em projetos e medidas tanto do marquês de Lavradio como de seu sucessor, conde Rezende, é evidente a proteção ao "mercado do Rio". Cf. Maximiliano Mac Menz. *Entre dois Impérios: formação do Rio Grande na Crise do Antigo Sistema Colonial (1777-1822)*. São Paulo: FFLCH-USP, 2006, tese de doutorado, p. 202; sobre as queixas do vice-rei contra a centralização do comércio no porto de Santos ordenada por Lorena, *Ibidem*, p. 200-201.

43 'Ordem de Lorena para que os generos da capitania de São Paulo fossem exportados pelo porto de Santos'. 28 de dezembro de 1789. *Documentos interessantes para a História e costumes de São Paulo*. São Paulo: Arquivo do Estado de São Paulo, 1901, vol. 31, p. 189-199.

44 'Carta de Bernardo Jozé de Lorena a Antonio Manuel de Mello Castro e Mendonça [...]'. s/d. *Documentos interessantes para a História e costumes de São Paulo*. São Paulo: Arquivo do Estado de São Paulo, 1924, vol. 45, p. 204-210.

embarcação era iminente, já que a carga pronta para ser enviada das vilas da capitania para Santos fora extraviada para o Rio de Janeiro, e, outras, transportadas por diversas sumacas. Para resolver o problema, lamentou que tivera de utilizar um poder que não tinha, qual seja, o de mandar descarregar todas essas sumacas, evitando seus deslocamentos, e, em seguida, comunicar ao marechal, e governador interino, José Raimundo Chichorro da Gama Lobo.[45] O problema relatado não era exclusivo do governo interino de Raimundo Chichorro. Seu antecessor, Francisco da Cunha Menezes, enviou diversas cartas para o capitão-mor de Itu, e senhor de engenho, Vicente da Costa Taques Goes e Arruda para que fizesse despachar para o porto de Santos os açúcares produzidos na vila, e, assim, garantir o carregamento das embarcações que lá atracavam e ficavam à espera do gênero.[46]

O comércio com o Rio de Janeiro era bastante comum entre as vilas da marinha da capitania paulista, uma vez que aquele porto era mais próximo delas do que o de Santos. Os esforços, por meio de cartas e ordens, empreendidos por Bernardo José de Lorena a fim de evitá-lo foram inúmeros. Em julho de 1788, o governador enviou carta ao capitão-mor da vila de São Sebastião pedindo informações sobre os preços e a quantidade de açúcar produzido lá e em suas vizinhanças. Mandou que o capitão-mor não permitisse a saída do produto para o Rio de Janeiro enquanto houvesse quem o comprasse na capitania ou quem o embarcasse para a Europa no porto de Santos. E, insistiu Lorena, "se nisto houver algum inconveniente desses povos, me dará logo parte".[47] Ora, os senhores de engenho carregavam em si, também, certo espírito empresarial. Assim sendo, venderiam seus produtos a quem oferecesse um preço melhor. Além disso, é bem possível que os de São Paulo já tivessem relação estabelecida com os comerciantes do Rio de Janeiro.

---

45 'Ofício do juiz de fora da praça de Santos, José Antônio Apotineiro da Silveira, ao [secretário de estado da Marinha e Ultramar], Martinho de Melo e Castro [...]'. 17 de março de 1788. Arquivo Histórico Ultramarino, Administração Central, Conselho Ultramarino, Brasil-São Paulo (023), cx. 11, doc. 532.

46 'Ofício do governador e capitão-general Francisco da Cunha Menezes ao capitão-mor da vila de Itu Vicente da Costa Taques Goes e Arruda [...]'. 15 de abril de

    1785. *Documentos interessantes para a História e costumes de São Paulo*. São Paulo: Arquivo do Estado de São Paulo, 1961, vol. 85, p. 154.

47 'Carta (cópia) de Bernardo José de Lorena para o capitão-mor da vila de São Sebastião [...]'. 18 de julho de 1788. Biblioteca Nacional - Lisboa, Manuscritos - Coleção Pombalina, códice 642, fl. 538.

Uma das queixas contra a ordem de 1789 fazia referência justamente a essa questão. O tenente-coronel da vila de Ubatuba, Cândido Xavier de Almeida e Souza, reclamou que em Santos não havia mais de quatro comerciantes, e, unidos, davam sempre o menor preço aos produtos. Firmou, ainda, que o interesse do lavrador era vender seus gêneros a quem por eles melhor pagasse, independentemente de quem fosse.[48]

As vilas da marinha não eram as únicas que comerciavam com o Rio de Janeiro. Mesmo os produtores da região de serra-acima costumavam tratar com os negociantes fluminenses. Ao saber que os senhores de engenho de Itu estavam exigindo um preço exorbitante por seus açúcares, e, desse modo, estorvando o carregamento de um navio que se encontrava no porto de Santos, Bernardo José de Lorena enviou, ao capitão-mor daquela vila, carta reprovando a ação. O capitão-general dizia-se admirado pela tola procura e andança dos senhores de engenho atrás dos negociantes da distante capitania do Rio de Janeiro, se comodamente poderiam esperar que compradores fossem às suas casas "comprar quanto se puder fabricar". Pelo que se pode depreender da carta de Lorena, os senhores de engenho de Itu declararam um preço absurdo por seus açúcares a comprador de Santos para não terem que vendê-los, e, assim, poderem tratar com os do Rio. A atitude foi encarada como falta grave com a "Pátria" e com a própria capitania. O governador pediu, então, ao capitão-mor da vila, que chamasse à sua presença todos os senhores de engenho e exclamasse ser inacreditável uma "ação tão feia", declarando que todos aqueles que, inocentes dessa injúria, vendessem seus produtos de forma correta, sob preço justo, como se costumava fazer, ficariam "muito" na "lembrança" do governador. Caso alguém insistisse na prática equivocada, "esquecido do bem do Estado e da sua própria conveniência, só por alguma má intenção", o capitão-mor não o deixaria vender, para pessoa que fosse, por valor menor do que "o exorbitante preço", mesmo que isso significasse perda dos gêneros por não haver quem os comprasse. Se o transgressor intentasse vender por menor valor, seria preso.[49]

---

48 'Parecer sobre a conveniencia dos generos de S. Sebastião e Ubatuba serem exportados pelo porto de Santos'. 15 de outubro de 1797. *Documentos interessantes para a História e costumes de São Paulo*, vol. 31, op. cit., p. 189-198.

49 'Carta (cópia) de Bernardo José de Lorena para o capitão-mor da vila de Itu [...]'. 15 de março de 1789. Biblioteca Nacional - Lisboa, Manuscritos - Coleção Pom-

Mesmo após a centralização das exportações no porto de Santos, a vigia do capitão-general era constante. Quase três anos passados, o secretário do governador comunicou ao capitão-mor de Itu a ordem de aprontar todo o açúcar da vila e enviá-lo a Santos, pois, tendo produzido 11.320 arrobas, só tinha encaminhado ao porto pouco mais de uma centena.[50]

Oito anos depois da ordem de 1789, referente à centralização do comércio no porto de Santos, na administração de Antonio Manoel de Melo Castro e Mendonça, as reclamações das vilas do litoral continuavam.[51] Melo Castro e Mendonça, contrário à determinação anterior, trabalhou para que ela fosse eliminada pouco a pouco; até, finalmente, deixar livre o comércio em novembro de 1798.[52] O rei considerava adequadas a liberdade do comércio, a venda de produtos para quem desse o melhor preço e o fim do monopólio de um único porto. No entanto, era preciso garantir que o comércio direto entre Santos e Lisboa continuasse e, ainda, crescesse. A "sinistra impressão" que se tinha era que na administração de Melo Castro e Mendonça esse comércio diminuíra substancialmente. O rei aconselhou, então, que o governador meditasse sobre a questão e descobrisse os meios "com que se poderia fazer reviver e animar o comércio direto de Santos com os portos do Reino".[53] Análise das saídas de embarcações do porto de Santos aponta que, depois de 1789, o número delas subiu consideravelmente.[54] Se a isso se deve acrescentar o crescente volume da

---

balina, códice 642, fls. 538-538v.

50 'Carta (cópia) do secretário José Romão Jeunot para o capitão-mor da vila de Itu [...]'. 6 de dezembro de 1792. Biblioteca Nacional - Lisboa, Manuscritos - Coleção Pombalina, códice 642, fl. 546.

51 Cf. 'Provisão do Conselho Ultramarino sobre o requerimento da Camara da Villa de São Sebastião'. 27 de novembro de 1798. *Documentos interessantes para a História e costumes de São Paulo*. São Paulo: Arquivo do Estado de São Paulo, 1899, vol. 29, p. 130-134.

52 Cf. '[Carta] para o dito secretário de Estado [D. Rodrigo de Souza Coutinho] [...]'. 15 de abril de 1799. *Ibidem*, p. 135-136.

53 'Carta do Secretário de Estado [D. Rodrigo de Souza Coutinho] [...]'. 4 de novembro de 1799. *Documentos interessantes para a História e costumes de São Paulo*, vol. 89, *op. cit.*, p. 190-195; há cópia manuscrita desta carta em Arquivo Histórico Ultramarino, Administração Central, Conselho Ultramarino, Brasil - Códices, códice 424, fls. 172-175v.

54 Veja-se, no apêndice on-line, Movimento transatlântico de embarcações no porto de Santos (c.1774-c.1802).

produção da capitania, a centralização das exportações dos principais gêneros naquele porto é, todavia, a consequência mais evidente. Com a liberdade, é claro que ao menos as vilas da marinha retomariam o comércio com o Rio de Janeiro.[55]

As estratégias para a garantia e a efetivação de interesses não vinham só por parte da Coroa portuguesa, na figura dos seus governadores e capitães-generais. A elite colonial também agiu no sentido de assegurar a manutenção e, se possível, a reprodução de suas riquezas e poderes, fosse no âmbito mais restrito de suas ligações interpessoais[56] fosse na dinâmica da administração colonial. A produção açucareira insere-se, aí, como potencializadora de nova relação entre essa elite e o poder régio, na medida em que, além de proporcionar maior riqueza, ampliou, em algum sentido, o estatuto social de determinados sujeitos. Por sinal, em abaixo-assinado de outubro de 1797, pediu-se a elevação da freguesia de Campinas a vila justamente com o argumento de que a enorme distância da vila de Jundiaí, da qual fazia parte, estava prejudicando a lavoura dos senhores de engenho que lá deviam ir para servirem os cargos municipais.[57] Na portaria de 16 de novembro do mesmo ano, o governador e capitão-general Melo Castro e Mendonça ordenou, então, que se fizesse erigir a povoação da freguesia de Campinas em vila, atendendo, assim, aos pedidos dos moradores, que alegavam, dentre outras coisas, o fato de os "homens bons" serem "obrigados a ir servir a referida vila de Jundiaí de oito, dez, doze e catorze léguas de distância, o que lhes causava maior vexame e prejuízo, por deixarem ao desamparo as suas casas, famílias,

---

55 Vale lembrar que o sucessor de Melo Castro e Mendonça, Antonio José da Franca e Horta, reinstaurou a ordem de Lorena e a centralização das exportações no porto de Santos.

56 Carlos de A. P. Bacellar mostra a importância do casamento na "construção, manutenção e transmissão de fortunas" das elites do Oeste paulista. Carlos de A. P. Bacellar. *Os senhores da terra: família e sistema sucessório de engenho do Oeste paulista, 1765-1855*. Campinas: Área de Publicações CMU / Unicamp, 1997, p. 97 e seguintes.

57 'Carta do vigário da freguesia de Campinas, Joaquim José Gomes [...]'. s/d [provavelmente, 29 de outubro de 1797, data do atestado incluso]. *Documentos interessantes para a História e costumes de São Paulo*. São Paulo: Arquivo do Estado de São Paulo, 1913, 3ª edição (1ª edição, 1894), vol. 3, p. 3-5.

lavouras de açúcar, em que a maior parte deles se ocupa".⁵⁸ Das 44 assinaturas da petição enviada pelo vigário da freguesia de Campinas ao governador de São Paulo, 22 são de senhores de engenho.⁵⁹

À fundação de vilas vinculava-se a possibilidade de ascensão social, e um meio de preservar ou obter determinados benefícios. As câmaras municipais funcionaram, muitas vezes, como um primeiro espaço dentro do qual, e pelo qual, um sujeito se destacava socialmente.⁶⁰ De mais a mais, competiam às câmaras as mais variadas ordens de assuntos relativos às suas respectivas vilas, "fossem de natureza administrativa, policial ou judiciária".⁶¹ A extensão do poder das câmaras variou, na América Portuguesa, de um lugar para outro; umas com mais, outras com menos.⁶² Na capitania de São Paulo, ainda que esse poder não fosse, de todo, tão amplo, a influência delas ante a autoridade régia foi significativo instrumento na defesa dos interesses da elite colonial.

As câmaras, instâncias emblemáticas do prestígio social, como também o foram as companhias de ordenanças e as casas de Misericórdia,⁶³ funcionaram, no processo de implementação e consolidação da lavoura açucareira exportadora na capitania de

---

58 'Portaria do governador e capitão general da capitania de São Paulo, Antonio Manoel de Mello Castro e Mendonça [...]'. 16 de novembro de 1797. *Ibidem*, p. 11-12.

59 Cf. 'Mapas com resumo geral dos engenhos de açúcar que existem na capitania de São Paulo'. Pós 1798. Arquivo Histórico Ultramarino, Administração Central, Conselho Ultramarino, Brasil-São Paulo (023), cx. 14, doc. 698.

60 Cf. Edmundo Zenha. *O município no Brasil (1532-1700)*. São Paulo: Instituto Progresso Editorial S. A., 1948, p. 92.

61 Victor Nunes Leal. *Coronelismo, Enxada e Voto: o município e o regime representativo no Brasil*. São Paulo: Alfa-Omega, 1975, 2ª edição (1ª edição, 1948), p. 61.

62 Para o caso de Salvador, veja-se Avanete Pereira Sousa. Poder local e autonomia camarária no Antigo Regime: o Senado da Câmara da Bahia (século XVIII). *In*: Maria Fernanda Bicalho; e Vera Lucia Amaral Ferlini. *Modos de Governar. Ideias e práticas no Império português, séculos XVI-XIX*. São Paulo: Alameda, 2005, p. 321-322.

63 Sobre a Misericórdia de São Paulo, veja-se Laima Mesgravis. *A Santa Casa de Misericórdia de São Paulo (1599?-1884)*. São Paulo: Conselho Estadual de Cultura, 1976.

São Paulo, como um veículo pelo qual as elites locais puderam estabelecer, quando a situação o permitisse, algum tipo de negociação com a Coroa lusitana. Os governadores e capitães-generais, dado que seu papel teve grande valor nas políticas de centralização das épocas pombalina e pós-pombalina, situaram-se como espécie de intermédio entre esses dois pontos, a colônia e a Metrópole. Todavia, é preciso destacar que considerar esse nível de negociação como evidência da não exploração da Metrópole sobre suas colônias é, no mínimo, perigoso. A negociação em tempo algum exclui a exploração; no limite, a torna mais perversa. No caso em pauta, complexa sobremaneira a dinâmica da exploração colonial.

Se, por um lado, os paulistas não eram de fino trato nem tão obsequiosos quanto se desejava no cumprimento das designações régias.[64] Por outro, a autonomia e o isolamento que os distanciavam da Metrópole não tiveram a proporção que se costumou alegar.[65] Os abusos, quando cometidos, não podiam ultrapassar o limite do tolerável; caso contrário, ainda que tardasse, seriam punidos. Assim, quando os irmãos Lourenço Leme e João Leme, possuidores de grande cabedal e prestígio, estavam prestes a receber as patentes de, respectivamente, provedor dos quintos das minas de Cuiabá e mestre de campo regente, recaíram sobre eles pesadas acusações: de participação em estupro a assassinato. Mesmo refugiando-se em fazendas ou reunindo grupo armado para auxiliar na fuga que se estendeu por mais de um mês, não foi possível escapar da condenação. Lourenço Leme foi morto enquanto dormia numa casa abandonada. Seu irmão, "remetido para a Bahia, onde mandou a relação do Estado fazer-lhe os autos sumários e estando as culpas provadas, e não alegando o réu coisa relevante em sua defesa, o condenou à morte; e

---

64 Realmente, não foram os paulistas, ricos ou pobres, demasiado "fixos na obediência cega ao seu soberano" como queria fazer crer Luís dos Santos Vilhena. Recopilação de Notícias da Capitania de São Paulo. 1802. *Roteiros e Notícias de São Paulo Colonial, op. cit.,* p. 110.

65 Para a questão do isolamento paulista e, mais especificamente, paulistano, veja-se Ernani Silva Bruno. *Histórias e Tradições da cidade de São Paulo.* 3 vols. São Paulo: Hucitec / Secretaria Municipal da Cultura, 1991, 4ª edição (1ª edição, 1953), vol. 1, p. 38-44. Sobre o tema, veja-se, ainda, Raquel Glezer. *Chão de terra e outros ensaios sobre São Paulo, op. cit.,* p. 42-43.

foi degolado em alto cadafalso no ano de 1723; e foi condenado em seis mil cruzados para as despesas da relação".[66]

O rei não era onisciente nem onipresente, mas tampouco sofria de acefalia.[67] Poderia ser tanto implacável qual ferro como maleável qual couro sem, todavia, perder sua "extraordinária consistência".[68] A Coroa lusitana não podia prescindir de um bom vassalo. E se os casos de índios exibindo símbolos das Ordens Militares em suas tangas foram raros,[69] o uso de presentear reis e nobres africanos com hábitos da Ordem de Cristo teve alguma frequência.[70] Na lógica da metáfora da organização corpórea da sociedade, a cabeça (ou o cérebro), ao enviar suas ordens, deparava-se com imenso percurso, não livre de obstáculos, pelo qual deviam passar suas informações até que chegassem à mais longínqua célula; e quanto mais extenso fosse o corpo maiores seriam as dificuldades trazidas a seu regente. E o Império Português era deveras extenso. Não é o caso de negar o absolutismo. Trata-se, apenas, de entender as nuances desse poder, e, além disso, as estratégias pelas quais ele se manteve, fosse no combate às intrigas palacianas fosse na conquista dos confins de Matamba, fosse, ainda, no desenvolvimento da agricultura exportadora na capitania de São Paulo.

---

66   Pedro Taques Paes Leme. *Nobiliarchia Paulistana Histórica e Genealógica*. 3 tomos. São Paulo: Comissão do IV Centenário da Cidade de São Paulo / Livraria Martins Fontes, [s.d.], 3ª edição (2ª edição, completa, 1940/1944), tomo 3, p. 35.

67   Cf. Antonio Manoel Hespanha. *As Vésperas do Leviathan. Instituições e poder político. Portugal - séc. XVII*. Coimbra: Almedina, 1994 (1ª. edição espanhola, 1989), p. 288.

68   Tomo emprestada a metáfora utilizada por Sérgio Buarque de Holanda ao referir-se à "implantação" do europeu num "país estranho". Sérgio Buarque de Holanda. *Monções*. São Paulo: Brasiliense, 2000, 1ª reimpressão da 3ª edição de 1990 (1ª edição, 1945), p. 16.

69   Esse exemplo foi apresentado pela Prof.ª Dr.ª Fernanda Olival no curso de extensão *Mobilidade Social no Portugal Moderno e no Império Português (séculos XVI-XVIII)*. Promovido pela Cátedra Jaime Cortesão da FFLCH/USP, e ministrado entre os dias 21 e 23 de setembro de 2005.

70   Cf. David Birmingham. *Portugal e África*. Lisboa: Vega, 2003 (1ª edição inglesa, 1999), p. 97.

Parte III

Entre os Que Servem a Sua Majestade

7

NEM BUGRES REBELDES NEM MANSOS FIDALGOS

Em carta a seu primo, frei Gaspar da Madre de Deus,[1] Pedro Taques Paes Leme dava notícia do andamento dos "escritos" aos quais intitulara "Nobiliarchia Histórica, e Genealógica dos Lemes da Capitania de São Paulo", cujo objetivo era fazer ver ao mundo a importância dos paulistas, bem como de sua família, "socorrendo, conquistando e descobrindo".[2] A 31 de maio de 1775, em outra carta, Taques expressava entusiasmo, ao abade beneditino, pelas últimas descobertas que fizera em algumas memórias da Torre do Tombo. "Aqui tenho descoberto", afirmou, "o que totalmente ignorávamos do nosso ascendente Pedro Leme. Agora saberá que este fidalgo veio da Madeira para o serviço de El-Rei D. João o 3º, mandado por seu pai Antão Leme da Câmera, e as instâncias de seus tios ou armeiro-mor, e outros ilus-

---

[1] Súmula biográfica de frei Gaspar da Madre de Deus, elaborada por Affonso de E. Taunay, encontra-se em frei Gaspar da Madre de Deus. *Memórias para a história da Capitania de São Vicente*. Prefácio de Mário Guimarães Ferri. Belo Horizonte: Editora Itatiaia / São Paulo: Edusp, 1975, p. 7-26.

[2] Carta de Pedro Taques a Frei Gaspar da Madre de Deus. 29 de novembro de 17??. *Documentos interessantes para a História e costumes de São Paulo*. São Paulo: Arquivo do Estado de São Paulo, 1894, vol. 4, p. 10-20.

tres fidalgos".³ E, desse modo, continuou descrevendo os achados sobre o parente fidalgo, com quem casara, de quem era neto, filho, avô, como veio parar na América etc.

Essa busca pela origem da família, de seus ascendentes, não era por acaso nem mero passatempo. Convém notar como, no caso da capitania de São Paulo em fins do século XVIII, a construção de genealogias, qual a feita por Pedro Taques,⁴ insere-se em certa tradição, e estratégia, de reputar a determinada família feitos dignos, exercício de importantes cargos, e, principalmente, origem fidalga. Todavia, isso não significa que todos aqueles que se intitulavam nobres realmente o fossem. É bem possível que um ou outro sujeito tivesse algum parente fidalgo. Contudo, é necessário entender que essa "nobreza da terra" – e, no caso de São Paulo isso é bem claro - era mais "da terra" do que "nobreza". Tendo isso em mente, é possível perceber com mais clareza o sentido social das tramas para que se fosse reconhecido enquanto "nobre", enquanto um "principal da terra". Aqui, a construção de genealogias é mais um dentre os diversos instrumentos para se forjar essa distinção. Fundamental para essa realidade, em que social, político e econômico estavam absolutamente imbricados.

Os estratagemas utilizados para a obtenção de riqueza, de prestígio e de poder foram apontados como fruto de disputa pontual entre uma elite antiga e uma elite que estava se constituindo na capitania paulista.⁵ Não havia, entretanto, contendas entre dois blocos: famílias antigas *versus* comerciantes. Havia, sim, desavenças entre inúmeros blocos, entre famílias antigas, entre comerciantes, entre grupos que se uniam num momento e, em outro, entravam em conflito, numa relação difícil de apreender e de sintetizar, a menos que se o faça caso a caso. Dentro desse plano, a elaboração de ge-

---

3   Carta de Pedro Taques a Frei Gaspar da Madre de Deus. 31 de maio de 1775. *Ibidem*, p. 21-24

4   Cf. Pedro Taques de Almeida Paes Leme. *Nobiliarchia Paulistana Histórica e Genealógica*. 3 tomos. São Paulo: Comissão do IV Centenário da Cidade de São Paulo / Livraria Martins Fontes, sem data, 3ª edição (2ª edição, completa, 1940/1944).

5   Cf. Kátia Maria Abud. *O sangue intimorato e as nobilíssimas tradições. A construção de um símbolo paulista: o bandeirante*. São Paulo: FFLCH - USP, 1985, tese de doutorado, p. 86.

nealogias, portanto, não estava vinculada a uma rivalidade específica, mas à construção de instrumentos reiterativos de certa distinção social, que, ao mesmo passo, incluíam alguns poucos e excluíam a grande massa indigna de compor esse grupo, na visão dos genealogistas, tão homogêneo.

Se, por um lado, é indispensável apreender esse movimento dos "homens-bons" da capitania, num outro sentido, é necessário ter certa cautela com as crônicas e com os relatos de viagem. Porque para um viajante francês, por exemplo, acostumado a um tipo específico de pompa, de afetação e de riqueza, a diferença entre um bugre e o mais distinto dos paulistas poderia ser quase imperceptível.[6] É claro que poderíamos presumir alguma má vontade por parte desse suposto viajante em reconhecer a elite de lugar tão física e simbolicamente distante. Mas, o fato é que a elite paulista não era a elite francesa nem a Reinol nem a baiana. É preciso observar qual é o universo dessa elite, até onde ela poderia chegar, e até onde não. Porque, assim como os paulistas não eram um bando de índios ignorantes da língua portuguesa,[7] havia diferenças entre as diversas camadas sociais da capitania.

Antes de avançarmos, faz-se necessário destacar brevemente algumas questões importantes sobre a mestiçagem paulista em especial. Não pode-

---

6   Esse choque entre a realidade da Europa e a da América Portuguesa, em especial da capitania de São Paulo, fica evidente nas declarações, datadas de 1767, que D. Luís Antonio de Souza Botelho Mourão, fidalgo da Casa Real e acostumado às coisas do Reino, faz a respeito do estado em que achou a capitania paulista. Cf. 'Ofício do governador e capitão general da capitania de São Paulo, Morgado de Mateus, D. Luís Antônio de Souza Botelho Mourão, ao rei [D. José] [...]'. 1º de dezembro de 1767. Arquivo Histórico Ultramarino, Administração Central, Conselho Ultramarino, Brasil-São Paulo (023), cx. 5, doc. 333. Sobre a ascendência e a posição social de D. Luís Antonio de Souza, veja-se Heloísa Liberalli Bellotto. *Autoridade e Conflito no Brasil Colonial: o governo do Morgado de Mateus em São Paulo: 1765-1775*. São Paulo: Conselho Estadual de Artes e Ciências Humanas, 1979, p. 53-67; e, para uma síntese biográfica do mesmo, veja-se "Quadro Orgânico-funcional do Sistema e Subsistemas de Informação da Casa de Mateus". In: *Casa de Mateus. Catálogo do Arquivo*. Vila Real: Fundação da Casa de Mateus, 2005, p. 46-49.

7   Para interessante interpretação sobre a língua-geral em São Paulo, veja-se Sérgio Buarque de Holanda. *Raízes do Brasil*. Rio de Janeiro: Livraria José Olympio Editora, 1969, 5ª edição (1ª edição, 1936), p. 90. Sobre o tema, veja-se, ainda, John Manuel Monteiro. *Negros da Terra: índios e bandeirantes nas origens de São Paulo*. São Paulo: Companhia das Letras, 2005, 4ª reimpressão (1ª edição, 1994), p. 164-165.

mos chegar ao extremo de, como já foi costume, reputar aos paulistas descendências de "homens de qualidade, de fidalgos de sangue, da velha nobreza portuguesa e hispânica que para nós e nossos filhos conquistou, povoou e construiu a nossa pátria, grande e unida".[8] Os paulistas eram, com efeito, descendentes de indígenas; são muito raros, nas genealogias, os casos em que isso não se verifica.[9] Lembremo-nos que, imbuído das teorias científicas sobre as raças, próprias do período, Alfredo Ellis afirmava ser raro o sertanista de São Paulo "que não tivesse entre os seus próximos ascendentes um genuíno representante da raça de bronze", ou seja, um indígena.[10] Ora, mas não tinham também essa ascendência os outros habitantes do Brasil? O frei Jaboatão abria o seu *Catálogo Genealógico* citando o casamento do português Jerônimo de Albuquerque com a índia Arco-Verde, depois, D. Maria do Espírito Santo Arco-Verde, dos quais descenderiam os principais da capitania de Pernambuco.[11]

Seja como for, ao "homem-bom" paulista estava patente quem era quem na capitania. Quem era seu partidário, quem era digno de apreço, quem era merecedor de privilégios. Caso - e, às vezes, não tão por acaso assim - esse sujeito se esquecesse dos deveres e/ou das prerrogativas de algum indivíduo, os governadores, ou outros ministros da administração régia, haveriam de o lembrar. Exemplo disso encontramos no ofício de 4 de junho de 1783, no qual o governador Francisco da Cunha Menezes ordenava, a diversos capitães-mores de vilas da capitania paulista, que fosse escolhido

---

8   Henrique Oscar Wiederspahn. Significado da Nobreza Paulistana Tradicional.

    In: Afonso de E. Taunay *et alii*. *São Paulo em Quatro Séculos*. 2 vols. São Paulo: Comissão do IV Centenário da Cidade de São Paulo, 1954, vol. 2, p. 81.

9   Cf. Carlos da Silveira. Famílias Paulistas. Alguns nomes ilustres. *In*: Afonso de

    E. Taunay *et alii*. *São Paulo em Quatro Séculos*, *op. cit.*, vol. 1, p. 178; e, para uma listagem dos estudos genealógicos sobre São Paulo publicados em revistas e anuário, p. 205-210.

10 Alfredo Ellis. *Raça de Gigantes: a civilização no Planalto Paulista*. São Paulo: Editorial Hélios Ltda., 1926, p. 61.

11 Cf. Frei Antônio de Santa Maria Jaboatão. Catálogo genealógico das principais famílias que procederam de Albuquerques e Cavalcantes em Pernambuco e Caramurus na Bahia [...]. 1768. *In*: Pedro Calmon. *Introdução e notas ao catálogo genealógico das principais famílias, de frei Antônio de Santa Maria Jaboatão*, 2 vols. Salvador: Empresa Gráfica da Bahia, 1985, vol. 1, p. 47-48.

determinado número de homens para serem recrutados como soldados. O governador advertia-os para que preferissem sempre os vadios e os desocupados, se os houvesse; caso contrário, deveriam ser escolhidos aqueles que, mesmo "ocupados na agricultura", fizessem menos falta a ela, e fossem "menos úteis a essa República".[12]

Quase três anos mais tarde, em janeiro de 1786, o mesmo governador, em sentido inverso, repreendeu o capitão-mor da vila de Sorocaba, Cláudio Madureira Calheiros, por querer recrutar filhos de pessoas importantes da capitania, como o do mamposteiro das bulas[13] e os do tenente-coronel Paulino Aires.[14] "Não menos me admiro", admoestava o governador, "de que em uma povoação como essa, e que eu observo pela lista [nominativa], não ache Vossa Mercê um tão pequeno número de soldados sem querer ir entender com os filhos de Mamposteiro das Bulas, e com os do Tenente Coronel Paulino Aires; quando deve entender que estes são privilegiados, por serem filhos de um Oficial Maior, e aqueles gozam das graças concedidas a seu pai. Assim o deve Vossa Mercê ter entendido, e ficar advertido para se haver com mais acordo e ponderação nas diligências do Real Serviço".[15]

Os privilégios, aos quais se referia o governador, poderiam tomar desde formas mais diretas, como a desobrigação de exercer o posto de sol-

---

12 'Ofício do governador e capitão-general Francisco da Cunha Menezes ao capitão-mor da vila de Mogi das Cruzes [...]'. 4 de junho de 1783. *Documentos interessantes para a História e costumes de São Paulo*. São Paulo: Arquivo do Estado de São Paulo, 1961, vol. 85, p. 83. Ofícios com o mesmo teor foram enviados para os capitães-mores de mais 20 vilas.

13 Mamposteiro era um arrecadador de esmolas destinadas a resgatar os cativos de guerra. Cf. Antonio Manoel Hespanha. *As Vésperas do Leviathan. Instituições e poder político. Portugal - séc. XVII*. Coimbra: Almedina, 1994 (1ª edição espanhola, 1989), p. 211-212. Não consegui saber o nome do mamposteiro a quem se referia Francisco da Cunha Menezes.

14 Paulino Aires de Aguirra foi senhor de engenho com 71 escravos, além de possuir "fazenda de criar" e de exportar para o Rio de Janeiro "anualmente 200 bois". Carlos de Almeida Prado Bacellar. *Viver e Sobreviver em uma vila Colonial: Sorocaba, séculos XVIII e XIX*. São Paulo: Annablume/Fapesp, 2001, p. 107.

15 'Ofício do governador e capitão-general Francisco da Cunha Menezes ao capitão-mor da vila de Sorocaba Claudio Madureira Calheiros [...]'. 19 de janeiro de 1786. *Documentos interessantes para a História e costumes de São Paulo*, vol. 85, *op. cit.*, p. 184.

dado nas companhias militares, até as indiretas, como a brandura no tratamento de desertores. José de Medeiros Souza, filho do capitão José de Souza Nunes, era soldado auxiliar de cavalaria da companhia do capitão Policarpo Joaquim de Oliveira. Tendo que se apresentar para fazer o destacamento na cidade de São Paulo, o soldado passou, ocultamente, para o Rio de Janeiro e lá se recolheu, sem apresentar-se ao capitão da companhia de que fazia parte. Sendo o "desobediente soldado" genro do capitão-mor da vila de Parnaíba, o governador Martim Lopes Lobo de Saldanha desejou mostrar a sua "clemência", em vez de o castigar. Enviou carta a Antonio Correia de Lemos Leite, o sogro do soldado, na qual asseverou que se José de Medeiros Souza não se apresentasse imediatamente ao seu capitão, "fardado e pronto para o serviço", o prenderia e o castigaria, "como merece a sua rebeldia", e, para que não restassem dúvidas sobre a gravidade da questão, completou afirmando que a pena seria estendida "a todos os que para semelhantes desobediências" o ajudassem.[16]

Dentre os meios para se destacar, e inserir-se no rol dos dignos de privilégios, havia a posse de altos cargos nas companhias militares. Uma das tarefas iniciais do morgado de Mateus, enquanto primeiro governador da São Paulo restaurada, foi a reorganização militar da capitania.[17] Preocupou-se com o recrutamento dos soldados e com a cooptação dos "principais da terra" para os cargos mais importantes, tanto nas companhias de ordenanças como nas tropas auxiliares. As mesmas prerrogativas dos oficiais das tropas pagas foram, então, estendidas aos das auxiliares, e, depois, até mesmo aos das ordenanças.[18] Os privilégios não eram apenas desejados, mas, a todo mo-

---

16 'Para o Capitão Mor da Parnaíba Antonio Correya de Lemos Leyte'. 16 de julho de 1776, e 'Para o Capitão de Cavalaria Auxiliar da Villa de Parnaiba Policarpo Joaquim de Oliveira'. 16 de julho de 1776. *Documentos interessantes para a História e costumes de São Paulo*. São Paulo: Arquivo do Estado de São Paulo, 1954, vol. 75, p. 160-163.

17 Sobre a reorganização militar da capitania no governo do morgado de Mateus e, especialmente, sobre as companhias de ordenanças, veja-se Nanci Leonzo. As Companhias de ordenanças na capitania de São Paulo - das origens ao governo do Morgado de Matheus. *Coleção Museu Paulista, série de História*, vol. 6. São Paulo: Edição do Fundo de Pesquisas do Museu Paulista da USP, 1977, p. 124-239.

18 A listagem desses privilégios encontra-se em Nanci Leonzo, *Ibidem*, p. 210.

mento reafirmados e reivindicados.

Em representação à rainha D. Maria I, capitães-mores de ordenança da capital e de diversas vilas da capitania lembravam das prerrogativas concedidas a eles e às tropas auxiliares de São Paulo, "com os mesmos foros, franquezas, e privilégios de tropa paga", conforme, no Reino, o alvará de 24 de novembro de 1645, e, na capitania, as cartas de D. Pedro II ao governador Artur de Sá Menezes, de 11 de setembro de 1697 e de 6 de outubro de 1698. Informavam, ainda, que em carta ao morgado de Mateus, de 22 de março de 1766, o rei D. José, ao criar os terços de auxiliares e de ordenanças, "lhes assinalou novamente os mesmos foros, franquezas, e privilégios de tropa paga". Alegando que foram "privados" dessas prerrogativas e tratados de modo bastante inferior aos auxiliares, suplicavam à rainha que restituísse a eles esses direitos. Justificando, por fim, que os capitães-mores não só se igualavam aos mestres de campo e coronéis dos terços auxiliares nas funções referentes à chefia de corpos militares, mas os excediam "no continuado de todo o dia, e de todo o ano no comandamento das suas vilas respectivas".[19]

Com relação às distinções, nunca é demais destacar seu valor também no plano simbólico. Assim, um sujeito digno levaria consigo algum sinal que mostrasse ou o cargo que ocupava ou a mercê que recebera. Era frequente que oficiais das ordenanças, tendo baixa ou por velhice ou por outro motivo, seguissem usando as insígnias e os galões de seus postos, ainda que essa prática fosse proibida.[20] Contudo, o fato de os "principais da terra" quererem ser vistos como "nobreza" é apenas uma face dessa realidade, uma vez que se insere no rol das honrarias, das distinções, incansavelmente buscadas, que, quando obtidas, deveriam ser, obviamente, exibidas. Roupas, títulos, insígnias, gestos, bens materiais formam um conjunto simbólico indispensável à diferenciação entre os diversos grupos sociais da colônia.

A necessidade de criar conceitos que deem conta da realidade de uma

---

19 'Provizão do Conselho Ultramarino [...]'. 11 de outubro de 1798, e 'Representação mencionada na Carta Supra' s/d. *Documentos interessantes para a História e costumes de São Paulo*. São Paulo: Arquivo do Estado de São Paulo, 1967, vol. 89, p. 162-163.

20 'Para o Doutor Ouvidor de Parnagua Antonio Barboza de Matos Coutinho'. 25 de junho de 1776. *Documentos interessantes para a História e costumes de São Paulo*, vol. 75, *op. cit.*, p. 129-130.

sociedade tão complexa como a do Brasil colonial é, pois, evidente. Essa busca não é exclusiva das discussões contemporâneas. Florestan Fernandes, em 1976, já apontava a indispensabilidade de "precisão no uso de conceitos e categorias históricas apropriados à compreensão, descrição e interpretação" da sociedade colonial. Para tanto, a fim de captar essa "diferença específica", propunha, heterodoxamente, o uso "simultâneo" de conceitos e categorias históricas como casta, estamento e classe para o entendimento da divisão social na América Portuguesa. A partir daí, Fernandes pôde sintetizar a sociedade colonial como composta por um "núcleo central" dominante, de brancos, e, no extremo, os escravos "índios, negros ou mestiços". À margem, a população livre pobre, "que se identificava com o segmento dominante em termos de lealdade e de solidariedade, mas que nem sempre se incluía na ordem estamental". O núcleo central - dependendo do caso, com ou sem a população livre pobre - "abrangia os vários estamentos em que se dividia socialmente" o grupo dominante. O elo que os escravos tinham com esse "núcleo estamental" se dava enquanto pertencentes a uma "subordem de castas". A relação estamental valia, portanto, para o grupo dominante, ou, como queria Fernandes, "raça dominante", e tinha um sistema de hierarquias próprio. A conexão, por outro lado, entre esse grupo e os escravos se dava no nível da relação de castas porque estes "gravitavam fora" da ordem estamental.[21]

Ora, Brasil Colonial não é apenas uma distinção temporal; trata-se, de fato, de uma "formação social específica".[22] Além da convivência de relações de tipo estamental com as de castas, há um complicador a mais. O senhor colonial não era simplesmente um "aristocrata"; carregava junto à face senhorial a empresarial. No seu "horizonte de vida" estavam incluídas preocupações com a produção, o preço, a circulação e a venda de mercadorias. O próprio estatuto

---

21 Florestan Fernandes. A Sociedade Escravista no Brasil. *In: Idem. Circuito Fechado. Quatro ensaios sobre o "poder institucional"*. São Paulo: HUCITEC, 1976, p. 32-33.

22 Fernando A. Novais. A evolução da sociedade brasileira: alguns aspectos do processo histórico da formação social no Brasil. *In: Idem. Aproximações: ensaios de história e historiografia*. São Paulo: Cosac Naify, 2005. O texto de Novais foi apresentado, em versão inglesa, em comunicação de 1976, e publicado originalmente, em português, em 1979.

senhorial se dava por meio da circulação de uma mercadoria: o escravo.[23] Em especial, o africano.

Se, anteriormente, os escravos negros estiveram ligados a dinâmicas internas das sociedades africanas e, por isso, o volume de cativos que porventura fossem comercializados, geralmente, não passava de duas dezenas ou menos, a partir do contato com os europeus e com a demanda crescente dos polos coloniais da América esse número cresceu sobremaneira.[24] O comércio atlântico de cativos produziu, na África, nova dinâmica a essas relações entre senhores e escravos. Além disso, a ligação e a demanda eminentemente mercantis criaram distorções nas sociedades fornecedoras de cativos: deliberada promoção de razias, sequestros de pessoas, rigor abusivo nas leis, invenção de novos delitos.[25]

No caso da sociedade colonial da América Portuguesa, a própria estratificação social, sob os aspectos do conceito de casta, insere-se numa nova determinação. Max Weber, ao teorizar sobre o conceito de castas, tendo por base a sociedade indiana, percebeu que a mediação se dava por meio da religião, da "ação tradicional", da, enfim, "ordem divina".[26] No caso do escravismo moderno, o que mediava e determinava a relação de castas era, em primeiro lugar, a atividade mercantil, tanto de quem vendia o escravo como de quem o comprava. Se nos fosse permitido, enquanto tipo ideal, ou seja, enquanto realidade racionalmente construída, seria possível, tomando certa liberdade, traçar paralelos entre as normas sociais atribuídas por Weber à relação de castas da sociedade hindu e as normas entre senhores e escravos do escravismo moderno.

Quatro são as normas sociais destacadas por Weber: endogamia, barreiras rituais, hereditariedade e religiosidade. A endogamia, "incluindo as

---

23 Ibidem, p. 147-148.

24 Cf. Alberto da Costa e Silva. *A Manilha e o Libambo. A África e a escravidão de 1500 a 1700*. Rio de Janeiro: Editora Nova Fronteira / Fundação Biblioteca Nacional, 2002, p. 118-119.

25 Cf. *Ibidem*, p. 418.

26 Cf. Sedi Hirano. *Castas, Estamento e Classes Sociais. Introdução ao pensamento de Marx e Weber*. São Paulo: Alfa-Omega, 1975, 2ª edição (1ª edição, 1974), p. 26-37.

regras dietéticas e de comensalidade",²⁷ era comum na relação entre senhores e escravos. Mesmo que no Brasil, especialmente no início da colonização, houvesse casamentos entre brancos e índios, a união, por matrimônio, entre senhores e escravos era socialmente inconcebível. As barreiras rituais na escravidão moderna eram enormes, tanto como o foram na sociedade hindu; o deus católico, por exemplo, estava muito mais próximo, inclusive em termos alegóricos, do senhor branco e possuidor de fidelíssima alma do que do escravo negro com sua alma pagã. A hereditariedade é outro fator importante a ser considerado: assim como o filho do senhor de escravos era o sinhozinho, o do escravo já tinha sua condição definida antes mesmo de deixar o ventre materno. O caráter religioso, por fim, é importante enquanto fundamento da organização social hindu, e enquanto justificativa para a escravidão moderna.²⁸

Se, por um lado, as "bases essencialmente estáticas do conceito de castas"²⁹ estão postas nas relações do escravismo moderno, por outro, há especificidades fundamentais que devem ser consideradas. A escravidão, na África, antes do contato com os grandes mercadores de almas, teve, sobretudo, características mais voltadas ao aumento de braços para os trabalhos realizados em determinadas famílias ou aldeias. Em muitos casos, a relação do senhor com o escravo foi como a do pai com o filho, e a possibilidade de o escravo integrar-se, a médio prazo, na linhagem do grupo que o acolhia estava garantida.³⁰ É claro que essa inserção na linhagem era mais limitada, devido às lógicas do próprio clã. Existia mobilidade social para o escravo, todavia relativa, na medida em que o único elemento que o ligava a determinada linhagem era seu senhor.³¹ Nas sociedades africanas também houve

---

27 *Ibidem*, p.28-29.
28 Sobre esse último ponto, afirma Luiz Felipe de Alencastro: "Considerava-se justo o comércio e a posse de negros, visto que muitos deles, deportados para Portugal, se tornavam cristãos". Luiz Felipe de Alencastro. *O Trato dos Viventes: formação do Brasil no Atlântico Sul*. São Paulo: Companhia das Letras, 2000, p. 53.
29 Sedi Hirano. *Castas, Estamento e Classes Sociais, op. cit.*, p. 29.
30 Wyatt MacGaffey. *Religion and Society in Central Africa. The Bakongo of Lower Zaire*. Chicago, The University of Chicago Press, 1986, p. 25.
31 *Ibidem*, p. 31-32.

relações baseadas na violência, além de submissão e de "morte social" do escravo.[32] Entretanto, a grande virada, entre a lógica africana e a europeia, começa com a origem e a quantidade da demanda por cativos.

A escravidão moderna, além de exercer enorme influência no processo histórico das sociedades africanas, pôs o escravo numa relação completamente diferente. Ele não era apenas um estrangeiro submetido a um senhor numa sociedade alienígena; ele era mercadoria a ser vendida e a circular num mercado transoceânico. Na escravidão moderna, portanto, a trama era estritamente ligada a um tipo específico de produção de mercadoria.[33] Ou seja, a gênese da escravidão moderna está vinculada não só à garantia da posse de terras nas mãos de certo grupo, mas, outrossim, à necessidade de mão de obra adequada a uma produção mercantil exportadora. Nessa realidade, portanto, - sem excluir a possibilidade de, posteriormente, outros fatores tomarem proporções importantes - em primeiro lugar vem o fator econômico. As consequências que este trouxe às sociedades abastecedoras de cativos foram significativas tanto no que diz respeito à espécie de vínculo estabelecido com as sociedades consumidoras de cativos[34] como no que se refere ao próprio movimento interno delas.

Na América, por sua vez, o resultado foi uma organização social atípica. Uma sociedade patrimonial, senhorial e escravista. Na qual apenas possuir escravos não bastava "para o exercício do poder ou gozo da estima social".[35] E cuja realidade precisava que ter cabedal - ao qual se incluíam os cativos - não garantia, por outro lado, a certeza de ascensão social; mas, que possuí-lo era, muitas vezes, um acertado primeiro passo. Aqui, vale lembrar

---

32 Cf. Alberto da Costa e Silva. *A Manilha e o Libambo, op. cit.*, p. 87.

33 Sobre a gênese da escravidão moderna, vejam-se Vera Lucia Amaral Ferlini. *Terra trabalho e poder*. São Paulo: Editora Brasiliense /CNPq, 1988, p. 17-24. Para uma síntese crítica das teorias em torno da escravidão, veja-se Jacob Gorender. *A Escravidão reabilitada*. São Paulo: Editora Ática, 1991, 2ª edição (1ª edição de 1990).

34 Para uma análise teórica da escravidão enquanto "sistema social de produção", veja-se Claude Meillassoux. *Antropologia da Escravidão: o ventre de ferro e dinheiro*. Rio de Janeiro: Zahar, 1995 (1ª edição francesa, 1986).

35 Laima Mesgravis. Os aspectos estamentais da estrutura social do Brasil Colônia. *Estudos Econômicos*, vol. 13. São Paulo, 1983, p. 799.

o famoso diálogo escrito no século XVII por Ambrósio Fernandes Brandão, em que, na interlocução entre Alviano e Brandônio, a certo momento, aquele lembrava a este a origem pouco nobre dos povoadores do Brasil, "degredados e gente de mau viver". Ao que Brandônio consentia sem expressar qualquer dúvida, acrescentando, porém, que tais homens tornaram-se ricos, e, justamente por esse motivo, suas naturezas ruins foram, pouco a pouco, sendo deixadas de lado. Os filhos desses homens, completava Brandônio, "já entronizados com a mesma riqueza e governo da terra, despiram a pele velha, como cobra, usando em tudo de honradíssimos termos".[36]

É essa sociedade descrita em linhas gerais que encontramos em São Paulo no período estudado. De um lado a gente de prol,[37] de outro, os escravos, em princípio, os indígenas, depois, os africanos, cuja entrada na capitania seguia, como vimos, crescendo. À margem no que diz respeito à hierarquia social, mas peça indispensável ao funcionamento dessa sociedade, os homens livres pobres.[38] O que nos toca, por ora, é tentar acercar-nos da gente de prol.

A questão que se coloca quando da crítica ao uso da designação "nobreza da terra" não se dá no âmbito da quantificação: se tal termo aparece ou não na documentação coeva e quantas vezes e em quais lugares isso, se for o caso, ocorre. Invocar, pura e simplesmente, uma volta à empiria significa ficar com apenas um aspecto da questão; significa, enfim, fazer a história sob o ponto de vista do objeto, ou, ao menos, intentá-lo. O que aponto aqui não é a validade ou não do termo "nobreza da terra" enquanto expressão do imaginário, ou, melhor ainda, do discurso de determinado grupo da sociedade do Brasil colo-

---

36 Ambrósio Fernandes Brandão. *Diálogos das grandezas do Brasil.* Organização e Introdução de José Antônio Gonsalves de Mello. Recife: Fundação Joaquim Nabuco / Editora Massagana, 1997, 3ª edição integral segundo apógrafo de Leiden (1ª edição, 1962).

37 *Gente de prol* ou *homens de prol* são termos usados por Antonio Candido. *Os parceiros do Rio Bonito: estudos sobre o caipira e a transformação dos seus meios de vida.* São Paulo: Duas Cidades; Ed. 34, 2001, 9ª edição (1ª edição, 1964), p. 49, 63 e 110.

38 Sobre o papel dos homens livres pobres em São Paulo, no governo do morgado de Mateus, veja-se Lucas Jannoni Soares. *Presença dos homens livres pobres na sociedade colonial da América portuguesa: São Paulo (1765-1775).* São Paulo: FFLCH/USP, 2006, dissertação de mestrado.

nial. O ponto em destaque diz respeito à transformação de um *termo* da época, com todas as implicações de seu uso, em *conceito*, alicerce para pensarmos e trabalharmos nosso objeto. Em artigo sobre a definição do conceito "nobreza da terra", Fernanda Bicalho destaca seu objetivo de discutir não o termo, e em que momento ou não ele possa aparecer na documentação, mas aquilo que chama de "construção e legitimidade de utilização do conceito a partir de certos atributos das elites coloniais de diferentes capitanias".[39] O plano de apoio da exposição são as ponderações de Evaldo Cabral de Mello[40] e a análise que o autor tece ao caracterizar o ideário da açucarocracia pernambucana, que, ao findar a dominação flamenga, passou a se autodenominar "nobreza da terra". Mello demonstra a estratégia, por parte dessa açucarocracia, em construir e atribuir a si novo estatuto. Não mais seriam apenas os "principais", mas a "nobreza" da terra. Para Mello, portanto, "nobreza da terra" não é conceito.[41] A diferenciação fundamental é como um grupo se via, ou esforçava-se para ser visto, e como o historiador e outros cientistas do espírito forjarão conceitos e categorias que deem conta da complexidade de determinada realidade.[42]

---

39 Maria Fernanda Bicalho. Conquista, Mercês e Poder Local: a *nobreza da terra* na América portuguesa e a cultura política do Antigo Regime. *Almanack Braziliense*, nº. 2, novembro 2005, p. 24, nota 11. O termo aparece também em alguns artigos da obra coletiva *O Antigo Regime nos trópicos*. Cf. João Fragoso; Maria Fernanda Bicalho; Maria de Fátima Gouvêa (org.). *O Antigo Regime nos trópicos: dinâmica imperial portuguesa (séculos XVI-XVIII)*. Rio de Janeiro: Civilização Brasileira, 2001.

40 Especialmente na obra *Rubro Veio*. Cf. Evaldo Cabral de Mello. *Rubro veio: o imaginário da restauração pernambucana*. Rio de Janeiro: Topbooks, 1997, 2ª edição revista e aumentada (1ª edição, 1986).

41 A esse respeito, veja-se Laura de Mello e Souza. *O Sol e a sombra: política e administração na América Portuguesa do século XVIII*. São Paulo: Companhia das Letras, 2006, p.180, nota 56.

42 Vale lembrar que na realidade do Reino, já em fins do séc. XVI, com todas as implicações sociais relativas à honra e à distinção de um grupo que não fazia parte da *fidalguia*, mas queria se diferenciar dos simples cidadãos, os termos *nobre* e *nobreza* passaram a ter um sentido menos específico, "surgem como substantivo colectivo quando até então eram apenas adjectivo qualificativo". Joaquim Romero Magalhães. Os nobres da governança das terras. *In*: Nuno Gonçalo

Para São Paulo, no período estudado, poderíamos pensar em uma açucarocracia paulista, para usar um conceito que Evaldo Cabral de Mello forjou para o Pernambuco colonial.[43] No entanto, teríamos dois problemas difíceis de superar. Em primeiro lugar, trabalharíamos única e exclusivamente com os senhores de engenho, excluindo uma gama de outros produtores, além dos comerciantes. Caso especial na análise da hierarquia social da capitania de São Paulo, estes últimos conseguiram acumular e/ou ampliar cabedal e, ainda, inserir-se na administração da capitania. Se no âmbito da capitania de São Paulo sua dimensão é menor, no que se refere à cidade é de se levar em consideração.[44] O segundo senão deve-se ao fato de o período em pauta ser o da formação dessa açucarocracia paulista. Se pudéssemos datar, sua consolidação seria posterior aos primeiros anos do século XIX.

Gente de prol, homens bons, principais da terra são, ao fim e ao cabo, a classe dominante. Conceito marxista por excelência, não foi, contudo, plenamente desenvolvido pelo filósofo. Restou aos seus comentadores a tarefa de fazê-lo. O mais importante deles talvez seja Georg Lukács, que em seu *História e Consciência de Classes* teorizou sobre o conceito e sua validade para sociedades anteriores ao capitalismo ("pré-capitalistas").[45] Inicialmente, Lukács apontou a "confusão *inextricável*" dos "elementos econômicos com os políticos, religiosos, etc., na estrutura econômica objetiva" das sociedades estamentais ou de castas, contraposta à capitalista, em que a disposição da sociedade em camadas "tende a ser uma estratificação em classes pura

---

Monteiro; Pedro Cardim; Mafalda Soares da Cunha. *Optima Pars. Elites Ibero-Americanas do Antigo Regime*. Lisboa: Imprensa de Ciências Sociais, 2005, p. 69.

43 Cf. Evaldo Cabral de Mello. *Rubro Veio, op. cit.*
44 Para a primeira metade do século XVIII, veja-se Maria Aparecida de Menezes Borrego. *A Teia Mercantil: negócios e poderes em São Paulo colonial (1711-1765)*. São Paulo: FFLCH-USP, 2006, tese de doutorado. Para a segunda metade, Kátia Maria Abud. *Autoridade e Riqueza. Contribuição para o estudo da sociedade paulistana na segunda metade do século XVIII*. São Paulo: FFLCH/USP, 1978, dissertação de mestrado.
45 Cf. Georg Lukács. *Historia y consciencia de clase*. Barcelona: Ediciones Grijalbo, 1975 (1ª edição alemã, 1923), especialmente o capítulo intitulado "Conciencia de clase".

e exclusivamente".[46] A implicação disso é que nas sociedades capitalistas as formas jurídicas não têm o poder de provocar mudanças nem "formais" nem "materiais" nas "estruturas econômicas". Em contrapartida, nas "pré--capitalistas" não há separação possível entre essas duas, uma vez que estão "materialmente, *pelo seu conteúdo, inseparavelmente entrelaçadas*".[47] Isso não quer dizer, todavia, que o fator econômico - de, por exemplo, circulação de mercadorias ou mesmo de crescimento de uma produção visando o mercado externo - não tivesse relevância. Ao contrário, significa que nessas sociedades a existência econômica, mesmo não sendo de modo algum irreal, estava disfarçada. No caso estamental, pelos próprios "privilégios desfrutados pelo estamento". A questão para Lukács se dá ao nível de uma "consciência estamental" que "se orienta a uma totalidade que não é a unidade econômica real, viva, senão a caduca fixidez da sociedade que constituiu em seu tempo os privilégios estamentais".[48] A consciência de classe, da qual o autor trata mais especificamente, e a própria ideia de classe dominante só seriam possíveis numa "sociedade articulada de um modo *puramente econômico*", portanto, capitalista.[49] Se o Brasil colonial - e, mais precisamente, São Paulo - estava longe da sociedade estamental à qual Lukács aludia, por outro lado, não chegava a se acercar da capitalista propriamente dita.[50]

Frente a essa dificuldade, julgo ser melhor usar um termo "inócuo e mais ambivalente".[51] Qual seja, elites. No entanto, somente trocar um termo

---

46 Ibidem, p. 59 (grifos do autor).

47 Ibidem, p. 62 (grifos do autor).

48 Ibidem, p. 63.

49 Ibidem, p. 64 (grifos do autor).

50 Destaque-se que a interpretação de Lukács, na qual me fio, é uma dentre outras possíveis. Para a teoria marxista-leninista de classes, por exemplo, o conceito surge de todo e qualquer "modo antagônico de produção", assim, como classe dominante e classe dominada, ter-se-ia "escravistas e escravos, senhores feudais e servos campesinos, burgueses e proletários". F. V. Konstantinov. *El materialismo histórico*. Barcelona: Ediciones Grijalbo, 1978 (1ª edição soviética, 1951).

51 Nuno Gonçalo Freitas Monteiro. Elites Locais e Mobilidade Social em Portugal nos Finais do Antigo Regime. *In*: Idem. *Elites e Poder. Entre o Antigo Regime e o Liberalismo*. Lisboa: Imprensa de Ciências Sociais, 2003, p. 43; vejam-se, especialmente, as p. 43-47.

por outro, mesmo que este seja mais adequado, significa avançar pouco no debate. É necessário arriscar e, ao menos, propor um conceito que possa dar conta dessa camada da sociedade colonial. No caso em pauta, na capitania de São Paulo em fins do século XVIII e princípios do XIX. Para tanto, convém destacar um trecho de carta escrita pelo conde de Oeiras:

> Também será muito conducente para o mesmo fim de fomentar a vaidade dos paulistas que o mesmo governador apareça algumas vezes montado a cavalo diante do dito terço quando fizer exercício. Que nomeie por coronel comandante debaixo das suas ordens (como sempre sucede quando os coronéis são generais, ou príncipes soberanos) a N. ou outro que seja mais autorizado e considerável por cabedal e séquito.[52]

Meditemos, por um momento, sobre essa passagem escrita por Sebastião José de Carvalho e Melo. O princípio dela é comunicar ao vice-rei do Estado do Brasil, o conde da Cunha, como os paulistas deveriam ser cooptados a fim de que participassem da luta contra os espanhóis no Sul da colônia. Instruiu, dessa forma, que o governador de São Paulo aparecesse montado a cavalo diante do terço de auxiliares ou de ordenanças quando houvesse exercícios militares, com o intuito de "fomentar a vaidade dos paulistas". Em seguida, afirmou que abaixo do governador e capitão-general nomear-se-ia um coronel comandante, e, para tal, escolher-se-ia "N.", ou seja, algum dos "principais" da capitania, "ou outro que seja mais autorizado e considerável por cabedal e séquito". O que nos interessa, nesse momento, é essa tríade apontada pelo conde de Oeiras: *autorizado* e considerável por *cabedal* e *séquito*. Essa definição parece-me extremamente adequada para conceituar a elite colonial paulista. Não porque foi dada pela documentação; aliás, parece pouco provável que, nessa pequena menção, o secretário de Estado estivesse interessado em definir com precisão o que entendia por "principais da terra". Mas, porque, a partir dela, é possível uma aproximação melhor daquilo que entendo por elite dessa sociedade.

52 'Carta (Cópia) do secretário da marinha e ultramar, conde de Oeiras, ao vice-rei do Estado do Brasil, Conde da Cunha [...]'. 26 de janeiro de 1765. Arquivo do Estado de São Paulo. Avisos-Cartas Régias (1765-1777) - C00420, livro 169.

Num exercício de iluminação mútua entre a teoria e a empiria, podemos afirmar, então, que a elite colonial paulista do período em pauta não era um grupo homogêneo e estático; antes, sujeitos que estavam em constante e complexa relação, cuja identidade, a fim de tornar, de algum modo, inteligível tal objeto de estudo, pode ser enfeixada nessa tríade que tomo de Sebastião José de Carvalho e Melo. Sujeitos autorizados, ou seja, que não possuam qualquer tipo de autoridade, mas autoridade socialmente reconhecida (e, no nosso caso, o âmbito dela é a capitania de São Paulo); com cabedal, quer dizer, riqueza num sentido amplo (terras, escravos, etc.); e, por fim, possuidores de séquito, isto é, pessoas que, reconhecendo ou dependendo da importância social e/ou econômica de tal sujeito, sigam-no, ou, ainda, sirvam-no.[53]

Já foram formulados critérios de divisão dos estratos sociais para a capitania de São Paulo. Elizabeth Darwiche Rabelo, ao estudar as elites paulistas na segunda metade do século XVIII, utiliza-se de "índices socioeconômicos que incluem profissão, renda e educação".[54] Para dividir e analisar tais estratos, a autora parte da conceituação do historiador francês Roland Mousnier, segundo a qual a "estratificação em ordens ou status" leva em consideração mais a estima, a honra e a dignidade, "atribuídas pela sociedade às funções sociais que podem ter ou não ter relações com a produção dos bens materiais", e menos a "fortuna", a "capacidade de consumir", ou mesmo o "papel" de certo sujeito "na produção dos bens materiais".[55] Dessa forma, a sociedade paulista é

---

53 Aqui, distancio-me da teoria das elites, que, salvo as diferentes correntes que teve ao longo do tempo, com seus respectivos pensadores, tinha como característica comum considerar o poder político como sendo mais "determinante" do que os outros. Minha proposta para a análise de São Paulo no período em pauta é, ao contrário, perceber a articulação, na composição dessas elites, de diversos tipos de poderes, sem, todavia, hierarquizá-los. Cf. Norberto Bobbio. Elites, Teoria das. In: Norberto Bobbio; Nicola Metteucci; Gianfranco Pasquino. *Dicionário de Política*. 2 vols. Brasília: Ed. da UNB: São Paulo: Imprensa Oficial do Estado de São Paulo, 2000, 5ª edição (1ª edição italiana, 1983), p. 385-391.

54 Elizabeth Darwiche Rabelo. *As Elites na Sociedade Paulista na Segunda Metade do Século XVIII*. São Paulo: Editora Comercial Safady, 1980, p. 70-71.

55 Roland Mousnier, Problèmes de Stratification Sociale. *Actes du colloque internacional (1966)*. Presses Universitaires de France, 1968, p. 8. Apud: Elizabeth Darwiche Rabelo de Almeida. *As elites na sociedade paulista na segunda metade do Século XVIII, op. cit.*, p. 70, nota 70.

dividida em três estratos: inferior, médio e superior. Cada qual com uma série de ocupações: para o inferior, pequenos agricultores, jornaleiros, agregados, pequenos comerciantes e outros; para o médio, criadores, donos de tropa, negociantes, profissionais liberais, militares, funcionários e clero; para o superior, senhores de engenho e alto clero.

O problema da divisão feita por Elizabeth Darwiche está no fato de que um sujeito poderia exercer mais de uma função. Poderia ser senhor de engenho, com grande produção, e capitão-mor de uma companhia de ordenança, por exemplo. Ou ainda possuir uma pequena engenhoca com produção bastante limitada. Será que este pequeno senhor de engenho tinha o mesmo prestígio social do que aquele que, além de grande produtor de açúcar, possuía um dos cargos de maior prestígio numa vila? Teria esse mesmo pequeno senhor de engenho maior prestígio do que um grande negociante da cidade de São Paulo inserido na administração da capitania? Julgo que não seja o caso. Mesmo Darwiche aponta, em outra passagem de seu trabalho, que as "elites dirigentes" eram compostas por senhores de engenho, integrantes do alto clero e alguns grandes negociantes.[56] Reconhece, ainda, que, embora os senhores de engenho se destacassem na capitania, em algumas áreas essa não foi a atividade econômica por excelência. Havia a possibilidade, também, de negociantes e donos de tropa exercerem os tão almejados "cargos políticos".[57]

A inserção dos comerciantes[58] em funções administrativas, tanto municipais como militares, da cidade de São Paulo na segunda metade do século XVIII, foi analisada sob o ponto de vista de uma disputa entre famílias antigas paulistas, ligadas a uma "nobreza metropolitana", contra "burgueses", muitos deles reinóis, gozando de "confiança da Metrópole".[59] Kátia Abud afirma, com certo exagero, que a partir do século XVIII houve o estabeleci-

---

56 Elizabeth Darwiche Rabelo de Almeida. *As Elites na Sociedade Paulista na Segunda Metade do Século XVIII*, op. cit., p. 158.

57 *Ibidem*.

58 Uso comerciantes como um termo genérico. Para uma discussão sobre os diferentes tipos de atividades mercantis e uma caracterização mais precisa, veja-se Maria Aparecida Borrego. *A teia mercantil: negócios e poderes em São Paulo colonial (1711-1765)*, op. cit., p. 66-74.

59 Cf. Kátia Maria Abud. *Autoridade e riqueza*, op. cit., p. 4-5.

mento de "aliança" entre o "Estado português" e um "novo grupo ascendente que começava a ser detentor do poder econômico".⁶⁰ Segundo Abud, as contendas que se estabeleceram na cidade de São Paulo não seriam, portanto, senão um reflexo dessa constatação.

Talvez no âmbito da cidade de São Paulo essa relação pontual e conflituosa entre comerciantes e antigas famílias seja perceptível. Uma vez que o número de comerciantes na capital era significativo. Pensando na capitania paulista, é difícil separar com tamanha clareza as disputas envolvendo os diversos agentes dessa sociedade. Mais ainda sabendo que muitas vezes houve alianças entre comerciantes e "famílias da terra".⁶¹ É por isso que o conceito elite, da forma como apresentei, permite uma melhor apreensão dos conflitos entre esses sujeitos. Fossem eles comerciantes ou senhores de engenho, aliados ou não. Não havia uma divisão estritamente rígida com, de um lado, os senhores de engenho de famílias antigas e, de outro, os comerciantes. Ao contrário, havia relações das mais variadas ordens, entre os mais variados grupos da elite paulista. Que, num momento, podiam estar unidos por interesses afins, e, em outro, disputando entre si de forma implacável.

Desse modo, retomando a tríade proposta para a elite colonial paulista, não bastava que o sujeito tivesse cabedal apenas. Era necessário ser autorizado, isto é, possuir um cargo na vereança, um posto militar, um ofício nas Casas de Misericórdia, um hábito das Ordens Militares, alguma coisa, enfim, que lhe conferisse destaque. Porque autoridade, aqui, não se refere única e exclusivamente ao poder de mando, mas, também, ao prestígio socialmente reconhecido. Exercer um cargo na câmara, por exemplo, era um primeiro meio de ascender socialmente.⁶² Na segunda metade do século XVIII, as câmaras foram a porta de entrada para aqueles que começavam a galgar os primeiros degraus na administração da capitania. Principalmente porque os cargos municipais ficavam, muitas vezes, vagos, já que, depois da reforma militar empreendida pelo morgado de Mateus, eram preferidos especialmente os

---

60 *Ibidem*, p. 79.

61 Como aponta a própria Abud. *Ibidem*, p. 101.

62 *Ibidem*, p. 102.

postos das tropas auxiliares.[63]

Em carta de 25 de junho de 1768, oficiais da vila de Santos queixavam-se, ao rei D. José, de que, por não se pagarem mais "propinas" para os oficiais daquela câmara e por não se os isentarem de algumas obrigações, os moradores preferiam ocupar os postos das tropas auxiliares, nas quais podiam gozar de certas prerrogativas, escusando-se de servirem nos cargos de vereador, procurador, almotacel ou tesoureiro.[64] No ano seguinte, D. José enviou carta ao governador de São Paulo afirmando que, em vista da preferência que tinham os habitantes em servir nas tropas auxiliares, e para que isso não prejudicasse o exercício dos ofícios camarários, determinava que se concedesse à câmara de Santos os mesmos privilégios da de São Paulo.[65] Com efeito, passou a haver uma predileção pelos altos postos das tropas auxiliares ou de ordenanças, deixando margem para que, com maior frequência, os cargos das câmaras fossem ocupados por pessoas que, do contrário, não os exerceriam. É isso que o ouvidor Salvador Pereira da Silva comunicou ao rei em carta de 15 de dezembro de 1770, constatando que passavam a servir nas câmaras "pessoas indignas, sendo as beneméritas oficiais e soldados auxiliares".[66] Em duas cartas, de 19 de dezembro de 1767 e de 5 de dezembro de 1770, oficiais da câmara da cidade de São Paulo lamentavam ao rei o fato de que, depois da criação em 1766 dos dois Regimentos de Cavalaria e Infantaria Auxiliar, ficando os seus oficiais desobrigados a servirem os cargos da "República", as câmaras perde-

---

63 As escusas de oficiais auxiliares para não servirem em câmara não foi exclusiva da capitania de São Paulo. Mesmo no Rio de Janeiro houve casos semelhantes. Cf. Christiane Figueiredo Pagano de Mello. *Os corpos de auxiliares e de ordenanças na segunda metade do século XVIII. As capitanias do Rio de Janeiro, São Paulo e Minas Gerais e a manutenção do Império português no Centro-Sul da América*. Niterói: UFF, 2002, tese de doutorado, p. 59-60.

64 'Carta dos oficiais da Câmara da vila de Santos ao rei [D. José] [...]'. 25 de junho de 1768. Arquivo Histórico Ultramarino, Administração Central, Conselho Ultramarino, Brasil-São Paulo (023), cx. 5, doc. 337.

65 'Ordem [do rei D. José] de 18 de Abril de 1769 para [o governador e capitão-general D. Luís Antonio de Souza] [...]'. 18 de abril de 1769. Arquivo Histórico Ultramarino, Administração Central, Conselho Ultramarino, Brasil - Códices, códice 237, fl. 107.

66 'Ordem de 19 de agosto de 1771 [...]'. 19 de agosto de 1771. Arquivo Histórico Ultramarino, Administração Central, Conselho Ultramarino, Brasil - Códices, códice 237, fl. 116.

ram os mais "beneméritos" sujeitos que anteriormente as ocupavam.[67]

Mesmo havendo a possibilidade de os comerciantes ocuparem ou cargos da "República" (quer dizer, das câmaras) ou postos militares, sua presença nem sempre era vista com bons olhos. Na administração de Antonio Manoel de Melo Castro e Mendonça, subiu à Metrópole a notícia de que o governador propusera para altos postos sujeitos desqualificados para ações militares importantes, dentre eles, alguns comerciantes.[68] Em janeiro de 1799, o secretário de Estado, D. Rodrigo de Souza Coutinho, pediu explicações a Melo Castro e Mendonça do porquê se ter sugerido como oficiais dos Regimentos de Milícias "pessoas menos dignas e capazes para o Real Serviço".[69]

A natureza dessas queixas, que desmereciam comerciantes ou outros sujeitos, deve ser levada em conta. É interessante notar que, no caso da escolha dos oficiais das câmaras, eram consultados os "principais" da capitania. A votação era feita entre estes indivíduos sob a supervisão do ouvidor geral. Portanto, não era qualquer um que conseguia exercer os ofícios municipais. No que se refere à patente de capitão-mor de Ordenança, por exemplo, a escolha era feita pelos oficiais das câmaras de suas respectivas vilas. Elegiam três nomes e, dentre eles, o governador selecionava um para o posto. A patente devia, ainda, receber confirmação régia. Ora, podemos concluir que alianças eram indispensáveis para alguém que quisesse ascender a tais funções. Mesmo quem almejasse a patente, por exemplo, de capitão-mor, deveria garantir que os oficiais escolhidos para a câmara de sua vila fossem seus partidários, garantindo, assim, certo número de seguidores. Porque, se o séquito de um sujeito eram os oficiais da tropa sob seu comando ou alguém que dele dependesse,[70] também o eram seus parentes e amigos.

---

67 'Ordem de 22 de Novembro de 1771 [...]'. 22 de novembro de 1771. Arquivo Histórico Ultramarino, Administração Central, Conselho Ultramarino, Brasil - Códices, códice 237, fl. 117.

68 'Carta (Cópia) acusando o governador e capitão general, Antonio Manoel de Melo Castro e Mendonça [...]'. 21 de outubro de 1798[?]. Arquivo Histórico Ultramarino, Administração Central, Conselho Ultramarino, Brasil-São Paulo (023), cx. 15, doc. 722.

69 '[Carta de D. Rodrigo de Souza Coutinho para o governador Antonio Manoel de Mello Castro e Mendonça] [...]'. 29 de janeiro de 1799. Arquivo Histórico Ultramarino, Administração Central, Conselho Ultramarino, Brasil - Códices, códice 424, fl. 161.

70 Com relação aos agregados, cuja concentração foi maior no meio urbano, Eni de Mesquita considera: "Se por um lado, para esses elementos era necessário procu-

A indicação de nomes para os altos postos das tropas milicianas, ao contrário do posto de capitão-mor das ordenanças, era feita diretamente pelo governador.[71] Ainda assim, ou talvez por isso mesmo, as reclamações, inclusive com relação aos comerciantes, eram motivadas mais por disputas de interesses entre pessoas e grupos rivais específicos do que por contendas entre um grupo genérico contra outro. No caso do protesto em oposição às indicações do governador Melo Castro e Mendonça, o alvo direto não eram nem os comerciantes nem os sujeitos tidos como inaptos aos ofícios militares, mas a própria administração do capitão-general, que, à época, estava envolvido em algumas querelas, uma delas contra o bispo da capitania.

Na resposta que enviou a D. Rodrigo de Souza Coutinho, Melo Castro e Mendonça, com relação aos comerciantes, defendeu-se afirmando que, no estado em que estava a América, quem não se aplicasse ao comércio, "ou em grosso ou pelo miúdo", inevitavelmente cairia na miséria. Deu como exemplo as antigas famílias da capitania, das quais, segundo o governador, restavam apenas as lembranças, já que estavam ausentes os "antigos gênios povoadores e que tinham sido noutro tempo o terror dos índios". Nesses outros tempos, continuava, as famílias antigas de São Paulo disputavam os cargos da governança "e lugares de distinção, e isto muitas vezes com as armas nas mãos". Naquele momento, porém, tais famílias estavam em absoluto esquecimento, constando sua existência apenas "pelos escritos públicos e porque

---

rar a proteção de uma família, para o proprietário também era interessante a sua manutenção, que significava projeção política, em um tipo de sociedade em que o prestígio era medido pela quantidade de «arcos» que o seguiam". Eni de Mesquita Samara. O papel do agregado na região de Itu: 1780-1830. *Coleção Museu Paulista, série de História vol. 6*. São Paulo: Edição do Fundo de Pesquisas do Museu Paulista da USP, 1977, p. 42. Ainda no que diz respeito aos agregados, vejam-se Alzira Lobo de Arruda Campos. *Os agregados no tempo dos capitães generais. O exemplo da cidade de São Paulo*. São Paulo: FFLCH-USP, 1978, dissertação de mestrado, p. 135 e 163; e Lucila Reis Brioschi. *Criando história: paulistas e mineiros no Nordeste de São Paulo, 1725-1835*. São Paulo: FFLCH/USP, 1995, tese de doutorado, p. 174-195.

71 No governo de Melo Castro e Mendonça, as tropas auxiliares foram reformadas e passaram a ser denominadas milícias. Cf. Nanci Leonzo. *Defesa Militar e Controle Social na Capitania de São Paulo: as milícias*. São Paulo: FFLCH-USP, 1979, tese de doutorado, p. 169-176.

ainda se veem conservados seus sobrenomes por muitos tão pobres e indigentes quanto são pertinazes em guardar os antigos brasões da sua nobreza". Constatou, por fim, que, não fossem nomeados os negociantes, não haveria pessoas que tivessem "possibilidade para se tratarem com a decência que exigem os mencionados postos".[72]

Ao ofício do governador, seguia uma lista intitulada "Relação dos Oficiais Superiores incluídos nas minhas propostas, expondo circunstanciadamente as razões que os habilitavam para os empregos que exercem". Nela, quatro são os principais pontos para justificar a indicação de um sujeito: o considerável estabelecimento em bens; o bom desempenho de um cargo ou posto anterior; a ascendência ou a ligação com famílias importantes; e, no caso dos negociantes, o fato de já não desempenharem a atividade, senão "em grosso". Sempre que se referia a um comerciante, Melo Castro e Mendonça afirmava ter conhecimento de que fulano ou sicrano fora mercador, mas que já não exercia a função, apenas sendo negociante "em grosso", o que era regra geral no Brasil. E, asseverou o capitão-general: "Quem informa o contrário, ou não tem conhecimento d'América, ou forma d'ela uma ideia tão quimérica como a de supor famílias subsistentes n'um país onde não há casas hereditárias não sendo mantidas por comércio".[73]

O casamento foi instrumento indispensável para a manutenção e a proliferação dos poderes, econômicos inclusive, das famílias da elite colonial paulista.[74] Por esse motivo, a união entre a filha de uma família antiga da capitania e um negociante reinol era perfeitamente possível.[75] É notável

---

72 'Ofício do governador e capitão general de São Paulo, Antonio Manuel de Melo Castro e Mendonça, ao secretário de estado da Marinha e Ultramar, Dom Rodrigo de Souza Coutinho [...]'. 3 de novembro de 1799. Arquivo Histórico Ultramarino, Administração Central, Conselho Ultramarino, Brasil-São Paulo (023), cx. 15, doc. 722.

73 *Ibidem*. Sobre a inserção dos comerciantes nas tropas auxiliares, veja-se Christiane Figueiredo Pagano de Mello. *Os corpos de auxiliares e de ordenanças na segunda metade do século XVIII, op. cit.*, p. 173-177.

74 Cf. Alzira Lobo de Arruda Campos. *Casamento e família em São Paulo colonial: caminhos e descaminhos*. São Paulo: Paz e Terra, 2003, p. 159.

75 Cf. Muriel Nazzari. *O desaparecimento do dote*. São Paulo: Companhia das Letras, 2001 (1ª edição estadunidense, 1991), p. 143.

como, na defesa de seus escolhidos, Melo Castro e Mendonça enfatizou a decadência das famílias antigas da capitania. Mais significativo ainda é o fato de que, na "relação" que elaborou, o governador, por outro lado, acentuou o parentesco dos oficiais promovidos. São comuns, inclusive para aqueles que possuíam negócios, expressões do tipo "aparentado pelo casamento com boa gente", "aparentado com as melhores famílias", ou "casado com uma das principais senhoras desta Cidade". Caso exemplar é o de Francisco José de Souza, apontado como mercador, e promovido por Melo Castro e Mendonça a tenente-coronel do Regimento de Paranaguá. O capitão-general informava que propusera o oficial para o posto "por ter servido muitos anos de Capitão", destacando a inteligência e a iniciativa na execução do "Real serviço".[76]

O sogro de Francisco José de Souza era Cláudio de Madureira Calheiros, membro de família antiga da capitania, casado com dona Ângela de Siqueira, filha de João da Costa Aranha e ascendente de importante família paulista, com parentes exercendo ofícios eclesiásticos e seculares.[77] Cláudio de Madureira Calheiros foi o capitão-mor repreendido pelo governador Martim Lopes Lobo de Saldanha por querer recrutar filhos de sujeitos importantes, a quem me referi no começo do capítulo. Calheiros também era homem destacado na capitania paulista. Foi fiel do Regimento de Sorocaba (1775) e, a partir de 1782, capitão-mor da mesma vila. Além disso, era senhor de engenho e recebeu sesmarias em inúmeros lugares da capitania: Rio Claro (Itapetininga) (29 de maio de 1770 e 9 de maio de 1791); Ribeirão Pirapora (2 de junho de 1779); Rio Pirituba (16 de dezembro de 1799); Rio do Anhembú, Estrada de Iguatemi, Três Pontes, Restinga da Goiabeira e Rio Turvo (29 de maio de 1780); Restinga da Goiabeira (15 de maio de 1781); Rio do Anhembú (28 de janeiro de 1782); Barra Sarapuú (Sorocaba) e Tatuí Mirim (23 de fevereiro de 1782); Rio Itapetininga (8 de agosto de 1788).[78]

---

76 'Ofício do governador e capitão general de São Paulo, Antonio Manuel de Melo Castro e Mendonça, ao secretário de estado da Marinha e Ultramar, Dom Rodrigo de Souza Coutinho [...]'. 3 de novembro de 1799. Arquivo Histórico Ultramarino, Administração Central, Conselho Ultramarino, Brasil-São Paulo (023), cx. 15, doc. 722.

77 Cf. Pedro Taques de Almeida Paes Leme. *Nobiliarchia paulistana historica e genealógica, op. cit.,* tomo 1, p. 183-184.

78 Cf. 'Patentes, Provisões e Sesmarias Concedidas nos Annos de 1721 a 1820 [...]'.

O fato de Francisco José de Souza ter casado com a filha de importante família da capitania garantia não só a sua idoneidade, mas, no seu caso, o exercício de um dos postos de maior destaque, o de capitão-mor, que ocupou como sucessor de seu sogro.[79] Nos Mapas de engenhos da capitania de São Paulo do período de 1793 a 1798, consta, inclusive, o nome de Francisco José de Souza como dono de um engenho na vila de Sorocaba.[80]

Francisco José de Souza, mercador, unido por matrimônio a destacada família da capitania, senhor de engenho, capitão-mor, é exemplo daquilo que Stuart Schwartz considera um "sistema" segundo o qual "vários critérios de graduação" social consubstanciavam-se "em cada indivíduo".[81] É por isso que, ao caracterizar aquilo que entendo por elite colonial paulista, destaquei três pontos: a autoridade socialmente reconhecida, o cabedal e o séquito. Entendo que tais elementos não poderiam existir separadamente. Não bastava possuir apenas um ou dois deles. Era necessário possuir os três ao mesmo tempo. As estratégias que membros, novos ou antigos, dessa elite utilizaram para garantir seus interesses estavam vinculadas, como procurei demonstrar, à relação entre esses elementos, segundo a qual possuir um deles era condição inicial para obter os demais.

O mais importante ao se estabelecer esses critérios não é tanto, ao menos no trabalho ora apresentado, especificar os grupos dominantes, que reuniam em suas mãos os atributos necessários para a composição do que

---

Revista do Instituto Histórico e Geográfico de São Paulo, vol. 27, p. 315; e 'Sesmeiros e Posseiros [...]'. In: *Ibidem*, vol. 34, p. 279.

79 No Registro Geral de Mercês, em 14 de maio de 1800, consta a carta patente de capitão-mor das ordenanças da vila de Sorocaba "que vagou por falecimento de Claudio de Madureira Calheiros que o exercia", confirmando, portanto, Francisco José de Souza no dito posto, destacando que "não haverá soldo algum de Minha Fazenda mas gozará de todas as honras, privilégios, liberdades, isenções e franquezas que em razão dele lhe pertencem". 'Francisco José de Souza. Carta Patente. Capitão-mor.' Arquivo Nacional da Torre do Tombo, Registro Geral de Mercês, D. Maria I, liv. 30, fl. 189v.

80 Cf. 'Mapas com resumo geral dos engenhos de açúcar que existem na capitania de São Paulo'. Pós 1798. Arquivo Histórico Ultramarino, Administração Central, Conselho Ultramarino, Brasil-São Paulo (023), cx. 14, doc. 698.

81 Stuart Schwartz. *Segredos internos: engenhos e escravos na sociedade colonial, 1550-1835*. São Paulo: Companhia das Letras, 1988 (1ª edição estadunidense, 1985), p. 213.

entendo por elite. Mas, destacar as disputas para conquistar e/ou garantir a posse desses elementos. Assim, se, por um lado, peco na precisão da definição dos grupos, de suas redes etc., sobrelevo aquilo que julgo mais interessante apreender nessa sociedade. Qual seja, a busca de grupos diversos, não homogêneos, por autoridade, cabedal e séquito. Grupos que tinham nos paulistas de gerações seus principais representantes, ou seja, naqueles cujas famílias tinham antiguidade suficiente para povoar as genealogias. Mas que, cada vez mais, foram também sendo compostos por indivíduos do Reino; em especial, por comerciantes.[82]

---

82 Caso lapidar é o de Antonio de Sousa Macedo, português, que, conseguindo acumular cabedal nas regiões das minas, foi a São Paulo, onde não só casou-se com a filha de uma das mais importantes famílias da capitania, mas exerceu cargos nas câmaras, ocupou postos militares, e tornou-se "proprietário de dezoito engenhos". Nanci Leonzo. *Defesa militar e controle social na Capitania de São Paulo: as milícias, op. cit.*, p. 232.

8

Caim e Abel

Eva, após a expulsão do paraíso, dera à luz Caim. E, tempos depois, concebeu Abel. Caim, que era lavrador, certa feita ofereceu a Deus o fruto produzido em suas terras. Abel, por sua vez, deu ao todo-poderoso os primogênitos de suas ovelhas. A atenção de Deus, então, voltou-se mais para Abel. Caim, diante dessa ausência do pai eterno, deixou-se tomar pela inveja e assassinou seu próprio irmão. Foi a essa passagem do *Antigo Testamento* que aludiu André João Antonil quando comentou a relação que muitos senhores de engenho tinham entre si. Em inúmeros lugares do Brasil, certificava o padre luquense, esses sujeitos eram "muito chegados por sangue e pouco unidos por caridade", e as desavenças eram causadas pelo "interesse", "bastando talvez um pau que se tire ou um boi que entre em um canavial por descuido para declarar o ódio escondido e para armar demandas e pendências mortais".[1]

Em São Paulo, o mais famoso conflito entre famílias importantes ocorreu com os Pires e com os Camargo. Recheada de desavenças marcadas por mortes, por disputa de poderes, por períodos de apaziguamento e

---

1 André João Antonil. *Cultura e opulência do Brasil por suas drogas e minas.* Introdução e comentário crítico por Andrée Mansuy Diniz Silva. Lisboa: CNCDP, 2001, p. 78.

de confrontos armados, a contenda tem princípio incerto. O homicídio de Leonor Camargo e de seu irmão Antônio Pedroso cometido pelo, respectivamente, marido e cunhado Alberto Pires, e o subsequente acerto de contas da família Camargo podem ter originado a pendência. As diferenças entre Fernando de Camargo e Pedro Taques de Almeida, da família Pires, e o assassinato deste também são fatores igualmente destacados.[2] É difícil precisar a gênese do conflito. Nos anos 1650, a coisa chegou a configurar batalhas armadas entre os dois grupos, mais seus seguidores, na vila de São Paulo; aqui, a questão posta era o controle dos cargos da câmara. A intervenção do governador-geral do Brasil, conde de Atouguia, foi essencial e teve como resultado o revezamento do controle da câmara de São Paulo pelas duas famílias até, ao menos, a segunda metade do século XVIII.[3]

Disputas entre parentes, entre famílias, entre a elite da capitania não são exclusivas do período abarcado por este estudo. Deve-se destacar, entretanto, que restaurar São Paulo enquanto capitania-geral, sob os moldes de um projeto específico, significou adotar uma série de reformas que exerceram considerável impacto na sociedade paulista. A inserção da economia da capitania no mercado além-mar sobrelevou a figura dos produtores agrícolas, em especial a dos senhores de engenho. Os negociantes, por seu turno, também se beneficiaram com o fluxo crescente de importação e de exportação nos portos paulistas. Não bastasse o âmbito econômico da restauração, o plano trazido pelo primeiro governador, em 1765, e continuado pelos ulteriores punha em evidência as questões da defesa territorial e da organização militar. A mais clara das estratégias para a defesa do território era seu povoamento, ou seja, a fundação de vilas, que, também, foi motivada pelo alto crescimento

---

2   Para uma análise, baseada na lógica da *vendetta*, das lutas entre essas famílias, veja-se Luiz de Aguiar Costa Pinto. *Lutas de famílias no Brasil*. São Paulo: Companhia Editora Nacional; Brasília: INL, 1980, 2ª edição (1ª edição, 1943), p. 37-94.

3   Cf. John Manuel Monteiro. *Negros da Terra: índios e bandeirantes nas origens de São Paulo*. São Paulo: Companhia das Letras, 1994, p. 201-202, e Ilana Blaj. *A trama das tensões: o processo de mercantilização de São Paulo colonial (1681-1721)*. São Paulo: Humanitas/FFLCH/USP: Fapesp, 2002, p. 328.

demográfico na capitania.⁴ Entre 1765 e 1802, foram criadas 15 novas vilas em São Paulo. Erigi-las implicava, dentre outras coisas, a fundação de câmara e a eleição de seus oficiais. Já a reestruturação militar trouxe a organização da população, o recrutamento, a formação de altos postos e a nomeação de sujeitos para compô-los.

É nesse quadro de estabelecimento de uma agricultura exportadora, de desenvolvimento de infraestruturas ligadas a essa produção, de defesa territorial e consequente criação de cargos, de, enfim, políticas administrativas determinadas que se inserem as disputas entre a elite paulista. Elas estavam ligadas, retomando as reflexões de Antonil, a "interesses" de ordem econômica, política ou simbólica, e atingiam desde reinóis recém-chegados ao Brasil até parentes, amigos e famílias antigas da capitania.

A união e a paz entre os que serviam ao rei em São Paulo foram por diversas vezes destacadas pelos governadores como princípios indispensáveis ao bom funcionamento da administração da capitania. O morgado de Mateus atestou que as vilas e as povoações da capitania "estariam muito mais adiantadas se as grandes contendas, disputas e conflitos de interesses de jurisdições e de ambição entre os estados eclesiásticos, seculares e civil" "não houvessem retardado os progressos".⁵ Martim Lopes Lobo de Saldanha, seu sucessor, apontava a prudência como virtude essencial no governo da capitania, sem a qual tudo seria perdido. Era necessário ter a prudência, inclusive, de disfarçar alguns inconvenientes que pudessem levar a inimizades, das quais nasciam "embrulhadas prejudiciais ao serviço".⁶

Os abusos de poder associados às rivalidades assinaladas pelo morgado de Mateus e à falta da prudência desaconselhada por Lobo de Saldanha não

---

4 Entre 1765 e 1808 o crescimento demográfico da capitania foi de 148%. Cf. Maria Luiza Marcílio. *Crescimento demográfico e evolução agrária paulistana (1700-1836)*. São Paulo: HUCITEC. Edusp, 2000, p. 71.

5 'Notas (Minuta) que mencionam a fundação das vilas de Atibaia, Mogi-Mirim, Faxina, Piracicaba, Guaratuba e outras [...]'. Arquivo Histórico Ultramarino, Administração Central, Conselho Ultramarino, Brasil-São Paulo (023), cx. 6, doc. 357.

6 'Para o Capitão José Correa Lemos Marzagam em Taubathe'. 12 de abril de 1776, e 'Para o Capitão Policarpo Joaquim de Oliveyra em Parnahiba'. 13 de abril de 1776. *Documentos interessantes para a História e costumes de São Paulo*. São Paulo: Arquivo do Estado de São Paulo, 1954, vol. 75, p. 24-26.

eram incomuns. Na vila de Mogi Mirim, bastou que o furriel José Manoel de Queiros estivesse no coro da igreja para que o capitão Antonio Luiz de Morais Pissarro o prendesse. Com o assoalho mal preparado, o andar de cima do edifício, onde o furriel se encontrava, ao ser pisado fazia cair terra em quem estivesse embaixo e, provavelmente, deve ter sujado o capitão. O governador, ao saber do ocorrido, enviou carta ao capitão repreendendo-o e afirmando que a nenhum oficial era permitido prender ou soltar outro sem ordem superior nem razão justificável como flagrante delito. Certificou, ainda, que excessos como esse davam margem às parcialidades que abundavam na capitania, às quais tinha "natural aversão" e cuidava em "evitá-las e extingui-las", obrigando que os oficiais também o fizessem.[7]

As intrigas e as falsas informações eram comuns entre possíveis desafetos. Espalhar que o capitão-general estava contra algum oficial foi uma das estratégias usadas para manchar a reputação de um inimigo. Em abril de 1776, Lobo de Saldanha certificou ao capitão Dionizio de Oliveira Guimarães, da vila de Iguape, que ele não desagradara o governador, e ordenou que fosse dito aos que divulgaram a falsa notícia para irem à cidade de São Paulo falar-lhe e explicar-lhe o ocorrido, caso contrário seriam presos.[8]

No curioso livro de Luiz Edmundo estão expostos, com algumas ilustrações acompanhando, os diferentes modos de tratar e cumprimentar do Brasil Colonial no século XVIII. A regra determinava que tirasse o chapéu, por exemplo, aquele que estivesse sempre "melhorado no lugar", ou seja, quem descesse uma ladeira deveria cumprimentar primeiro quem a subisse, quem estivesse numa cadeirinha o faria também a quem passasse a pé. O bom-tom mandava que não se encarassem as pessoas a fim de reparar se correspondiam ou não à saudação. Diante de uma sentinela, dever-se-ia sempre retirar o chapéu. Os humildes e os escravos, ao cumprimentarem o vice-rei, prostravam-se a seus pés.[9] Afora o caráter anedótico que se possa

---

7 'Para o Capitão Antonio Luiz de Morais Pissarro em Mogy merim'. 18 de julho de 1776. *Ibidem*, p. 164-165.

8 'Para o Capitão Dionizio de Oliveira Guimaraens em Iguape'. 23 de abril de 1776. *Ibidem*, p. 40.

9 Luiz Edmundo. *O Rio de Janeiro no Tempo dos Vice-Reis*. 3 vols. Rio de Janeiro: Conquista, 1956, 4ª edição (1ª edição, 1932), vol. 2, p. 351-352.

apanhar, a etiqueta tinha função de destaque na estrutura social do Antigo Regime.[10] Tratar, por exemplo, os grandes eclesiásticos ou seculares por *senhor* em vez de *excelência*, ou por *excelentíssimo*, *ilustríssimo* ou *reverendíssimo* a quem não merecesse, era incorrer em pena passível de multa e até de prisão, dependendo do caso.[11]

Se nas relações sociais do Brasil e, mais ainda, da capitania paulista o modelo reinol não imperava, não significa que, principalmente para a elite, certo protocolo fosse de somenos importância. Assim, um capitão deveria saudar devidamente um juiz de fora e sua esposa ao cruzar com eles. O caso é que disputas poderiam trocar as coisas e a norma, dependendo da situação, tornar-se-ia motivo de protesto. Foi o que se passou com o capitão auxiliar Antonio José de Carvalho, que, na tarde do último dia da celebração de uma festa religiosa, encontrara o juiz de fora de Santos, José Carlos Pinto de Sousa, e sua esposa à beira da janela mirando as "Companhias dos pretos" que por lá passavam. Carvalho, ao se deparar com a autoridade, cortejou-a, como também o fizeram outras pessoas que percorreram o mesmo trajeto. O juiz de fora, sentindo-se insultado por o capitão tê-lo saudado, enviou carta ao governador da capitania queixando-se do fato. Lobo de Saldanha estranhou muito o caso e, pedindo secreta averiguação da tal "historieta" por parte do capitão comandante de Santos, Francisco Aranha Barreto, afirmou que se Antonio José de Carvalho não cumprimentasse o juiz de fora e a sua esposa seria prontamente repreendido, mas o contrário era de se admirar que desse azo a queixas, que só poderiam ser fruto de "cega paixão", explícita nas contas e nos despachos apresentados contra Carvalho.[12]

Não era a primeira vez que se desconsiderava o capitão Antonio José de Carvalho. Era comerciante, e isso, unido às possíveis inimizades que cul-

---

10 Para uma análise sociológica dessa questão, no âmbito da Corte, veja-se Norbert Elias. *La sociedad cortesana*. México: Fondo de Cultura Econômica, 1996, 1ª reimpressão (1ª edição alemã, 1969).
11 Essas normas encontram-se no Alvará de 29 de janeiro de 1739 e no Alvará de 15 de janeiro de 1759. *In*: Hélio de Alcântara Avellar. *História administrativa do Brasil*. Vol. 5. Rio de Janeiro: DASP, 1970, p. 223-228.
12 'Para o Capitão Francisco Aranha Barreto Comandante da Villa de Santos'. 13 de abril de 1776. *Documentos interessantes para a História e costumes de São Paulo*, vol. 75, *op. cit.*, p. 26.

tivava, talvez influenciasse no fato de sua presença, bem como seu cortejo, nem sempre serem benquistos. Em outra ocasião, ao apresentar um requerimento seu ao escrivão da vila de Santos, foi, por este, desacreditado. O governador Martim Lopes Lobo de Saldanha, em carta ao mesmo juiz de fora daquela vila, expressou, mais uma vez, sua absoluta surpresa com o ocorrido. Declarou que "nem no Reino, e muito menos na América, onde qualquer branco faz uma figura atendível, se poria semelhante dúvida a um capitão de auxiliares, inquestionavelmente nobre, como outro que de posto semelhante da tropa paga". Pontuando, ainda, ser inevitável no Brasil, e principalmente em São Paulo, que os capitães usassem dos "manejos" do comércio para sobreviverem, e se mercadores, traficantes, tropeiros, condutores, que compunham as tropas, não pudessem desfrutar dos privilégios de seus postos poucos seriam aqueles que se disporiam a ocupá-los. Por fim, ordenou que o juiz de fora repreendesse o "orgulhoso" escrivão avisando-lhe que, se repetisse "semelhantes intrigas", seria levado preso "em ferros" e merecidamente castigado.[13]

As disputas não eram movidas apenas por questões ligadas à opinião e ao sentimento desfavorável a outrem. Tampouco se restringiam a prisões indevidas ou a desdém por sujeitos tidos como menos dignos. Não raramente, combinaram-se tocaia, pólvora e bala.

No princípio do governo do morgado de Mateus, José Monteiro da Silva, da freguesia de Facão,[14] foi acusado de matar Manoel Fernandes Vidal, feitor que trabalhava para Felix Gomes de Siqueira. Quando da morte do feitor, levantou-se devassa contra a família Monteiro da Silva, a fim de apurar o caso. A averiguação, no entanto, não conseguiu apontar quem fora o autor daquele crime. Diante disso, Felix Gomes dirigiu requerimento ao ouvidor-geral de São Paulo, Salvador Pereira da Silva, pedindo que a devassa contra aquela família fosse refeita, já que, por serem muito poderosos, estiveram sob a proteção de alguns sujeitos importantes da freguesia, dentre eles o juiz Francisco José de Macedo.[15] Não tenho conhecimento do motivo da desa-

---

13 'Para o Doutor Juiz de fora da Villa de Santos'. 2 de abril de 1776. *Ibidem*, p. 7-8.
14 A freguesia de Facão pertencia, à época, à vila de Guaratinguetá. Só no governo de Francisco da Cunha Menezes (1782-1786) foi elevada à categoria de vila, sob o nome de vila de Cunha.
15 'Requerimento de Felix Gomes de Siqueira, morador na freguesia de Facão, dis-

vença entre as duas famílias; sei apenas que Felix Gomes de Siqueira tinha algumas "demandas" contra José Monteiro da Silva. De sorte que, segundo Felix Gomes, José Monteiro já o avisara de que, se não abrisse mão delas, "lhe meteria no corpo duas balas". O alvo, portanto, não era o feitor, que, "por engano", foi morto.[16]

Felix Gomes atribuía ao juiz a culpa de, com a ajuda do padre José Gomes da Silva Granito, proceder de forma iníqua, instruindo os depoentes de "como deveriam jurar", ou, ainda, chamando pessoas que não estavam a par do caso. Afirmou que pedira ao juiz para convocar determinadas testemunhas, que tinham conhecimento do acontecido, e este respondeu que, de sua parte, não consideraria tais depoimentos. Não por acaso o juiz tomava o partido do acusado: era casado com Mariana Francisca, uma das primas de José Monteiro da Silva.[17] Gomes de Siqueira lembrou ao ouvidor-geral que José Monteiro era irmão de João Monteiro e de Domingos Monteiro, que, junto com seus primos Francisco Gomes e Manoel da Silva Granito, abriram um caminho na fazenda de José Álvares de Oliveira e foram repreendidos pelo mesmo ouvidor-geral. Ora, Manoel da Silva Granito, primo de Monteiro, era irmão do padre Silva Granito. Havia, portanto, uma família ocupando algumas das principais funções da freguesia.[18] Não era à toa que Felix Gomes reclamava do poder dos Monteiro e Silva, da falta de justiça e da abundância de "mortes públicas, ferimentos, uso de armas proibidas pelas leis de Sua Majestade". Numa passagem bastante truncada de seu requerimento, Felix Gomes contou um fato ocorrido com João Monteiro da Silva no momento de sua prisão, cujas datas e motivos não foi possível decifrar. Na ocasião, houve intervenção de alguns oficiais da vila de Taubaté, ao que tudo indica,

---

trito de Guaratinguetá [...]'. Post. 16 de março de 1767. Arquivo Histórico Ultramarino, Administração Central, Conselho Ultramarino, Brasil-São Paulo (023), cx. 5, doc. 330.

16 'Requerimento que fez Felix Gomes de Siqueira contra José Monteiro [...]'. Post. 16 de março de 1767. *Ibidem.*

17 Cf. 'Lista dos oficiais, soldados e mais pessoas que pertencem a freguezia de Nossa Senhora da Conceição do Facan [...]'. 1777. *Revista do Instituto Histórico e Geográfico.* São Paulo: Instituto Histórico e Geográfico, vol. 41, 1942, p. 235.

18 O que, na verdade, não foi incomum na capitania. Cf. Elizabeth Darwiche Rabelo. *As Elites na Sociedade Paulista na Segunda Metade do Século XVIII.* São Paulo: Editora Comercial Safady, 1980, p. 137.

a favor de João Monteiro, de tal forma que "chegaram a pronunciar que o capitão e soldados pareciam fariseus, e que não temiam coisa alguma porque tinham muito dinheiro e outras coisas mais de que eu não sou ciente para informar a Vossa Excelência".[19]

Dessa história, não disponho da resposta do ouvidor-geral nem do desenvolvimento das queixas de Felix Gomes de Siqueira. Investigando a trajetória desses sujeitos, descobri que o juiz Francisco José de Macedo esteve, anos depois, no posto de capitão e que era senhor de engenho em Guaratinguetá.[20] João Monteiro e seu primo Manoel da Silva Granito receberam de governadores patentes de, respectivamente, capitão da 2ª. Companhia de Fuzileiros do Regimento de Infantaria de Milícias e ajudante das ordenanças, da vila de Cunha.[21] José Álvares de Oliveira, dono da fazenda onde estes abriram indevidamente um caminho, foi sargento-mor das ordenanças da vila de Cunha, depois capitão-mor e, ainda, dono de um engenho na mesma vila.[22] Com relação a Felix Gomes de Siqueira, sei que ocupou o posto de alferes e que passou a morar na vila de Taubaté, onde, em 1778, obteve concessão de sesmaria de algumas terras.[23] É de se notar, outrossim, que Felix Gomes de Siqueira foi casado com Joanna Maria da Silva, falecida em 1763, e, depois, com Anna Joaquina de França, filha do capitão-mor Antonio Galvão de França. Sua primeira

---

19 'Requerimento que fez Felix Gomes de Siqueira contra José Monteiro [...]'. Post. 16 de março de 1767. Arquivo Histórico Ultramarino, Administração Central, Conselho Ultramarino, Brasil-São Paulo (023), cx. 5, doc. 330.

20 Cf. 'Mapas com resumo geral dos engenhos de açúcar que existem na capitania de São Paulo'. Pós 1798. Arquivo Histórico Ultramarino, Administração Central, Conselho Ultramarino, Brasil-São Paulo (023), cx. 14, doc. 698.

21 Cf. 'Requerimento de João Monteiro Silva pedindo confirmação da patente [...]'. Anterior a 1782; e 'Requerimento de Manuel da Silva Granito [...]'. Anterior a 9 de setembro de 1805. Arquivo Histórico Ultramarino, Administração Central, Conselho Ultramarino, Brasil-São Paulo-Mendes Gouveia (023-01), cx. 48, doc. 3786, e cx. 58, doc. 4416.

22 Cf. 'Mapas com resumo geral dos engenhos de açúcar que existem na capitania de São Paulo'. Pós 1798, op. cit.; 'Requerimento do sargento-mor Agregado das ordenanças da vila da Cunha, José Álvares de Oliveira [...]'. Anterior a 19 de junho de 1792; e 'Requerimento de José Álvares de Oliveira [...]'. Arquivo Histórico Ultramarino, Administração Central, Conselho Ultramarino, Brasil-São Paulo (023), cx. 11, doc. 574, e Brasil-São Paulo-Mendes Gouveia (023-01), cx. 52, doc. 4040.

23 Cf. 'Requerimento de Manuel Antônio Alvares, Simão Martins Silva e Félix Gomes de Sequeira [...]'. Arquivo Histórico Ultramarino, Administração Central, Conselho Ultramarino, Brasil-São Paulo-Mendes Gouveia (023-01), cx. 32, doc. 2805.

esposa, Joanna Maria da Silva, era filha de Nicolau Monteiro da Silva, de Portugal, e de Florencia da Silva, da freguesia de Facão.[24] Assim sendo, Felix Gomes fora ligado, por matrimônio, à família Monteiro da Silva, e, se assim é possível considerar, a ela permaneceu vinculado, uma vez que teve dois filhos com sua primeira esposa.

Como podemos perceber, aos conflitos estavam vinculadas complexas relações em que autoridade, cabedal e séquito tinham, por um lado, influência decisiva no desfecho dessas disputas, e, por outro, funcionavam como elemento a motivá-las. A terra foi um dos pontos sobre os quais se desenrolaram inúmeros litígios. Fosse pela posse efetiva dela[25] fosse pela construção e conservação de caminhos. Estes eram fundamentais para o desenvolvimento da capitania e de sua produção agrícola. Não apenas porque ligavam as principais regiões produtoras aos portos, mas, também, por unirem vilas de São Paulo a outras da própria capitania ou de capitanias circunvizinhas.

Consertar um caminho, tão importante quanto abri-lo, sempre foi tarefa das mais difíceis. Mesmo sendo responsabilidade de particulares, o serviço não era extensivo a todos os habitantes da capitania.[26] A preservação dos caminhos não foi o único inconveniente. Construí-los já era, por si, superar grandes obstáculos. Dever-se-ia, antes de mais nada, engajar pessoas para a empreitada. Muitas vezes era difícil conseguir quem se dispusesse a trabalhar na abertura de caminhos, mesmo que fossem dados auxílios com mantimentos e com pagamento de jornadas.[27] Além disso, a concorrência

---

24 Cf. Luiz Gonzaga da Silva Leme. *Genealogia paulistana*. 9 vols. São Paulo: Duprat & Comp., 1903-1905, vol. 7, p. 417, e vol. 8, p. 212-214.

25 Cf. Afonso de E. Taunay. *História da cidade de São Paulo no século XVIII (1765-1801)*. São Paulo: Divisão do Arquivo Histórico, 1951, 4ª edição (1ª edição, 1931), vol. 2, 2ª parte, p. 10-18, e Ana Paula Medicci. *Entre a "decadência" e o "florescimento": a Capitania de São Paulo na interpretação de memorialistas e autoridades públicas (1782/1822)*. São Paulo: FFLCH-USP, 2005, dissertação de mestrado, p. 64-66.

26 Cf. 'Ofício do governador e capitão-general Francisco da Cunha Menezes à câmara da vila de Atibaia [...]'. 13 de julho de 1784. *Documentos interessantes para a História e costumes de São Paulo*. São Paulo: Arquivo do Estado de São Paulo, vol. 85, 1961, p. 122.

27 Cf. 'Ofício do governador e capitão-general Francisco da Cunha Menezes ao ca-

para que os caminhos passassem próximo a fazendas de um ou de outro sujeito, facilitando a saída de seus produtos, ajudou, em algumas ocasiões, a deixar a empresa ainda mais complicada.

A construção do chamado caminho novo da Piedade, ligando a região do Vale do Paraíba ao Rio de Janeiro, ilustra bem as dificuldades que envolviam tal obra. O vai e vem das correspondências, as intrigas e as diferentes decisões foram intensas. Em julho de 1775, o capitão de cavalaria auxiliar de Taubaté, José Correa Leme Marzagão, ficou encarregado de comandar a abertura do caminho da região de Paraíba Nova. As questões levantadas diziam respeito ao percurso que o caminho deveria ter, às regiões por onde passaria e à distância da margem do rio Paraíba pela qual a passagem seria menos penosa.[28] Estavam envolvidos na empreitada sujeitos com importantes funções na capitania, incluindo o vigário de Campo Alegre, padre Henrique Carvalho, que, em agosto de 1775, questionava a honradez do capitão-mor da vila de Guaratinguetá, Manoel da Silva Reis, conhecidamente contrário à construção do caminho tão próximo à margem do rio Paraíba, como previa o projeto original.[29] Na verdade, a disputa era se o caminho passaria pela região da Paraíba Nova e pela freguesia de Campo Alegre ou partiria da freguesia da Piedade, mais tarde vila de Lorena, indo direto, pela parte mais ao sul do rio Paraíba, à freguesia de São João Marcos no Rio de Janeiro.

Afora as disputas entre os diversos agentes da capitania, o caso em pauta evidencia a dificuldade que os governadores tinham em discernir a validade das informações que recebiam. Sob influência do sargento-mor Inácio José Cherem, o governador Lobo de Saldanha convenceu-se de que o caminho de São João Marcos era dificílimo de ser construído e que era melhor mesmo seguir o projeto de Paraíba Nova. Mais ainda, o capitão-general deu plenos poderes ao vigário de Campo Alegre para arbitrar no que fosse neces-

---

pitão Joaquim de Meyra e Sequeira [...]". 19 de junho de 1782. *Ibidem*, p. 12.

28 As cartas sobre a construção desse caminho são inúmeras. Algumas das principais encontram-se no volume 75 dos *Documentos interessantes para a História e costumes de São Paulo, op. cit.*, p. 103-113, 117-121, 123, 131-132, 135, 155-158 e 181.

29 Cf. Paulo Pereira dos Reis. *O caminho nôvo da Piedade no Nordeste da Capitania de S. Paulo*. São Paulo: Conselho Estadual de Cultura, 1971, p. 84.

sário a fim de que a empreitada se desenvolvesse satisfatoriamente.[30] Quanto a Inácio José de Cherem, quando chegou a Lobo de Saldanha a acusação de que tinha ido ao Rio de Janeiro sem a permissão do governador, foi rigorosa a explicação, dada pelo próprio capitão-general, do porquê ter recaído sobre ele esta acusação: o fato de o sargento-mor Inácio José ser do Reino, "a que todos os brasileiros têm ódio".[31]

Em 7 de junho de 1776, munido de carta do capitão-mor Manoel da Silva Reis e de relatório feito pelo ouvidor-geral, José Gomes Pinto de Morais, sobre a melhor estratégia para a construção do caminho, Lobo de Saldanha persuadiu-se de que a mudança de rota era, com efeito, necessária. Reconhecendo a complicação de distinguir as informações verdadeiras das falsas, ordenou que o capitão-mor de Guaratinguetá retificasse a obra, que, agora, seria feita de Piedade a São João Marcos.[32] A reação do vigário de Campo Alegre não poderia ser mais exaltada: tentou convencer o governador, receptou correspondência com ordens referentes ao novo traçado do caminho, ameaçou de morte os envolvidos na empreitada, escreveu para o vice-rei acusando os paulistas de tentarem invadir as terras do Rio de Janeiro, enfim, fez o que podia e o que não podia para tentar embaraçar a obra. Das intempéries do vigário, destaque-se a oposição ao pedido do governador para que devolvesse as cartas pelas quais lhe delegara poderes. Além do mais, o sacerdote secular escreveu, em forma de portaria, ao capitão Diogo Antônio de Figueiredo, um dos encarregados da tarefa de construir o caminho, afirmando que as ordens do capitão-mor Manoel da Silva Reis, referentes à

---

30 Sobre a informação que chegou ao governador, por meio de Inácio José Cherem, de investimentos do vigário de Campo Alegre na abertura do caminho, considera Paulo Pereira dos Reis: "Tratava-se de uma deslavada mentira de Cherem a afirmação de que o Padre Carvalho realizava as despesas à sua própria custa. Que efetivamente fazia era uma espécie de extorsão: em nome da Real Fazenda, comprava fiado daqueles que possuíam mantimentos e depois obrigava os credores, pelo temor de represálias, a perdoarem as dívidas, deixando em muito mau conceito o Capitão-general Saldanha que ignorava completamente os fatos."
Ibidem, p. 90-91.

31 'Para o Doutor Ouvidor desta Comarca, estando de Correyção na Villa de Guaratinguetá'. 4 de junho de 1776. *Documentos interessantes para a História e costumes de São*, vol. 75, *op. cit.*, p. 111-113.

32 'Para o Capitão Mor de Guaratinguetá Manoel da Sylva Reys. 7 de junho de 1776.
Ibidem, p. 117-118.

nova rota, não eram verdadeiras.[33] O governador da capitania paulista, em carta de 12 de julho de 1776, lamentou ao vigário de Campo Alegre as atitudes por ele tomadas, assinalando que, se desconhecesse a letra do padre, não acreditaria que seria capaz de escrever a falsa portaria, "tanto pelo caráter de vossa mercê, sendo um sacerdote, vigário, e pastor espiritual, como pelas informações de que me tinham enchido os ouvidos". Ordenou, por fim, que o vigário Henrique José de Carvalho enviasse as antigas ordens que o capitão-general tinha dado a ele e que, sem demora, mandasse tirar todas as pessoas daquele "maldito caminho da Paraíba nova".[34]

Apesar da incansável oposição do padre Henrique José de Carvalho, em 1778 ficou pronto o caminho ligando Piedade a São João Marcos.[35] O desenrolar dos acontecimentos manifesta os interesses particulares dos moradores da freguesia de Campo Alegre, dentre eles o próprio padre Carvalho, para que o caminho passasse por suas terras. De fato, é bem possível que a ligação prevalecente, feita a partir da freguesia da Piedade e por paragens no extremo sul do rio Paraíba, fosse mais adequada. No entanto, é preciso destacar que o capitão-mor de Guaratinguetá, Manoel da Silva Reis, grande defensor dessa proposta, antes de mero benfeitor, era adepto da notória união do útil ao agradável, uma vez que foi bastante favorecido com a nova direção que tomou o caminho. Silva Reis possuía terras entre Areias e Bananal, lugar que, depois da reformulação ordenada por Lobo de Saldanha, passou a fazer parte do percurso do novo caminho.[36]

Além dos conflitos de interesses ligados à terra e à disputa por facilidade de escoamento da produção agrícola, houve momentos em que estavam em jogo os altos postos das companhias militares. Se os temidos recrutamentos de soldados para as tropas da capitania sempre trouxeram grande dificuldade para os governadores, que muitas vezes recorriam ao uso

---

33 Cf. Paulo Pereira dos Reis. *O caminho nôvo da Piedade no Nordeste da Capitania de S. Paulo, op. cit.*, p. 95-97.

34 'Para o Vigário de Campo Alegre Henrique Jozé de Carvalho'. 12 de julho de 1776. *Documentos interessantes para a História e costumes de São Paulo*, vol. 75, *op. cit.*, p. 155-156.

35 Cf. Paulo Pereira dos Reis. *O caminho nôvo da Piedade no Nordeste da Capitania de S. Paulo, op. cit.*, p. 119.

36 Cf. *Ibidem*, p. 109-112.

da violência,[37] os postos superiores, ao contrário, passaram a ser cada vez mais desejados pela elite paulista.

Quando, em 1800, o sargento-mor agregado da cavalaria da Legião de Voluntários Reais da capitania de São Paulo, Joaquim José Pinto de Morais Leme, pediu para ser promovido a tenente-coronel,[38] talvez já esperasse alguma dificuldade. Joaquim José Pinto era filho de Francisco Pinto do Rego, que era paulista, cavaleiro fidalgo, e exerceu importantes cargos na capitania. Sua mãe, Escolástica Jacinta de Ribeira Góes e Morais, era filha de José de Góes e Morais, que era paulista, e neta do também paulista Pedro Taques de Almeida.[39] Por descender de uma das mais importantes famílias da capitania, Pinto de Morais tinha alguns privilégios que, do contrário, não lhe seriam concedidos. Assim, em 1º de maio de 1776, como capitão de cavalos, foi repreendido pelo governador, e coronel da sua Legião, Martim Lopes Lobo de Saldanha. O problema era que levara para a campanha no Sul cinco escravos e uma "mulata rapariga" das fazendas de sua família, o que, por ser absolutamente dispensável para o exercício militar a que fora incumbido, foi considerado por Lobo de Saldanha desmedida "rapaziada", fruto da pouca idade do capitão, à época, com cerca de vinte anos. O governador enviou carta a Joaquim José Pinto pedindo que pensasse no desgosto de seu irmão e de seu amigo ouvidor-geral se soubessem do ocorrido, uma vez que para esse tipo de campanha dever-se-ia levar tão-somente "boa espada, muita pólvora e bala, que são os divertimentos de um soldado honrado". Rogou, por fim, que Pinto de Morais Leme olhasse para si, para o "seu nascimento, e avós, para com estes estímulos emendar o passado" e dar ao governador

---

37 Cf. Enrique Peregalli. *Recrutamento militar no Brasil*. Campinas: Editora da UNICAMP, 1986, p. 118-137.

38 'Requerimento do sargento-mor Agregado de Cavalaria da Legião dos Voluntários Reais da capitania de São Paulo Joaquim José Pinto de Morais Leme [...]'. 1800. Arquivo Histórico Ultramarino, Administração Central, Conselho Ultramarino, Brasil-São Paulo (023), cx. 16, doc. 822.

39 Cf. Pedro Taques de Almeida Paes Leme. *Nobiliarchia Paulistana Histórica e Genealógica*. 3 tomos. São Paulo: Comissão do IV Centenário da Cidade de São Paulo / Livraria Martins Fontes, sem data, 3ª edição (2ª edição, completa, 1940/1944), tomo 1, p. 146-158. Na obra de Taques, o nome do sargento-mor agregado aparece como Joaquim José Pinto do Rego.

daquele momento em diante "muitos gostos".⁴⁰

A intensidade e o tipo da advertência dada pelo governador levavam em conta a origem familiar daquele oficial faltoso. A propósito, sua linhagem teve também forte influência em seu provimento no cargo de capitão de cavalaria. Dentre os quatro capitães nomeados por Lobo de Saldanha para o Regimento de Voluntários Reais que se formava em 1775, todos eram de famílias importantes na capitania, a saber, José Rodrigues de Oliveira Montes, Garcia Rodrigues Paes Leme, Joaquim José de Macedo Leite, e, como vimos, Joaquim José Pinto de Morais Leme. O capitão José Rodrigues de Oliveira Montes, paulista, era filho do tenente José Rodrigues Pereira, que era português e comerciante, dono de grande fortuna em São Paulo, e de Anna de Oliveira Montes, da família Maciel, cuja origem em terras paulistas data de fins do século XVI.⁴¹ O capitão Garcia Rodrigues Paes Leme, natural do Rio de Janeiro, era filho do mestre de campo Pedro Dias Paes Leme, que foi "fidalgo da casa real, comendador da ordem de Cristo, guarda-mor geral das Minas Gerais, e tirou brasão de armas em 1750, que é o mesmo dos Lemes";⁴² o irmão mais novo de Garcia Rodrigues, José Pedro Francisco Leme, foi nomeado sargento-mor de cavalaria do mesmo regimento.⁴³ O capitão Joaquim José de Macedo Leite, paulista, era filho de Manoel de Macedo, natural de Guimarães, e de Escolástica Maria de Matos, que era trineta de Pedro Dias Paes Leme, "paulista de uma grande estimação e respeito".⁴⁴ Desses capitães, dois eram fidalgos cavalei-

---

40   'Para o Capitão de Cavallos de Voluntarios Reaes Joaquim Jozé Pinto de Morais Leme no caminho do Sul [...]'. 1º de maio de 1776, e 'Para o Sargento Mor de Cavallaria de Voluntarios Reaes Jozé Pedro Francisco Leme [...]'. 1º de maio de 1776. *Documentos interessantes para a História e costumes de São Paulo*, vol. 75, *op. cit.*, p. 50-54.

41   Cf. Luiz Gonzaga da Silva Leme. *Genealogia* Paulistana, *op. cit.*, vol. 8, p. 150-188. A referência ao capitão José Rodrigues de Oliveira Montes encontra-se à p. 168.

42   *Ibidem*, vol. 2, p. 456 e 461.

43   Luiz Gonzaga da Silva Leme aponta o sargento-mor de cavalaria como José Pedro Dias Paes Leme. Cf. *Ibidem*, p. 462.

44   Pedro Taques de Almeida Paes Leme. *Nobiliarchia paulistana historica e genealógica, op. cit.*, tomo 3, p. 57. O mestre de campo Pedro Dias Paes Leme, já referido, é homônimo deste, que faleceu a 16 de julho de 1633. A referência a

ros da "Casa de Sua Majestade" e um era professo na Ordem de Cristo, a saber, respectivamente, Joaquim José Pinto de Morais Leme, Garcia Rodrigues Paes Leme, e José Rodrigues de Oliveira Montes.[45]

Pela explicação do vice-rei, o conde da Cunha, ao morgado de Mateus, sabemos que no Brasil havia três tipos de tropas: pagas, auxiliares e ordenanças. As diferenças entre umas e outras abrangiam diversos aspectos, mas, para termos uma ideia geral, sigamos os esclarecimentos do conde: as pagas tinham um soldo fixo, tanto no quartel como em campanha, em guerra ou em paz; as auxiliares só recebiam soldo quando se ocupavam no serviço para o rei; as ordenanças, por fim, "estas não vencem coisa alguma, nem na paz nem no maior vigor da guerra".[46] Participavam das ordenanças, em teoria, todos os homens entre 18 e 60 anos de idade que já não estivessem alistados nas outras tropas.[47] Dos corpos militares que os civis poderiam ocupar, as tropas auxiliares eram o de maior prestígio. Para servir nelas, era necessário que o sujeito tivesse "notória fidelidade à Coroa", comprovada ou por seus próprios serviços ou por aqueles prestados por seus ascendentes.[48] As tropas pagas, ou regulares, eram compostas tendo por base os oficiais das listas de ordenanças. Recrutando delas, como nas auxiliares, os sujeitos mais importantes da capitania.[49] No caso da nomeação para os quatro recém-criados postos de

---

Escolástica Maria de Matos encontra-se à p. 114.

45 Cf. 'Rellação dos Nomes, Naturalidades, Idades [...]'. 1º de dezembro de 1775. Biblioteca Nacional - Lisboa, Manuscritos - Avulsos, códice 4530, fls. 146v-147.

46 'Carta do vice-rei do Estado do Brasil conde da Cunha ao governador Morgado de Mateus'. 28 de novembro de 1765. *Documentos interessantes para a História e costumes de São Paulo*. São Paulo: Arquivo do Estado de São Paulo, 1895, vol. 14, p. 73-74.

47 Cf. Nanci Leonzo. As Companhias de Ordenanças na capitania de São Paulo - das origens ao governo do Morgado de Matheus. *Coleção Museu Paulista, série de História vol. 6*. São Paulo: Edição do Fundo de Pesquisas do Museu Paulista da USP, 1977, p. 127 e 157.

48 Nanci Leonzo. *Defesa Militar e Controle Social na Capitania de São Paulo: as milícias*. São Paulo: FFLCH-USP, 1979, tese de doutorado, p. 24. Leonzo aponta que por conta da grande necessidade de tropas para as disputas no sul, para as auxiliares eram recrutados sujeitos que nem sempre estavam nas famílias mais importantes de São Paulo. Desse modo, os "homens-bons" da capitania eram preferidos para os postos da cavalaria, em vez da infantaria. *Ibidem*, p. 92.

49 Cf. Osmar Simões Magro. A Legião de São Paulo e o Regimento de Infantaria nas

capitães de cavalaria daquela tropa regular, o governador Lobo de Saldanha escolheu homens que, ademais de provirem de boa linhagem, pudessem arcar com as custas de suas companhias: "não só aprontando os cem cavalos com os arreios competentes, mas também com todo o armamento de clavinas, pistolas e catanas". Tudo isso "com grande utilidade da Fazenda Real".[50]

Com efeito, bancar as companhias era condição indispensável para quem almejasse o posto de capitão de cavalaria do regimento que se formava. Tanto foi assim, que José Pedro Galvão de Moura e Lacerda, também de distinta família,[51] estava entre os primeiros nomes cogitados, e, por "se não achar nas circunstâncias dos outros",[52] quer dizer, por não ter como arcar com os custos exigidos, pediu para ser indicado para o Regimento de Infantaria igualmente recém-estabelecido na capitania, o que se lhe foi concedido.[53] No lugar de José Pedro Galvão foi indicado Joaquim José de Macedo Leite. Aqui, valeu, ainda, muito mais a capacidade de custear a formação da companhia de cavalaria do que o tempo de serviço militar, já que este servira pouco mais de onze meses, enquanto aquele, treze anos.

Depois de nomeado capitão de cavalaria, os anos se arrastaram até que Joaquim José Pinto de Morais Leme fosse novamente promovido. Pesou para isso não tanto a "rapaziada" que cometera em 1776, da qual reclamou Lobo de Saldanha; antes, rivalidades dentro do próprio regimento de que fazia parte. Quem explicou o caso foi Antonio Manoel de Melo Castro e Mendonça, em

---

Campanhas do Sul. *Revista do Arquivo Municipal*. São Paulo: Departamento de Cultura e de Recreação, 1936, ano II, vol. 24, p. 12. Simões cita as considerações de Manuel Cardoso de Abreu, segundo as quais no fim do século XVIII a diferença entre as tropas pagas e as auxiliares era somente com relação ao soldo. "A instrução, o serviço e a correção dos uniformes era a mesma". *Ibidem*, nota 17.

50 'Carta de Martim Lopes Lobo de Saldanha para o marques de Pombal [...]'. 1º de dezembro de 1775. Biblioteca Nacional - Lisboa, Manuscritos - Avulsos, códice 4530, fls. 144-144v.

51 Cf. Pedro Taques de Almeida Paes Leme. *Nobiliarchia Paulistana Historica e Genealógica, op. cit.,* tomo 3, p. 111.

52 'Ofício do governador [...] Antônio Manuel de Melo Castro e Mendonça, ao D. Rodrigo de Sousa Coutinho [...]'. 13 de janeiro de 1801. Arquivo Histórico Ultramarino, Administração Central, Conselho Ultramarino, Brasil-São Paulo (023), cx. 16, doc. 803.

53 Cf. 'Rellação dos nomes, naturalidades, idades, tempo de serviço [...]'. 8 de dezembro de 1775. Biblioteca Nacional - Lisboa, Manuscritos - Avulsos, códice 4530, fl. 161.

carta de 13 de janeiro de 1801. Logo de início, o governador criticou seu antecessor, Lobo de Saldanha, indicando que nas instruções régias para a criação das companhias de cavalaria não havia ordem alguma para que os capitães as montassem às suas custas. Com relação à promoção de Pinto de Morais Leme, questão que moveu a carta do governador ao secretário de Estado,[54] Melo Castro e Mendonça elucidava a complicada trama.

Tudo começou com a promoção de Joaquim José de Macedo Leite a sargento-mor do regimento, em 16 de julho de 1788.[55] Segundo o governador, indevida. Macedo Leite, tendo a patente mais recente do que os outros, não poderia ser o 1º capitão do corpo de cavalaria daquela legião nem, portanto, receber a patente de sargento-mor. Para os argumentos sobre a "modernidade" da patente de Leite, o governador utilizou-se de vários critérios. Se fosse considerada a data em que sentaram praça, Leite era o mais recente, porque foi o último a ser nomeado, ficando no lugar de José Pedro Galvão, aquele que, como vimos, não podia arcar com os custos da companhia da qual, por isso, abdicou. Macedo Leite sentou praça em 8 de julho de 1775, enquanto Pinto de Morais Leme já era capitão desde o dia 21 do mês de junho do mesmo ano. De fato, a confirmação de Leite ocorreu em 12 de julho de 1781, enquanto a de Pinto de Morais data de 27 de julho de 1780.[56] Se fosse levado em conta o tempo de serviço na tropa paga, Pinto de Morais também teria preferência, porque servira nela desde 6 de dezembro de 1774, quando sentou praça como soldado. Macedo Leite servira na tropa auxiliar como soldado desde 8 de fevereiro de 1774, passando a tenente em 28 de dezembro daquele ano. Como a contagem de serviço era feita por cada tipo de tropa de forma independente, e por ter servido primeiramente na tropa

---

54 Cf. 'Carta do Secretário de Estado [...]'. *Documentos interessantes para a História e costumes de São Paulo*. São Paulo: Arquivo do Estado de São Paulo, 1967, vol. 89, p. 204.

55 Que recebeu confirmação régia, como não era incomum, mais de dez anos depois, em 24 de setembro de 1799. Cf. 'Joaquim José de Macedo Leite [...]'. 24 de setembro de 1799. Arquivo Nacional da Torre do Tombo, Registro Geral de Mercês, D. Maria I, liv. 30, fl. 250v.

56 Para as confirmações de Joaquim José Pinto de Morais Leme e de Joaquim José de Macedo Leite, vejam-se, respectivamente, 'Joaquim Joze Pinto de Morais Leme [...]'. 27 de junho de 1780, e 'Joaquim José de Macedo Leite [...]'. 12 de julho de 1781. Arquivo Nacional da Torre do Tombo, Registro Geral de Mercês, D. Maria I, liv. 9, fls. 122 e 207v.

auxiliar, Macedo Leite não tinha, por conseguinte, "nenhum serviço na tropa paga". Com relação à "recompensa de serviços", Macedo Leite era também mais novo do que Pinto de Morais. Na tropa auxiliar, segundo carta régia de 22 de março de 1766, as remunerações só eram dadas a partir do posto de alferes,[57] que aquele nem chegou a ocupar, pois passou de soldado a tenente em 28 de dezembro, enquanto Pinto, como soldado pago, estava no posto desde o dia 5 do mesmo mês. O governador ia além e acusava ter sido falsificado o Livro Mestre onde eram anotadas as graduações e o tempo de serviço dos oficiais. Por essas e outras, concluiu que "positivamente se quis favorecer naquela promoção de 15 de julho de 1788 ao referido Macedo". Porque todos os outros capitães foram promovidos naquele regimento, e Pinto de Morais era, à época, apenas sargento-mor agregado,[58] o governador Melo Castro e Mendonça considerou que o requerimento deveria ser atendido, concedendo-se-lhe a patente de tenente-coronel, para, desse modo, remediar o "dano que experimentou o suplicante na sua preterição, de forma que a não ser ela estaria hoje no posto de Tenente-coronel".[59]

Melo Castro e Mendonça afirmava, em algumas passagens de forma explícita, que Macedo fora favorecido por Bernardo José de Lorena, seu antecessor no governo da capitania. Joaquim José de Macedo Leite tinha mesmo uma relação de amizade com Lorena, comprovada pelas inúmeras cartas que enviava ao, agora, governador de Minas Gerais. Em 20 de fevereiro de 1801, numa delas, além das notícias familiares e das lembranças que enviavam ao governador a mãe, a irmã e outros parentes de Macedo, comunicou a Lorena

---

57 Abaixo dele havia os oficiais inferiores, que eram, respectivamente, sargento, furriel, porta-bandeira, cabo, tambor e soldado, no caso da infantaria; e furriel, porta-estandarte, cabo, trombeta e soldado, na cavalaria. Cf. Nanci Leonzo. *Defesa militar e controle social na Capitania de São Paulo: as milícias*, op. cit., p. 88-89.

58 Confirmado por decreto de 31 de outubro de 1799. Cf. "Decreto do Príncipe Regente D. João, pelo qual promove [...] Joaquim José Pinto de Morais Leme [...]". Arquivo Histórico Ultramarino, Administração Central, Conselho Ultramarino, Brasil-São Paulo-Mendes Gouveia (023-01), cx. 48, doc. 3755. Há registro desse decreto em Arquivo Nacional da Torre do Tombo, Registro Geral de Mercês, D. Maria I, liv. 31, fl. 263.

59 'Ofício do governador [...] Antônio Manuel de Melo Castro e Mendonça, ao D. Rodrigo de Sousa Coutinho [...]'. 13 de janeiro de 1801. Arquivo Histórico Ultramarino, Administração Central, Conselho Ultramarino, Brasil-São Paulo (023), cx. 16, doc. 803.

o requerimento de Pinto de Morais Leme para ser promovido a tenente-coronel, denunciando que estava "cheio de mentiras" e dizendo-se espantado por saber que a informação do governador Antonio Manoel de Melo Castro e Mendonça ia "a seu favor".[60] Na cópia que enviou a Lorena do requerimento de Pinto de Morais, Macedo fez inúmeras anotações marginais, ora apontando como mentirosa certa informação ora duvidando dos serviços prestados pelo requerente, declarando que "enfim nada prova do que quer, o seu intento é confundir com tantas certidões que nenhuma faz ao caso o ponto principal da questão, que é a antiguidade [na tropa paga], muito menos a genealogia e os serviços dos seus antepassados, os que jamais tirarão a antiguidade a quem pertence".[61]

Findado o governo de Melo Castro e Mendonça, quem se viu às voltas com a questão de Pinto de Morais foi seu sucessor Antonio José da Franca e Horta. O príncipe regente D. João ordenou que, assim que se estabelecesse no governo da capitania, Franca e Horta enviasse parecer sobre o requerimento do então sargento-mor agregado. Em 26 de março de 1803, Horta enviou seu julgamento a respeito do caso. Mais imparcial não poderia ser. Por um lado, exultava a qualidade de "chefe" militar que tinha Macedo Leite, por outro, reconhecia em Pinto de Morais "uma das pessoas mais distintas" da capitania. Admitia, por motivos diferentes daqueles apresentados por seu antecessor, a validade da queixa de Pinto de Morais, mas não prescrevia solução alguma, deixando a cargo do príncipe, munido das informações que lhe passava, "resolver o que lhe parecer mais justo".[62]

Em 1799, D. Rodrigo de Souza Coutinho comunicou ao governador de São Paulo que Joaquim José Pinto de Morais Leme fora nomeado sargento-mor de cavalaria da Legião de Voluntários Reais, a ser efetivado assim que

---

60 'Carta de Joaquim de Macedo Leite ao governador de Minas Gerais Bernardo José de Lorena'. 20 de fevereiro de 1801. Biblioteca Nacional - Lisboa, Manuscritos - Coleção Pombalina, códice 633, fl. 138.

61 'Cópia do requerimento que fez Joaquim José Pinto de Morais Leme'. s/d. Biblioteca Nacional - Lisboa, Manuscritos - Coleção Pombalina, códice 633, fls. 118-120.

62 'Ofício do governador [...] Antônio José da Franca e Horta ao [secretário de estado da Marinha e Ultramar], visconde de Anadia [...]'. 26 de março de 1803. Arquivo Histórico Ultramarino, Administração Central, Conselho Ultramarino, Brasil-São Paulo (023), cx. 19, doc. 958.

vagasse o posto.⁶³ Pinto só conseguiu sua promoção a sargento-mor efetivo quando Macedo Leite faleceu, em 1803.⁶⁴ Sua saga, no entanto, não tinha terminado. Seguiu mandando requerimentos ao Reino. Em maio de 1805, o presidente do Real Erário enviou ao secretário de Estado, visconde de Anadia, cópia de ofício de Pinto de Morais, para que fossem tomadas medidas a respeito.⁶⁵ Em lembrete, o secretário de Estado afirmou que era necessário ouvir o parecer tanto do governador Franca e Horta como do ex-governador Melo Castro e Mendonça.⁶⁶ Se for possível afirmar que a amizade de Lorena com Macedo influenciou na promoção deste, é certo que a relação entre Melo Castro e Mendonça e Pinto de Morais foi decisiva para que subisse ao posto de coronel de milícias. Em 9 de abril de 1808, Pinto enviava carta ao ex--governador da capitania na qual explicava que não poderia ir ao Reino cuidar de seus requerimentos, e, dessa forma, não lhe restava alternativa senão pedir que Melo Castro e Mendonça cuidasse para que eles fossem deferidos.⁶⁷ Em 29 de agosto do mesmo ano foi criado por alvará régio o 2º Regimento de Cavalaria Miliciana da cidade de São Paulo, para o qual Pinto ingressou

---

63 'Carta do Secretário de Estado [D. Rodrigo de Souza Coutinho] [...]'. 4 de novembro de 1799. *Documentos interessantes para a História e costumes de São Paulo*, vol. 89, *op. cit.*, p. 190-195.

64 Macedo Leite, na carta que enviou a Lorena, já se queixava de sua saúde. Cf. 'Carta de Joaquim de Macedo Leite ao governador de Minas Gerais Bernardo José de Lorena'. 20 de fevereiro de 1801, *op. cit*. Sobre a promoção de Pinto, veja--se 'Ofício do governador [...] Antônio José da Fanca e Horta, ao [secretário de estado da Marinha e Ultramar], visconde de Anadia [...]'. 13 de agosto de 1803. Arquivo Histórico Ultramarino, Administração Central, Conselho Ultramarino, Brasil-São Paulo (023), cx. 21, doc. 993.

65 'Ofício do (presidente do Real Erário) Luís de Vasconcelos e Sousa, ao (ministro e secretário de Estado dos Negócios da Marinha e Domínios Ultramarinos) visconde de Anadia [...]'. 16 de maio de 1805. Arquivo Histórico Ultramarino, Administração Central, Conselho Ultramarino, Brasil-São Paulo- Mendes Gouveia (023-01), cx. 58, doc. 4348.

66 'Lembrete do (ministro e secretário de Estado dos Negócios da Marinha e Domínios Ultramarinos), visconde de Anadia (João Rodrigues de Sá e Melo Soto--Maior)'. Post. a 16 de maio de 1805. *Ibidem*.

67 'Carta do (comandante da 2ª Companhia do 1º Regimento de Cavalaria Miliciana de São Paulo), Joaquim José Pinto de Morais Leme, para o (ex-governador e capitão-general da capitania de São Paulo), Antônio Manuel de Melo Castro e Mendonça'. 9 de abril de 1808. *Idem*, cx. 64, doc. 4856.

como coronel, tal qual, anos antes, propusera o ex-governador⁶⁸ e como ele mesmo pedira, por não haver vaga de tenente-coronel em seu regimento.⁶⁹

A biografia de Joaquim José Pinto de Morais Leme é bastante interessante. Noviço da ordem de São Bento de Avis,⁷⁰ promovido a brigadeiro de cavalaria em 1818, dono de escravos e de fazendas de gados,⁷¹ parente de homens importantes na colônia, como José Arouche de Toledo Rendon e Rafael Pinto Bandeira,⁷² foi sujeito de grande destaque na capitania. Nuto Sant'Anna chegou a referir-se de forma dramática:

> Brigadeiro terrível! Destemeroso e viril! Era da têmpera daqueles seus antepassados aguerridos que iam às reduções e aos quilombos, levando tudo a ferro e fogo - e deles voltavam como de uma alegre excursão cinegética, trazendo apenas consigo, como prêmio de vitória, um rosário de orelhas!⁷³

O "rosário de orelhas" fica por conta da licença poética. O que queriam mesmo era "mercê, senhorio e fidalguia".⁷⁴ Foi isso que seu pai, Fran-

---

68 Cf. Nanci Leonzo. *Defesa Militar e Controle Social na Capitania de São Paulo: as milícias, op. cit.*, p. 330.

69 'Carta (cópia) do capitão Joaquim José Pinto de Morais Leme para o secretário de Estado, D. Rodrigo de Souza Coutinho [...]'. *Documentos interessantes para a História e costumes de São*, vol. 89, *op. cit.*, p. 70-72.

70 Concedido em 12 de abril de 1799. 'Capitão Joaquim Joze Pinto de Morais Leme [...]'. 12 de abril de 1799. Arquivo Nacional da Torre do Tombo, Registro Geral de Mercês, D. Maria I, liv. 30, fl. 208v.

71 Cf. Nanci Leonzo. *Defesa Militar e Controle Social na Capitania de São Paulo: as milícias, op. cit.*, p. 330-331.

72 Cf. Manuel Eufrasio de Azevedo Marques. *Apontamentos históricos, geográficos, biográficos, estatísticos e noticiosos da província de São Paulo: seguidos da cronologia dos acontecimentos mais notáveis desde a fundação da capitania de São Vicente até o ano de 1876*. 2 tomos. São Paulo: Comissão do IV Centenário da Cidade de São Paulo, 1953 (1ª edição, 1879), tomo 2, p. 45-46.

73 Nuto Sant'Anna. O Beco do Colégio (1554-1935). *Revista do Arquivo do Municipal*. São Paulo: Departamento de Cultura e de Recreação, ano II, vol. 26, p. 29.

74 Enrique Peregalli. *Recrutamento Militar no Brasil*. Campinas: Editora da UNI-

cisco Pinto do Rego, e seu bisavô, Diogo Pinto do Rego, ricos, poderosos e com títulos nobiliárquicos, sempre buscaram.[75] Joaquim José Pinto não fazia por menos. Homem de posses, foi proprietário do, depois, famoso Solar da marquesa de Santos, na cidade de São Paulo.[76] Adquiriu-o em 1802 como pagamento de dívidas, e, em 1834, já morto, sua filha, Maria da Anunciação de Moraes Lara Gavião, vendeu-o à marquesa por 11.400.000 réis.[77] Em 23 de maio de 1822, já no Governo Provisório, foi um dos participantes da revolta conhecida como Bernarda de Francisco Inácio.[78]

A trajetória de Pinto de Morais Leme retrata bem a concorrência para os altos postos militares. Morais Leme já ingressou nas tropas pagas trazendo consigo o prestígio e a riqueza de seus ascendentes. Cabia a ele, naquele momento de sua vida, constituir seu próprio patrimônio, bem como garantir poder e distinção na capitania. É claro que na contenda de décadas que moveu para ser promovido estava em jogo, em primeiro lugar, sua carreira militar. Debaixo disso jazia a ideia de recompensa, evidente nas incontáveis atestações que encaminhava junto a seus pedidos, e nas referências a seus feitos, na defesa do Sul do Brasil, e aos de seus pai e avós na execução do serviço régio. Ser agraciado pelo rei, quer com hábitos das Ordens Militares quer

---

CAMP, 1986, p. 73.

75 Diogo Pinto do Rego e Francisco Pinto do Rego chegaram a ser provedores da Irmandade da Santa Casa de Misericórdia de São Paulo, cargo de grande prestígio, que, na segunda metade do século XVIII, passou a ser ocupado, inclusive, por governadores da capitania. Cf. Laima Mesgravis. *A Santa Casa da Misericórdia de São Paulo (1599?-1884). Contribuição ao estudo da assistência social no Brasil*. São Paulo: Conselho Estadual de Cultura, 1976, p. 80-83.

76 Cf. Carlos A. C. Lemos. A Casa da Marquesa de Santos em São Paulo. *Separata da Revista do Instituto de Estudos Brasileiros*. São Paulo: IEB, 1968, n°. 4, p. 7-14.

77 Cf. Nuto Sant'Anna. *O Beco do Colégio* (1554-1935), *op. cit.*, p. 64.

78 Cf. Manuel Eufrasio de Azevedo Marques. *Apontamentos históricos [...], op. cit.*, tomo 1, p. 129-133, e Aureliano Leite. *História da Civilização Paulista*. São Paulo: Martins Fontes, 1946, 2ª edição (1ª edição, sob outro título, 1944), p. 77-80. Para uma síntese da bibliografia sobre o tema, veja-se Daniel Tarifa Damaceno. *Os facciosos de São Paulo. (Considerações acerca da Bernarda de Francisco Ignácio) 23.05.1822 - 25.08.1822*. São Paulo: FFLCH / USP, 1993, dissertação de mestrado.

com altos postos nas tropas, era mercê desejada por muitos. Os altos postos e os hábitos davam privilégios. Mais do que isso, concediam prestígio, honra, destaque. Essa "loucura dos homens", nas palavras de D. Luís da Cunha aludindo aos hábitos das Ordens Militares, que punham em risco a própria vida em troca de "um pedaço de fita com venera de ouro".[79]

Em regra, aos habitantes da capitania de São Paulo era menos complicado o acesso aos postos das tropas. A obtenção de hábitos das Ordens Militares exigia, mesmo no fim do século XVIII, passar por complicado processo de provança. Típico de um Estado patrimonialista, dar mercês em troca de serviços foi, no Brasil, instrumento utilizado durante todo o período colonial.[80] Naquilo que Florestan Fernandes definia como "uma montagem política perfeita", "uma pequena obra-prima".[81]

Os prêmios e as recompensas dadas pelo rei poderiam referir-se a tipos diversos de serviços. Desde o já citado uso de técnicas agrícolas específicas até a participação em guerras, como as disputas contra os espanhóis no Sul do Brasil. Mesmo a proposta de solução para impostos e taxas foi gratificada com mercês. É o caso do imposto sobre o sal na capitania de São Paulo.

O sal foi monopólio da Coroa portuguesa a partir de 1631 e assim manteve-se por mais de um século e meio. A carestia do produto no Brasil dava sinais desde o início do estabelecimento do estanco régio. Em São Paulo, especialmente no século XVIII, os habitantes, para fazer frente à carestia de sal, muitas vezes foram obrigados a servirem-se da água do mar; noutras, a clamar e a promover levantes contra os preços altos e a falta do gênero. O caso mais famoso é o de Bartolomeu Fernandes Faria, que, junto com seus sequazes, incluindo escravos, dirigiu-se até Santos e obrigou os "monopolistas" "a vender o gênero pelo preço justo".[82]

---

79 D. Luís da Cunha. *Instruções políticas.* (Introdução, estudo e edição de Abílio Diniz Silva). Lisboa: CNCDP, 2001, p. 359-360.

80 Cf. Rodrigo M. Ricupero. *Honras e Mercês. Poder e patrimônio nos primórdios do Brasil.* São Paulo: FFLCH/USP, 2005, tese de doutorado, p. 10-12, e, especialmente, p. 25-47.

81 Florestan Fernandes. *Circuito Fechado.* São Paulo: HUCITEC, 1976, 1ª edição, p. 44-45.

82 Bartolomeu Fernandes, todavia, não ficou impune. Mesmo sendo "pessoa de destaque na capitania", foi perseguido, preso e "morreu de bexigas na cadeia de

Na segunda metade do Setecentos, a rainha foi servida determinar o fim do monopólio do sal, deixando livre o comércio "para todos os colonos, e francas todas as salinas que se puderem estabelecer nesse continente". Como o contrato do sal era muito lucrativo para a Coroa, rendendo por ano quarenta e oito contos de réis, ordenou-se que o governador de São Paulo ouvisse as câmaras da capitania para que propusessem uma forma de "ressarcir" o rendimento ora perdido.[83]

Bernardo José de Lorena chamou à sua presença as principais câmaras da capitania e expôs a questão para que de comum acordo fornecessem uma solução.[84] A proposta levantada era a de se imporem taxas que não incidissem nem sobre o açúcar nem sobre "outras novas fábricas".[85] É óbvio que tributar os gêneros agrícolas traria alguns prejuízos para a capitania, e, principalmente, para os grandes produtores.[86] Portanto, em não havendo produtos "de sólido estabelecimento e exportação" para cobrir a perda régia, a sugestão era taxar o próprio sal e a sua circulação.[87]

Salvador". Myriam Ellis. *O Monopólio do sal no Estado do Brasil*. São Paulo: USP, 1955, p. 155-156; e p. 149-157, sobre a "crise aguda da carestia do sal no século XVIII".

83 'Ofício do secretário de Estado Luiz Pinto de Souza ao governador e capitão-general Bernardo José de Lorena [...]'. 27 de maio de 1795. *Documentos interessantes para a História e costumes de São Paulo*. São Paulo: Arquivo do Estado de São Paulo, 1898, vol. 25, p. 133-135, há transcrição desse documento também em *Idem*. São Paulo: Arquivo do Estado de São Paulo, 1924, vol. 45, p. 466-468.

84 Cf. 'Ofício (1ª e 2ª vias) do governador [...] Bernardo José de Lorena ao secretário de estado da Marinha e Ultramar, Luís Pinto de Souza [...]'. 20 de abril de 1796. Arquivo Histórico Ultramarino, Administração Central, Conselho Ultramarino, Brasil-São Paulo (023), cx. 12, doc. 625; há transcrição desse ofício em *Documentos interessantes para a História e costumes de São Paulo*, vol. 45, *op. cit.*, p. 129-130.

85 'Ofício dos oficiais da câmara da vila de Itu à rainha D. Maria [...]'. 19 de fevereiro de 1796. *Documentos interessantes para a História e costumes de São Paulo*. São Paulo: Arquivo do Estado de São Paulo, 1913, 3ª edição (1ª edição, 1894), vol. 3, p. 96-97.

86 Naquele ano, na vila de Itu, ao menos dois oficiais da câmara, que escreveram o ofício supracitado, eram senhores de engenho, a saber, Zacarias José de Freitas e Pedro da Silveira Leite. Cf. 'Mapas com resumo geral dos engenhos de açúcar que existem na capitania de São Paulo'. Pós 1798, *op. cit.*

87 'Carta (Autógrafa e Cópia) dos oficiais da Câmara da cidade de São Paulo ao governador e capitão general de São Paulo, Bernardo José de Lorena [...]'. 6 de

Em 27 de setembro de 1796, o secretário de Estado D. Rodrigo de Souza Coutinho comunicou ao governador de São Paulo o contentamento da rainha com a pronta resposta dada pelos oficias das câmaras paulistas, certificando que os impostos adotados seriam "pouco pesados aos seus vassalos".[88] Por fim, deu permissão para que Lorena nomeasse cavaleiros das Ordens Militares seis sujeitos que mais tivessem influenciado na resposta às questões régias.[89] Nove meses depois, o governador enviou a lista com os nomes dos cavaleiros escolhidos por ele. A saber: da Ordem de Cristo, o capitão de auxiliares Antonio José Vaz e o capitão de ordenanças Salvador Nardi de Vasconcelos Noronha; da Ordem de Avis, o doutor juiz de fora e presidente da câmara de Santos Sebastião Luiz Tinoco da Silva e o sargento-mor de ordenanças José Alves de Oliveira; da Ordem de São Tiago, o sargento-mor de ordenanças Francisco Antonio de Andrade e o capitão de ordenanças Eufrásio de Arruda Botelho.[90]

Foi o que bastou para se armar uma pendência. Em carta de janeiro de 1798, oficiais da câmara de São Paulo encaminharam ao secretário de Estado petição na qual se queixavam de que o ex-governador Lorena tinha conferido as mercês de acordo com sua vontade, dando-as a Antonio José Vaz, que, segundo os oficiais, não tinha servido em câmara naquele ano, e a quatro juízes das vilas de Itu, Parnaíba, Cunha e Santos. Atestavam que estas e as demais câmaras que participaram da reunião foram apenas ouvidas, "e por si nada resolveram". Pediam que as mercês fossem distribuídas aos vereadores da câmara da cidade de São Paulo, e, desse modo, "todas [as vilas], na pessoa da capital, participavam a mesma glória".[91]

---

abril de 1796. Arquivo Histórico Ultramarino, Administração Central, Conselho Ultramarino, Brasil-São Paulo (023), cx. 12, doc. 625.

88   Vale lembrar que o monopólio só foi extinto mesmo em abril de 1801. Cf. Myriam Ellis. *O Monopólio do sal no Estado do Brasil*, op. cit., p. 175 e seguintes.

89   'Ofício do secretário de Estado D. Rodrigo de Souza Coutinho ao governador Bernardo José de Lorena [...]'. 27 de setembro de 1796. *Documentos interessantes para a História e costumes de São Paulo*, vol. 25, op. cit., p. 165-168; há transcrição desse documento também em *Idem*, vol. 45, op. cit., p. 489-491.

90   Cf. 'Carta de Bernardo Jozé de Lorena ao secretário de Estado D. Rodrigo de Souza Coutinho [...]'. 28 de junho de 1797, e 'Relação dos Nomes dos seis membros das Camaras [...]'. *Documentos interessantes para a História e costumes de São Paulo*, vol. 45, op. cit., p. 201-204.

91   'Do Secretário d'Estado [D. Rodrigo de Souza Coutinho] [...]' 22 de setembro de

Na verdade, a matéria concernia menos a uma questão de justiça à câmara da cidade de São Paulo do que a uma disputa pessoal pelas mercês. Se examinarmos a carta que os oficiais da câmara de Itu enviaram à rainha, notaremos que a proposta para a tributação do sal é a mesma daquela tirada em reunião com as demais câmaras; igualmente no que se refere ao ferro, assunto também em pauta, cuja proposta dos oficiais de Itu era de que os direitos régios passassem para as sedas e outros tecidos finos. A carta de Itu é de 19 de fevereiro de 1796. A da câmara de São Paulo, com os mesmíssimos argumentos, de 6 de abril. É de se supor, portanto, que a participação das outras câmaras foi essencial para o acordo.

Antonio Bernardo Bueno da Veiga, Manoel de Jesus Costa e Cintra, e Joaquim Francisco de Vasconcelos, que assinaram a petição expedida a D. Rodrigo de Souza Coutinho, realmente foram oficiais da câmara no ano de 1796. Antonio José Vaz, por outro lado, lá não tinha servido naquele ano. Mas, como certificam alguns atestados das câmaras de Parnaíba, Mogi das Cruzes, Guaratinguetá e da própria cidade de São Paulo, Antonio José Vaz não só participou da reunião, a pedido do governador, pelo seu "comportamento, instrução e luzes", como deu consulta a alguns oficiais de outras câmaras, e, ainda, foi quem "mais distintamente influiu na resolução".[92] Poderíamos descontar certo exagero desses atestados, típico da argumentação que quer ganhar o pleito. No entanto, pelo visto, Vaz foi mesmo espécie de conselheiro de alguns camaristas. Em 12 de março de 1799, o governador Melo Castro e Mendonça enviou à câmara de Guaratinguetá, bem como às demais da capitania, ofício mandando que um representante dela fosse enviado à cidade de São Paulo para assinar resolução a ser tirada sobre as pensões que seriam pagas a dois engenheiros tipógrafos, dois engenheiros hidráulicos, um contador, um médico e um cirurgião que mandariam es-

---

1798. *Documentos interessantes para a História e costumes de São Paulo*, vol. 89, op. cit., p. 81-85.

92 'Atestado dos oficiais da câmara da vila de Parnaíba [...]'. 16 de fevereiro de 1799, "Atestado dos oficiais da câmara da vila de Mogi das Cruzes [...]'. 23 de março de 1799, e 'Atestado dos oficiais da câmara da vila de Guaratinguetá [...]'. 31 de março de 1799. Biblioteca Nacional - Lisboa, Manuscritos - Coleção Pombalina, códice 633, fls. 122-124; e 'Registo de uma attestação [...]'. 5 de abril de 1799. *Registro Geral da Câmara Municipal de São Paulo (1796-1803)*. São Paulo: Arquivo Municipal de São Paulo, 1921, vol. 12, p. 318-327.

tudar em Lisboa, "de donde depois de aprovados voltarão a exercer os seus empregos [em São Paulo]". Manoel José da Costa, juiz da câmara de Guaratinguetá, pediu, em carta de abril do mesmo ano, que Antonio José Vaz auxiliasse naquela questão, dando seu parecer se deveriam ou não concordar, embora, "por oras", não estivessem inclinados a consentir, "porque dizem que até aqui se tem passado muito bem sem eles". Mais do que isso, como o governador ordenara que escrevessem a decisão tomada pela câmara para, posteriormente, subi-la à "Real presença de Sua Majestade", solicitava que o então tenente-coronel lhes enviasse um rascunho contendo o que deveriam expor, "naquilo que vossa mercê assentar".[93]

Antonio José Vaz aconselhou não só a câmara de Guaratinguetá como também as de outras quatro vilas.[94] No rascunho que elaborou, - por sinal, muito bem-acabado - concordou com a proposta do governador, apontando que para a "pensão" poderia ser cobrado um real sobre cada arrátel de açúcar, ou seja, trinta e dois réis por arroba. Calculando que se exportavam cem mil arrobas por ano de açúcar para fora da capitania, sem contar o que era consumido internamente, afirmou poderem-se obter anualmente três contos e duzentos mil réis. Terminou a missiva em estilo literário: "de onde concluímos serem os ditos açúcares o objeto mais próprio que se pode representar, para deles se extrair industriosamente as doçuras, que devem compor um novo favo tão útil, sem detrimento das flores".[95]

É difícil precisar a influência de Vaz nas determinações subsequentes. No mesmo ano de 1799, Melo Castro e Mendonça criou a Nova Contribuição Literária, segundo a qual seriam cobrados, nos portos da capitania, impostos sobre a saída, fosse para fora do Brasil fosse para qualquer outro porto, de sal, aguardente, café, arroz e algodão, além do açúcar em cima do qual recairiam não trinta e dois, mas quarenta réis por arroba.[96] Vale mencionar

---

[93] 'Carta do oficial da câmara de Guaratinguetá Manoel José da Costa ao tenente-coronel Antonio José Vaz, pedindo conselhos'. 11 de abril de 1799. Biblioteca Nacional - Lisboa, Manuscritos - Coleção Pombalina, códice 633, fl. 125.

[94] Cf. 'Carta de Antonio José Vaz ao governador de Minas Gerais Bernardo José de Lorena [...]'. 15 de maio de 1799. *Ibidem*, fl. 129.

[95] 'Rascunho Elaborado por Antonio José Vaz a pedido de Manoel José da Costa'. 22 de abril de 1799. *Ibidem*, fl. 126.

[96] Chamava-se *nova* contribuição literária porque já havia o subsídio literário, im-

que a contribuição causou algum alvoroço e suscitou muitas reclamações durante o governo sucessor,[97] até ser extinta em 1807.[98]

Ao que parece, não bastaram nem os requisitos nem as "luzes" de Antonio José Vaz. Talvez até aumentassem o desejo daqueles que contra ele requeriam. Movido não só pela aspiração de receber a mercê dos hábitos, mas para que o tenente-coronel não as possuísse, Antonio Bernardo Bueno da Veiga, em outubro de 1799, ou seja, mais de um ano após a primeira reclamação, enviou outro ofício a D. Rodrigo de Souza Coutinho. Agora, assinando sem os seus "companheiros", denunciou que Vaz, ao saber do conteúdo do ofício anterior, tratara de "fabricar documentos artificiais e aparentes", buscando atestações de câmaras de fora daquela cidade - "as que pela maior parte se compõem de homens ignorantes, e por isso movediços, condescendentes e de fácil convenção" -, de alguns particulares e da própria câmara de São Paulo, "que é feita a dedo deste despótico general". E rogou, por fim, a intervenção do secretário de Estado no caso.[99]

O tenente-coronel Antonio Vaz, na carta que enviou como resposta ao pedido do juiz da vila de Guaratinguetá, sobre os ofícios de engenheiros e outros, declarou ser muito benéfica a criação das cadeiras sugeridas. "Que outra coisa", assegurava, "pretende o pai da pátria no estabelecimento proposto de novos engenheiros e mais professores, senão tirar-nos, como pela mão, do atoleiro em que há tanto tempo jazemos de vida? Ele pretende com

---

posto destinado à instrução pública, que foi estabelecido por carta régia de 10 de novembro de 1772, no âmbito das chamadas reformas pombalinas do ensino. Em São Paulo, este tributava apenas a aguardente e as carnes. Para alguns dados do subsídio literário na capitania de São Paulo, veja-se 'Carta do governador e capitão general da capitania de São Paulo, conde de Sarzedas, Bernardo José Maria da Silveira e Lorena, à rainha [...]'. Arquivo Histórico Ultramarino, Administração Central, Conselho Ultramarino, Brasil-São Paulo (023), cx. 13, doc. 675.

97 'Representação dos comerciantes da vila de Santos ao príncipe regente [...]'. 13 de janeiro de 1803. *Idem*, cx. 19, doc. 937, e 'Representação (Cópia) dos oficiais da Câmara da vila de Porto Feliz [...]'. *Idem*, Brasil-São Paulo-Mendes Gouveia (023-01), cx. 63, doc. 4807.

98 Cf. 'Parecer do Conselho Ultramarino sobre a representação da Câmara da vila de Porto Feliz [...]'. *Idem*, Brasil-São Paulo (023), cx. 30, doc. 1335.

99 'Ofício de Antônio Bernardo Bueno da Veiga ao [secretário de estado da Marinha e Ultramar], D. Rodrigo de Sousa Coutinho [...]'. Ant. 11 de outubro de 1799. *Idem*, cx. 15, doc. 717.

isto chamar-nos perto de Si, educar-nos, polir-nos e, afinal, premiar-nos; e que maior benefício!". O que guiou as considerações de Vaz foram as palavras do próprio São Paulo, que, em suas epístolas, orientava: "Que se deve obedecer aos Soberanos sem reserva, não só por causa do temor, mas por obrigação de consciência". Foi por aí que Vaz começou sua carta. Afirmando que se esta doutrina lhes servisse de bússola seriam "fiéis vassalos, sendo bons cidadãos" e teriam "a pátria no peito, e o Príncipe no coração". Acrescentando a isso "as vantagens" de andarem na "Régia lembrança".[100]

Era contra essa "vantagem" que tramavam seus aparentes inimigos. Ainda em 1799, Bernardo José de Lorena trouxe um pouco de alento ao ânimo do tenente-coronel enviando-lhe cópia do ofício sobre a confirmação régia dos indicados para os hábitos das Ordens Militares. Vaz pôde suspirar aliviado e, ainda, atestar que, com relação às críticas que fizeram ao ex-governador por causa de suas indicações, estava provado que não eram senão "latidos de cão contra o Sol".[101]

Ter uma mercê dos hábitos era uma coisa, ser agraciados com o hábito propriamente dito era bem mais complicado. O processo poderia levar anos e, até, gerações. As exigências eram diversas: "pureza de sangue, o que implicava não descender de judeus, cristãos-novos e mouros; limpeza de ofícios, isto é não ter ofício manual; nobreza, ou por outras palavras, ter um estilo de vida reputado como tal; não ser herege, nem ter cometido crime de lesa--majestade; não provir de gentios ou de mulatos"; "ter idade entre 18 e 49 anos; ter nascido de matrimônio legítimo; não ser portador de doença, nem aleijão físico que impedissem o uso das armas; não ter dívidas, nem crimes pendentes, nem ser infamado de caso grave que tocasse na reputação do candidato"; etc.[102] É certo que na segunda metade do século XVIII afrouxou-se um pouco o rol de impeditivos e cresceram os números das dispensas. Em

---

100 'Resposta de Antonio José da Costa sobre o conselho que lhe pedia Manoel José da Costa'. 22 de abril de 1799. Biblioteca Nacional - Lisboa, Manuscritos - Coleção Pombalina, códice 633, fl. 127.

101 'Carta de Antonio José Vaz ao governador de Minas Gerais Bernardo José de Lorena [...]'. 15 de maio de 1799. Biblioteca Nacional - Lisboa, Manuscritos - Coleção Pombalina, códice 633, fl. 129.

102 Fernanda Olival. *As Ordens Militares e o Estado Moderno: honra, mercê e venalidade em Portugal (1641-1789)*. Lisboa: Estar, 2001, p. 164.

1773, a pureza de sangue já não era condição essencial; os ofícios mecânicos, a esta altura, também não eram obstáculo.[103] A reforma nas três Ordens Militares promovida por D. Maria I, em 1789, buliu mesmo no topo da pirâmide. Para os cavaleiros, única mercê com que os paulistas podiam sonhar, pouco mudou. A se destacarem a isenção de inquirições aos militares que fossem agraciados com mercê da Ordem de Avis e a inscrição dos documentos, com as habilitações concedidas, na Secretaria de Estado do Reino, e não necessariamente nas Chancelarias das Ordens.[104] Este último ponto talvez explique o fato de os hábitos dos seis paulistas agraciados com a mercê não estarem registrados nas respectivas Ordens.

Contudo, tampouco há referência aos hábitos e às próprias mercês nos índices das Chancelarias Régias. Pode-se suspeitar que a força dos "latidos do cão", à qual se referia Antonio Vaz, era pequena apenas diante do astro-rei. Aos menores, se quisessem inocentar-se, restaria o ônus da prova. Não obstante a garantia apresentada por Lorena, em 1803 o tenente-coronel ainda se via às voltas com auto de justificação, carta de sentença, certidões, informações, requerimentos, despachos, inquirições de testemunhas, tudo para dar continuidade a seu processo de habilitação.[105] Mais de três anos depois, era a vez de Salvador Nardi de Vasconcelos Noronha, por meio de seu procurador, fazer a solicitação de seu prometido hábito da Ordem de Cristo.[106]

Os indícios de que disponho levam-me a crer que nenhum dos seis agraciados com as nomeações de Lorena conseguiu, afinal, o hábito das Ordens. Nos índices das Chancelarias Régias só há referência à capitania de São Paulo no de D. Maria I; no de D. João VI, nada consta. Há, naquele, apenas indicações sobre a concessão de carta patente de capitão da 1ª Companhia de Ordenança da cidade de São Paulo a Salvador Nardi, em 6 de novembro de 1805, e a de tenente-

---

103 *Ibidem*, p. 474-475.

104 *Ibidem*, p. 491 e 494.

105 'Carta do ouvidor geral da comarca (de São Paulo) Joaquim José de Almeida para o (Príncipe Regente, D. João) [...]'. 10 de agosto de 1803. Arquivo Histórico Ultramarino, Administração Central, Conselho Ultramarino, Brasil-São Paulo--Mendes Gouveia (023-01), cx. 52, doc. 4056.

106 'Requerimento de Alexandre Pereira Diniz, como procurador de Salvador Nardi de Vasconcelos [...]'. Post. 9 de outubro de 1806. Arquivo Histórico Ultramarino, Administração Central, Conselho Ultramarino, Brasil-São Paulo (023), cx. 28, doc. 1266.

coronel do Primeiro Regimento de Milícias de Infantaria da capitania a Antonio José Vaz, em 21 de agosto de 1806.[107] No Registro Geral de Mercês menciona-se somente certidão negativa em nome de José Alves de Oliveira, o sargento-mor que foi indicado para uma das mercês do hábito da Ordem de Avis.[108] Sobre o então capitão-mor Eufrásio de Arruda Botelho, recomendado para o hábito da Ordem de São Tiago, o genealogista Luiz Gonzaga da Silva Leme informava que chegou a sargento-mor das ordenanças, ocupando outros "cargos do governo", e que era "importante cidadão de Itu". Não fazia, porém, nenhuma referência ao dito hábito.[109]

Antonio José Vaz foi sujeito eminente na capitania. Nos documentos que encaminhou para o Reino, todos, aliás, a seu favor, havia até mesmo um atestado do governador Franca e Horta declarando que desempenhava "todas as suas funções com inteligência e probidade". Além de ser abastado, exerceu diversos cargos em São Paulo, até falecer em 12 de junho de 1823. Quem informava era Manuel Eufrásio de Azevedo Marques nos seus *Apontamentos*. Referia-se, também, às inclinações literárias do tenente-coronel, mencionando que cultivara "as musas, posto que sem grande sucesso".[110] Azevedo Marques trazia à baila as deusas gregas símbolos das artes, mas nada comentava sobre o hábito da Ordem de Cristo, que Vaz não deve ter chegado mesmo a receber.

Para conseguir uma mercê dos hábitos valia-se de tudo, de manipular genealogias[111] a estorvar a habilitação de outrem. É impossível, por ora, perceber se foram decisivas ou não as queixas apresentadas pelos oficiais que serviram na câmara de São Paulo em 1796, que tampouco conseguiram as pretendidas mercês, uma vez que não faziam parte da lista feita pelo governador. Todavia, é evidente que exerceram algum influxo no resultado do

---

107 Arquivo Nacional da Torre do Tombo. Chancelaria de D. Maria (Índices), liv. 186.
108 Cf. 'José Alves de Oliveira. Certidão Negativa'. Arquivo Nacional da Torre do Tombo, Registro Geral de Mercês, Registro de Certidões, liv.1, fl.366v.
109 Luiz Gonzaga da Silva Leme. *Genealogia Paulistana, op. cit.*, vol. 4, p. 128.
110 Manuel Eufrasio de Azevedo Marques. *Apontamentos históricos..., op. cit.,* tomo 1, p. 68.
111 Aqui, refiro-me ao estudo de Evaldo Cabral de Mello. *O Nome e o Sangue. Uma parábola familiar no Pernambuco colonial.* São Paulo: Topbooks, 2000, 2ª edição revista e ampliada (1ª edição, 1989).

processo, especialmente a acusação que Antonio Bernardo Bueno da Veiga moveu contra Antonio José Vaz.

Na capitania de São Paulo, como temos notado, havia elites, no plural. Foge dos objetivos deste estudo traçar as redes da elite paulista no período em questão. Por enquanto, basta destacar a pluralidade desses grupos. Outro ponto que vale ressaltar, sem, entretanto, comprová-lo, é uma possível hierarquia regional dessas elites. Os Monteiro da Silva e os Gomes de Siqueira na freguesia de Facão, depois vila de Cunha, teriam a mesma evidência que um Pinto de Morais Leme da cidade de São Paulo? A elite da vila de Guaratuba se equiparava à de Itu? Acredito que não. Por ora, o que mais interessa é deixar evidente alguns dos conflitos em São Paulo na segunda metade do século XVIII e princípios do XIX. Mais ainda, destacar como as reformas empreendidas na capitania, parte de um plano mais amplo de políticas para o Império Português, redundaram em mudanças na própria sociedade paulista. Por um lado, o fortalecimento de algumas elites antigas, por outro, a possibilidade de ascensão de novos sujeitos nesse seleto grupo, ainda que não homogêneo. Para tanto, ser homem de recursos foi fundamental, ter autoridade na capitania ou em determinada vila também o era. Muitas vezes, entretanto, esses atributos não bastaram. Era indispensável ter certos partidários, certas alianças. Nesse aspecto, os governadores tiveram grande valor para quem quisesse resolver alguma contenda, ser promovido a alto posto, ou mesmo conquistar riqueza e *status*.

9
De Herói a Lobo Voraz

Porém, se os engenhosos
Hinos que dirigiu prêmio é devido
Aos Heróis virtuosos
Quem tem mais que Lorena merecido?
É Lorena o Herói que eu louvar venho,
Devo esperar de vós o desempenho

[...]

A paixão dominante
Pelo público bem, virtude estável,
Virtude assaz constante
Do meu preclaro Herói, Herói amável
Um mérito lhe adquire tão subido,
Um louvor tal que a ele é só devido.

[...]

> Mostra o nobre e elevado
> Magnífico edifício: este que vemos
> Da casa do Senado,
> Em cujo Arquivo nós, nós mesmos temos
> Documentos autênticos do zelo
> Desse Herói que será de Heróis modelo.[1]

As Academias do século XVIII no Brasil eram criadas ou com o intuito de se reunirem com certa periodicidade ou para festejar datas e acontecimentos memoráveis. As mais relevantes, do ponto de vista da criação de uma historiografia na América Portuguesa, foram fundadas na Bahia no século XVIII, chamadas respectivamente de Academia dos Esquecidos (1724) e de Academia dos Renascidos (1759).[2] Como estas, existiram outras que se dedicaram a temas variados, como estudos de física e de química, e até à elaboração de obras literárias.[3] Tem-se notícia de que na capitania de São Paulo formaram-se duas Academias em momentos pontuais. Uma em agosto de 1770, quando houve grande festividade que durou onze dias por conta do translado da imagem de Sant'Ana para um novo altar da Igreja do Colégio de São Paulo, e reuniram-se alguns ilustres da capitania para recitar composições relacionadas ao evento.[4] E

---

1   'Ao Illustríssimo e Excelentíssimo Senhor Bernardo Joze de Lorena Governador e Capitão General Desta Capitania de São Paulo. Na Academia, Que lhe dedica este Senado da Camera no dia em que se mudão os prezos para a nova Cadea a 17 de Dezembro de 1791. Offerece o mais reverente e obsequiozo súbdito Salvador Nardi de Vasconscellos Noronha.' 1791. Biblioteca Nacional - Lisboa, Manuscritos - Coleção Pombalina, códice 643, fls. 275-280.

2   Cf. Iris Kantor. *Esquecidos e renascidos: historiografia acadêmica luso-americana, 1724-1759*. São Paulo, Hucitec; Salvador: Centro de Estudos Baianos/ UFBA, 2004.

3   Cf. Arthur Motta. *História da literatura Brasileira. Época de Transformação. Século XVIII*. São Paulo: Companhia Editora Nacional, 1930, especialmente, p. 11-32.

4   Affonso de Taunay a intitulava "Academia dos Felizes" e se questionava se fora fundada em 1770 ou antes das comemorações. Cf. Afonso de E. Taunay. *História da cidade de São Paulo no século XVIII (1765-1801)*. São Paulo: Divisão do Arquivo Histórico, 1951, 4ª edição (1ª edição, 1931), vol. 2, 2ª parte, p. 129. Massaud Moisés certifica que se tratava de uma Academia reunida especificamente para a comemoração daquele ato e considera um equívoco denominá-la

a outra em 17 de dezembro de 1791, por conta das homenagens ao aniversário da rainha D. Maria I e da inauguração do edifício do Senado da câmara e da cadeia de São Paulo.⁵ Na ocasião, foram escritos desde tratados em latim até poemas, sonetos, orações e odes declarando grande júbilo ao "herói" Bernardo José de Lorena, como o poema de Salvador Nardi de Vasconcelos Noronha, que abre este capítulo.

Pouco mais de seis anos depois dessa última manifestação literária na capitania de São Paulo, o capitão-mor da vila de Cunha, José Gomes de Siqueira e Mota, enviou carta à D. Maria I em que declarava seu profundo desgosto com o governador Antonio Manoel de Melo Castro e Mendonça. Queixando-se de algumas atitudes tomadas pelo capitão-general, referia-se a ele como um "lobo voraz entre mansas ovelhas",⁶ em clara alusão ao *Sermão da Montanha* em que Cristo alertava do perigo dos falsos profetas, "lobos vorazes", cujas verdadeiras faces seriam reconhecidas por suas ações, tal qual um mau fruto denunciando a árvore ruim.⁷

Esses dois casos, longe de indicarem o quanto um governador era amado e o outro, odiado, expressam a complexidade das relações entre esses administradores e a elite da capitania. Se houve inúmeros momentos de convergência entre as elites locais e os governadores, por outro lado, esse elo não singrou continuamente em mar de rosas. É possível verificar diversos conflitos, das mais variadas ordens, desde o governo do morgado de Mateus, em 1765, até 1802, findado o de Melo Castro e Mendonça, limite proposto para este trabalho.

Pouco antes da chegada do morgado de Mateus à cidade de São Paulo, um edital da câmara paulistana dava a "gostosa notícia" da vinda do governador e, a fim de recebê-lo com os "aplausos devidos", determinava que os ha-

---

"Academia dos Felizes", nome que recebeu aquela estabelecida no Rio de Janeiro em 1736. Cf. Massaud Moisés. A Literatura em São Paulo. *In*: Ernani Silva Bruno (org.). *São Paulo. Terra e povo*. Porto Alegre: Editora Globo, 1967, p. 195.

5 Cf. Massaud Moisés. A Literatura em São Paulo, *op. cit.*, p. 195.
6 'Carta de José Gomes de Siqueira e Mota a D. Maria I [...]'. 23 de abril de 1798. Arquivo Histórico Ultramarino, Administração Central, Conselho Ultramarino, Brasil-São Paulo (023), cx. 14, doc. 701.
7 Mateus 7, 15-20.

bitantes pusessem suas luminárias acessas por três dias consecutivos.[8] Para a chegada do novo governador estava prevista grande festa. As igrejas da cidade fariam repicar seus sinos, as casas estariam todas caiadas e as ruas carpidas e sem buracos, os padeiros e as quitandeiras colocariam flores e folhas por todas as ruas pelas quais o governador passasse, e haveria "encamisadas de cavalo" a correrem, com luzes, por todas as ruas avisando o início do festejo.[9]

Sem contar a praxe da recepção que a entrada de um novo governador exigia, a chegada do morgado de Mateus punha termo aos pedidos da câmara da cidade de São Paulo para o restabelecimento da autonomia administrativa da capitania.[10] As câmaras municipais, ao mesmo tempo, representavam o poder local e figuravam como instrumento do poder régio. É claro que, por exemplo, em Salvador - cujos vereadores eram, se comparados aos edis paulistas, nobilitadíssimos -, a câmara tinha poder e presença, inclusive de negociação com a Coroa portuguesa, tão grandes que a figura do governador, mesmo no século XVIII, poderia ficar um tanto ofuscada.[11] A elite colonial paulista, na figura de seus vereadores, não possuindo a riqueza nem o prestígio da elite baiana, precisou de um governador que desse alguma vazão aos seus anseios. Em contrapartida, a presença desse governante significou maior controle, por parte da Coroa, sobre essa mesma elite. São esses, pois, os dois movimentos que a restituição de um governador próprio para a capitania reúne. A partir deles, é possível entender alguns dos obstáculos encontrados por esses administradores. Não sendo a elite colonial paulista um grupo homogêneo, realizar os anseios de uns poderia significar incomodar

---

8   'Registo de um edital [...]'. 3 de julho de 1765. *Registro Geral da Câmara Municipal de S. Paulo (1765-1795)*. São Paulo: Typographia Piratininga, 1920, vol. 11, p. 148-149.

9   Essas informações estão em uma série de correspondências que tratam dos festejos para receber o governador D. Luís Antonio de Souza Botelho Mourão. *Ibidem*, p. 152-160.

10 O primeiro desses pedidos é de 1751, logo após a perda da autonomia, em 1748, e o último, de 1763. Cf. Lílian Lisboa Miranda. *Governança e edilidade em São Paulo (1765-1775)*. São Paulo: Departamento de História / FFLCH / USP, 2002, tese de doutorado, p. 95-98.

11 Cf. Avanete Pereira Souza. *Poder local, cidade e atividades econômicas (Bahia, século XVIII)*. São Paulo: FFLCH-USP, 2003, tese de Doutorado, p. 98.

outros, assim como se unir a um grupo implicaria, por vezes, mesmo sem querer, declarar-se rival de outro.

Entenda-se por anseios interesses cujas ordens variaram com o tempo e com os grupos envolvidos. Com respeito ao período da vinda do morgado de Mateus, estavam em pauta, principalmente, disputas por posse de terras entre os habitantes de São Paulo e os da capitania de Minas Gerais.[12] Os limites de São Paulo com capitanias circunvizinhas foi problema que todos os governos enfrentaram, de D. Luís Antonio a Melo Castro e Mendonça.[13] Em representação de 1771, os oficiais da câmara de São Paulo pediam providências ao morgado de Mateus contra os "defraudes" que os habitantes de Minas Gerais faziam com relação às terras e aos descobertos pertencentes aos paulistas. Para tanto, ressaltavam o fato de os povos da capitania pedirem a vinda do governador "para os defender da opressão em que se achavam". Como se arrogassem aos paulistas a nomeação do capitão-general, concluíam afirmando que "foi o mesmo Senhor [o rei D. José] servido pela sua Real clemência atender as suas [dos paulistas] súplicas, fazendo eleição na ilustríssima pessoa de Vossa Excelência, em que achou todas as circunstâncias necessárias para governador e capitão-general desta antiga capitania, fazendo-a restituir ao seu antigo estado".[14]

O morgado de Mateus, assentindo ao pedido da câmara de São Paulo, mandou que se repartissem e se dessem as terras minerais em questão e que se garantisse a segurança da arrecadação dos direitos régios, "seguindo sempre a direção dos caminhos por dentro dos limites desta capitania".[15] Tudo

---

12 Cf. Lucila Reis Brioschi. *Criando História: paulistas e mineiros no Nordeste de São Paulo, 1725-1835*. São Paulo: FFLCH-USP, 1995, tese de Doutorado, p. 97-107.

13 A respeito do problema dos limites de São Paulo, veja-se o capítulo 1 da memória elaborada por Melo Castro e Mendonça. 'Memória econômico política da Capitania de S. Paulo [...] em 1800'. *Anais do Museu Paulista*. São Paulo: Museu Paulista, 1961, tomo 15, p. 83-92.

14 'Representação da Câmara de São Paulo'. 30 de setembro de 1771. *Documentos interessantes para a História e costumes de São Paulo*. São Paulo: Arquivo do Estado de São Paulo, 1896, vol. 11, p. 118-121.

15 'Ordem para repartir as terras minerais do Rio Pardo e Jaguary'. Post. 30 de setembro de 1771. *Ibidem*, p. 128-130.

indica que D. Luís Antonio de Souza tomou mesmo o partido dos paulistas nas disputas pelas terras da região que fazia divisa com Minas Gerais.[16] As queixas dos governadores da capitania mineira tanto para o próprio governador como para o secretário de Estado deixam clara a posição favorável, nesse sentido, aos anseios dos paulistas, tomada tanto pelo primeiro como pelos outros capitães-generais da capitania.[17]

Contraposto a esse caloroso primeiro contato, o morgado de Mateus teve alguma dificuldade em lidar com os camaristas de São Paulo. É possível atentar para o período em que a capitania ficou sem governador próprio como estimulador dessas forças locais. Mais ainda: é plausível que se tenha formado uma estrutura local de redes de poder dos vereadores da capitania, "em grupos, cujos membros ligados entre si, dispunham do governo das vilas, segundo seus caprichos e interesses".[18] A justificativa da demora do governador na praça de Santos, antes de se dirigir à cidade São Paulo, foi, com aprovação régia, precisamente fazer frente a esses grupos e "obviar as desordens que nela achou".[19]

Com a reforma militar empreendida na capitania, as câmaras ficaram incumbidas de pagar os soldos dos sargentos-mores e dos ajudantes das tropas auxiliares. Esse foi um dos primeiros problemas que D. Luís Antonio de Souza teve de enfrentar com os edis paulistas. Com arrecadação diminuta, eles se opunham ao encargo, em especial os da comarca de Paranaguá. Mesmo após

---

16 Cf. Heloísa Liberalli Bellotto. *Autoridade e conflito no Brasil colonial: o governo do Morgado de Mateus em São Paulo: 1765-1775*. São Paulo: Conselho Estadual de Artes e Ciências Humanas, 1979, p. 90-93 e 235-238.

17 Cf. Um documento antigo relativo a Questão de limites entre S. Paulo e Minas Geraes, pelo Dr. Olville A. Derby. *Revista do Instituto Histórico e Geográfico de São Paulo*. São Paulo: Typographia de El Diario Español, 1898, vol. 3, p. 278-284.

18 Heloísa Liberalli Bellotto. *Autoridade e conflito no Brasil colonial: o governo do Morgado de Mateus em São Paulo: 1765-1775, op. cit.*, p. 257.

19 'Carta [do secretário de Estado conde de Oeiras] para o mesmo [Morgado de Mateus] [...]'. 22 de julho de 1766. Arquivo Histórico Ultramarino, Administração Central, Conselho Ultramarino, Brasil - Códices, códice 423, N. 33. Para os outros motivos da demora, veja-se Heloísa Liberalli Bellotto. *Autoridade e conflito no Brasil colonial: o governo do Morgado de Mateus em São Paulo: 1765-1775, op. cit.*, p. 87-88.

a formação de uma Junta para discutir a questão e tentar resolver o problema das vilas de Paranaguá, a controvérsia permaneceu. Em carta de 6 de dezembro de 1767, o governador pediu conselhos ao secretário de Estado para resolver a questão, uma vez que as câmaras daquela comarca insistiam em "repugnar o pagamento" dos sargentos-mores e dos ajudantes, e, com isso, corria-se o risco de os demais municípios da capitania também se decidirem a não mais cumprir aquela exigência.[20] A necessidade de enviar o sargento-mor de Paranaguá para o Viamão fez com que o morgado de Mateus ordenasse que o ajudante de ordens Afonso Botelho o auxiliasse "com seu próprio soldo".[21] O problema com a câmara de Paranaguá e com os pagamentos do sargento-mor e do ajudante não foram exclusivos do primeiro governo da capitania restaurada. Em 1783, Francisco da Cunha Menezes repreendeu os oficiais daquela câmara por proverem de forma indevida a remuneração daqueles soldos, e determinou que, não obstante quaisquer termos de vereança que houvesse, o pagamento deveria ser desembaraçado e feito como de costume.[22]

Não há defesa sem provisões. Sustentar as tropas para lutar contra a invasão castelhana significou necessariamente providenciar aumento das rendas da capitania. Era função do novo governador fazer crescer os rendimentos da Fazenda Real, "e remediar os notórios desconcertos que aí havia".[23] Um dos meios de arrecadação eram os contratos dos dízimos, pelos quais a Coroa cedia a um particular, por determinado tempo, a cobrança de certos direitos régios. O anúncio do dia estipulado para a arrematação dos

---

20 'Ofício do [governador e capitão general da capitania de São Paulo, Morgado de Mateus, D. Luís Antônio de Sousa Botelho Mourão] ao [secretário do reino], conde de Oeiras [...]'. 6 de dezembro de 1767. Arquivo Histórico Ultramarino, Administração Central, Conselho Ultramarino, Brasil-São Paulo (023), cx. 5, doc. 334.

21 Heloísa Liberalli Bellotto. *Autoridade e conflito no Brasil colonial: o governo do Morgado de Mateus em São Paulo: 1765-1775, op. cit.,* p. 253.

22 Cf. 'Ofício do governador e capitão-general Francisco da Cunha Menezes à câmara de Parnaguá [...]'. 24 de março de 1783. *Documentos interessantes para a História e costumes de São Paulo.* São Paulo: Arquivo do Estado de São Paulo, 1961, vol. 85, p. 83.

23 'Sobre as ponderações, que faz o Governador de São Paulo [...]'. 24 de setembro de 1765. *Documentos interessantes para a História e costumes de São Paulo.* São Paulo: Arquivo do Estado de São Paulo, 1895, vol. 14, p. 69-72.

contratos era feito em praça pública, e todos os interessados em dar lances deveriam dirigir-se à câmara na data marcada.[24]

Em ofício de 4 de novembro de 1774, o governador de São Paulo, D. Luís Antonio de Souza, em resposta às queixas enviadas contra ele pelo ouvidor, José Gomes Pinto de Morais,[25] explicou ao secretário de Estado, marquês de Pombal, os motivos que o fizeram preferir Manoel José Gomes a Manoel de Oliveira Cardoso na arrematação do contrato dos dízimos que se fez naquele ano. Dentre as razões apresentadas, estava o fato de Manoel Cardoso ter arrendado os dízimos da capitania a preços baixos por quinze anos.[26] Afirmou, ainda, que a continuidade na arrematação dos contratos deu-se porque Manoel Cardoso era protegido do bispo e detinha o posto de capitão-mor da cidade de São Paulo, "por cujo respeito não houve nunca quem se atrevesse a lançar [dar lances] no dito contrato durante todo aquele tempo".[27]

O governador relatava que, em 25 de julho de 1774, "aceleraram-se os ânimos" entre o capitão-mor Manoel Cardoso e Manoel José Gomes, de tal sorte que os lances para a arrematação do contrato duraram até quase nove horas da noite. Momento em que o último lance, dado pelo capitão-mor, chegou à quantia de vinte e seis contos e quatrocentos mil reis. Notando o grande valor da oferta, que passava em um conto e seiscentos mil reis a arrecadação anterior da Fazenda Real, o governador chamou Manoel José Gomes e seus sócios e perguntou se lhes valia por aquele preço o contrato, ao que responderam afirmativamente. O provedor contestou, então, para que cobrissem a oferta do capitão-mor, o que fizeram com quarenta mil reis.

Em seguida, o capitão-mor, não sabendo do ocorrido, dirigiu-se à sala

---

24 Cf. Afonso de E. Taunay. *História da Cidade de São Paulo no século XVIII (1765-1801), op. cit.,* 2ª parte, p. 34.

25 Cf. *Ibidem*, p. 49.

26 Com relação à arrematação dos estancos e gêneros na capitania, Lílian Miranda mostra que ficaram "a cargo de um mesmo grupo de indivíduos que formavam constantes parcerias de arrematante e fiador". Lílian Lisboa Miranda. *Governança e edilidade em São Paulo (1765-1775), op. cit.,* p. 148.

27 'Ofício do governador e capitão general da capitania de São Paulo, Morgado de Mateus, D. Luís Antônio de Sousa Botelho Mourão, ao [secretário do reino], marquês de Pombal [...]'. 4 de novembro de 1774. Arquivo Histórico Ultramarino, Administração Central, Conselho Ultramarino, Brasil-São Paulo (023), cx. 6, doc. 378.

onde estavam e disse que queria fazer outros lances, se o fosse permitido, ao que lhe responderam que o contrato já tinha sido fechado. Das justificativas expostas por D. Luís Antonio de Souza para tomar essa atitude destaque-se a alegação de que o capitão-mor, usando de suas influências, era "remisso nos seus pagamentos, pagava quando queria, e enfadava-se de lho pedirem". O morgado de Mateus sustentava que amigos e partidários do capitão-mor Manoel Cardoso declaravam-se avessos à sua decisão, "ameaçando que hão de desfazê-la pondo na Real Presença de Sua Majestade algumas coisas que nem se imaginaram, nem sucederam, para extorquirem à sombra de falsos pretextos alguma resolução que me desacredite, e ponha em perplexidade as resoluções de uma Junta, de que sou presidente, e de que Sua Majestade fia os seus Reais Interesses".[28]

Ao pesquisar informações sobre os sujeitos envolvidos nessa contenda, a grande quantidade de cargos por eles exercidos chamou-me a atenção; bem como o número de contratos arrematados pelo capitão-mor Manoel de Oliveira Cardoso.

Manoel de Oliveira Cardoso, português, comerciante, foi tesoureiro da Bula da Santa Cruzada (1741-1747), vereador (1742), almotacé (1743-1746),[29] capitão-mor das ordenanças (a partir de 1761),[30] caixa do contrato dos "Direitos do Registro de Curitiba" (1792) e mestre de campo.[31] Ainda, foi provedor da Santa Casa de Misericórdia (1749-1750)[32] e participou da Ordem Terceira de São Francisco e da Irmandade do Santíssimo Sacramento,[33]

---

28   Ibidem.

29   Nanci Leonzo. *Defesa Militar e Controle Social na Capitania de São Paulo: as milícias*. São Paulo: FFLCH/USP, 1979, tese de doutorado, p. 75-78.

30   'Patentes, Provisões e Sesmarias [...]'. *Revista do Instituto Histórico e Geográfico*. São Paulo: Instituto Histórico e Geográfico, vol. 28, 1930, p. 705.

31   Nanci Leonzo. *Defesa Militar e Controle Social na Capitania de São Paulo: as milícias, op. cit.,* p. 75-78.

32   Cf. Laima Mesgravis. *A Santa Casa de Misericórdia de São Paulo (1599?-1884)*. São Paulo: Conselho Estadual de Cultura, 1976, p. 81.

33   Cf. Maria Aparecida de Menezes Borrego. *A teia mercantil: negócios e poderes em São Paulo colonial (1711-1765)*. São Paulo: FFLCH-USP, 2006, tese de Dou-

além de ser cavaleiro da Ordem de Cristo.³⁴ Tenho notícia, também, de que foi contratador dos dízimos (1764 e 1765),³⁵ fiador do contrato dos "direitos do registro de Viamão" (1769), contratador, em sociedade com o tenente-coronel Paulino Aires de Aguirra, da "passagem do rio Curitiba" (1786) e contratador, em sociedade com o mesmo tenente-coronel, dos "direitos dos animais que passam pelo novo registro do rio das Canoas" (1786).³⁶ Já Manoel José Gomes foi tesoureiro real da Casa de Fundição (1770 e 1774), provedor da Santa Casa de Misericórdia (1774-1775), sargento-mor de Mogi Mirim (1775), ajudante de ordenanças de São Paulo (1788) e tenente-coronel do 1º. Regimento de Cavalaria, além de ter exercido cargos na câmara de São Paulo.³⁷

No momento em que o governador e o ouvidor da capitania envolveram-se no caso, deslocaram-se os personagens principais, Manoel de Oliveira Cardoso e Manoel José Gomes, e a questão tomou tons de disputa pessoal. D. Luís Antonio de Souza e o ouvidor José Gomes Pinto de Morais tiveram uma relação bastante amistosa, o que levou aquele a passar atestações muito favoráveis a este.³⁸ O próprio provedor da Fazenda Real de São Paulo, José Honório de Valadares Aboim, desafeto manifesto do governador,³⁹ acusava os dois de tramarem para que ele fosse impedido de exercer suas funções, ficando, assim, José Gomes Pinto no seu lugar como provedor interino.⁴⁰ E

---

torado, p. 166.

34 Cf. *Ibidem*, p. 178-186.
35 Cf. 'Carta do corretor da Fazenda Real da capitania de São Paulo, Domingos Bastos Viana, para D. José [...]'. 15 de julho de 1771. Arquivo Histórico Ultramarino, Administração Central, Conselho Ultramarino, Brasil-São Paulo-Mendes Gouveia (023-01), cx. 27, doc. 2562.
36 Nanci Leonzo. *Defesa militar e controle social na capitania de São Paulo: as milícias, op. cit.*, p. 75-78.
37 'Patentes, Provisões e Sesmarias [...]', *op. cit.*, p. 701, e Laima Mesgravis. *A Santa Casa da Misericórdia de São Paulo (1599?-1884), op. cit.*, p. 84.
38 Cf. Afonso de E. Taunay. *História da Cidade de São Paulo no século XVIII (1765-1801), op. cit.*, 2ª parte, p. 49.
39 Cf. Heloísa Liberalli Bellotto. *Autoridade e conflito no Brasil colonial: o governo do Morgado de Mateus em São Paulo: 1765-1775, op. cit.*, p. 314-316.
40 Cf. 'Requerimento do (provedor da Fazenda Real de São Paulo), José Honório de Valadares e Aboim a D. Maria I [...]'. Anterior a 27 de agosto de 1777. Arquivo

foi na condição de provedor interino que José Gomes se dizia ofendido com as medidas tomadas pelo governador com relação à arrecadação do contrato dos dízimos que se fez em 1774. No governo de Martim Lopes Lobo de Saldanha, moveu representação e promoveu averiguação sobre a "nulidade, e respectivo conluio público" encabeçados pelo morgado de Mateus.[41] O ex-governador defendia-se acusando o então ouvidor de aliar-se ao bispo de São Paulo, D. frei Manoel da Ressurreição, contra ele, de querer que o capitão-mor Manoel Cardoso arrematasse o contrato, e de desejar que os "ramos dos dízimos da vila de Santos" fossem dados "a um seu compadre, José Nunes".[42] Até mesmo Lobo de Saldanha enviou carta ao marquês de Pombal acusando a administração de seu antecessor de lesar a Fazenda Real em "mais de vinte mil cruzados". Destacando o zelo do ouvidor José Pinto de Morais e tecendo inúmeros elogios a ele, Lobo de Saldanha afirmou que seu desacordo com a arrematação daquele ano lhe valeu "ultrajes, violências, ameaças, maquinações, opressões, e cerco".[43]

Mesmo que, ao elaborar um estudo, procure-se dispensar alguma boa vontade aos personagens dos quais se tratará, o fato é que Martim Lopes Lobo de Saldanha dedicou considerável parte do tempo que esteve na capitania a depreciar a administração de seu antecessor. O caso da arrematação dos contratos dos dízimos veio, pois, a calhar. Estando apenas uma semana em São Paulo, já elaborava queixas contra o morgado de Mateus, acusando desde o miserável estado do governo até a falta de fardamento do Regimento de Voluntário Reais. Suas críticas eram encaminhadas às mais diversas autoridades nos mais variados lugares da colônia: do Rio de Janeiro a Santa Catarina, do Rio Grande de São Pedro a Goiás e Mato Grosso, as censuras à

Histórico Ultramarino, Administração Central, Conselho Ultramarino, Brasil-São Paulo-Mendes Gouveia (023-01), cx. 32, doc. 2774.

41 'Traslado dos autos da averiguaçam que se fes por Testemunhas, e documentos na Junta da Real Fazenda da Capitania de Sam Paulo [...]'. 7 de julho de 1775. Biblioteca Nacional - Lisboa, Manuscritos - Avulsos, códice 4530, fl. 103-104.

42 'Carta do (ex-governador e capitão-general da capitania de São Paulo), D. Luís Antônio de Sousa (Botelho Mourão, morgado de Mateus) para D. Maria I [...]'. 29 de julho de 1777. Arquivo Histórico Ultramarino, Administração Central, Conselho Ultramarino, Brasil-São Paulo-Mendes Gouveia (023-01), cx. 31, doc. 2767.

43 'Carta de Martim Lopes Lobo de Saldanha para o marquês de Pombal [...]'. 2 de março de 1775. Biblioteca Nacional - Lisboa, Manuscritos - Avulsos, códice 4530, fls. 235-236.

administração pretérita iam-se espalhando.⁴⁴ A coisa chegou a tal ponto que até o vice-rei, marquês de Lavradio, grande adversário da estratégia militar empregada por D. Luís Antonio de Souza na guerra contra os espanhóis,⁴⁵ aconselhou que Lobo de Saldanha fosse mais prudente com as informações que recebia sobre o morgado de Mateus. Numa passagem que sintetiza a ambiguidade da relação entre os governadores e as elites da capitania, e a possibilidade de renovadas alianças sempre que um novo capitão-general assumia o governo, orientou:

> A minha amizade, e o zelo que tenho para o Real Serviço, me obrigam a lembrar a Vossa Excelência que é preciso ir com muito cuidado a respeito das más informações que lhe derem das pessoas de quem se servia o Senhor Dom Luiz de Souza, e daqueles que ele protegia; por que estas são as ocasiões em que os malévolos costumam sempre pôr em prática as más qualidades do seu ânimo, querendo muitas vezes denegrir falsamente o nome, e reputação de quem os governou, de quem se acham escandalizados talvez pelos ter castigado como eles mereciam. Muito cuidado, meu Excelentíssimo, neste ponto; ele pode ser de uma grande consequência: Os aduladores nestas ocasiões é que fazem os seus maiores golpes; vá Vossa Excelência muito atento com eles, e espere que o tempo lhe faça conhecer a verdade, e quem são aqueles que não faltam a ela.⁴⁶

Muito fluidas as posições dos governadores na capitania paulista,

---

44 Cf. António Barreto do Amaral. Martim Lopes Lobo de Saldanha: Governador e Capitão General da Capitania de São Paulo. *Revista do Instituto Histórico e Geográfico de São Paulo*. São Paulo: IHGSP, 1968, vol. 65, p. 197-199.

45 Sobre essa questão, veja-se Heloísa Liberalli Bellotto. *Autoridade e conflito no Brasil colonial: o governo do Morgado de Mateus em São Paulo: 1765-1775*, op. cit., p. 265-310.

46 'Ofício do marquês de Lavradio, vice-rei do Estado do Brasil e governador e capitão-general do Rio de Janeiro, ao governador e capitão-general de São Paulo Martim Lopes Lobo de Saldanha [...]'. 12 de julho de 1775. *Documentos interessantes para a História e costumes de São Paulo*. São Paulo: Arquivo do Estado de São Paulo, 1895, vol. 17, p. 24-27.

quiçá na colônia toda. Em pouco tempo Martim Lopes de acusador passou a acusado. Seus principais desafetos eram o juiz de fora de Santos, José Carlos Pinto de Sousa, o ouvidor-geral, Estevão Gomes Teixeira, e a câmara da cidade de São Paulo.[47] Os oficiais desta, em carta de 3 de março de 1780, atribuíram inúmeras faltas ao governador. Acusaram-no de expulsar vereadores da câmara daquela cidade e de colocar outros em seus lugares; de eleger seu partidário para o cargo de fiscal da Real Casa de Fundição; de ordenar, mesmo após nova eleição, que se mantivesse no cargo de juiz dos órfãos Jerônimo Rodrigues, casado com "uma parenta" do clérigo José Joaquim Monteiro, de quem o governador era amigo; de fazer prisões indevidas e dar salvos-condutos a pessoas que não os mereciam; de "deflorar" duas honradas irmãs e alugar-lhes casa "de fronte da sua residência" para com elas se entreter; de promover Joaquim José Pinto de Morais Leme para o posto de capitão de cavalos do novo Regimento de Voluntário Reais, "tendo feito publicamente uma morte no distrito da vila de Curitiba, e mandou tirar do cartório da ouvidoria a devassa sendo escrivão Agostinho Delgado", por ser Joaquim José irmão do clérigo amigo de Lobo de Saldanha e de "uma moça por nome Jacinta, publicamente infamada com o governador dito";[48] etc.[49] Dentre os remetentes da carta, consta assinatura de Manoel José Gomes, arrematante do contrato dos dízimos contra o qual Lobo de Saldanha se posicionou em inúmeras correspondências para a corte.

  Se as acusações dos oficiais do Senado de São Paulo são verdadeiras ou não é, por ora, impossível saber. Entretanto, está longe do meu objetivo defender ou mesmo beatificar os governadores da capitania, que de santos tinham muito pouco. Além das ordens régias que deviam cumprir, é pre-

---

47 Cf. 'Carta do governador e capitão-general da capitania de São Paulo, Martim Lopes Lobo de Saldanha, à rainha [D. Maria I] [...]'. Posterior a 4 de agosto de 1780. Arquivo Histórico Ultramarino, Administração Central, Conselho Ultramarino, Brasil-São Paulo (023), cx. 9, doc. 496.

48 Trata-se, respectivamente, de José Joaquim Monteiro de Mattos, clérigo de São Pedro, e de Jacinta Angélica. Cf. Pedro Taques Paes Leme. *Nobiliarchia Paulistana Histórica e Genealógica*. 3 tomos. São Paulo: Comissão do IV Centenário da Cidade de São Paulo / Livraria Martins Fontes, [s.d.], 3ª edição (2ª edição, completa, 1940/1944), p. 158.

49 'Carta dos oficiais da Câmara da cidade de São Paulo à rainha [D. Maria I] [...]'. 3 de março de 1780. Arquivo Histórico Ultramarino, Administração Central, Conselho Ultramarino, Brasil-São Paulo (023), cx. 9, doc. 495.

ciso considerar as vantagens e os poderes que o cargo trazia. Podiam beneficiar amigos, aliados ou mesmo parentes.[50] Foi, talvez, para conter essas parcialidades que D. João ordenou que presidentes e ministros do Conselho Ultramarino e os demais empregados daquele tribunal "não aceitassem daqui em diante debaixo de qualquer título, ou pretexto, presente de qualidade alguma, por mais insignificante que fosse, da parte de governadores, e das demais pessoas atualmente empregadas no seu Real Serviço em os Domínios Ultramarinos".[51] Os governadores eram, como já vimos, lembrados a todo tempo - por cartas, ordens, decretos, provisões - de que seus poderes estavam subordinados às decisões e aos interesses régios.

Contudo, algumas vezes as normas não eram estritamente seguidas. O caso do trombeta de cavalaria dos Voluntários Reais, Caetano José da Costa, o Caetaninho, é, nesse sentido, exemplar. Caetaninho era muito ligado ao filho, e ajudante de ordens, do governador Lobo de Saldanha; nas palavras de Machado D'Oliveira, "o favorito mais do peito de Antonio Lobo". Machado D'Oliveira conta que, estando a comemorar certo festejo na fazenda beneditina de São Caetano da Borda do Campo, convencionou-se promover uma apresentação teatral da qual faziam parte Antonio Lobo e Caetaninho, hábil tocador de clarim e rabeca. Em dado momento surgiu impasse entre os dois amigos, "por não querer este aceder ao que aquele lhe exigia, de tocar certa peça de música, em que não estava bem versado, ou talvez por causa de quase completa embriaguez em que estava pelas libações do festim", e Antonio Lobo deu uma bofetada em Caetaninho. Este, de pronto, sacou uma faca e desferiu um golpe em Lobo, fazendo "ligeira escoriação entre a orelha esquer-

---

50 Alguns exemplos: 'Carta do governador e capitão-general de Minas Gerais conde de Valladares ao governador e capitão-general de São Paulo Morgado de Mateus [...]'. 4 de maio de 1769. *Documentos interessantes para a História e costumes de São Paulo*, vol. 14, *op. cit.*, p. 244; e Manuel Eufrasio de Azevedo Marques. *Apontamentos históricos* [...]. 2 tomos. São Paulo: Comissão do IV Centenário da Cidade de São Paulo, 1953 (1ª edição, 1879), tomo 1, p. 68-70.

51 'Carta do mesmo Secretário de Estado [D. Rodrigo de Souza Coutinho] [...]'. 8 de novembro de 1799. *Documentos interessantes para a História e costumes de São Paulo*. São Paulo: Arquivo do Estado de São Paulo, 1967, vol. 89, p. 195-196.

da e o pescoço" do amigo, "que não se achava menos ébrio".⁵² Em resumo,⁵³ o trombeta, como militar que era, foi julgado por conselho de guerra, que, considerando a amizade dos dois envolvidos e a pouca gravidade do ferimento, declarou sua culpa, mas o absolveu da pena de morte. Martim Lopes Lobo de Saldanha, considerando irregulares certos procedimentos adotados no julgamento, nomeou novo conselho, cuja sentença foi implacável, condenando Caetaninho à pena de morte, por "tentativa de assassinar ao filho de um representante do rei, do que seguir-se-ia sedição contra a monarquia".⁵⁴ A morte do trombeta não foi em vão. Serviu bem aos propósitos dos opositores do governador, que, assim, tinham mais um argumento contra a "tirania" de Lobo de Saldanha. Foi com a alcunha de "homicídio voluntário" que os oficiais da câmara de São Paulo pediam a punição do capitão-general.⁵⁵

A metáfora sobre os latidos do cão contra o sol, usada por Antonio José Vaz,⁵⁶ vem em momento oportuno. Dos cães, Caetaninho foi aquele com latido mais fraco; além de mulato, era apenas trombeta, um dos postos mais baixos da tropa paga. Ser favorável a ele não significaria apenas malfazer o governador, mas ir contra a própria autoridade régia, uma vez que, de fato, o trombeta atacou ninguém menos do que o filho do capitão-general, além de seu oficial superior, por Antonio Lobo ser capitão de infantaria. É por esse motivo que, mesmo estando em desagrado régio,⁵⁷ Martim Lopes Lobo de

---

52 J. J. Machado D'Oliveira. *Quadro Histórico da Província de São Paulo.* São Paulo: Governo do Estado, 1978, edição fac-similada da 1ª edição de 1864, p. 175.

53 Sobre o caso, além do *Quadro Histórico* de J. J. Machado D'Oliveira, vejam-se Manuel Eufrásio de Azevedo Marques. *Apontamentos* [...], *op. cit.*, tomo 1, p. 154-156; António Barreto do Amaral. *Martim Lopes Lobo de Saldanha*, *op. cit.*, p. 195-196; e Nuto Sant'Anna. *São Paulo no século XVIII.* São Paulo: Secretaria da Cultura, Ciência e Tecnologia / Conselho Estadual de Cultura, 1977, p. 149-150.

54 J. J. Machado D'Oliveira. *Quadro Histórico da Província de São Paulo*, *op. cit.*, p. 176.

55 'Carta dos oficiais da Câmara de São Paulo à rainha [D. Maria I] [...]'. 10 de novembro de 1781. Arquivo Histórico Ultramarino, Administração Central, Conselho Ultramarino, Brasil-São Paulo (023), cx. 10, doc. 513.

56 Veja-se o capítulo 8.

57 Cf. 'Requerimento do ex-governador e capitão general da capitania de São Paulo, Martim Lopes Lobo de Saldanha, à rainha [D. Maria I] [...]'. Anterior a 16 de outubro de 1783. Arquivo Histórico Ultramarino, Administração Central, Con-

Saldanha foi inocentado de todas as acusações que contra ele enviaram para a corte, inclusive o procedimento que resultou na morte de Caetano José da Costa, do qual, segundo o procurador da Fazenda do Ultramar, José Gonçalo da Silveira Preto, deveria ter-se abstido, deixando a decisão de castigar o réu ao "Real Arbítrio de Sua Majestade". Ainda assim, o procurador reconhecia que o trombeta "merecia o ódio público" e que Lobo de Saldanha o castigou sem a régia autorização entendendo "que obrava como General e satisfazia a sua obrigação".[58] O parecer do conselheiro do Conselho Ultramarino, João Batista Baroni, não só foi favorável ao do procurador, José Gonçalo, como considerou que não era correto afirmar que o governador não poderia mandar executar a sentença do réu, já que a lei determinava que todo magistrado "em cuja presença se cometem o delito, seja o mesmo a julgá-lo e a castigá-lo", fosse ele pai ou não do ofendido. Concluindo que, por todas as "qualidades e circunstâncias" apresentadas, era Lobo de Saldanha "um dos mais honrados e melhores governadores que modernamente têm servido naquele Estado", e, sendo assim, parecia "digno, sem dúvida, de que Sua Majestade o admita à sua graça, ao Seu Real Serviço, e lhe remunere de justiça os serviços que tem feito, quando ele se resolva a pedir uma justa recompensa".[59]

Sem entrar no mérito da culpabilidade de uns e de outros, é certo que na segunda metade do século XVIII já havia em São Paulo uma elite articulada e estabelecida, embrenhada nas malhas da administração da capitania, e, por isso, detentora de autoridade e de prestígio. Quando alguns habitantes de Itu pediram a criação do cargo de juiz de fora para a vila, esperando, assim, acabar com os abusos de algumas famílias de lá,[60] Martim Lopes Lobo de Sal-

---

    selho Ultramarino, Brasil-São Paulo (023), cx. 10, doc. 518.

58 'Parecer do (procurador da Fazenda do Ultramar José Gonçalo da Silveira Preto) sobre a resposta que o governador e capitão-general da capitania de São Paulo Martim Lopes Lobo de Saldanha dera às queixas contra ele formuladas'. c.23 de setembro de 1784. Arquivo Histórico Ultramarino, Administração Central, Conselho Ultramarino, Brasil-São Paulo-Mendes Gouveia (023-01), cx. 37, doc. 3106; há cópia desse parecer no Arquivo Nacional da Torre do Tombo, Papéis do Brasil, códice 6, fls. 358-359v.

59 "Parecer do (conselheiro do Conselho Ultramarino, João Batista Baroni) [...]'. c. 23 de setembro de 1784. *Ibidem*.

60 'Para informar sobre a necessidade de se crear o lugar de Juiz de fora na Villa de Itú'. 5 de fevereiro de 1780. Arquivo Histórico Ultramarino, Administração Central, Conselho Ultramarino, Brasil - Códices, códice 424, fl. 121.

danha, no parecer que escreveu sobre o assunto, reconheceu que não havia na capitania "povoação nenhuma que não tenha um séquito particular dos homens mais poderosos que nelas vivem para que metendo-se no governo delas o queiram sujeitar às suas paixões estranhas". Ponderou, todavia, que a criação do cargo era inútil. Por um lado, porque seria mais uma despesa para a capitania. Por outro, o mais contundente, é que se fosse indispensável juiz de fora para acabar com os desmandos da vila de Itu seria "necessário criar para cada uma das mais vilas outros semelhantes" cargos. O problema, segundo Lobo de Saldanha, só se resolveria ampliando os poderes dos governadores.[61]

Fato aparentemente pouco importante e de âmbito privado moveu, em 1799, a elaboração de cinco memórias pelo governador Antonio Manoel de Melo Castro e Mendonça. O capitão-mor da vila de Cunha, José Gomes de Siqueira e Mota, tinha como sua amante a filha do capitão Francisco Xavier Leite, e, com o intento de emancipá-la, dirigiu-se ao juiz dos órfãos que se negou a fazê-lo sem o consentimento dos pais da moça. Todavia, o juiz ordinário, mesmo sem competência para tal, o fez.[62] O capitão Xavier Leite, sabendo do acontecido, foi reclamar com Melo Castro e Mendonça, que, então, chamou José Gomes em seu gabinete e, após algumas controvérsias, o fez assinar um termo segundo o qual ficaria responsável pela moça enquanto ela estivesse num dos Recolhimentos da cidade de São Paulo. O capitão-mor assinou o termo, voltou para a vila de sua origem e, nesse espaço de tempo, elaborou queixas contra o governo de Melo Castro e Mendonça, endereçadas ao secretário de Estado, D. Rodrigo de Souza Coutinho, e à rainha D. Maria I.[63] Escritas e enviadas as lamentações, José Gomes refugiou-se na capitania de Minas Gerais, de onde seguiu encaminhando suas cartas.[64]

---

61 'Carta do governador e capitão-general da capitania de São Paulo, Martim Lopes Lobo de Saldanha, à rainha [D. Maria I] [...]'. 9 de outubro de 1780. Arquivo Histórico Ultramarino, Administração Central, Conselho Ultramarino, Brasil-São Paulo (023), cx. 10, doc. 499.

62 Ao juiz ordinário só era permitido exercer as funções do juiz dos órfãos onde não houvesse esse ofício de justiça. Cf. Graça Salgado (org.). *Fiscais e meirinhos: a administração no Brasil Colonial*. Rio de Janeiro: Nova Fronteira, 1990, 2ª edição (1ª edição, 1985), p. 129, 149, 207, 262 e 360.

63 'Cartas de José Gomes de Siqueira e Mota [...]'. 23 de abril de 1798. Arquivo Histórico Ultramarino, Administração Central, Conselho Ultramarino, Brasil-São Paulo (023), cx. 14, doc. 701.

64 'Carta de José Gomes de Sequeira e Mota, capitão-mor da Vila de Cunha, Ca-

Em ofício de 19 de setembro de 1798, D. Rodrigo de Souza Coutinho remeteu ao governador de São Paulo cópia de uma das cartas do capitão-mor de Cunha e ordenou que fossem dadas explicações sobre o conteúdo daquelas queixas.[65] Em 12 de fevereiro do ano seguinte, o capitão-general certificou, ao secretário de Estado, que enviaria suas respostas da forma mais pormenorizada possível, conforme o assunto exigia, e, para tanto, estava elaborando algumas memórias sobre o caso.[66]

Melo Castro e Mendonça, ao longo de seu governo na capitania paulista, escreveu, ao menos, mais três diferentes memórias: em 1798, "Memória dos objectos, que de recomendação de Sua Majestade, e por utilidade pública devem promover os juiz e vereadores da Câmara desta cidade", endereçadas às câmaras da capitania de São Paulo;[67] em 1800, "Memória Econômico Política da Capitania de S. Paulo",[68] endereçada a D. Rodrigo de Souza Coutinho; em 1801, "Memória sobre os objetos mais interessantes da Capitania de S. Paulo entregue ao Ilustríssimo e Excelentíssimo Senhor Antonio José da Franca e Horta [...]",[69] endereçada ao governador que o sucedeu na capitania.

As memórias de 1800 e de 1801 tratam de assuntos relacionados a preocupações quanto às necessidades de estímulo e desenvolvimento agrícola, aumento da arrecadação régia, defesa das fronteiras, mudanças na organização militar, enfim, políticas administrativas da capitania. A de 1798, menos abrangente, centra suas preocupações em sugerir às câmaras de São Paulo a

---

pitania de São Paulo, a D. Rodrigo de Sousa Coutinho, secretário de Estado dos Domínios Ultramarinos [...]'. 28 de setembro de 1798; e 'Carta de José Gomes de Sequeira e Mota, capitão-mor da Vila de Cunha [...]'. 1º de outubro de 1798. Arquivo Histórico Ultramarino, Administração Central, Conselho Ultramarino, Brasil-Minas Gerais (011), cx. 145, doc. 52.

65 'Sobre uma Carta de Joze Gomes de Sequeira Motta [...]'. 19 de setembro de 1798. Arquivo Histórico Ultramarino, Administração Central, Conselho Ultramarino, Brasil - Códices, códice 424, fls. 149-149v.

66 'Ofício do governador e capitão general da capitania de São Paulo, Antônio Manuel de Melo Castro e Mendonça, ao [secretário de estado da Marinha e Ultramar], conde de Linhares. D. Rodrigo de Sousa Coutinho, [...]' 12 de fevereiro de 1799. Arquivo Histórico Ultramarino, Administração Central, Conselho Ultramarino, Brasil-São Paulo (023), cx. 14, doc. 701.

67 *Registo Geral da Câmara Municipal de S. Paulo (1796-1803)*. São Paulo: Typographia Piratininga, 1921, vol. 12, p. 258-260.

68 *Anais do Museu Paulista*. São Paulo: Museu Paulista, 1961, tomo 15, p. 81-247.

69 *Anais do Museu Paulista*. São Paulo: Museu Paulista, 1964, tomo 18, p. 227-268.

adoção de mudanças no âmbito da agricultura, a fim de aumentar seu cultivo. Já as memórias de 1799 foram elaboradas com o intuito de defender o governo de Melo Castro e Mendonça contra as acusações feitas pelo capitão-mor da vila de Cunha. Nestas, mais do que apresentar o envolvimento entre José Gomes e Gertrudes Maria, filha do capitão Xavier, o governador entrou em pormenores das dificuldades encontradas no exercício da administração da capitania. De quebra, deu conta da intriga que havia entre aquele capitão-mor e o sargento-mor da vila de Cunha, Antonio José de Macedo.

José Gomes de Siqueira fora capitão de cavalaria auxiliar, enquanto Antonio José de Macedo era capitão de ordenanças. Melo Castro e Mendonça conta que, nesse tempo, José Gomes, desejando ser capitão-mor da vila, requereu ao então governador de São Paulo, Bernardo José de Lorena, que mandasse a câmara de Cunha fazer eleição daquele posto. Aliando-se ao ouvidor Miguel Marcelino Veloso e Gama, ao perceber que os oficias daquele ano não eram favoráveis a que ele ocupasse o posto, adiou sua estratégia e convenceu-os de que era melhor fazer a escolha em outra vereança. Passando-se, então, à eleição das pessoas que serviriam na câmara nos três anos que viriam. O pleito dizia respeito aos anos de 1789, 1790 e 1791. Para este último, foi escolhido Inácio de Loyola Freire para ocupar o cargo de juiz ordinário. Inácio era irmão de Francisco Nabo Freire, que tinha ligações com José Gomes. Um dos vereadores foi José Lopes dos Santos, casado com a irmã de Gomes, e, o outro, seu próprio irmão, Joaquim Gomes. Dos cinco oficiais da câmara para o ano de 1791, três eram vinculados ao José Gomes.

O problema é que no ano de 1790, estando o sargento-mor de Cunha com uma "moléstia que absolutamente o impossibilitava de continuar no referido emprego", Lorena ordenou que se procedesse à eleição de sujeito para ocupar aquele posto. Na hierarquia das companhias de ordenanças, logo abaixo do capitão-mor está o sargento-mor. Ocupando-se, pois, esse posto, era muito mais fácil alcançar aquele. Notando que Antonio José de Macedo era escolha certa para o ofício, José Gomes "subornou" o juiz ordinário, seu tio, Felix Gomes de Siqueira, para que suspendesse o escrivão da câmara e, assim, impossibilitasse a nomeação. A estratégia, no entanto, não foi bem-sucedida e elegeu-se Macedo como sargento-mor. Em 1791, renovada a câmara, José Gomes foi, afinal, com ajuda de seus parentes, nomeado para o posto de capitão-mor.[70]

Antonio José de Macedo, nomeado, em 1797, coronel do novo Regimento de Infantaria Miliciana da vila de Cunha, criado por Melo Castro e Mendonça,[71] era sobrinho de Manoel da Silva Granito.[72] Ora, estamos, com efeito, diante não de um conflito qualquer, de uma simples disputa por cargos, mas do prolongamento da contenda entre os Monteiro da Silva e os Gomes de Siqueira, da qual tratei no capítulo anterior. De um lado, Antonio José de Macedo, sobrinho de Manoel da Silva Granito; de outro, José Gomes de Siqueira, sobrinho de Felix Gomes de Siqueira, que, junto com Granito, foi personagem, mais de vinte anos antes, da questão envolvendo o assassinato do feitor Manoel Fernandes Vidal.

A história poderia até ser a mesma: disputa entre duas famílias de uma vila da capitania. Faziam parte dela sujeitos igualmente autorizados, com seus respectivos séquitos e cabedais.[73] No entanto, além deles, integrava o enredo figura de importância decisiva para o desfecho da trama: o próprio governador da capitania. Em 19 de dezembro de 1800, uma provisão do Conselho Ultramarino informava que, tendo por base as informações de Melo Castro e Mendonça, D. João mandava dar baixa a José Gomes de Siqueira e Mota, "um monstro de defeitos e culpas", acusado de "prostituir" a filha do capitão Francisco Xavier Leite, de usar de "sinistros meios" para

---

70 'Memória 2ª [...]'. Posterior a fevereiro de 1799. Arquivo Histórico Ultramarino, Administração Central, Conselho Ultramarino, Brasil-São Paulo (023), cx. 14, doc. 701.

71 Cf. Nanci Leonzo. *Defesa Militar e Controle Social na Capitania de São Paulo: as milícias, op. cit.,* p. 189.

72 'Carta do alferes da vila de Cunha, da capitania de São Paulo, Antônio Pires Querido Portugal, para D. Maria I [...]'. 7 de maio de 1798. Arquivo Histórico Ultramarino, Administração Central, Conselho Ultramarino, Brasil-São Paulo-Mendes Gouveia (023-01), cx. 45, doc. 3530.

73 Dos três engenhos de açúcar existentes na vila de Cunha, um deles pertencia a José Gomes. Antonio José de Macedo era agricultor e negociante em grosso. Cf. Mapas com resumo geral dos engenhos de açúcar que existem na capitania de São Paulo. Pós 1798. Arquivo Histórico Ultramarino, Administração Central, Conselho Ultramarino, Brasil-São Paulo (023), cx. 14, doc. 698; e Nanci Leonzo. *Defesa Militar e Controle Social na Capitania de São Paulo: as milícias, op. cit.,* p. 189.

ser nomeado capitão-mor e de desertar "sem respeito" ao real serviço.[74] Em ofício de 22 de setembro de 1801, Melo Castro e Mendonça deu ordem à câmara da vila de Cunha para cumprir o determinado pelo príncipe regente, registrando a baixa de José Gomes, e, em 20 de julho do ano seguinte, ordenou que procedessem à eleição de três pessoas aptas a concorrerem ao posto de capitão-mor, agora vago.[75] Como em um novo governo as possibilidades eram sempre outras, José Gomes aproximou-se do sucessor de Melo Castro e Mendonça, Antonio José da Franca e Horta. O novo capitão-general bem que tentou destacar as qualidades de José Gomes ao príncipe regente.[76] Porém, pelas notícias que tenho, sem sucesso, já que D. João não recuou da decisão anterior.[77]

No tocante a essa estratégia, Policarpo Joaquim de Oliveira foi muito mais afortunado. Paulista, arrendou no governo do morgado de Mateus a Fazenda de Araçariguama, na vila de Parnaíba, outrora pertencente aos jesuítas.[78] Em 1779, o capitão-mor da vila de Parnaíba, Antonio Correia de Lemos Leite, enviou ao capitão-general carta relatando inúmeras queixas contra o, agora, tenente-coronel, Policarpo Joaquim de Oliveira. Lobo de Saldanha, à época governador, por causa dessas e de outras reclamações con-

---

74 'Provizão do Conselho Ultramarino [...]'. *Documentos interessantes para a História e costumes de São Paulo*, vol. 89, *op. cit.*, p. 230-231.

75 'Para a Câmara da vila de Cunha registrar a baixa do capitão-mor José Gomes de Siqueira e Mota'. 22 de setembro de 1801; e 'Para a Câmara da Vila de Cunha proceder eleição de capitão-mor'. 20 de julho de 1802. *Documentos interessantes para a História e costumes de São Paulo*. São Paulo: Arquivo do Estado de São Paulo, 1980, vol. 93, p. 24 e 80.

76 'Carta do governador e capitão general da capitania de São Paulo, Antônio José da Franca e Horta, ao príncipe regente [D. João] [...]'. 14 de dezembro de 1804. Arquivo Histórico Ultramarino, Administração Central, Conselho Ultramarino, Brasil-São Paulo (023), cx. 24, doc. 1095.

77 'Requerimento de José Gomes de Sequeira e Mota [...]'. 13 de fevereiro de 1805; e 'Carta do governador o capitão-general da capitania de São Paulo, Antônio José da Franca e Horta, para o Príncipe Regente, D. João [...]'. 26 de abril de 1805. Arquivo Histórico Ultramarino, Administração Central, Conselho Ultramarino, Brasil-São Paulo-Mendes Gouveia (023-01), cx. 57, doc. 4303 e 4332.

78 Nanci Leonzo. *Defesa Militar e Controle Social na Capitania de São Paulo: as milícias*, *op. cit.*, p. 95.

trárias a Policarpo,[79] decidiu afastá-lo da região de Parnaíba e, ainda, cedeu o arrendamento da propriedade jesuítica a outra pessoa.[80]

Policarpo dirigiu-se, então, ao Rio de Janeiro, e lá tentou aproximar-se do vice-rei, D. Luís de Vasconcelos e Souza. Mais: passou a enviar ao bispo de São Paulo cartas contra Lobo de Saldanha. Em vista disso, o governador da capitania de São Paulo solicitou ao vice-rei a prisão de Policarpo, que foi efetuada em 21 de novembro de 1780.[81] Logo no governo de Francisco da Cunha Menezes (1782-1786), Policarpo foi, por ordem régia, transferido para uma "cadeia mais suave e moderada",[82] até, por fim, ser solto, por o governador entender que o período pelo qual passara recluso fora suficiente para sua correção. No período da administração de Bernardo José de Lorena (1788-1797), este paulista exerceu a função de alferes de cavalaria (1788) e foi promovido a coronel do Regimento de Dragões Auxiliares da capitania de São Paulo (1790). Em 1º. de janeiro de 1789, voltou a administrar a fazenda de Araçariguama, "arrendada por três triênios", e, ainda, em 1798, uma de suas propriedades, o "Morro Branco", "apresentou condições favoráveis à exploração de minas de salitre, empreendimento promovido, sob recomendação da Secretaria de Estado dos Negócios da Marinha e Domínios Ultramarinos". Policarpo não só ofereceu a área para as pesquisas da nitreira, mas passou a dirigir os operários que lá trabalhavam.[83] A 27 de fevereiro de 1802, obteve concessão de sesmarias nos seguintes lugares: Japi, Jundiavira, Pirapora e Santa Quitéria.[84]

---

79 Sobre as "irregularidades" praticadas pelo tenente-coronel, veja-se *Ibidem*, p. 97.

80 Cf. *Ibidem*, p. 99; e António Barreto do Amaral. Martim Lopes Lobo de Saldanha: Governador e Capitão General da Capitania de São Paulo, *op. cit.*, p. 200.

81 Nanci Leonzo. *Defesa Militar e Controle Social na Capitania de São Paulo: as milícias*, *op. cit.*, p. 100.

82 'Para o governador mandar colocar a Policarpo Joaquim de Oliveira numa cadeia mais branda [...]'. 13 de fevereiro de 1784. Arquivo Histórico Ultramarino, Administração Central, Conselho Ultramarino, Brasil - Códices, códice 237, fls. 166-166v.

83 Nanci Leonzo. *Defesa Militar e Controle Social na Capitania de São Paulo: as milícias*, *op. cit.*, p. 101-102.

84 Relação das Sesmarias Concedidas na Comarca da Capital entre os annos de 1559 a 1820 pelo Sr. João Baptista de Campos Aguirra. *Revista do Instituto His-*

Não sei se as queixas do capitão-mor da vila de Parnaíba, Antonio Correia de Lemos Leite, contra Policarpo Joaquim de Oliveira são meras intrigas ou não. Tampouco tenho conhecimento se o motor delas estava ligado ao arrendamento da antiga fazenda dos jesuítas. Entretanto, é possível concluir, por meio desse e dos outros exemplos, que, na dinâmica da administração colonial, um sujeito poderia, sob o governo de determinado capitão-general, perder suas prerrogativas e até ser preso. Isso não significava, porém, que nos governos vindouros ele não pudesse estabelecer relações e alianças que permitissem a retomada de sua autoridade e de seu cabedal. A coisa, em síntese, funcionava da seguinte forma: novo governador, novas alianças, nova possibilidade de ascensão de dado grupo ou sujeito. O que, por certo, não era ignorado pelos contemporâneos. Como podemos depreender da carta do frei Thomé da Madre de Deus Coutinho para o então governador de Minas Gerais, Bernardo José de Lorena. Nela, o preceptor de Francisco de Assis, filho de Lorena, lamuriava-se de sua "vida enferma" e de seu espírito aflito e tristonho, "sempre descontente com a perturbação desta terra", que o fazia esconder-se "pelos cantos" e não aparecer publicamente, "de vergonha" dos seus opressores. Divagando sobre o nome do capitão-general, atestou que Lorena começava "por letra mui feliz". O L "era luz, liberdade, lucro". Em contrapartida, o P, que não especifica, mas deve ser de São Paulo, "é penas, pobreza, prisão". Para concluir, afirmou:

> A mim prende-me o pejo, e apenas apareço em casa do meu amigo, e muito apaixonado elogiador de Vossa Excelência, o Coronel Francisco Xavier. Outros, que se diziam meus amigos, e juravam ser de Vossa Excelência, mudaram por dentro, como mudaram por fora; pondo em lugar do retrato de Vossa Excelência, ou do retrato da brandura e da cândida verdade, o retrato do furor e da doblez.[85]

---

tórico e Geográfico. São Paulo: Instituto Histórico e Geográfico, vol. 25, 1929, p. 524.

85 'Carta do frei Thomé da Madre de Deus para o governador e capitão-general da capitania de Minas Gerais Bernardo José de Lorena [...]'. 4 de julho de 1799. Biblioteca Nacional - Lisboa, Manuscritos - Coleção Pombalina, códice 617.

As dificuldades dos governadores em vincular aos desígnios régios os interesses de uma elite heterogênea e, muitas vezes, refratária, somadas às suas próprias conveniências, são, ao fim e ao cabo, as dificuldades da própria Coroa portuguesa em instituir as reformas, do período pombalino e pós-pombalino, no seu vasto e transcontinental Império. Não obstante os interesses pessoais de cada governador, esses administradores portugueses, instalados numa capitania a fim de governá-la da melhor maneira possível, deveriam sempre se concentrar no sentido da medida de todas as suas ações. Houve casos, em outros tempos e lugares, em que esses governantes estiveram muito mais empenhados em garantir seus próprios interesses.[86] Na São Paulo restaurada, esta disposição não pode ser descartada, mas as preocupações dos governadores, assim como suas ações, mesmo que, por vezes, com algum deslize ou arbitrariedade, manifestam forte cuidado em servir aos propósitos do soberano, incansavelmente lembrados e relembrados pelos secretários de Estado.

A esse respeito, vale evocar as palavras do governador e capitão-general Antonio Manoel de Melo Castro e Mendonça, em suas memórias de 1799:

> Sinto não poder fazer quanto desejo, mas na falta de forças suprirá a vontade, que me assiste, de cooperar para o aumento e riqueza não só do rendimento da Fazenda Real como também de toda a capitania. Sobejo prêmio me resulta de a fazer conseguir um grau de prosperidade que nunca teve aumentando o seu comércio e indústria, e fazendo por todos os modos cheios de fortuna os seus habitantes. Pouco importa que alguns d'eles, ingratos ao benefício que com todos prodigalizo, intentem denegrir e macular a minha reputação. Na própria consciência encontro o lenitivo d'este mal. Obro honradamente, cumpro a minha obrigação, executo as ordens da minha Soberana e procuro fazer ricos os meus súditos conservando-me mais pobre do que vim. Não tenho mais que apetecer, senão ser aceito a Vossa Excelência [D. Rodrigo de Souza Coutinho], e merecer

---

86 Veja-se, por exemplo, A. R. Disney. *A Decadência do Império da Pimenta: comércio português na Índia no início do século XVII*. Lisboa: Edições 70, 1981, p.75.

a sua estima e proteção, para d'esta sorte com tão poderosos auspícios poder completar felizmente a carreira começada.[87]

O fato é que também no afã de garantir a vontade régia, ou aquilo que julgavam como tal, alguns governadores perdiam a medida de suas ações, e acabavam excedendo seus poderes. É o caso do governador do Rio Grande de São Pedro, José Marcelino de Figueiredo, que no ano de 1779 entrou em litígio contra o então coronel Rafael Pinto Bandeira, importante personagem nas batalhas contra os espanhóis.[88] A acusação era de que Pinto Bandeira estava descaminhando as presas de guerra e outros direitos régios.

É possível que, não tendo condições de pagar a soldada pelos serviços prestados por alguns oficiais, a Coroa fizesse "vista grossa para as condutas que contrariavam os códigos legais".[89] Não seria, portanto, diferente nessa circunstância, ainda mais quando se trata de sujeito tão importante e necessário, inclusive militarmente, numa região extremamente instável. Dito e feito, em decreto de 1780, D. Maria I ordenou que se arquivasse o processo, e que se restituísse a Pinto Bandeira o posto que ocupava antes de ser preso. Mais ainda: no ano de 1784, o acusado tomou posse do cargo de governador da capitania subalterna do Rio Grande de São Pedro. Isso não significou, entretanto, vitória do poder local em detrimento do poder real. Ao contrário, a rainha preferiu garantir a manutenção de um grande auxiliar nas disputas do Sul contra os espanhóis do que repreender um possível dano na arrecadação régia.

A dificuldade não era, portanto, exclusiva da capitania paulista. Laura de Mello e Souza observa, quanto aos governadores de Minas Gerais, que, "salvo raras exceções, foram homens capacitados e aptos a desempenha-

---

87 'Memoria 5ª [...]'. Posterior a fevereiro de 1799. Arquivo Histórico Ultramarino, Administração Central, Conselho Ultramarino, Brasil-São Paulo (023), cx. 14, doc. 701.

88 Cf. Augusto da Silva. *Rafael Pinto Bandeira: de Bandoleiro a Governador. Relações entre os poderes privado e público em rio Grande de São Pedro*. Porto Alegre: Universidade Federal do Rio Grande do Sul - IFCH, 1999, dissertação de mestrado.

89 *Ibidem*, p. 99.

rem as funções diante das quais se viram".⁹⁰ A autora destaca, na turbulenta realidade da região, no século XVIII, as dificuldades enfrentadas por esses administradores, em "introjetar o poder e as normas nas lonjuras do sertão", "enquadrar os potentados, contornar o desejo de mando das Câmaras Municipais, ordenar a população heterogênea composta de várias gamas de mestiços" e "conter a violência sempre represada do contingente escravo".⁹¹

São Paulo, como podemos perceber, não foi caso isolado. Se os governadores enviados à capitania - alguns deles, é verdade, truculentos, autoritários e mandões⁹² - tiveram que lidar com a elite local para introduzir na região as reformas próprias do período, também se ocuparam da tarefa aqueles que administraram os domínio régios em outras partes do Império. Em Luanda, o governo de D. Francisco de Sousa Coutinho (1764-1772),⁹³ comprova que implementar essa série de mudanças significou lidar e, por vezes, aliar-se aos naturais da terra, promovendo mulatos e autóctones aos lugares e ofícios públicos.⁹⁴ Esse contato duradouro dos africanos com as instituições portuguesas, renovado a partir desse período, implicou não só a utilização de insígnias europeias como legitimação de poder e a incorporação do vocabulário do Antigo Regime pelos sobas e dembos, mas, também, a habilidade de ler e escrever cartas e documentos, ou, melhor

---

90 Laura de Mello e Souza. *Norma e conflito: aspectos da história de Minas no século XVIII*. Belo Horizonte: Ed. UFMG, 1999, p. 192.

91 *Ibidem*, p. 86. Veja-se, também, Laura de Mello e Souza. *Desclassificados do ouro: a pobreza mineira no século XVIII*. Rio de Janeiro: Edições Graal, 1982, p. 138-139.

92 Tomo emprestados os adjetivos de que Laura de Mello e Souza se utiliza para referir-se ao governador de Minas Gerais, Antonio Carlos Furtado de Mendonça. Laura de Mello e Souza. *O Sol e a sombra. Política e administração na América portuguesa do século XVIII*. São Paulo: Companhia das Letras, 2006, p. 172.

93 Análise sobre o governo de D. Francisco de Sousa Coutinho em Angola, à luz das dinâmicas internas daquela sociedade, encontra-se no trabalho de Mônica Tovo Soares Machado. *Angola no período pombalino: o governo de Dom Francisco Inocêncio de Sousa Coutinho - 1764-1772*. São Paulo: FFLCH-USP, 1998, dissertação de mestrado.

94 Cf. Catarina Madeira Santos. *Um governo "polido" para Angola. Reconfigurar dispositivos de domínio (1750-c.1800)*. Lisboa/Paris: FCSH/EHESS, 2005, tese de doutorado.

dizendo, a aquisição da "capacidade de *fazer falar o papel*".[95] Na Madeira e em Porto Santo, com o surgimento, em 1781, do regimento para o governador D. Diogo Pereira Forjaz Coutinho, a nítida intenção de regular e aprimorar os instrumentos de controle teve que levar em conta os poderes locais, especialmente os das câmaras.[96] Na ilha de Santa Catarina, o desempenho dos governadores, especialmente na segunda metade do século XVIII, não pôde prescindir do estabelecimento de uma "convivência articulada entre os diferentes poderes", aplicando-se em cumprir as ordens régias sem, todavia, descuidar-se das "demandas e pressões" dos locais.[97] Quando tinham bom sucesso, eram louvados, fosse por seus superiores fosse pela própria elite da capitania governada. Como comprova a carta dos oficiais da câmara de Sabará, em Minas Gerais, para Bernardo José de Lorena, na qual, ao agradecer uma decisão tomada pelo governador, expressavam a imensa felicidade que inundava a capitania a ponto de conduzi-los à seguinte atestação:

> Nem podia deixar de ser assim (seja-nos lícito, Excelentíssimo Senhor, esta expressão) depois de termos a honrosa glória de sermos conduzidos aos pés do Real Trono por um chefe benfazejo, e tal, como Vossa Excelência, que conhecendo-nos de muito perto sabe (quanto é possível) combinar com os interesses Régios as nossas precisões.[98]

---

95 Maria Emília Madeira Santos. Prefácio. *In: Africae Monumenta: a apropriação da escrita pelos Africanos: volume 1.* Arquivo Caculo Cacahenda. Edição, introdução, glossário e textos por Ana Paula Tavares, Catarina Madeira Santos. Lisboa: Instituto de Investigação Científica Tropical, 2002, p. 14 (grifos da autora).

96 Cf. Ana Madalena Rosa Barros Trigo de Sousa. *O Exercício do Poder Municipal na Madeira e Porto Santo na Época Pombalina e Post-Pombalina*. Funchal: CEHA, 2004, especialmente, p. 244-250.

97 Augusto da Silva. Nobres governadores na vila do Desterro (1738-1807). Texto inédito, gentilmente cedido pelo autor; apresentado no *(Pequeno) Seminário Internacional Poder Local na Dimensão do Império Português*. Promovido pela Cátedra Jaime Cortesão e pelo Projeto Temático Dimensões do Império Português, em 2007.

98 'Carta de agradecimento dos oficiais da câmara de Sabará para o governador da capitania de Minas Gerais Bernardo José de Lorena'. 17 de janeiro de 1801. Biblioteca Nacional - Lisboa, Manuscritos - Coleção Pombalina, códice 633, fl. 137.

O governador perfeito seria aquele que conseguisse combinar os interesses do rei às pretensões das elites locais. Tarefa dificílima, dada a multiplicidade e a complexidade das relações dentro da colônia e entre esta e a Metrópole. Por vezes, bem-sucedida, como no caso de Lorena, tão elogiado pelos camaristas de Sabará. Amizade duradoura? Universal? Em geral, não e não. Com o tempo, os humores e os amores podiam transformar-se, esvair-se. Além disso, muitas vezes, agradar aos descontentes tinha como consequência inevitável desagradar aos contentes.

Considerações Finais

A partir da Restauração de Portugal, em 1640, é perceptível, por parte da Metrópole lusitana, esforço para melhorar e ampliar o controle sobre suas conquistas ultramarinas. Foi, todavia, no reinado de D. José e nos subsequentes que esse processo ganhou maior fôlego. Houve, então, claro movimento para inserir as diferentes partes do Império Português num projeto comum. Além da defesa dos territórios contra investidas de outras nações, os intentos giraram em torno do desenvolvimento do comércio e da agricultura. Nas ilhas, na África, na Ásia e no Brasil reformas foram sendo introduzidas a pouco e pouco. Ao restabelecimento de São Paulo enquanto capitania-geral, em 1765, estava ligada, em primeiro lugar, a defesa do Rio Grande de São Pedro contra os constantes ataques dos espanhóis. Ora, a capitania inseria-se nesse contexto mais amplo e as instruções trazidas pelo primeiro governador, o morgado de Mateus, e pelos seus sucessores visavam adequá-la às políticas metropolitanas do período. Além das modificações no âmbito militar, o aumento da arrecadação, a melhoria nas técnicas agrícolas e a formação de uma produção voltada para o mercado transatlântico estavam na pauta das medidas a serem implementadas.

O empenho dos governadores e capitães-generais enviados para a capitania era indispensável à realização das ações pretendidas. Ainda no âmbito das renovações conhecidas como pombalinas e pós-pombalinas, as escolhas desses sujeitos, ao longo do século XVIII e especialmente a partir da segunda metade da centúria, efetuou-se de acordo com certos critérios de seleção estabelecidos pelo próprio rei, que fazia as nomeações. O grau de nobreza tinha considerável peso, mas não era a única exigência. Experiência no campo militar e educação adequada também eram fundamentais. Se não é possível verificar quantos desses governadores foram do Colégio dos Nobres ou da Universidade de Coimbra, o fato é que alguns ministros régios, inclusive capitães-generais, estudaram nessas instituições. Outro ponto a ser destacado na indicação dos governadores é a atuação em administrações anteriores. A trajetória desses indivíduos permite, ainda, vislumbrar a hierarquia no governo dos domínios. Muitos deles circularam pelo império, trocando serviços à monarquia por mercês em suas vidas e, às vezes, nas de seus descendentes. Os privilégios conquistados nas localidades governadas não devem ser descartados, mas o principal pagamento foi em benefícios às suas Casas.

As dificuldades enfrentadas pela Metrópole na administração de suas conquistas relacionavam-se, dentre outras coisas, à aplicação que os governadores davam às determinações régias, tendo em conta as especificidades de cada localidade. Os limites das interferências do rei e de seus secretários de Estado eram também físicos. A execução de leis, ordens, alvarás, instruções estava sujeita às interpretações que se lhes davam; a vigilância da Coroa, às distâncias impostas pelo oceano. Agentes indispensáveis à efetivação dos desígnios do centro, os governadores e capitães-generais eram seguidamente cobrados por seus serviços e prevenidos dos riscos do não cumprimento de suas obrigações. Na capitania de São Paulo, no plano da restauração da autonomia administrativa e da aplicação de um conjunto de reformas, essas questões apareciam de modo bastante claro, principalmente na constituição da agricultura exportadora.

Exportar, além de enviar produtos para a Metrópole, era também estabelecer um comércio com outras capitanias; algo bastante recomendado pela própria Coroa. O desenvolvimento da produção, o comércio em geral e o abastecimento interno foram estimulados por serem fundamentais ao crescimento dessas áreas e, consequentemente, da exportação de gêneros para os portos portugueses. Pelo modelo então vigente, as colônias seriam de modo progressivo consumidoras dos produtos industrializados da Metrópole e, em contrapartida, exportadoras das matérias-primas, dos víveres, e dos gêneros a serem comercializados na Europa. É nesse plano que se inseriram as mudanças empreendidas em São Paulo no âmbito da produção agrícola. Nessa lógica, a diversificação dos gêneros era fundamental, assim como a aplicação de técnicas produtivas mais modernas, continuamente incentivadas com envio de sementes e de livros sobre os mais diversos cultivos.

Mesmo contando com uma produção agrícola diversificada, São Paulo tinha a lavoura canavieira como principal cultivo. Durante o período em pauta, o volume de açúcar dos engenhos paulistas e a exportação para o mercado além-mar cresceram, caracterizando, então, a passagem da lógica de uma agricultura de abastecimento interno da colônia a uma mercantil-exportadora. Como reflexos dessa mudança houve desenvolvimento de infraestruturas para o escoamento dos produtos, ampliação do número de pedidos e de concessões de sesmarias, e crescente entrada de escravos de Benguela e de Angola no porto de Santos.

Se no campo da administração régia os governadores foram indispensáveis, no da inserção desse conjunto de mudanças era imprescindível o auxílio das elites locais. A Coroa tinha como política utilizar-se dos vassalos para pôr em prática seus propósitos. No caso da capitania de São Paulo não foi diferente, tanto na defesa do território ao Sul do Brasil como no desenvolvimento da agricultura exportadora. As mercês ofertadas iam desde terras e hábitos das Ordens Militares até postos de destaque nas tropas pagas, auxiliares ou de ordenanças. Na busca de tais distinções, de poder e de riqueza a elite colonial paulista articulou três elementos, a saber, autoridade, cabedal, e séquito, que, por um lado, servem para caracterizá-la, e, por outro, dão subsídios para entender a complexa relação entre os partícipes desse grupo tão pouco homogêneo. Nesse sentido, os conflitos entre essas elites sofreram influência das transformações introduzidas na capitania paulista. O incremento da economia exportadora distinguiu os produtores agrícolas, principalmente os senhores de engenho, além dos comerciantes, favorecidos pelo aumento do movimento de importação e de exportação nos portos da capitania. De mais a mais, a defesa territorial e a organização militar implicavam, dentre outras coisas, o povoamento das áreas e a ereção de vilas, as quais, no período em pauta, aumentaram de 19 para 34. A criação de vilas envolvia o estabelecimento de câmaras e a escolha de oficiais. Os mais destacados da capitania passaram a preferir os postos das tropas, que davam mais privilégios e maior prestígio; mas, para quem começava a ascender, os cargos nas câmaras foram importantes primeiros degraus.

Diferentes interesses de ordem econômica, política ou simbólica motivaram disputas tanto intra-elite como entre ela e os governadores. A forma de pagamento de dívidas entre senhores de engenhos e comerciantes, a obrigatoriedade de escoar a produção pelo porto de Santos, a construção de caminhos, altos postos nas tropas militares, posse de terras, mercês de hábitos das Ordens Militares: um conjunto amplo de questões suscitava contendas entre os integrantes da plural elite colonial paulista. Os governadores, além de fundamentais para a solução desses confrontos, algumas vezes estiveram no meio deles. Elites antigas se fortaleceram, elites novas surgiram, e ter recursos, autoridade e partidários era essencial para garantir a manutenção ou a conquista de certos interesses. No campo das alianças, os capitães-generais tinham papel de relevo para quem almejasse sair vitorioso de alguma altercação, ter patente dos postos mais importantes e, inclusive, ampliar cabedal e *status*.

As complicações em submeter os anseios de uma elite pouco uniforme e, por vezes, insubmissa aos interesses da Coroa, mais as prováveis conveniências dos governadores, constituíam os obstáculos para enquadrar o império num plano determinado. O caso de São Paulo não é único. Em outros pontos e em outras administrações dos territórios ultramarinos esses problemas foram constantes. Por um lado, os capitães-generais que governaram a capitania, em algumas circunstâncias, excederam seus poderes, por outro, foi graças às suas diligências e à capacidade de associarem as resoluções régias aos desejos da elite local que a produção exportadora de São Paulo pôde formar-se e, finalmente, consolidar-se.

No limite, as questões administrativas, econômicas, políticas e sociais da capitania de São Paulo, em fins do século XVIII e princípios do XIX, são próprias das complexas relações do antigo sistema colonial. Ora, se o fim da sustentabilidade da colonização do Brasil estava ligado a questões conjunturais, especialmente depois da chegada da família real à América, e da abertura dos portos às nações amigas (1808), o plano estrutural, no processo de independência, teve fundamental importância. É a dialética da colonização, em que ao explorar torna-se inevitável a valorização, em diversos níveis, do território e de seus habitantes. Foi por conta do maior desenvolvimento de São Paulo, a partir da sua restauração, que a elite da capitania fortaleceu-se e enriqueceu em grande escala. Não por acaso, a elite paulista, mais tarde, seria partícipe do movimento que culminou no Grito do Ipiranga. Mais: imiscuiu-se nos governos e nas disputas políticas que se seguiram ao 7 de setembro de 1822. E, aqui, vamos extrapolando o nosso tema. Porque, nos idos do Oitocentos, ainda que houvesse resquícios do período anterior, as estruturas e as relações estavam inseridas em nova determinação. E numa nova determinação, no devir histórico, o objeto já não é mais o mesmo. Outro objeto, outra história.

Mapa, Tabelas e Gráficos

Mapa

Mapa 5.1 – Geografia da produção açucareira na capitania de São Paulo (1799) — 146

Tabelas

Tabela 2.1 – Soldos dos governadores do Brasil e das Ilhas (segundo quartel do século XVIII) — 62

Tabela 2.2 – Soldos dos governadores da capitania de São Paulo (1765-1802) — 63

Tabela 5.1 – Coeficiente de C. Gini da riqueza em vilas e freguesias da capitania de São Paulo (1765-1767) — 138

Tabela 5.2 – Maiores produtores de açúcar da capitania de São Paulo (1799) — 147

Tabela 5.3 – Evolução do crescimento de engenhos e da produção de açúcar na região de serra-acima da capitania de São Paulo (1793-1799) — 150

Tabela 5.4 – Os dez maiores proprietários de escravos na região de serra-acima da capitania de São Paulo (1798) — 151

Tabela 5.5 – Os dez maiores produtores de açúcar na região de serra-acima da capitania de São Paulo (1798) — 152

Tabela 5.6 – Produtividade dos engenhos de açúcar da região de serra-acima (1798) — 154

Tabela 5.7 – Produtividade dos engenhos de açúcar da vila de Itu (1798) — 155

Tabela 5.8 – Padrão da posse de escravos de engenhos de São Paulo, Rio de Janeiro e Bahia (1778-1817) — 158

Tabela 5.9 – Direitos dos escravos de Benguela vendidos para serra-acima (1791-1795) — 159

Tabela 5.10 - Relação dos escravos despachados na alfândega de Santos (1779-1786) — 160

Tabela 5.11 – Saída de embarcações do porto de Santos para Benguela e Angola (1789-1795) — 161

Gráficos

Gráfico 5.1 – Produção de açúcar (em arrobas) na região de serra-acima da capitania de São Paulo (1798) — 153

Gráfico 5.2 – Número de escravos na região de serra-acima da capitania de São Paulo (1798) — 153

Fontes e Bibliografia[1]

Fontes Manuscritas

ARQUIVO DA CASA DE MATEUS, VILA REAL

'Carta recebida por D. Luís Antonio de Souza Botelho Mourão, enviada por sua mulher, D. Leonor Ana Luísa José de Portugal'. 24 de janeiro de 1766. Arquivo da Casa de Mateus, Sistema de Informação Casa de Mateus (SICM), Subsecção (SSC) 06.01, Série (SR), Correspondência; cópia fotográfica deste documento foi publicada no *Catálogo do Arquivo da Casa de Mateus*. Vila Real: Fundação da Casa de Mateus, 2005, p. 132.

'Carta recebida por D. Luís Antonio de Souza Botelho Mourão, enviada por sua mulher, D. Leonor Ana Luísa José de Portugal'. 6 de setembro de 1770. Arquivo da Casa de Mateus, Sistema de Informação Casa de Mateus (SICM), Subsecção (SSC) 06.01, Série (SR), Correspon-

---

[1] Listagem detalhada das fontes encontra-se em <social.stoa.usp.br/sp>.

dência; cópia fotográfica deste documento foi publicada no *Catálogo do Arquivo da Casa de Mateus*. Vila Real: Fundação da Casa de Mateus, 2005, p. 133.

Arquivo do Estado de São Paulo, São Paulo

Alfândega - Almoxarifado - C00227
- "Mapa de preços na Paróquia de Santos". 1798, maço 1, pasta 25.

Avisos - Cartas Régias (1765-1777) - C00420
- Livros 169 e 170

Arquivo Histórico Militar, Lisboa

Livros
"Registo dos Nomes, Terras, Idades, e Serviços dos Officiáes do Regimento de Bragança de que he Coronel D. Luis a quem sucedeo Fernando de Souza Leitte". S. d., livro B24-2.

"Registo dos Nomes, Terras, Idades, e Serviços dos Officiáes do Regimento d'Elvas". S. d., livro B60-1.

Documentos Digitalizados
"Carta de Martim Lopes Lobo de Saldanha a D. Luís da Cunha, pedindo promoção para seu irmão e que outros servissem em seu regimento". 4 de junho de 1762, PT AHM-DIV-1-07-2-47_m0001.

"Carta de Martim Lopes Lobo de Saldanha a D. Luís da Cunha, pedindo promoção para seu irmão e que outros servissem em seu regimento". 23 de junho de 1762, PT AHM-DIV-1-07-2-47_m0002-m0003.

Arquivo Histórico Ultramarino, Lisboa

Conselho Ultramarino
Brasil - Códices
- Códices 237, 240, 423, 424, 467, 1120, 1178, 1227.

Avulsos. Brasil - Geral (003)
- Caixas 19, 20, 21, 23, 27, 30, 32, 33, 34.

Avulsos. Brasil - Minas Gerais (011)
- Caixa 145.

Avulsos. Brasil - São Paulo (023)
- Caixas 5, 6, 7, 8, 9, 10, 11, 12, 14, 15, 16, 17, 18, 19, 24, 28, 30.

Avulsos. Brasil - São Paulo / Mendes Gouveia (023-01)
- Caixas 27, 30, 31, 32, 33, 37, 38, 39, 41, 45, 48, 52, 57, 58, 63, 64

Arquivo Nacional da Torre do Tombo, Lisboa

Chancelarias das Ordens
- Avis (índices). L385-392.
- Cristo (índices). L393-L434.
- Santiago (índices). L436-L444.

Biblioteca Nacional, Lisboa

Manuscritos Avulsos
- Códice 4530

Coleção Pombalina
- Códices 617, 633, 642, 653, 710.

Chancelarias Régias
- D. João V (índices). L106-L136.
- D. José (índices). L137-L162.

- D. Maria I (índices). L164-L186.
- D. João VI (índices). L187-L203.

Colégio dos Nobres
"Livro 4º. de registo da entrada, sahida, profissões e actos dos collegiaes do Collegio dos Nobres (1766 a 1769)".

Papéis do Brasil
- Códices 1, 4, 6, 13
- Avulsos

"Carta do Marquês de Pombal [para João Bernardo Gonzaga]". 27 de janeiro de 1755, avulsos 3, nº 11.

"Notícia sobre a Vila de São Vicente e da decadência em que pouco a pouco foi caindo a vila". Fins do século XVIII, princípios do XIX, avulsos 5, nº 5.

Paróquia de Campo Grande
- Registo de Baptismos, lv. B5 - Cx 2.

Secretaria das Mercês/Registo Geral de Mercês
- D. João V
- D. José
- D. Maria I
- D. João VI
- Certidões negativas

Fontes Impressas

'A lavoura de Canna em São Paulo no anno de 1800. Officio da Camara de Porto Feliz ao Príncipe Regente'. *Revista do Instituto Histórico e Geográfico de São Paulo*. São Paulo: Typographia do "Diario Official", vol. 6, 1902, p. 471-472.

ABREU, Manoel Cardoso de. Divertimento Admirável para os historiadores observarem as máquinas do mundo reconhecidas nos sertões da navegação das minas de Cuiabá e Mato Grosso. 1783. *In: Roteiros e Notícias de São Paulo Colonial*. São Paulo: Governo do Estado, 1977, p. 53-87.

ANTONIL, André João. *Cultura e Opulência do Brasil*. Texto e Edição de 1711; introdução e vocabulário por A. P. Canabrava. São Paulo: Ed. Nacional, 1967.

ANTONIL, André João. *Cultura e Opulência do Brasil por suas drogas e minas*. Introdução e comentário crítico por Andrée Mansuy Diniz Silva. Lisboa: CNCDP, 2001.

CLETO, Marcelino Pereira. Dissertação sobre a capitania de São Paulo, sua decadência e modo de restabelecê-la. 25 de outubro de 1782. *In: Roteiros e Notícias de São Paulo Colonial*. São Paulo: Governo do Estado, 1977, p. 11-52.

CUNHA, D. Luís da. *Instruções políticas*. (Introdução, estudo e edição de Abílio Diniz Silva). Lisboa: CNCDP, 2001.

D. Rodrigo de Souza Coutinho. Textos políticos, econômicos e financeiros (1783-1811). Andrée Mansuy Diniz Silva (introdução e direção de edição). 2 tomos. Lisboa: Banco de Portugal, 1993.

'Discurso que recitou o Ministro e Secretário de Estado dos Negócios da Marinha, e Domínios Ultramarinos Dom Rodrigo de Souza Coutinho no dia da abertura da Sociedade Real Marítima Militar e Geográfica para o dezenho gravura e impressão das cartas hydrograficas, geográficas e militares, etc.'. *Arquivo das Colónias*.

Lisboa: Ministério das Colónias, 1917, vol. 1, p. 24-33.

Documentos Interessantes para a História e Costumes de São Paulo. São Paulo: Arquivo do Estado de São Paulo, 1894-1980, vols. 3, 4, 11, 14, 17, 25, 29, 31, 45, 75, 85, 89, 93.

GAIOSO, Raimundo José de Sousa. *Compêndio histórico-político dos princípios da lavoura do Maranhão.* Maranhão: SUDEMA; Rio de Janeiro: Cia. Editora Americana, 1970, edição fac-similar da primeira (1ª edição francesa, 1818).

Instruções de Martinho de Mello e Castro a Luiz de Vasconcellos e Sousa, acerca do Governo do Brasil. 27 de janeiro de 1799. *Revista do Instituto Histórico e Geográfico do Brasil.* Rio de Janeiro: Typographia de D. Luiz dos Santos, 1862, tomo 25, p. 479-483.

JABOATÃO, Frei Antônio de Santa Maria. 'Catálogo genealógico das principais famílias que procederam de Albuquerques e Cavalcantes em Pernambuco e Caramurus na Bahia [...]'. 1768. In: CALMON, Pedro. *Introdução e notas ao catálogo genealógico das principais famílias, de frei Antônio de Santa Maria Jaboatão*, 2 vols. Salvador: Empresa Gráfica da Bahia, 1985.

LEME, Pedro Taques de Almeida Paes. *Nobiliarchia Paulistana Histórica e Genealógica.* 3 tomos. São Paulo: Comissão do IV Centenário da Cidade de São Paulo / Livraria Martins Fontes, sem data, 3ª edição (2ª edição, completa, 1940/1944).

'Lista da vila de Taubaté que contem 3.546 pessoas'. 1765. *Revista do Instituto Histórico e Geográfico.* São Paulo: Instituto Histórico e Geográfico, vol. 40, 1941, p. 383-494.

'Lista dos oficiais, soldados e mais pessoas que pertencem a freguezia de Nossa Senhora da Conceição do Facan de que [é] Capitão Nuno dos Reis, cópia oferecida ao Instituto pelo sr. Benedito Marcondes, amanuense da Secção Histórica do Arquivo Público do Estado de São Paulo'. *Revista do Instituto Histórico e Geográfico.* São Paulo: Instituto Histórico e Geográfico, vol. 41, 1942, p. 229-264.

MADRE DE DEUS, Frei Gaspar da. *Memórias para a história da Capitania de São Vicente, hoje chamada de São Paulo*. 1797. Belo Horizonte: Itatiaia, 1975.

'Mappas das Embarcações que entraram e sahiram dos Portos das Villas de Santos, Parnagoá, Ubatuba, e S. Sebastião no anno de 1799'. 1799. *Anais do Museu Paulista*. São Paulo: Museu Paulista, 1961, tomo 15, p. 246, doc. 25.

MENDONÇA, Antonio Manoel de Mello Castro e. 'Memória econômico política da Capitania de S. Paulo, Primeira Parte, por Antonio Manoel de Mello Castro e Mendonça, Governador, e Capitão General da mesma Capitania, em 1800'. *Anais do Museu Paulista*. São Paulo: Museu Paulista, 1961, tomo 15, p. 81-247.

MENDONÇA, Antonio Manoel de Mello Castro. 'Memória sobre os objetos mais interessantes da Cap. de S. Paulo entregue ao Ilmo. e Exmo. Sr. Antonio José da Franca e Horta..., 1802'. *Anais do Museu Paulista*. São Paulo: Museu Paulista, 1964, tomo 18, p. 227-268.

Notas Avulsas, sobre a historia de São Paulo, por Frei Gaspar da Madre de Deus. *Revista do Instituto Histórico e Geográfico de São Paulo*. São Paulo: Typographia do "Diario Official", vol. 5, 1901, p. 180-195.

O monumento do alto da serra do Cubatão. *Revista do Instituto Histórico e Geográfico de São Paulo*. São Paulo: Typographia do "Diario Official", vol. 6, 1902, p. 478-479.

O Passado Missioneiro no Diário de um Oficial Espanhol: diário do capitão dos dragões D. Francisco Graell. Santa Cruz do Sul: EDUNISC, 1998.

Obras Econômicas de J. J. da Cunha Azeredo Coutinho. São Paulo: Companhia Editora Nacional, 1966.

OLIVEIRA, J. J. Machado d'. *Quadro Histórico da Província de São Paulo*. 1864. São Paulo: Governo do Estado de São Paulo, 1978.

Registro Geral da Câmara Municipal de S. Paulo (1765-1795). São Paulo: Typographia Piratininga, 1920, vol. 11.

Registro Geral da Câmara Municipal de São Paulo (1796-1803). São Paulo:

Arquivo Municipal de São Paulo, 1921, vol. 12.

Testamento Político de D. Luís da Cunha. 174?. São Paulo: Alfa-Omega, 1976.

Um documento antigo relativo a Questão de limites entre S. Paulo e Minas Geraes, pelo Dr. Olville A. Derby. *Revista do Instituto Histórico e Geográfico de São Paulo.* São Paulo: Typographia do "Diario Official", vol. 3, 1898, p. 278-284.

Um inédito de Frei Gaspar da Madre de Deus - Afonso de Escragnolle Taunay. *Revista do Instituto Histórico e Geográfico.* São Paulo: Instituto Histórico e Geográfico, vol. 34, 1939, p. 7-26.

VIEIRA, Pe. António. *Obras completas do Padre António Vieira: sermões.* 15 vols. Porto: Lello & Irmão, 1959.

VILHENA, Luís dos Santos. Recopilação de Notícias da Capitania de São Paulo. 1802. In: *Roteiros e Notícias de São Paulo Colonial.* São Paulo: Governo do Estado, 1977, p. 89-137.

Obras de Referência

AMARAL, Antonio Barreto do. *Dicionário de Historia de São Paulo.* São Paulo: Governo do Estado, 1980.

ARRUDA, José Jobson de Andrade (coordenação geral). *Documentos manuscritos avulsos da Capitania de São Paulo.* Catálogo 1 (1644-1830). Bauru: EDUSC; São Paulo: FAPESP: Imprensa Oficial do Estado, 2000.

ARRUDA, José Jobson de Andrade (coordenação geral). *Documentos manuscritos avulsos da Capitania de São Paulo.* Catálogo 2 (1618-1823). Bauru: EDUSC; São Paulo: FAPESP: Imprensa Oficial do Estado, 2002.

BLUTEAU, Rafael. *Diccionario da lingua portugueza composto pelo padre D. Rafael Bluteau, reformado, e accrescentado por Antonio de Morais Silva.* Lisboa: Officina de S. T. Ferreira, 1789, 2 v.

BOSCHI, Caio. *Roteiro-sumário dos arquivos portugueses de interesse para o pesquisador da História do Brasil.* Lisboa: Edições Universitárias Lusófonas, 1995, 2ª. edição.

Catálogo do Arquivo da Casa de Mateus. Vila Real: Fundação da Casa de Mateus, 2005.

Dicionário Houaiss de sinônimos e antônimos da língua portuguesa. Instituto Antônio Houaiss de Lexicografia e Banco de Dados da Língua Portuguesa S/C Ltda. Rio de Janeiro: Objetiva, 2003.

FLEXOR, Maria Helena. *Abreviaturas*. São Paulo: EDUNESP, 1991, 2a ed. (1ª edição, 1979).

Grande enciclopédia portuguesa e brasileira. Lisboa: Enciclopedia, 19-?, 40 v.

HOUAISS, Antônio. *Dicionário da língua portuguesa*. Rio de Janeiro: Objetiva, 2000.

KINDER, Hermann; HILGEMANN, Werner. *Atlas histórico mundial: de la Revolución Francesa a nuestros días*. 2 vols. Madrid: Istmo, 1975, 6ª. edição do primeiro volume e 5ª edição do segundo (1ª edição espanhola, 1970-1971).

LEITE, Aureliano. *História da Civilização Paulista*. São Paulo: Martins Fontes, 1946, 2ª edição (1ª edição, sob outro título, 1944).

LEME, Luiz Gonzaga da Silva. *Genealogia Paulistana*. 9 vols. São Paulo: Duprat & Comp., 1903-1905.

MAROTE, João Teodor D' Olim. *Minidicionário Francês-Português; Português-Francês*. São Paulo: Ática, 1999, 5ª. edição.

MARQUES, Manuel Eufrasio de Azevedo. *Apontamentos históricos, geográficos, biográficos, estatísticos e noticiosos da província de São Paulo: seguidos da cronologia dos acontecimentos mais notáveis desde a fundação da capitania de São Vicente até o ano de 1876*. São Paulo: Comissão do IV Centenário da Cidade de São Paulo, 1953 (1ª edição, 1879).

MOYA, Salvador de. *Índices Genealógicos Brasileiros*. "Nobiliarquia Paulistana" e "Genealogia Riograndense". 1ª. série, números 3 e 4. São Paulo: Instituto Genealógico Brasileiro, 1943.

MOYA, Salvador de. *Índices Genealógicos Brasileiros*. "Genealogia Paulistana, de Silva Leme". 2 vols. 1ª. Série, número 6. São Paulo: Instituto

Genealógico Brasileiro, 1947.

MOYA, Salvador de. *Índices Genealógicos Brasileiros*. 2ª. Série, número 7, volume 2. São Paulo: Instituto Genealógico Brasileiro, 1960.

Optima Pars II - As Elites na Sociedade Portuguesa do Antigo Regime (POCTI/HAR/35127/99).

Password: English dictionary for speakers of Portuguese. Traduzido e editado por John Parker e Mônica Stahel M. da Silva. São Paulo: Martins Fontes, 1995.

'Patentes, Provisões e Sesmarias Concedidas nos Annos de 1721 a 1820, localisadas nos municípios de: Parnahyba, São Roque, Araçariguama, Sorocaba, Itapetininga, Itapeva (hoje Faxina), Apiahy e Capão Bonito, por João Baptista de Campos Aguirra'. *Revista do Instituto Histórico e Geográfico*. São Paulo: Instituto Histórico e Geográfico, vol. 27, 1929, p. 281-384.

'Patentes, Provisões e Sesmarias Concedidas nos annos de 1721 a 1820, localisadas nos Municípios de: São Paulo, Cotia, Santo Amaro, São Bernardo, Juquery, Guarulhos e districtos de paz de Pinheiros, Penha, São Miguel, Sant'Anna e Nossa Senhora do Ó, por João Baptista de Campos Aguirra'. *Revista do Instituto Histórico e Geográfico*. São Paulo: Instituto Histórico e Geográfico, vol. 28, 1930, p. 579-753.

RIBEIRO Jr., José. Extrato da Legislação para o Brasil durante o reinado de D. José (1750-1777). *Anais de História*. Assis: Departamento de História da Faculdade de Filosofia, Ciências e Letras de Assis, 1968-1969, ano I, p. 77-130.

SALGADO, Graça. *Fiscais e Meirinhos: a administração no Brasil Colonial*. Rio de Janeiro: Nova Fronteira, 1990, 2ª edição (1ª edição, 1985).

SANDRONI, Paulo. *Novíssimo Dicionário de Economia*. São Paulo: Editora Best Seller, 1999.

SARTORIS, Alexandre. *Estatística e introdução à economia*. São Paulo: Saraiva, 2003.

Señas: diccionário para la enseñanza de la lengua española para brasileños. São Paulo: Martins Fontes, 2001, 2ª edição (1ª edição, 2000).

SERRÃO, Joel (org.). *Dicionário de História de Portugal.* Lisboa: Iniciativas Editoriais, 1963-70, 4 v.

'Sesmeiros e Posseiros: sesmarias concedidas nos municípios de Jundiahy, Campinas, Ytu, Porto Feliz, Tietê, Piracicaba, Limeira, Rio Claro, São Carlos, Araraquara, Sorocaba, Itapetininga, Faxina, Tatuhy, Apiahy, Capão Bonito, Botucatu, até 1820, por João Baptista de Campos Aguirra'. *Revista do Instituto Histórico e Geográfico.* São Paulo: Instituto Histórico e Geográfico, vol. 34, 1938, p. 259-340.

SILVA, Antonio de Morais. *Grande Dicionário da Língua Portuguesa.* Lisboa: Confluência, 1950, 10ª ed.

SILVA, Antonio Delgado da. *Coleção da legislação portuguêsa. desde a última compilação das ordens* [...] 19 v. Lisboa: Tip. Maigrense, Correia da Cunha, 1830-1849.

'Relação das Sesmarias Concedidas na Comarca da Capital entre os annos de 1559 a 1820 pelo Sr. João Baptista de Campos Aguirra'. *Revista do Instituto Histórico e Geográfico.* São Paulo: Instituto Histórico e Geográfico, vol. 25, 1929, p. 502-621.

RIBEIRO, João Pedro. *Indice Chronologico Remissivo da Legislação Portugueza Posterior à Publicação do Codigo Filippino com hum Appendice.* 7 vols. Lisboa: Typografia da Academia Real das Sciencias de Lisboa, 1805-1820.

ROBERT, Paul. *Dictionnaire alphabétique et analogique de la langue française.* 9 tomos. Paris: Le Robert, 1985, 2ª edição revista e ampliada (1ª edição, 1951-1966).

RODRIGUES, José Honório. *História da História do Brasil (1500/1820).* São Paulo: Companhia Editora Nacional, 1978, 8ª edição (1ª edição, 1937).

The Newbury House Dictionary of American English. Boston: Heinle & Heinle, 2000.

VITERBO, Frei Joaquim da Santa Rosa de. *Elucidário das palavras, termos e frases*. Ed. crítica por Mário Fuíza. Porto: Civilização, 1966, 2 v.

Bibliografia

ABREU, Capistrano de. *Capítulos de História Colonial (1500-1800)*. Belo Horizonte: Itatiaia; São Paulo: Publifolha, 2000, 7ª edição rev. anotada e prefaciada por José Honório Rodrigues (1ª edição, 1907).

ABREU, Capistrano de. *Caminhos Antigos e Povoamento do Brasil*. Rio de Janeiro: Edição da Sociedade Capistrano de Abreu, 1930.

ABUD, Kátia Maria. *Autoridade e Riqueza. Contribuição para o estudo da sociedade paulistana na segunda metade do século XVIII*. São Paulo: FFLCH/USP, 1978, dissertação de mestrado.

ABUD, Kátia Maria. *O sangue intimorato e as nobilíssimas tradições (a construção de um símbolo paulista: o bandeirante)*. São Paulo: FFLCH-USP, 1985, tese de doutorado.

ACIOLI, Vera Lúcia Costa. *Jurisdição e conflitos*. Recife: Edufpe/Edufal, 1997, 2ª edição (1ª edição, 1989).

AGUIAR, Pinto de. *Mandioca: pão do Brasil*. Rio de Janeiro: Civilização Brasileira, 1982.

ALCARAZ, Benair; VILLELA, Christina Elizabeth Cox; GATI, Luci Ferreira; e SILVA, Walkiria de Medeiros. Aspectos gerais da administração pública e política econômica do govêrno do Morgado de Mateus (1765-1775). *Boletim de História*. São Paulo: Centro de Estudos Históricos Sedes Sapientiae, 1965-1966, tomo II, p. 305-350.

ALDEN, Dauril. *Royal Government in Colonial Brazil - with special reference to the administration of the Marquis of Lavradio, Viceroy, 1769-1779*. Berkley and Los Angeles: University of California Press, 1968.

ALENCASTRO, Luiz Felipe de. *O Trato dos Viventes: formação do Brasil no Atlântico Sul*. São Paulo: Companhia das Letras, 2000.

ALEXANDRE, Valentim. *Os Sentidos do Império: questão nacional e questão colonial na crise do Antigo Regime Português*. Porto: Edições Afrontamento, 1993.

AMARAL, António Barreto do. Martim Lopes Lobo de Saldanha: Governador e Capitão General da Capitania de São Paulo. *Revista do Instituto Histórico e Geográfico de São Paulo*. São Paulo: IHGSP, 1968, vol. 65, p. 189-219.

AMZALAK, Moses Bensabat. *D. Luís da Cunha, como economista*. Lisboa: Museu Comercial de Lisboa, 1922.

ANDERSON, M. S. *La Europa del siglo XVIII (1713-1789)*. México: Fundo de Cultura Económica, 1992, 4ª reimpressão (1ª edição em espanhol, 1968; 1ª edição inglesa, 1966).

ARAUJO, José de Souza Azevedo Pizarro e. *Memórias Históricas do Rio de Janeiro*. Rio de Janeiro: Imprensa Nacional, 1945-1948, 2ª edição (1ª edição, 1820), 9 v.

ARRUDA, José Jobson de Andrada *O Brasil no Comércio Colonial*. São Paulo: Ática, 1980.

ARRUDA, José Jobson de Andrada. Decadência ou Crise do Império Luso-Brasileiro: o novo padrão de colonização do século XVIII. *Actas dos IV Cursos Internacionais de Verão de Cascais (7 a 12 de Julho de 1997)*. Cascais: Câmara Municipal de Cascais, 1998, vol. 3, p. 213-228.

ARRUDA, José Jobson de Andrada. O Sentido da Colônia. Revisitando a Crise do Antigo Sistema Colonial. *In*: TENGARRINHA, José (org.). *História de Portugal*. Bauru, SP: EDUSC; São Paulo: UNESP; Portugal, PO: Instituto Camões, 2000, p. 167-185.

AUGUSTO, Carmen Cecília; GODOY, Luzia; LUZ, Maria Amélia Fernandes; e CAMARGO, Maria Luiza de Andrade. Martim Lopes Lobo de Saldanha (1775-1782). *Boletim de História*. São Paulo: Centro de Estudos Históricos Sedes Sapientiae, 1965-1966, tomo II, p. 351-390.

AVELLAR, Hélio de Alcântara. *História Administrativa do Brasil*. Vol. V. DASP - Centro de Documentação e Informática, 1970.

AZEVEDO, J. Lúcio de. *O Marquês de Pombal e a sua Época*. Rio de Janeiro: Annuario do Brasil; Lisboa: Seara Nova; Porto: Renascença Portuguesa, 1922, 2ª edição com emendas (1ª edição, 1909).

AZEVEDO, J. Lúcio de. *Épocas de Portugal Econômico - Esboços de História*. Lisboa: Livraria Clássica, 1978, 4ª edição (1ª edição, 1929).

BACELLAR, Carlos de Almeida Prado. *Os senhores da Terra: família e sistema sucessório entre os senhores-de-engenho do Oeste paulista (1765-1855)*. Campinas: Área de Publicações CMU / Unicamp, 1997.

BACELLAR, Carlos de Almeida Prado. *Viver e Sobreviver em uma vila Colonial: Sorocaba, séculos XVIII e XIX*. São Paulo: Annablume/FAPESP, 2001.

BARRETO, José. O Discurso Político falsamente atribuído ao marquês de Pombal. *Revista de História das Ideias: O Marquês de Pombal e o seu tempo*. 2 tomos. Coimbra: Universidade de Coimbra, 1982-1983, vol. 4, tomo 1, p. 385-422.

BARROS, Gilberto Leite de. *A cidade e o planalto. Processo de dominância da cidade de São Paulo*. São Paulo: Martins, 1967, 2 v.

BELLOTTO, Heloísa Liberalli. *Autoridade e conflito no Brasil colonial: o governo do Morgado de Mateus em São Paulo: 1765-1775*. São Paulo: Conselho Estadual de Artes e Ciências Humanas, 1979.

BELLOTTO, Manoel Lelo. *Correio Marítimo Hispano-Americano*. Assis: Faculdade de Filosofia, Ciência e Letras de Assis, 1971.

BICALHO, Maria Fernanda Baptista. *A cidade e o império: o Rio de Janeiro no século XVIII*. Rio de Janeiro: Civilização Brasileira, 2003.

BICALHO, Maria Fernanda Baptista; e FERLINI, Vera Lucia Amaral (orgs.). *Modos de Governar: ideias e práticas políticas no império português, séculos XVI-XIX*. São Paulo: Alameda, 2005.

BICALHO, Maria Fernanda. Conquista, Mercês e Poder Local: a *nobreza da terra* na América portuguesa e a cultura política do Antigo Regime.

Almanack Braziliense, nº. 2, novembro 2005, p. 21-34.

BLAJ, Ilana. *A trama das tensões: o processo de mercantilização de São Paulo colonial (1681-1721)*. São Paulo: Humanitas/FFLCH/USP: FAPESP, 2002.

BORREGO, Maria Aparecida de Menezes. *A Teia Mercantil: negócios e poderes em São Paulo colonial (1711-1765)*. São Paulo: FFLCH-USP, 2006, tese de doutorado.

BORREGO, Maria Aparecida de Menezes. A Teia Mercantil: negócios e poderes em São Paulo colonial (1711-1765). São Paulo: Alameda, 2010.

BOSCHI, Caio. Administração e administradores no Brasil pombalino: os governadores da capitania de Minas Gerais. *Tempo*, Rio de janeiro, n. 13, p. 77-109.

BOXER, Charles. *O império marítimo português 1415-1825*. São Paulo: Companhia das Letras, 2002 (1ª edição inglesa, 1969).

BRAUDEL, Fernand. *Civilização Material, Economia e Capitalismo: séculos XV-XVIII*. 3 vols. São Paulo: Martins Fontes: 1996 (1ª. edição francesa, 1979).

BRIOSCHI, Lucila Reis. *Criando história: paulistas e mineiros no Nordeste de São Paulo, 1725-1835*. São Paulo: FFLCH/USP, 1995, tese de doutorado.

BROADHEAD, Susan Herlin. *Trade and Politics on the Congo coast: 1770-1870*. Boston: Boston University Graduate School / UMI Dissertation Services (cópia mimeografada), 1971.

BRUNO, Ernani Silva. *Histórias e Tradições da cidade de São Paulo*. 3 vols. São Paulo: Hucitec / Secretaria Municipal da Cultura, 1991, 4ª edição (1ª edição, 1953).

BRUNO, Ernani Silva. *Viagem ao País dos Paulistas*. Rio de Janeiro: Livraria José Olympio Editora, 1966.

BRUNO, Ernani Silva (org.). *São Paulo. Terra e Povo*. Porto Alegre: Editora Globo, 1967.

CALMON, Pedro. *História do Brasil*. 7 vols. Rio de Janeiro: Livraria José Olympio Editora, 1963, 2a edição (1a edição, 1946).

CAMPOS, Alzira Lobo de Arruda. *Os agregados no tempo dos capitães generais. O exemplo da cidade de São Paulo*. São Paulo: FFLCH-USP, 1978, dissertação de mestrado.

CAMPOS, Alzira Lobo de Arruda. *Casamento e família em São Paulo colonial: caminhos e descaminhos*. São Paulo: Paz e Terra, 2003.

CANABRAVA, Alice P. *História Econômica: Estudos e Pesquisas*. São Paulo: HUCITEC / UNESP / ABPHE, 2005.

CANDIDO, Antonio. *Os Parceiros do Rio Bonito: estudos sobre o caipira e a transformação dos seus meios de vida*. São Paulo: Duas Cidades; Ed. 34, 2001, 9ª edição (1ª edição, 1964).

CARDOSO, José Luís. *O Pensamento Econômico em Portugal, nos finais do século XVIII (1780-1808)*. Lisboa: Editorial Estampa, 1989.

CARDOSO, José Luís. *Pensar a Economia em Portugal: digressões históricas*. Lisboa: Difel, 1997.

CARVALHO, Rómulo de. *História da fundação do Colégio Real dos Nobres de Lisboa*. Coimbra: Atlântida, 1959.

CASTRO, Armando Castro. *A dominação inglesa em Portugal. 3 textos do século XVIII em antologia*. Porto: Afrontamento, 1974, 2ª edição (1ª edição, 1972), p. 47-106.

CEZAR, Adilson. *Notas para a Lavoura Canavieira em Sorocaba*. São Paulo: Fundação Dom Aguirre, 1984.

CHAVES, Castelo Branco. *Memorialistas portugueses*. Lisboa: Instituto de Cultura Portuguesa / Secretaria de Estado da Cultura / Ministério da Educação e Cultura, 1978.

CIDADE, General F. de Paula. *Lutas, ao Sul do Brasil, com os espanhóis e seus descendentes (1680-1828)*. Rio de Janeiro: Biblioteca Militar, 1948.

COELHO, José Maria Latino. O Marquez de Pombal. In: *O Marquez de Pombal: obra comemorativa da sua morte*. Lisboa: Imprensa Nacional,

1885, primeira parte, p. 1-515.

COSTA, Bruno Aidar. *A vereda dos tratos: fiscalidade e poder regional na capitania de São Paulo, 1723-1808*. São Paulo: FFLCH/USP, 2012, tese de doutorado.

COSTA, Iraci Del Nero da. Nota sobre a posse de escravos nos engenhos e engenhocas fluminenses (1778). *Revista do Instituto de Estudos Brasileiros*. São Paulo: IEB/USP, 1988, nº. 28, p. 111-113.

COSTA, Iraci Del Nero da. *Arraia-miúda: um estudo sobre os não-proprietários de escravos no Brasil*. São Paulo: MGSP, 1992.

CUENCA ESTEBAN, Javier. The Markets of Latin American Exports, 1790-1820. A Comparative Analysis of International Prices. *In*: JOHNSON, Lyman L.; e TANDETER, Enrique. *Essays on the Price History of Eighteenth-Century Latin America*. New Mexico: University of New Mexico Press, 1990.

CUNHA, Pedro Octávio Carneiro da. Política e Administração de 1640 a 1763. *In*: HOLANDA, Sérgio Buarque de (dir.) *História Geral da Civilização Brasileira*. 8 tomos. Rio de Janeiro: Bertrand Brasil, 1997, 6ª edição (1ª edição, 1960), tomo I: a época colonial, vol. 2: administração, economia e sociedade, p. 9-44.

DAMACENO, Daniel Tarifa. *Os facciosos de São Paulo. (Considerações acerca da Bernarda de Francisco Ignácio) 23.05.1822 - 25.08.1822*. São Paulo: FFLCH / USP, 1993, dissertação de mestrado.

DERRY, T. K. Derry; e WILLIAMS, Trevor I. *Historia de La Tecnología*. 3 vols. México: Siglo Veintiuno Editores, 1984, 7ª edição (1ª edição em espanhol, 1977; 1ª edição em inglês, 1960).

DEYON, Pierre. *O Mercantilismo*. São Paulo: Perspectiva, 1973 (1ª edição francesa, 1969).

DIAS, Madalena Marques. *A formação das elites numa vila colonial paulis-*

ta: *Mogi das Cruzes (1608-1646)*. São Paulo: FFLCH-USP, 2001, dissertação de mestrado.

DIAS, Manuel Nunes. *A Companhia Geral do Grão Pará e Maranhão (1755-1778)*. São Paulo: FFLCH/USP, 1971.

DIAS, Maria Odila Leite da Silva. *A interiorização da metrópole e outros estudos*. São Paulo: Alameda Casa Editorial, 2005.

DISNEY, A. R. *A Decadência do Império da Pimenta: comércio português na Índia no início do século XVII*. Lisboa: Edições 70, 1981 (1ª edição estadunidense, 1978).

DORO, Norma Marinovic; LETAIF, Sonia; MARQUES, Vilma Simões. O Incremento Econômico no Governo de Bernardo José de Lorena (1788-1797). *Boletim de História*. São Paulo: Centro de Estudos Históricos Sedes Sapientiae, 1965-1966, tomo II, p. 414-442.

EDMUNDO, Luiz. *O Rio de Janeiro no Tempo dos Vice-Reis*. 3 vols. Rio de Janeiro: Conquista, 1956, 4ª edição (1ª edição, 1932).

ELIAS, Norbert. *La Sociedad Cortesana*. México: Fondo de Cultura Econômica, 1996 (1ª edição alemã, 1969).

ELLIS, Myriam. *O Monopólio do sal no Estado do Brasil*. São Paulo: USP, 1955.

ELLIS Jr., Alfredo. *Raça de Gigantes: a civilização no Planalto Paulista*. São Paulo: Editorial Hélios Ltda., 1926.

ELLIS Jr., Alfredo. *Capítulos da história social de São Paulo*. São Paulo: Nacional, 1944.

ELLIS Jr., Alfredo; e ELLIS, Myriam. *A economia paulista no século XVIII: o ciclo do muar, o ciclo do açúcar*. Biblioteca Academia Paulista de Letras, vol. 11. São Paulo: Academia Paulista de Letras, 1979, 2a edição (1a edição, 1950).

FALCON, Francisco José Calazans. *A Época Pombalina: política econômica e monarquia ilustrada*. São Paulo: Ática, 1982.

FALCON, Francisco José Calazans. Pombal e o Brasil. *In*: TENGARRINHA,

José (org.). *História de Portugal*. Bauru, SP: EDUSC; São Paulo: UNESP; Portugal, PO: Instituto Camões, 2000, p. 149-166.

FALCON, Francisco José Calazans. O império luso-brasileiro e a questão da dependência inglesa - um estudo de caso: a política mercantilista durante a Época Pombalina, e a sombra do Tratado de Methuen. *Nova Economia*. Belo Horizonte: maio-agosto de 2005. Número 15, p. 11-34.

FAORO, Raymundo. *Os Donos do Poder: formação do patronato político brasileiro*. 2 v. São Paulo: Globo; Publifolha, 2000, 10ª edição (1ª edição, 1958; 2ª edição revista, alterada e ampliada, 1975).

FARIA, Sheila de Castro. *A colônia em movimento - Fortuna e Família no cotidiano colonial*. Rio de Janeiro, Nova Fronteira Editora, 1998.

FERLINI, Vera Lucia Amaral. *Terra, Trabalho e Poder: o mundo dos engenhos no Nordeste colonial*. São Paulo / Brasília: Editora Brasiliense / CNPq, 1988.

FERLINI, Vera Lucia Amaral. *Açúcar e Colonização: da América portuguesa ao Brasil, ensaios de interpretação*. São Paulo: FFLCH/USP, 2000 (tese de livre docência).

FERLINI, Vera Lucia Amaral. São Paulo, de Fronteira a Território: uma Capitania dos Novos Tempos. *In: Laboratório do Mundo: ideias e saberes do século XVIII*. São Paulo: Imprensa Oficial, 2004, p. 19-25.

FERNANDES, Florestan. *Circuito Fechado*. São Paulo: HUCITEC, 1976.

FERREIRA, Tito Lívio. *História de São Paulo*. São Paulo: Biblos, 1948.

FERREIRA, Tito Lívio. Do Morgado de Mateus até a Independência. *Revista do Instituto Histórico e Geográfico de São Paulo*. São Paulo: Instituto Histórico e Geográfico de São Paulo, vol. 70, 1973, p. 145-151.

FLORENCE, Amador. Municípios paulistas e seus centenários. Progressão colonizadora. *Revista do Arquivo Municipal de São Paulo*, v.52. São Paulo: 1939, p. 179-208.

FLORENTINO, Manolo. *Em costas negras: uma história do tráfico de escra-*

vos entre a África e o Rio de Janeiro (séculos XVIII e XIX). São Paulo: Companhia das Letras, 1997.

FRAGOSO, João Luís Ribeiro. *Homens de Grossa Aventura: acumulação e hierarquia na praça mercantil do Rio de Janeiro (1790-1830)*. Rio de Janeiro: Arquivo Nacional, 1992.

FRAGOSO, João Luís Ribeiro. A nobreza vive em bandos: a economia política das melhores famílias da terra no Rio de Janeiro, século XVII. Algumas notas de pesquisa. *Revista Tempo*, vol. 8, n°. 15, julho-dezembro de 2003.

FRAGOSO, João; BICALHO, Maria Fernanda; GOUVÊA, Maria de Fátima. *O Antigo Regime nos trópicos. A dinâmica imperial portuguesa (séculos XVI-XVIII)*. Rio de Janeiro: Civilização Brasileira, 2001.

FRAGOSO, João e FLORENTINO, Manolo. *O Arcaísmo como Projeto: mercado Atlântico, sociedade agrária e elite mercantil em uma economia colonial tardia. Rio de Janeiro, c. 1790- c. 1840*. Rio de Janeiro: Civilização Brasileira, 2001, 4ª edição revista (1ª edição, 1993).

FRANÇA, Eduardo D'Oliveira. *Portugal na Época da Restauração*. São Paulo: Hucitec, 1997.

FRANCO, Francisco de Assis Carvalho. *História das minas de São Paulo: administradores gerais e provedores (séculos xvi e xvii)*. São Paulo: Conselho Estadual de Cultura de São Paulo, 1961.

FRANCO, Maria Sylvia de Carvalho. *Homens Livres na Ordem Escravocrata*. São Paulo: Fundação Editora da UNESP, 1997, 4ª edição (1ª edição, 1969).

FRUTUOSO, Eduardo; GUINOTE, Paulo; LOPES, António. *O movimento do porto de Lisboa e o comércio luso-brasileiro (1769-1836)*. Lisboa: CNCDP, 2001.

FURTADO, Celso. *Formação Econômica do Brasil*. São Paulo: Companhia Editora Nacional / Publifolha, 2000, 27ª edição (1ª edição, 1959).

GAMA, Ruy. *Engenho e tecnologia*. São Paulo: Livraria Duas Cidades Ltda., 1983.

GLEZER, Raquel. *Chão de terra e outros ensaios sobre São Paulo*. São Paulo:

Alameda, 2007.

GODINHO, Vitorino Magalhães. *A Estrutura na Antiga Sociedade Portuguesa*. Lisboa: Editora Arcádia, S. A. R. L., 1971.

GONÇALVES, António Custódio. *Le lignage contre l'État. Dynamique politique Kongo du XVIème au XVIIIème siècle*. Lisboa: Instituto de Investigação Científica Tropical / Universidade de Évora, 1985.

GORENDER, Jacob. *A Escravidão Reabilitada*. São Paulo: Editora Ática, 1991, 2ª edição (1ª edição, 1990).

HAZARD, Paul. *A crise da consciência europeia (1680-1715)*. Lisboa: Cosmos, 1948 (1ª edição francesa, 1934).

HECKSCHER, Eli F. *La Época Mercantilista*. México: Fondo de Cultura Económica, 1983, 1ª Reimpressão (1ª edição em espanhol, 1943; 1ª edição sueca, 1931).

HEINTZE, Beatrix. Angola nas garras do tráfico de escravos: as guerras do Ndongo (1611-1630). *Revista Internacional de Estudos Africanos*, n. 1, janeiro/junho, 1984.

HERMANN, Lucila. *Evolução da estrutura social de Guaratinguetá num período de 300 anos*. São Paulo: Instituto de Pesquisas Econômicas, 1986.

HESPANHA, Antonio Manoel (org.), *Poder e instituições na Europa do Antigo Regime*. Lisboa: Fund. Calouste Gulbenkian, 1984.

HESPANHA, Antonio Manoel, *As Vésperas do Leviathan. Instituições e poder político. Portugal - séc. XVII*. Coimbra: Almedina, 1994 (1ª edição espanhola, 1989).

HESPANHA, António Manuel; e SANTOS, Maria Catarina. Os poderes num império oceânico. *In*: MATTOSO, José (org.). *História de Portugal*. 8 vols. Lisboa: Estampa, 1992, vol. 4, p. 395-413.

HILTON, Anne. *The Kingdom of Kongo*. Oxford: Oxford University Press, 1985.

HIRANO, Sedi. *Castas, estamentos e classes sociais em Marx e Weber*. São Paulo: Alfa-Omega, 1974.

HIRANO, Sedi. *Pré-capitalismo e capitalismo*. São Paulo: HUCITEC, 1988.

HOBSBAWN, Eric. *A Era das Revoluções. Europa 1789-1848*. São Paulo: Editora Paz e Terra S/A, 2005, 19ª edição (1ª edição brasileira, 1977; 1ª edição inglesa, 1962).

HOLANDA, Sérgio Buarque de. *Raízes do Brasil*. Rio de Janeiro: Livraria José Olympio Editora, 1969, 5ª edição, revista (1ª edição, 1936).

HOLANDA, Sérgio Buarque de. *Monções*. São Paulo: Brasiliense, 2000, 1ª reimpressão da 3ª edição de 1990 (1ª edição, 1945).

HOLANDA, Sérgio Buarque de. *Caminhos e Fronteiras*. São Paulo: Companhia das Letras, 1995, 3ª edição (1ª edição, 1957).

HOLANDA, Sérgio Buarque de. São Paulo. In: Idem (dir.). *História Geral da Civilização Brasileira*. 8 tomos. São Paulo: Difusão Européia do Livro, 1967, 3ª edição (1ª edição de 1960), tomo II: dispersão e unidade, vol. 2, p. 415-472.

JOHNSON, Lyman L.; e TANDETER, Enrique. *Essays on the Price History of Eighteenth-Century Latin America*. New Mexico: University of New Mexico Press, 1990.

KANTOR, Iris. *Esquecidos e Renascidos: historiografia acadêmica luso-americana, 1724-1759*. São Paulo, Hucitec; Salvador: Centro de Estudos Baianos/UFBA, 2004.

KONSTANTINOV, F. V. *El materialismo histórico*. Barcelona: Ediciones Grijalbo, 1978 (1ª edição soviética, 1951).

KUZNESOF, Elizabeth. The role of the merchants in the economics development of São Paulo. *Hispanic Historical Review*. Vol. 60, no. 4, nov., 1980.

KUZNESOF, Elizabeth. *Household economy and urban development. São Paulo (1765-1836)*. Westwiew Press, 1986.

LEAL, Victor Nunes. *Coronelismo, Enxada e Voto: o município e o regime representativo no Brasil.* São Paulo: Alfa-Ômega, 1975, 6ª edição (1ª edição, 1948).

LEITE, Rosangela Ferreira. *Nos Limites da Colonização. Ocupação territorial, organização econômica e populações livres pobres (Guarapuava, 1808-1878).* São Paulo: FFLCH-USP, 2006, tese de doutorado.

LEITE, Rosangela Ferreira. *Nos Limites da Exclusão: ocupação territorial, organização econômica e populações livres pobres (Guarapuava, 1808-1878).* São Paulo: Alameda, 2011.

LEMOS, Carlos A. C. A Casa da Marquesa de Santos em São Paulo. *Separata da Revista do Instituto de Estudos Brasileiros.* São Paulo: IEB, 1968, nº. 4, p. 7-14.

LEONZO, Nanci. As Companhias de Ordenanças na capitania de São Paulo - das origens ao governo do Morgado de Matheus. *Coleção Museu Paulista, série de História vol. 6.* São Paulo: Edição do Fundo de Pesquisas do Museu Paulista da USP, 1977, p. 124-239.

LEONZO, Nanci. *Defesa Militar e Controle Social na Capitania de São Paulo: as milícias.* São Paulo: FFLCH-USP, 1979, tese de doutorado.

LIMA, Igor Renato Machado de. *O fio e a trama: trabalho e negócios femininos na Vila de São Paulo (1554-1640).* São Paulo: FFLCH-USP, 2006, dissertação de mestrado.

LINTZ, Marlene Pacca de; CARVALHO, Maria Eulina Marcondes M. de; NOGUEIRA, Sonia. Aspectos Religiosos do Govêrno do Capitão-General Antônio Manuel de Melo Castro e Mendonça (1797-1802). *Boletim de História.* São Paulo: Centro de Estudos Históricos Sedes Sapientiae, 1965-1966, tomo II, p. 443-495.

LISANTI FILHO, Luís. *Comércio e Capitalismo: o Brasil e a Europa entre o fim do século XVIII e o início do século XIX (o exemplo de três vilas paulistas: Campinas, Itu e Porto Feliz - 1798-1828/9).* São Paulo: FFLCH/USP, 1962, tese de doutorado.

LUKÁCS, Georg. *Historia y consciencia de clase.* Barcelona: Ediciones Grijalbo, 1975 (1ª edição alemã, 1923)

LUNA, Francisco Vidal; e KLEIN, Herbert. *Evolução da Sociedade e Economia Escravista de São Paulo, de 1750 a 1850*. São Paulo: Edusp, 2006 (1ª edição estadunidense, sob outro título, 2003).

MACEDO, Jorge Borges de. *A Situação Econômica no tempo de Pombal*. Lisboa: Morais Editores, 1982, 2ª edição (1ª edição, 1951).

MACEDO, Jorge Borges de. *Problemas de História da Indústria Portuguesa no século XVIII*. Lisboa: Editorial Querco Ltda., 1982, 2ª edição (1ª edição, 1963).

MACGAFFEY, Wyatt. *Religion and Society in Central Africa. The Bakongo of Lower Zaire*. Chicago: The University of Chicago Press, 1986.

MACHADO, Mônica Tovo Soares. *Angola no período pombalino: o governo de Dom Francisco Inocêncio de Sousa Coutinho - 1764-1772*. São Paulo: FFLCH-USP, 1998, dissertação de mestrado.

MAGALHÃES, Joaquim Romero. *Labirintos Brasileiros*. São Paulo: Alameda, 2011.

MAGRO, Osmar Simões. A Legião de São Paulo e o Regimento de Infantaria nas Campanhas do Sul. *Revista do Arquivo Municipal*. São Paulo: Departamento de Cultura e de Recreação, 1936, ano II, vol. 24, p. 3-113.

MAKINO, Miyoko. *Jundiaí: povoamento e desenvolvimento (1655-1854)*. São Paulo: FFLCH/USP, 1991, dissertação de mestrado.

MARANHO, Milena Fernandes. *A Opulência Relativizada: Níveis de vida em São Paulo do século XVII (1648-1682)*. Bauru: EDUSC, 2010.

MARANHO, Milena Fernandes. *O Moinho e o Engenho. São Paulo e Pernambuco em diferentes contextos e atribuições no Império Colonial Português (1580-1720)*. São Paulo: FFLCH-USP, 2006, tese de doutorado.

MARCÍLIO, Maria Luiza. *Crescimento Demográfico e Evolução Agrária Paulistana (1700-1836)*. São Paulo: HUCITEC. Edusp, 2000.

MARCÍLIO, Maria Luiza. *Caiçara: terra e população: estudo de demografia e da história social de Ubatuba*. São Paulo: Edusp, 2006, 2ª edição (1ª edição, 1986).

MARCÍLIO, Maria Luiza. *A Cidade de São Paulo: povoação e população (1750-1850)*. São Paulo: Livraria Pioneira Editora / Edusp, 1974 (1ª edição francesa, 1968).

MARX, Karl. Posfácio da Segunda Edição. In: Idem. *O Capital: crítica da economia política*. São Paulo: Nova Cultural, 1988, 3ª edição (1ª edição, 1983; 1ª edição alemã, 1867), volume 1, livro primeiro, p. 21-27.

MATOS, Gastão de Melo. Notícia de alguns memorialistas portugueses do princípio do século XVIII. *Nação Portuguesa*. série 6, vol. 1, fasc. 4. Lisboa, 1929.

MAURO, Frédéric. *Nova História e Novo Mundo*. São Paulo: Editora Perspectiva, 1973, 3ª edição (1ª edição, 1969).

MAXWELL, Keneth. *Marquês de Pombal: paradoxo do iluminismo*. Rio de Janeiro: Paz e Terra, 1996, 2ª edição (1ª edição brasileira, 1996; 1ª edição inglesa, 1995).

MEDICCI, Ana Paula. *Entre a 'decadência' e o 'florescimento': a Capitania de São Paulo na interpretação de memorialistas e autoridade públicas (1782/1822)*. São Paulo: FFLCH-USP, 2005, dissertação de mestrado.

MEILLASSOUX, Claude. *Antropologia da Escravidão*. Rio de Janeiro: Zahar, 1995 (1ª edição francesa, 1986).

MELLO, Christiane Figueiredo Pagano de, *Os corpos de auxiliares e de ordenanças na segunda metade do século XVIII. As capitanias do Rio de Janeiro, São Paulo e Minas Gerais e a manutenção do Império português no Centro-Sul da América*. Niterói: UFF, 2002, tese de doutorado.

MELLO, Evaldo Cabral de. *Rubro veio: o imaginário da restauração pernambucana*. Rio de Janeiro: Topbooks, 1997, 2ª edição revista e aumentada (1ª edição, 1986).

MELLO, Evaldo Cabral de. *O nome e o sangue. Uma parábola familiar no Pernambuco colonial*. Rio de Janeiro: Topbooks, 2000, 2ª edição revista (1ª edição, 1989).

MENDES, Denise. A *calçada do Lorena: o caminho de tropeiros para o comércio do açúcar*. São Paulo: FFLCH/USP, 1994, dissertação de mestrado.

MENZ, Maximiliano Mac. Os escravos da feitoria do linho cânhamo: trabalho, conflito e negociação. *Afro-Ásia*. no 32, 2005, p. 139-158.

MENZ, Maximiliano Mac. *Entre dois impérios: formação do Rio Grande na crise do antigo sistema colonial (1777-1822)*. São Paulo: FFLCH-USP, 2006, tese de doutorado.

MENZ, Maximiliano Mac. *Entre Impérios: formação do Rio Grande na crise do Sistema Colonial português*. São Paulo: Alameda, 2009.

MESGRAVIS, Laima. *A Santa Casa da Misericórdia de São Paulo (1599?-1884). Contribuição ao estudo da assistência social no Brasil*. São Paulo: Conselho Estadual de Cultura, 1976.

MESGRAVIS, Laima. Os aspectos estamentais da estrutura social do Brasil colonial. *Estudos Econômicos*, v. 13. São Paulo: 1983, p. 799-811.

MILLER, Joseph C. *Poder Político e Parentesco. Os Antigos Estados Mbundu em Angola*. Luanda: Arquivo Histórico Nacional / Ministério da Cultura, 1995 (1ª edição inglesa, 1976).

MIRANDA, Lílian de Cássia Lisboa. *Governança e edilidade em São Paulo (1765-1775)*. São Paulo: Departamento de História / FFLCH / USP, 2002, tese de doutorado.

MIRANDA, Tiago C. P. dos Reis. Estrangeirados. A questão do isolacionismo português nos séculos XVII e XVIII. *Revista de História*. São Paulo: USP, ago-dez/90 a jan-jul/91, n. 123-124, p. 35-70.

MONTEIRO, John Manuel. *Negros da Terra: índios e bandeirantes nas origens de São Paulo*. São Paulo: Companhia das Letras, 1994.

MONTEIRO, Nuno Gonçalo. *O Crepúsculo dos Grandes: a casa e o patrimônio da aristocracia em Portugal (1750-1832)*. Lisboa: Imprensa Nacional-Casa da Moeda, 2003, 2ª edição revista (1ª edição, 1996).

MONTEIRO, Nuno Gonçalo. *Elites e Poder. Entre o Antigo Regime e o Liberalismo*. Lisboa: Imprensa de Ciências Sociais, 2003.

MONTEIRO, Nuno Gonçalo; CARDIM, Pedro; CUNHA, Mafalda Soares da. *Optima Pars. Elites Ibero-Americanas do Antigo Regime*. Lisboa:

Imprensa de Ciências Sociais, 2005.

MORSE, Richard M. *Formação histórica de São Paulo (da comunidade a metrópole)*. São Paulo: Difusão Européia, 1970 (1ª edição estadunidense, 1958).

MOTA, Carlos Guilherme. *Atitudes de inovação no Brasil, 1789-1801*. Lisboa: Livros Horizonte, 1960.

MOTTA, Arthur. *História da Literatura Brasileira. Época de Transformação. Século XVIII*. São Paulo: Companhia Editora Nacional, 1930.

NAZZARI, Muriel. *O desaparecimento do dote*. São Paulo: Companhia das Letras, 2001 (1ª edição estadunidense, 1991).

NÉBIAS, Regina Maria; ISHIKAWA, Shizuko. Capitão-General Marechal de Campo Frei José Raimundo Chichorro da Gama Lôbo (17 de abril de 1786-5 de julho de 1788). *Boletim de História*. São Paulo: Centro de Estudos Históricos Sedes Sapientiae, 1965-1966, tomo II, p. 391-413.

NOVAIS, Fernando Antônio. *Portugal e o Brasil na crise do Antigo Sistema Colonial (1777-1808)*. São Paulo: Hucitec, 1995, 6ª edição (1ª edição, 1979).

NOVAIS, Fernando Antônio. Condições da privacidade na Colônia. *In*: Idem (org.). *História da Vida Privada no Brasil*. 4 vols. São Paulo: Companhia das Letras, 1997, vol. 1, p. 14-39.

NOVAIS, Fernando Antônio. *Aproximações: ensaios de história e historiografia*. São Paulo: Cosac Naify, 2005.

OLIVAL, Fernanda. *As Ordens Militares e o Estado Moderno: honra, mercê e venalidade em Portugal (1641-1789)*. Lisboa: Estar, 2001.

PEDREIRA, Jorge Miguel Viana. Agrarismo, Industrialismo, Liberalismo: algumas notas sobre o pensamento econômico português (1780-1820). *In*: CARDOSO, J. L. (org.). *Contribuição para a História do Pensamento Económico em Portugal*. Lisboa: Dom Quixote, 1988, p. 63-83.

PEDREIRA, Jorge Miguel Viana. *Estrutura Industrial e Mercado Colonial Portugal e Brasil (1780-1830)*. Lisboa: Difel, 1994.

PERALTA, Inez Garbuio. *O Caminho do Mar. Subsídios para a História de Cubatão*. Cubatão: Prefeitura Municipal de Cubatão, 1973.

PEREGALLI, Enrique. *Recrutamento Militar no Brasil*. Campinas: Editora da UNICAMP, 1986.

PEREIRA, Miguel Baptista. Iluminismo e secularização. *Revista de História das Ideias: O Marquês de Pombal e o seu tempo*. 2 tomos. Coimbra: Universidade de Coimbra, 1982-1983, vol. 4, tomo 2, p. 439-500.

PETRONE, Maria Thereza Schoper. *A Lavoura Canavieira em São Paulo: expansão e declínio (1765-1851)*. São Paulo: Difusão Européia do Livro, 1968.

PETRONE, Maria Thereza Schoper. *O Barão de Iguape: um empresário da época da independência*. São Paulo: Companhia Editora Nacional/ MEC, 1976.

PETRONE, Pasquale. *Aldeamentos paulistas*. São Paulo: Edusp, 1995.

PINTO, Luiz de Aguiar Costa. *Lutas de Famílias no Brasil*. São Paulo: Ed. Nacional, 1980, 2ª edição (1ª edição, 1949).

PINTO, Virgílio Noya. *O ouro brasileiro e o comércio anglo-português*. São Paulo: Nacional, 1979, 2ª edição (1ª edição, 1972).

PIZA, A. de Toledo. Chronicas dos tempos coloniaes. A miséria do sal em São Paulo. *Revista do Instituto Histórico e Geográfico de São Paulo*, v. 4. São Paulo: IHGSP, 1899, p. 279-295.

PIZA, A. de Toledo. Chronicas dos tempos coloniaes. O militarismo em São Paulo. *Revista do Instituto Histórico e Geográfico de São Paulo*, v. 4. São Paulo: IHGSP, 1899, p. 296-320.

PIZA, A. de Toledo. Dois Capitães Generaes e um Ouvidor. *Revista do Instituto Histórico e Geográfico de São Paulo*. São Paulo: Typographia do "Diario Official", vol. 10, 1906, p. 266-275.

PIZA, A. de Toledo. A Feira de Pilatos. *Revista do Instituto Histórico e Geo-*

gráfico de São Paulo. São Paulo: Typographia do "Diario Official", vol. 10, 1906, p. 283-288.

PRADO Jr., Caio. *Formação do Brasil Contemporâneo*. São Paulo: Livraria Martins Editora, 1942.

PRADO Jr., Caio. *História Econômica do Brasil*. São Paulo: Editora Brasiliense, 1945.

QUEIROZ, Suely Robles Reis de. Algumas Notas Sobre a Lavoura do Açúcar em São Paulo no Período Colonial. *Anais do Museu Paulista*. Tomo 21. São Paulo: Museu Paulista / USP, 1967, p. 241-262.

RABELO, Elizabeth Darwiche. *As Elites na Sociedade Paulista na Segunda Metade do Século XVIII*. São Paulo: Safady, 1980.

REIS, Paulo Pereira dos. *O Caminho Nôvo da Piedade no Nordeste da Capitania de S. Paulo*. São Paulo: Conselho Estadual de Cultura, 1971.

RIBEIRO, Maria da Conceição Martins. *A vida urbana paulistana vista pela administração municipal (1562-1822)*. São Paulo: FFLCH-USP, 1972, tese de doutorado.

RICUPERO, Rodrigo M. *Honras e mercês. Poder e patrimônio nos primórdios do Brasil*. São Paulo: FFLCH/USP, 2005, tese de doutorado.

RICUPERO, Rodrigo M. *A Formação da Elite Colonial: Brasil, c. 1530-c. 1630*. São Paulo: Alameda, 2009.

ROCHA, Maria Luiza Franco da. Biografia de D. Bernardo José Maria de Lorena. *Revista do Arquivo Municipal*. São Paulo: Departamento de Cultura da Secretaria de Educação e Cultura da Prefeitura de São Paulo, 1940, n°. 64, p. 116-146.

RODRIGUES, Paulo Miguel. A Madeira e o Brasil no primeiro quartel do século XIX. *In*: Alberto Vieira (coord.). *A Madeira e o Brasil: colectânea de estudos*. Funchal: CEHA, 2004, p. 85-98.

ROLL, Eric. *História das Doutrinas Econômicas*. Tradução de Cid Silveira. São Paulo: Companhia Editora Nacional, 1971, 3ª edição ampliada (1ª edição brasileira, 1948; 1ª edição inglesa, 1938).

SAMARA, Eni de Mesquita. O papel do agregado na região de Itu: 1780-1830. *Coleção Museu Paulista, série de História vol. 6*. São Paulo: Edição do Fundo de Pesquisas do Museu Paulista da USP, 1977, p. 13-121.

SANT'ANNA, Nuto. O Beco do Colégio (1554-1935). *Revista do Arquivo do Municipal*. São Paulo: Departamento de Cultura e de Recreação, ano II, vol. 26, p. 5-74.

SANTOS, Catarina Madeira. *Um governo "polido" para Angola. Reconfigurar dispositivos de domínio (1750-c.1800)*. Lisboa/Paris: FCSH/EHESS, 2005, tese de doutorado.

SANTOS, Corsino Medeiro dos. Algumas notas sobre a economia de São Paulo no final do século XVIII. *Revista do Arquivo Municipal*. São Paulo: Divisão do Arquivo Histórico do Departamento Artístico-Cultural da Secretaria Municipal da Prefeitura do Município de São Paulo, 1974, vol. 186, ano 37, p. 145-174.

SANTOS, Maria Emília Madeira. Prefácio. *In: Africae Monumenta: a apropriação da escrita pelos Africanos: volume 1*. Arquivo Caculo Cacahenda. Edição, introdução, glossário e textos por Ana Paula Tavares, Catarina Madeira Santos. Lisboa: Instituto de Investigação Científica Tropical, 2002.

SANTOS, Maria Helena Carvalho dos (org.). *Pombal Revisitado*. 2 vols. Lisboa: Editorial Estampa, 1984.

SCHMIDT, Carlos Borges. O Anil - Cultura e indústria em São Paulo, na época colonial. *Revista do Instituto Histórico e Geográfico de São Paulo*. São Paulo: Instituto Histórico e Geográfico de São Paulo, vol. 44, 1948, p. 165-174.

SCHWARTZ, Stuart. *Burocracia e sociedade no Brasil colonial: a suprema Corte da Bahia e seus juízes: 1609-1751*. São Paulo: Editora Perspectiva, 1979 (1ª edição estadunidense, 1973).

SCHWARTZ, Stuart. *Segredos Internos: engenhos e escravos na sociedade colonial, 1550-1835*. São Paulo: Companhia das Letras, 1988 (1ª edição estadunidense, 1985).

SCOTT, Ana Sílvia Volpi. *Dinâmica familiar da elite paulista (1765-1836): estudo diferencial de demografia histórica das famílias dos proprietários de grandes escravarias do Vale do Paraíba e região da capital de São Paulo*. São Paulo: FFLCH/USP, 1987, dissertação de mestrado.

SERRÃO, José Vicente. O pensamento agrário setecentista ('pré-fisiocrático'): diagnósticos e soluções propostas. *In*: CARDOSO, J. L. (ed.). *Contribuições para a História do Pensamento Econômico em Portugal*. Lisboa: Publicações Dom Quixote, 1988, p. 23-50.

SILBERT, Albert. *Do Portugal do Antigo Regime ao Portugal oitocentista*. Lisboa: Horizonte, 1977, 2ª edição (1ª edição portuguesa, 1970; 1ª edição francesa, 1966).

SILVA, Alberto da Costa e. *A Manilha e o Libambo. A África e a escravidão de 1500 a 1700*. Rio de Janeiro: Editora Nova Fronteira / Fundação Biblioteca Nacional, 2002.

SILVA, Andrée Mansuy-Diniz. Portugal e o Brasil: a reorganização do império, 1750-1808. *In*: BETHELL, Leslie (org.) *História da América Latina: A América Latina Colonial*. São Paulo: Editora da Universidade de São Paulo; Brasília, DF: Fundação Alexandre Gusmão, 1998, 2ª edição (1ª edição brasileira de 1997; 1ª edição inglesa de 1984), vol. 1, p. 477-518.

SILVA, Andrée Mansuy-Diniz. Introdução. *In*: *Idem*. *D. Rodrigo de Souza Coutinho. Textos políticos, económicos e financeiros (1783-1811)*. 2 tomos. Lisboa: Banco de Portugal, 1993, tomo 1, p. xi-lii.

SILVA, Andrée Mansuy-Diniz. *Portrait d'un homme d'État: D. Rodrigo de Souza Coutinho, Comte. de Linhares, 1755-1812*. 2 tomos. Lisboa; Paris: Fundação Calouste Gulbenkian, 2002 / 2006.

SILVA, Augusto da. *Rafael Pinto Bandeira: de Bandoleiro a Governador. Relações entre os poderes privado e público em rio Grande de São Pedro*. Porto Alegre: Universidade Federal do Rio Grande do Sul - IFCH, 1999, dissertação de mestrado.

SILVA, Augusto da. Nobres governadores na vila do Desterro (1738-1807). Texto inédito, gentilmente cedido pelo autor, apresentado no *(Pequeno) Seminário Internacional Poder Local na Dimensão do Império Português*. Promovido pela Cátedra Jaime Cortesão e pelo Projeto Temático Dimensões do Império Português, em 2007.

SILVA, Augusto da. *A Ilha de Santa Catarina e sua Terra Firme. Estudo sobre o governo de uma capitania subalterna (1738-1807)*. São Paulo: FFLCH-USP, 2008, tese de doutorado.

SILVA, Janice Theodoro da. *São Paulo: 1554-1880. Discurso ideológico e organização espacial*. São Paulo: Moderna, 1984.

SIMONSEN, Roberto C. *A História Econômica do Brasil (1500-1820)*. São Paulo: Companhia Editora Nacional, 1978, 8ª edição (1ª edição, 1937).

SOARES, Lucas Jannoni. *Presença dos homens livres pobres na sociedade colonial da América portuguesa: São Paulo (1765-1775)*. São Paulo: FFLCH/USP, 2006, dissertação de mestrado.

SOUSA, Ana Madalena Rosa Barros Trigo de. *O exercício do poder municipal na Madeira e Porto Santo na Época Pombalina e Post-Pombalina*. Funchal: CEHA, 2004.

SOUSA, Avanete Pereira. *Poder local, cidade e atividades econômicas (Bahia, século XVIII)*. São Paulo: Departamento de História / FFLCH / USP, 2003, tese de doutorado.

SOUZA, Laura de Mello e. *Desclassificados do ouro: a pobreza mineira no século XVIII*. Rio de Janeiro: Edições Graal, 1982.

SOUZA, Laura de Mello e. *Norma e conflito: aspectos da história de Minas no século XVIII*. Belo Horizonte: Ed. UFMG, 1999.

SOUZA, Laura de Mello e. *O sol e a sombra. Política e Administração na América portuguesa do século XVIII*. São Paulo: Companhia das Letras, 2006.

TAUNAY, Afonso de E. *História da cidade de São Paulo no século XVIII (1765-1801)*. São Paulo: Divisão do Arquivo Histórico, 1951, 4ª edição (1ª edição, 1931), vol. 2, 2 partes.

TAUNAY, Afonso de E.; CORDEIRO, José Pedro Leite; CAMPOS, Ernesto de Sousa *et alii*. *São Paulo em Quatro Séculos*. 2 vols. São Paulo: Comissão do IV Centenário da Cidade de São Paulo, 1954.

THORNTON, John. *The Kingdom of Kongo. Civil War and Transition, 1641-1718*. Wisconsin: University of Wisconsin Press, 1983.

VIEIRA, Armando Mário O. *Subsídios para a História do Correio Marítimo Português*. Porto: Núcleo Filatélico do Ateneu Comercial do Porto, 1988.

WHEELER, G. C. The «Discours Politique» attributed to Pombal. *The English Historical Review*. 1904. Vol. 19, n. 73, p. 128-131.

ZEMELLA, Mafalda P. *O abastecimento da capitania de Minas Gerais no século XVIII*. São Paulo: HUCITEC: Editora da Universidade de São Paulo, 1990, 2ª edição (1ª edição, 1951).

ZENHA, Edmundo. *O município no Brasil (1532-1700)*. São Paulo: Instituto progresso Editorial S. A., 1948.

Agradecimentos

Deixo, abaixo, os agradecimentos originais feitos em 2007, ano em que defendi minha dissertação de mestrado, transformada neste livro. Acrescento um agradecimento especial à Joana Monteleone, colega de longa data e editora da Alameda, que aceitou publicar o meu trabalho. Devo mencionar, ainda, o aporte financeiro concedido pela FAPESP para esta publicação, e as sugestões dos arguidores da banca à qual submeti a defesa da dissertação, Prof. Dr. Joaquim Romero Magalhães e Profa. Dra. Raquel Glezer.

***

À professora Dra. Vera Lucia Amaral Ferlini, que, para minha felicidade, aceitou orientar-me no ano de 2000, e ainda presta-se a carregar tal fardo. Além de amiga, e de orientadora segura, é exemplo de pensadora e de pesquisadora.

Ao meu pai e à minha mãe, Achilles e Célia, que, oportunamente, me geraram. Sem os quais, brincadeiras à parte, poucos dos meus projetos se realizariam.

Ao meu irmão e amigo, Diego, por iluminar-me com gráficos, tabelas, cálculos, índices, alguns dos quais fazem parte do trabalho. Por, ainda, esforçar-se para decifrar a "complicada" escrita do século XVIII na tarde que passou, a meu pedido, no Arquivo do Estado de São Paulo.

À "dinda" Márcia Oller, pelos anos de sempre agradável convivência e por me ajudar a transformar meu escritório (ou, como gosta de dizer, estúdio) em um espaço mais aconchegante.

Ao Lucas Janonni Soares, amigo de todas as horas, pelas teses e livros emprestados, pelos papos, discussões e fofocas pessoais e acadêmicas, e por, eventualmente, acompanhar-me em aventuras etílicas.

À Rosangela Ferreira Leite, pela amizade de todos esses anos, pelo companheirismo, pela força e por ler e fazer sugestões ao primeiro capítulo da dissertação.

Ao Paulo Cesar Gonçalves, pelas inúmeras orientações, pelas baladas, pelo incentivo, e por uma leitura atenta e rigorosa do segundo capítulo.

Ao Igor Renato de Lima, pelas discussões sobre São Paulo colonial, e pelas propostas de correção aos primeiro e terceiro capítulos.

Ao professor Dr. Pedro Puntoni e à professora Dra. Raquel Glezer, pelas importantes arguições na banca de qualificação.

Ao professor Dr. Tiago C. P. dos Reis Miranda, pelas aulas na pós e pela correção pormenorizada do trabalho de fim de curso, esboço de um dos capítulos da dissertação.

À professora Dra. Marina de Mello e Souza, por permitir que pudesse acercar-me um pouco da realidade africana, fundamental para refletir sobre o Império Português.

Ao Rodrigo Ricupero, pelas dicas bibliográficas e por fazer sugestões e comentário aos primeiros trechos do trabalho.

Aos companheiros de trabalho, pela convivência e debate, Agatha Gatti, Ana Lúcia Nemi, Ana Paula Medicci, Ana Paula Torres Megiani, Augusto da Silva, Avanete Pereira Sousa, Fernanda Luciani, Íris Kantor, Joana Monteleone, Joceley Vieira de Souza, Jonas Soares de Sousa, José Evando Vieira de Melo, Katiane Soares Verazani, Leandro Calbente Câmara, Lélio Luiz de Oliveira, Luciana Santoni, Luís Otávio Tasso, Maria Aparecida Borrego, Maximiliano Mac Menz, Gustavo Accioli, Gustavo Tuna, Rafael Coelho, Regina Célia Gonçalves, e Sônia Barbosa.

Aos funcionários do Arquivo do Estado de São Paulo.

À FAPESP e à Cátedra Jaime Cortesão, que me concederam bolsas, sem as quais o trabalho seria inviável.

Durante a pesquisa em Portugal tive apoio e auxílio de diversas pessoas, às quais não posso deixar de agradecer. Ao Aldair Carlos Rodrigues, que, antes da viagem, deu-me desde conselhos até mapas, chip de celular, cartão de fotocópia e, inclusive, bolsa d'água. À professora Dra. Fernanda Olival, que me orientou com segurança e afinco pelos arquivos de Lisboa, apresentou-me a agradável cidade de Évora, além de receber-me em sua casa e obrigar-se a enveredar pela culinária vegetariana. Ao professor Dr. Joaquim Romero Magalhães, pelos agradáveis almoços e jantares em Lisboa, pelas orientações alfarrabísticas, pelo passeio por Coimbra e por aconselhar-me que, por mais que não se queira, há horas em que a pesquisa deve cessar. À professora Dra. Mafalda Soares da Cunha, pela ótima tarde em Évora, por disponibilizar o vasto banco de dados *Optima Pars*, e, aqui no Brasil, por discutir comigo parte do trabalho e fazer imprescindíveis sugestões. À professora Dra. Heloísa Liberalli Belloto, que, estando em Lisboa, dispôs-se a me atender, a ouvir sobre o meu trabalho e a me dar importantes direções arquivísticas. Ao professor Dr. Nuno Gonçalo Monteiro, por receber-me em seu gabinete e fazer indicações importantes para a pesquisa nos arquivos portugueses. Aos sempre prestativos funcionários da Biblioteca Nacional, especialmente da sessão de reservados, do Arquivo Histórico Ultramarino, do Arquivo Nacional da Torre do Tombo e do Arquivo Histórico Militar. À Senhora Fernanda Gonçalves, da Fundação da Casa de Mateus, pela atenção e pelo catálogo que, gentilmente, enviou-me. À Dona Alexandrina Pereira, pela receptividade, pelos cuidados e excelentes licor de laranja e ensopado de feijoca com proteína texturizada de soja.

Por fim, mas não menos importante, à Marie Sakumoto, que apareceu, no momento final do trabalho, e socorreu-me com seu apoio de amiga, namorada e, nas horas vagas, *sensei de nihongo*.

Concluindo, dedico esta passagem, roubada de Cervantes, àqueles que, ainda, não consideram a pesquisa histórica um trabalho, no sentido original da palavra:

En resolución, él se enfrascó tanto en su lectura, que se le pasaban las noches leyendo de claro en claro, y los días de turbio e turbio; y así, del poco dormir y del mucho leer, se le secó el celebro de manera que vino a perder el juicio.

Alameda nas redes sociais:
Site: www.alamedaeditorial.com.br
Facebook.com/alamedaeditorial/
Twitter.com/editoraalameda
Instagram.com/editora_alameda/

Esta obra foi impressa em São Paulo na primavera de 2017. No texto foi utilizada a fonte Minion em corpo 10,6 e entrelinha de 15,6 pontos.